Public Private Partnership

Europäische Hochschulschriften
Publications Universitaires Européennes
European University Studies

Reihe V
Volks- und Betriebswirtschaft

Série V Series V
Sciences économiques, gestion d'entreprise
Economics and Management

Bd./Vol. 3052

PETER LANG
Frankfurt am Main · Berlin · Bern · Bruxelles · New York · Oxford · Wien

Mark Eggers

Public Private Partnership

Eine strukturierende Analyse auf der Grundlage von ökonomischen und politischen Potentialen

PETER LANG
Europäischer Verlag der Wissenschaften

Bibliografische Information Der Deutschen Bibliothek
Die Deutsche Bibliothek verzeichnet diese Publikation in der Deutschen Nationalbibliografie; detaillierte bibliografische Daten sind im Internet über <http://dnb.ddb.de> abrufbar.

ISSN 0531-7339
ISBN 3-631-52741-1

www.peterlang.de

Inhaltsverzeichnis

Abbildungsverzeichnis

Abkürzungsverzeichnis

a.a.O.	am angegebenen Orte
Abb.	Abbildung
AfK	Archiv für Kommunalwissenschaften
AG	Aktiengesellschaft
AktG	Aktiengesetz
Aufl.	Auflage
BB	Betriebs Berater
Bd.	Band
BGB	Bürgerliches Gesetzbuch
BGH	Bundesgerichtshof
BHO	Bundeshaushaltsordnung
bzw.	Beziehungsweise
c.p.	ceteris paribus
Co.	Compagnon
DB	Der Betrieb
DBW	Die Betriebswirtschaft
DÖV	Die öffentliche Verwaltung
DVBL	Deutsches Verwaltungsblatt
f.	ferner
ff.	ferner folgende
GbR	Gesellschaft bürgerlichen Rechts
GG	Grundgesetz
GmbH	Gesellschaft mit beschränkter Haftung
GmbHG	GmbH-Gesetz
GO	Gemeindeordnung
GWB	Gesetz gegen Wettbewerbsbeschränkungen
HB	Handelsblatt
HGrG	Haushaltsgrundsätzegesetz
hrsg.	herausgegeben
Hrsg.	Herausgeber
i.S.d.	im Sinne des
IFIG	Internationales Forschungs- und Informationszentrum für öffentliche Wirtschaft und Gemeinwirtschaft
IKB	Industriekreditbank AG

KG	Kommanditgesellschaft
KGSt	Kommunale Gemeinschaftsstelle
LHO	Landeshaushaltsordnung
M & A	Mergers and Acquisitions
m.w.N.	mit weiteren Nachweisen
No.	Number
NPM	New Public Management
NRW	Nordrhein-Westfalen
NVwZ	Neue Zeitschrift für Verwaltungsrecht
o.V.	ohne Verfasser
OLG	Oberlandesgericht
PPP(s)	Public Private Partnership(s)
Rn.	Randnummer
RWE AG	Rheinisch Westfälische Elektrizitäts Aktiengesellschaft
S.	Seite
S.A.	Société Anonyme
SPD	Sozialdemokratische Partei Deutschlands
StuW	Steuer und Wirtschaft
SWH	Stadtwerke Hanau GmbH
u.a.	und andere
u.Ä.	und Ähnliches
USA	United States of America
vgl.	vergleiche
VgV	Vergabeverordnung
VOB	Verdingungsordnung für Bauleistungen
Vol.	Volume
VVDStRL	Veröffentlichungen der Vereinigung der Deutschen Staatsrechtslehrer
WiSt	Wirtschaftswissenschaftliches Studium
WISU	Wirtschaftsstudium
z.B.	zum Beispiel
ZfB	Zeitschrift für Betriebswirtschaft
ZfbF	Zeitschrift für betriebswirtschaftliche Forschung
ZGR	Zeitschrift für Unternehmens- und Gesellschaftsrecht
ZIP	Zeitschrift für Wirtschaftsrecht
ZögU	Zeitschrift für öffentliche und gemeinwirtschaftliche Unternehmen

1 Grundlagen

1.1 Problemstellung und Gang der Untersuchung

Die Modernisierung des öffentlichen Sektors lässt sich durch Public Private Partnerships (PPPs) wirksam unterstützen. Der Einsatz dieses Organisationsmodells reicht zwischenzeitlich so weit, dass eine PPP, „wo immer es möglich ist“[1], bei der Neupositionierung und Modernisierung des öffentlichen Sektors in Erwägung gezogen werden soll[2]. Das Erfolgsrezept der praktischen Verbreitung der PPP besteht dabei aus zwei Komponenten: Erstens, indem sich mit Hilfe der PPP meist sofort eine spürbare Haushaltsentlastung durch die Einnahmen eines Privatisierungserlöses ergibt, und zweitens, weil sich mit Hilfe der PPP die Effizienz der Leistungserbringung steigern lässt, was langfristig zu Haushaltsentlastungen führt. Die Vermutung der Effizienzsteigerung basiert auf der Annahme, dass die PPPs als teil-privatwirtschaftliche Organisationen mit einer höheren Effizienz als rein öffentlich gesteuerte Organisationen arbeiten könnten. Insbesondere die Bewältigung der Anreizprobleme, die bei der Maximierung individueller Leistung auftreten, gelingt unter privatem Einfluss oft besser als unter öffentlicher Regie. Der öffentliche Partner kann an diesen Erfolgspotentialen einer privatwirtschaftlich verfassten Ökonomie mit Hilfe der PPP teilhaben, ohne seinen Einfluss – man spricht von dem gefürchteten Ausverkauf öffentlicher Interessen[3] – ganz zu verlieren.

---

1 Wewer, G., Privatisieren oder Modernisieren – Reform des öffentlichen Sektors in Schleswig Holstein, in: Hewel, B. (Hrsg.), Verwaltung reformieren: Öffentlich-private Partnerschaften – Management-Beispiele aus der Praxis, Frankfurt am Main 1995, S. 40.

2 Vgl. Wieczorek-Zeul, H., Entwicklungszusammenarbeit und Privatwirtschaft, Strategische Partnerschaft für eine nachhaltige Entwicklung, in: Deutsche Stiftung für internationale Entwicklung (Hrsg.), Entwicklung und Zusammenarbeit, 2000, www.dse.de, Seitenaufruf vom 08.09.2002.

3 Vgl. Wentz, M., Perspektiven der Stadtentwicklung durch Public-Private Partnership, Anforderungen und Modelle in Frankfurt am Main in: Hewel, Brigitte (Hrsg.), Verwaltung reformieren Öffentlich-private Partnerschaften – Management-Beispiele aus der Praxis, Frankfurt am Main 1995, S. 61. Vgl. Gerstelberger, W., Kooperation zwischen öffentlichem und privatem Sektor am Beispiel der Stadtregion Kassel, in: ZögU 2000, S. 18.

Um das Erfolgsrezept einer PPP zu strukturieren, werden zunächst die Grundlagen des öffentlichen und privaten Engagements betrachtet. Entscheidend sind die Beweggründe des jeweiligen Engagements. Der private Partner folgt einer ökonomischen Rationalität, er will seinen Gewinn maximieren. Der öffentliche Partner dagegen folgt der politischen Rationalität, im weitesten Sinne also der Wählerstimmenmaximierung.

Der Gewinn des Privaten ergibt sich durch Erlös minus Kosten. Lässt man die Erlösseite zunächst unbeachtet, maximiert sich der Gewinn des Privaten bei Minimierung der Kosten. An dieser Stelle trifft das Interesse des Privaten das des Öffentlichen. Der öffentliche Partner ist in Zeiten wählerstimmenwirksam defizitärer Haushalte gezwungen, die öffentlichen Ziele bei effizienzmaximalem Umgang mit Haushaltsmitteln zu erreichen. Als effizient soll die Produktion dann angenommen werden, wenn sie möglichst nah an der Minimalkostenkombination erfolgt. Die Minimalkostenkombination strebt auch der Private an, denn nur in einer minimalkostenkombinierten Produktion lässt sich der Gewinn maximieren. Aus dieser Sicht besteht Einigkeit zwischen den Partnern, und der Öffentliche könnte sich zum Zwecke der Effizienzmaximierung der stark anreizkompatiblen Verfolgung der Minimalkostenkombination durch den Privaten anschließen. So liegt das ökonomische Potential der PPP in der Erreichung einer minimalkostenkombinierten Produktion. Ökonomische Potentiale realisieren sich unter öffentlichem, d.h. politischem Einfluss jedoch nicht von selbst. Insofern muss PPP zusätzlich über politisches Potential verfügen, das den entscheidenden Politiker veranlasst, das ökonomische Potential auch gegen zu erwartende Widerstände zu realisieren. Untersucht werden muss daher, wie es der PPP gelingen kann, eine politisch anreizkompatible Situation herzustellen, die ökonomischen Potentiale zu realisieren. Der private Partner allerdings wird sein Engagement bei der Verfolgung der Minimalkostenkombination nur zur Verfügung stellen, wenn es für ihn rentabel ist. Die erforderliche Rentabilität steht in Relation zur Beteiligungsquote des Privaten, so dass zu ermitteln ist, welche Kapitalquoten zu welchen Bemühungen des Privaten um die Minialkostenkombination führen. Soweit der private Partner sein Kontrollengagement zur Verfügung stellt, ist zu beachten, dass öffentliche Zielsetzungen, soweit sie Gewinn mindernden Charakter haben, von dem Privaten nicht im Zuge der Gewinnmaximierung verdrängt werden. Insofern ist zu untersuchen, welche öffentlichen Ziele geeignet sind, sich durch den Privaten in der PPP unterstützen zu lassen.

Betrachtet man zusätzlich, dass der Erlös in der wettbewerblichen Praxis nicht konstant ist, sondern von der Marktstruktur abhängt, so lässt sich die minimalkostenkombinierte Produktion sowohl des öffentlichen Zieles wie auch des Gewinnes in Abhängigkeit von der Marktform untersuchen; im Monopol sind andere Effizienzergebnisse zu erwarten als im Polypol. Zu erarbeiten ist, welche Situation aus Eigenkapitalverteilung, Zieleigenschaften und Marktstruktur geeignet ist, eine minimalkostenkombinierte Produktion zu unterstützen. Gleichzeitig müssen öffentlich-rechtliche und zivilrechtliche Erfordernisse als Rahmenbedingungen internalisiert werden. Die Partner einer PPP teilen nicht nur die Chancen, sondern auch die Risiken des unternehmerischen Engagements. Da der öffentliche Partner anders als der Private über eine unbegrenzte Bonität verfügt, besteht abschließend Klärungsbedarf über den tatsächlichen Einfluss des Öffentlichen Partners auf das Insolvenzrisiko.

Kapitel 1 legt die Grundlagen der Arbeit und beginnt mit einem Rückblick auf die historische Entwicklung der PPP. Aus der Historie übergehend in die Gegenwart werden die Triebkräfte der aktuellen PPP-Entwicklung erarbeitet. Für die Abgrenzung der verwendeten Begriffe des Untersuchungsgegenstandes werden bestehende Begriffsverständnisse der PPP nach ihrem Inhalt reflektiert, um schließlich die eigene, die weitere Untersuchung begleitende Arbeitsdefinition herzuleiten. In *Kapitel 2* wird auf theoretischer Basis das ökonomische Erfolgspotential der PPP erarbeitet. In dieser Hinsicht lässt sich auf den theoretischen Ansatz der Neuen Institutionenökonomik zurückgreifen, die gleichzeitig einen für die weiteren Untersuchungen verwendbaren Prämissenrahmen liefert. Ermittelt wird die Vorteilhaftigkeit der PPP bei der Annäherung an die Minimalkostenkombination aus Sicht der Theorie der Verfügungsrechte, aus transaktionskostentheoretischer Sicht und in der Disziplinierung delegierter Macht. In *Kapitel 3* erfolgt die Einordnung der PPP in die Sytemrationalität des politisch-administrativen Systems[4]. Die politische Anreizkompatibilität der PPP wird als politisches Erfolgspotential herausgearbeitet. Das ökonomisch-theoretische und politische Erfolgspotential ist in seiner Wirkung durch öffentlich-rechtliche Rahmenbedingungen, insbesondere durch das Haushaltsrecht, bestimmt und begrenzt. Der Umfang des Einflusses dieser speziell öffentlichen Rahmenbedingungen wird in *Kapitel 4* erfaßt. In *Kapitel 5* wird die Bedeutung der Zielprogrammierung der PPP in den Rahmenbedingungen des Gesellschaftsrechts erarbeitet. Alternative Zielprogramme, die situationsbedingt vorliegen mögen, werden hinsichtlich ihrer Eignung für eine PPP beurteilt, und die Ergebnisse werden für die weiteren Untersuchungen zu drei PPP-Zielsituationen verdichtet. *Kapitel 6* ermittelt aus dem

4 Vgl. Wallerath, M., Verwaltungsreform in der Rationalitätenfalle, in: Wallerath, M. (Hrsg.), Verwaltungserneuerung – Eine Zwischenbilanz der Modernisierung öffentlicher Verwaltungen, Baden-Baden 2001, S.41.

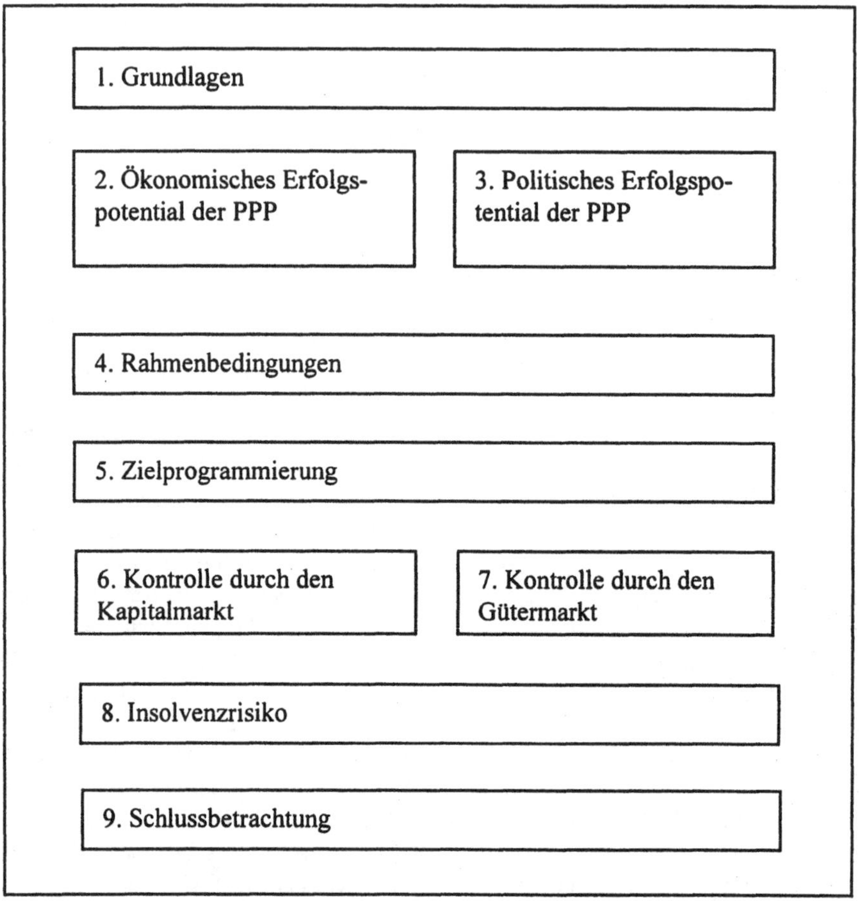

Abb. 1: Verlauf der Untersuchung

Haushaltsrecht die Nützlichkeit und Leistungsfähigkeit des Marktes für öffentliche Unternehmenskontrolle in der Anwendung auf eine PPP. Das theoretische ökonomische Erfolgspotential konkretisiert sich jedoch in der Ausübung der privaten Unternehmenskontrolle, so dass daran anschließend die Leistungsfähigkeit der privaten Corporate-Control für die PPP erarbeitet wird. Dabei wird die Eignung der privaten Unternehmenskontrolle für die Unterstützung der drei vorher ermittelten Zielprogramme beurteilt. Die Ergebnisse des Differenzierens nach der Eigenkapitalstruktur der PPP werden zusammengesetzt zu drei die Funktionalität privater Unternehmenskontrolle kennzeichnenden PPP-Situationen unter Berücksichtigung der vorher ermittelten Ziele der PPP. *Kapitel 7* unterwirft die bisherigen Ergebnisse des Abschnittes 6 der zusätzlichen Kontrolle durch den Gütermarkt. Ermittelt wird, in welcher Kombination aus PPP-Zieleinstellung, Eigenkapitalstruktur und Wettbewerb sich das ökonomische Erfolgspotential der PPP möglichst nah an der Minimalkostenkombination heben lässt. *Kapitel 8* berücksichtigt neben ökonomischen Entscheidungen politisch rationale Erwägungen des öffentlichen Partners im Insolvenzfall und klärt über dort möglicherweise anfallende Trittbrettfahreroptionen auf. Die Untersuchung schließt in *Kapitel 9* mit einer Betrachtung der Ergebnisse, in der die anfänglich ermittelten ökonomischen und politischen Erfolgspotentiale situationsabhängig von Zieleigenschaften, Eigenkapitalstruktur, Wettbewerbslage und finanzieller Verfassung der PPP insbesondere für den öffentlichen Partner der PPP bewertet werden.

1.2 Ursprung der PPPs in den USA

1.2.1 Historie nordamerikanischer PPPs

Bei der Erklärung der Historie der PPP herrscht Einigkeit in der Literatur; sie wird übereinstimmend an dem Beispiel der Stadtentwicklung in Pittsburgh/USA vorgenommen[5]. Der Erfahrungsschatz reicht dort bis in die 40er Jahre des 20. Jahrhunderts zurück[6]. Die hier verwendeten Kooperationsansätze verfügen über derart differenzierte Institutionalisierungsformen, Instrumente und Handlungsfelder, dass die Pittsburgh-Projekte heute als Grundstein und „Paradebeispiel"[7] der Entwicklung von PPPs gelten[8].

---

5 Vgl. Budäus, D., Grüning G., Public Private Partnership: Konzeption und Probleme eines Instrumentes zur Verwaltungsreform aus Sicht der Public Choice Theorie, Diskussionsbeiträge, Nr. 26, Hamburg 1996, S. 3. Vgl. Heinz, W., Wesentliche Merkmale von Partnerschaftsansätzen bei der Stadtentwicklung und Stadterneuerung, in: Heinz, W. (Hrsg.), Public private partnership – ein neuer Weg zur Stadtentwicklung?, 1993, S. 56.

6 Vgl. Heinz, W. (1993a), a.a.O., S. 53.

7 Lang, M., Strategien zur Umstrukturierung der Stadtregion Pittsburgh, S. 44, in: Kunzmann, K.R., Lang, M., Theisen, R. (Hrsg.), Pittsburgh – eine Erfolgsgeschichte?, Dortmund 1993, S. 43.

8 Vgl. Kruzewicz, M., Schuchardt, W., Public-Private Partnership – neue Formen lokaler Kooperation in industrialisierten Verdichtungsräumen, in: Der Städtetag, 12/1989, S. 763. Vgl. Muller, E. K., Historical Aspects of Regional Structural Change in the Pittsburgh Region, in: Hesse, J. J. (Hrsg.), Die Erneuerung alter Indu-

Anfang der 40er Jahre war die Stadt Pittsburgh als altindustrieller Verdichtungsraum durch die weit gehende Abhängigkeit von der Stahlindustrie geprägt[9]. Negative Agglomerationserscheinungen wie eine geringe Umweltqualität, eine überlastete Infrastruktur und Flächenengpässe gefährdeten die Weiterentwicklung des Standortes. Die Entwicklung führte zur Abwanderung von Einwohnern und Betrieben und allmählich zum Verfall der Stadt und zum Abschwung der ganzen Region[10]. Überwunden werden sollte die strukturell bedingte und sektoral übergreifende Notlage durch die Beteiligung der wichtigsten lokalen Handlungs- und Entscheidungsträger[11]. Kommunal engagierte Unternehmer gründeten unter der Beteiligung von Spitzenvertretern aus Politik, Verwaltung und Hochschulen 1943 die *Allegheny Conference on Community Development* (ACCD)[12]. Die ACCD wurde als kooperatives, prozessorientiertes Planungs-, Koordinierungs- und Mobilisierungsinstrument eingerichtet; sie war zunächst lose strukturiert und beruhte auf gegenseitiger Unterstützung. Die Konferenz aus hochrangigen Vertretern der Wirtschaft und anderen die Stadtregion bestimmenden Persönlichkeiten tagte elfmal im Jahr und kam als steuerbefreite non-profit- Organisation ohne staatliche Zuschüsse aus[13]. Die ca. 30 Mitglieder der Konferenz entwickelten als kleiner, effektiver *think tank*[14] unabhängig vom politischen oder wirtschaftlichen Tagesgeschäft Initiativen zur Umstrukturierung und Revitalisierung der Stadt und forcierten die Umsetzung der formulierten Erneuerungsstrategien. Die ACCD besteht noch heute und verfügt neben den ehrenamtlichen Spitzenpersönlichkeiten zwischenzeitlich über einen kleinen Stab fest angestellter Mitarbeiter. Im Ergeb-

---

strieregionen: Ökonomischer Strukturwandel und Regionalpolitik im internationalen Vergleich. Baden-Baden 1988, S. 17ff.

9 Vgl. Föbinger, A., Reaktivierung von Industriebrachen in Pittsburgh, in: Kunzmann, K. R., Lang, M., Theisen R. (Hrsg.), Pittsburgh – eine Erfolgsgeschichte?, Dortmund 1993, S. 135.

10 Vgl. Kruzewicz, M., Schuchardt, W., a.a.O., S. 761. Vgl. Muller, E. K., a.a.O., S. 17ff.

11 Vgl. Kruzewicz, M., Schuchardt, W., a.a.O., S. 762.

12 Giarratani, F., Houston, D. B., Economic Change in the Pittsburgh Region, in: Hesse, J. J (Hrsg.), Die Erneuerung alter Industrieregionen: Ökonomischer Strukturwandel und Regionalpolitik im internationalen Vergleich, Baden-Baden 1988, S. 49ff. Coleman, Morton, Public/Private kooperative Response Patterns to Regional Structural change in the Pittsburgh Region, in: Hesse, J. J. (Hrsg.), Die Erneuerung alter Industrieregionen: Ökonomischer Strukturwandel und Regionalpolitik im internationalen Vergleich, Baden-Baden 1988, S. 124ff.

13 Vgl. Coleman, M., a.a.O., S. 132ff.

14 Vgl. Kunzmann, K. R., Pittsburgh, eine Erfolgsgeschichte?, in: Kunzmann, K. R., Lang, M., Theisen R. (Hrsg.), Pittsburgh, eine Erfolgsgeschichte?, Dortmund 1993, S. 13f .Vgl. Tank, H., Alt-industrialisierte Gebiete: Lösungswege in den Regionen Pittsburgh/USA und Glasgow/GB, Dortmund 1988, S. 48f.

nis der seit den 40er Jahren praktizierten öffentlich-privaten Partnerschaften konnten spektakuläre Ansiedlungserfolge und eine Erneuerung des städtebaulichen Gesichts der Stadt erreicht werden[15], so dass Pittsburgh heute als die *most livable city* in den USA angepriesen wird[16].

Das Pittsburgh Projekt wurde bei seiner Einrichtung nicht als PPP tituliert, sondern eher nachträglich diesem Begriff untergeordnet. Die Begriffsetzung „Public Private Partnership" erfolgte in der dem Pittsburgh-Projekt folgenden Entwicklung kooperativer Elemente. Sie lässt sich in zeitlicher Hinsicht in zwei Entwicklungsschübe einteilen[17]: Der erste, direkt auf Pittsburgh folgende Schub der PPPs in der Stadtentwicklung hielt in vielen amerikanischen Kommunen bis in die Mitte der 60er Jahre an; danach sank das Aktivitätsniveau der PPPs bis in die 70er Jahre infolge von Kürzungen im staatlichen Zuweisungssystem für Wohnungsbau und Stadtentwicklung[18]. Im zweiten Entwicklungsschub erlangten die PPP eine größere Bedeutung mit dem Rückzug des Zentralstaates und dem Abbau mehrerer interventionistischer Programme in den 80er Jahren[19], in denen PPPs politische Unterstützung durch konservative Regierungen fanden[20]. Der Begriff selbst entstammt der Carter-Ära und wurde dort innerhalb der New-Urban-Policy formuliert[21]. Mit Carters Initiative für die Städte, dem Urban Development Action Grant, konnten sich die Städte um Bundeszuschüsse als Starthilfen (seed money) bewerben. Allerdings mussten sie, um die Zuschüsse zu erhalten, zunächst geeignete private Partner präsentieren. Die Reagan-Ära in den 80er Jahren, innerhalb derer der PPP-Gedanke als politisch-ideologisches Verhaltensmuster[22] aufgegriffen wurde, führte zu einer immer stärker werdenden Ausbreitung der PPP. Der politisch erwünschte Rückzug des Bundesstaates aus

---

15 Vgl. Kirsch, D., Public Private Partnership: Eine empirische Untersuchung der kooperativen Handlungsstrategien in Projekten der Flächenerschließung und Immobilienentwicklung, Köln 1997, S. 33.

16 Vgl. Kunzmann, K. R., Lang, M., Theisen, R., Vorwort, in: Kunzmann, K. R., Lang, M., Theisen R. (Hrsg.), Pittsburgh – eine Erfolgsgeschichte?, Dortmund 1993, S. 5ff.

17 Vgl. Höftmann, B., Public Private Partnership als Instrument der kooperativen und sektorübergreifenden Leistungserstellung – dargestellt an der neu strukturierten kommunalen Abfallwirtschaft, Lütjensee 2001, S. 14.

18 Vgl. Höftmann, B., a.a.O., S. 8.

19 Vgl. Kestermann, R., Public-Private Partnership, Anmerkungen zur Rezeption eines Modebegriffs, in: RaumPlanung 62/1993, S. 208.

20 Vgl. Savas, E. S., Privatizing the public Sector: How to shrink government, Chatham, 1982, S. 2ff.

21 Vgl. Kestermann, R. (1993), a.a.O., S. 208.

22 Vgl. Höftmann, B., a.a.O., S. 9.

öffentlichen Aufgabenfeldern wies den Kommunen die Lasten zu, die, im nachhinein gesehen, ursächlich für die PPP waren. Die nun auf Kommunalebene anfallenden Probleme sollten eben *nicht* mit öffentlich geplanten Maßnahmen begegnet werden, da *öffentlich* organisierte Lösungen an sich als eine Ursache wirtschaftlicher Ineffizienz ausgemacht wurden[23]. Ausgehend von der Erkenntnis, dass eine privatwirtschaftliche Organisation einer öffentlichen Organisation in Bezug auf Effizienz überlegen ist, wurden als Lösungen Privatisierung und alternativ PPPs propagiert[24]. Kürzungen der Bundesmittel stellten die Kommunen vor die Entscheidung, sich innerhalb einer Totalprivatisierung vollständig aus bisher öffentlichen Bereichen zurückzuziehen oder ihre Kompetenz durch Kooperation mit Privaten innerhalb einer PPP zu nutzen und so die finanziellen Engpässe zu lindern[25]. So griffen die Gemeinden weniger aus Einsicht, sondern eher aus der Überlebensnotwendigkeit zum Mittel der PPP mit der Folge, dass PPPs einen geradezu charakteristischen Bestandteil der US-amerikanischen Stadtentwicklung darstellen[26]. Letztendlich ist eben dieses bundesstaatlich erzwungene Verhalten der Kommunen für die Blütezeit der PPP verantwortlich[27]. Seit dieser Entwicklung boomt die PPP-Bewegung in den USA[28], und sie war beim Amtsantritt des Präsidenten George Bush im Jahre 1988 so erfolgreich, dass sie nahezu Allgemeingültigkeit[29] in der Lösung verschiedenster Anforderungen beanspruchen konnte. PPP stellt in den Reformbemühungen amerikanischer Kommunen heute einen festen Bestandteil[30] der Bewältigung ökonomischer Probleme dar.

---

23 Vgl. Fainstein, N. I., Fainstein, S. S., Öffentlich-private Partnerschaften bei der Stadterneuerung und Stadtentwicklung in den USA, in: Heinz, W. (Hrsg.), Public private partnership – ein neuer Weg zur Stadtentwicklung?, Stuttgart/Berlin/Köln 1993, S. 72.

24 Vgl. Bendick, M., Levinson, P. M., Private-Sector Initiatives or Public-Private Partnerships?, in: Salamon, L.M., Lund, M. S. (Hrsg.), The Reagan Presidency and the Governing of America, Washington, 1981, S. 476f. Vgl. Schneider-Sliwa, R., Kernstadtverfall und Modell der Erneuerung in den USA: Privatism, Public Private Partnerships, Revitalisierungspolitik und sozialräumliche Prozesse in Atlanta, Boston und Washington D.C., Berlin 1996, S. 31.

25 Vgl. Höftmann, B., a.a.O., S. 9.

26 Vgl. Levine, M. V., The Politics of Partnership: Urban Redevelopment Since 1945, in: Squires, G.D. (Hrsg.): Unequal Partnerships. The Political Economy of Urban Redevelopment in Postwar America, New Brunswick u.a. 1989, S. 12.

27 Vgl. Kestermann, R., Public-Private-Partnership in den USA und der Bundesrepublik Deutschland, Bonn 1992, S. 14.

28 Vgl. Kestermann, R. (1992), a.a.O., S. 15.

29 Vgl. Fainstein, N. I., Fainstein, S.S., a.a.O., S. 72.

30 Vgl. Höftmann, B., a.a.O., S. 10.

1.2.2 Sozioökonomische Rahmenbedingungen als Förderer der PPP

Die Einrichtung einer PPP setzt Vertrauen gegenüber privater unternehmerischer Initiative voraus. Vor dem Hintergrund kultureller und sozioökonomische Rahmenbedingungen entstand in Nordamerika eine ökonomische Atmosphäre, die durch Vertrauen in privatwirtschaftliches Handeln geprägt ist[31]. Darüber hinaus entwickelten sich im Verlauf des historischen Wachstums Nordamerikas starke demokratische Kräfte, die einen grundlegenden Widerstand gegen staatliche Fremdherrschaft und gegen jede Art von staatlicher Vorherrschaft manifestieren[32]. Weil die öffentliche Hand in der Allokation von Gütern, Kapital und politischer Macht nur eine von vielen und dabei nicht die beherrschende ist[33], wird dem Handeln privater und privatwirtschaftlicher Akteure von jeher eine zentrale Rolle zugewiesen[34]. Einen hohen gesellschaftlichen Stellenwert genießen daher die lokalen Initiativen, bürgerliche Selbsthilfebewegungen, Sponsoren, Stiftungen, Nachbarschaftsaktionen und kirchliche Hilfsaktionen[35]. Diese Wertvorstellungen des Individualismus und der Priorität der Privatinitiative sind unter dem Begriff des *privatism* bekannt geworden[36]. *Privatism* ist als die wichtigste kulturelle Tradition der USA und vorherrschende Gesellschaftsform auch in dic Planungs- und Städtepolitik eingedrungen[37]. In der Praxis ist der öffentliche Sektor in den USA traditionell gering ausgeprägt, und die private Wirtschaft wird im Vergleich zu anderen entwickelten Volkswirtschaften von der öffentlichen Hand wesentlich stärker privilegiert[38]. So ist beispielsweise die kommunale Ebene in rechtlicher Hinsicht schwach[39] und wirtschaftlich leicht verwundbar und hat auch vom Bund und dem Einzelstaat keine bedeutende Unterstützung zu erwarten. Die

31 Vgl. Schneider-Sliwa, R., a.a.O., S. 20ff.

32 Vgl. Lang, M., Theisen, R., Die USA und Pittsburgh, eine Einführung, in: Kunzmann, K. R., Lang, M., Theisen, R. (Hrsg.), Pittsburgh –eine Erfolgsgeschichte?, Dortmund 1993, S. 29f.

33 Vgl. Lang, M., Theisen, R., a.a.O., S.29f.

34 Vgl. Schneider-Sliwa, R., a.a.O., S. 28.

35 Schulz zur Wiesch, J., Das Doppelgesicht der Metropolen – Tendenzen in der amerikanischen Stadtentwicklung, in: AfK 1993, S. 25.

36 Vgl. Warner, S. B., The Private City: Philadelphia in Three periods of its Growth, University of Pennsylvania Press, Philadelphia 1968, S. 3f.

37 Barnekov, T., Boyle, R., Rich, D., Privatism and Urban Policy in Britain and the United States, New York 1989, S. 1.

38 Vgl. Lang, M., a.a.O., S. 44.

39 Der Begriff Stadt ist in der amerikanischen Verfassung nicht erwähnt. Die Städte verfügen über keine politische Souveränität, sondern sind den Bundesstaaten zugeordnet. Vgl. Strom, E. A., Öffentlich private Partnerschaften bei der Stadterneuerung in den USA – Fünf Fallbeispiele, in: Heinz, W. (Hrsg.), Public private partnership – ein neuer Weg zur Stadtentwicklung?, Stuttgart/Berlin/Köln 1993, S. 133.

Art der zu erhebenden Steuern sowie die Möglichkeiten der Fremdfinanzierung sind von den Verfassungen der Bundesstaaten begrenzt, so dass der Haushaltsplan nur einen äußerst eingeschränkten finanziellen Spielraum zulässt. Die geringen Landes- und Bundeszugaben reichen in Anbetracht der beschränkten eigenen Mittel üblicherweise nicht aus, um benachteiligte Stadtteile zu revitalisieren, Minderheiten zu integrieren und private Bürgerinteressen zu berücksichtigen. Es kann geradezu von einer Abhängigkeit des kommunalen Haushaltes von den Ansiedlungs- und Investitionsentscheidungen privater Unternehmen und Haushalte gesprochen werden, so dass die Kooperation mit privaten Akteuren aus finanziellen Gesichtspunkten notwendig ist[40]. Zu den finanziellen Sachzwängen und dem ausgeprägten Föderalismus kommt die generelle Planungsschwäche der öffentlichen Hand[41]. Die Regionalplanung ist eher auf kurzfristige Maßnahmen ausgerichtet als auf langfristig substantielle Eingriffe und tendiert zum Aufschieben grundsätzlicher Entscheidungen[42]. Systemgerecht erscheint es daher, dass das vorherrschende Vakuum an Regional- und Landesplanung im Vertrauen auf *privatism* schon früh durch PPP-Initiativen bei der Entwicklung der Zukunftsstrategie für den Raum ausgeglichen wurde[43].

1.3 Entwicklungsstand in Deutschland

1.3.1 Entwicklung der PPP in Deutschland

Im Gegensatz zu den USA ist in Deutschland kein initiales PPP-Projekt wissenschaftlich verbreitet. Vielmehr kam es zu einer Stück-für-Stück-Entwicklung, aus der sich die PPPs zu einer Option für nahezu alle nicht hoheitlichen Bereiche der Verwaltung entwickelten.

Die Zusammenarbeit der öffentlichen Hand mit privaten Unternehmen ist in der Bundesrepublik nichts Neues. Sie stand hier im Zusammenhang mit den gemischtwirtschaftlichen Betrieben bereits im 19. Jahrhundert zur Diskussion[44]. Ei-

---

40 Vgl. Lang, M., a.a.O., S. 44.
41 Vgl. Strom, E. A., a.a.O., S. 132 ff.
42 Vgl. Coleman, M., a.a.O., S. 124.
43 Vgl. Kruzewicz, M, Schuchardt, W., a.a.O., S. 762f. Vgl. Barnekov, T., Boyle, R., Rich, D., a.a.O., S. 1
44 Vgl. Püttner, G. (1988a), Chancen und Gefahren gemischtwirtschaftlicher Zusammenarbeit, in: Gesellschaft für öffentliche Wirtschaft und Gemeinwirtschaft (Hrsg.), Gemischtwirtschaftlichkeit und öffentliche Aufgabe, Referate und Diskussionsbei-

nen hohen Bekanntheitsgrad errangen Kooperationen unter Beteiligung mehrerer Städte im Jahre 1905 mit der Einrichtung des RWE als gemischtwirtschaftliches Unternehmen[45]. Tatsächlich mit dem Begriff PPP versehene Projekte dokumentieren sich seit Mitte der 80er Jahre[46]. Die Linderung des mit städtebaulichen Vorhaben verknüpften großen Kapitalbedarfes mit Hilfe privaten Engagements führte zu der Geburtsstunde der PPP mit ihrer anfänglich weitesten Verbreitung in Nordrhein-Westfalen[47].

Seit 1982 bestimmen Begriffe wie Privatisierung, Deregulierung, Entbürokratisierung und Dezentralisierung das Bild der Politik. Staatsinterventionismus sollte zurückgedrängt und die Bevormundung zugunsten mehr Selbstverantwortung im Sinne des Subsidiaritätsprinzips abgebaut werden. Maßgebliche Teile der Politik blieben bis über den Regierungswechsel 1998 erhalten[48]. PPPs werden heute von breiten Schichten der Politik als Lösungsstrategie propagiert.

Dank der Erfolge aus der Stadtentwicklung gibt es zwischenzeitlich praktisch keinen Gegenstandsbereich öffentlicher Aufgabenerfüllung mehr, der nicht von PPP erschlossen ist oder sich erschließen ließe[49]. Heute gibt es PPPs im Städtebau[50], in der Infrastrukturentwicklung[51], im Bildungsbereich, als Finanzierungsinstrument[52], an den Hochschulen[53], in der Forschung[54], in den neuen Medien[55],

---

träge einer Vortrags- und Diskussionsveranstaltung der Gesellschaft für öffentliche Wirtschaft und Gemeinwirtschaft am 17. November in Köln, Berlin, 1988, S. 18.

45 Vgl. Müller, R. H., Positive Erfahrungen mit der Gemischtwirtschaftlichkeit beim RWE, in: Gesellschaft für öffentliche Wirtschaft und Gemeinwirtschaft (Hrsg.), Gemischtwirtschaftlichkeit und öffentliche Aufgabe, Referate und Diskussionsbeiträge einer Vortrags- und Diskussionsveranstaltung der Gesellschaft für öffentliche Wirtschaft und Gemeinwirtschaft am 17. November in Köln, Berlin 1988, S. 34.

46 Vgl. Kestermann, R. (1992), S. 27 . Vgl. Heinz, W., in: Heinz, W. (Hrsg.), Public private partnership – ein neuer Weg zur Stadtentwicklung?, Stuttgart/Berlin/Köln 1993, S. 33.

47 Vgl. Heinz, W., Public Private Partnership im Städtebau, www.difu.de, Seitenaufruf vom 31.03.2002.

48 Vgl. Brühl, H., Kodolitsch, P. von , Die Verantwortung des Bürgers für seine Stadt, in: AfK 1993, S. 65.

49 Vgl. Greiling, D., Public Private Partnership, in: WiSt 2002, S. 339.

50 Vgl. Heinz, W. (1993a), a.a.O., S. 29ff. Vgl. Krautzberger, M., Neue Modelle des Verwaltungshandelns Public Private Partnership – Kooperationsmodelle aus städtebaulicher Sicht, in: Städte- und Gemeinderat, 2/1993, S. 44ff.

51 Vgl. Beirat für Wirtschafts- und Sozialfragen, Innovative Kooperationen für eine leistungsfähige Infrastruktur – Eine Bewertung des Potentials von Public Private Partnership, Wien 1998.

52 Vgl. Schlenke, E. H., Biedermann, A., Kooperation zwischen öffentlicher Hand und Privatwirtschaft, Public-Private-Partnership, in: Die Bauwirtschaft 1994, S. 61.

in der Wirtschaftsförderung[56], im Kulturbereich[57] und sogar an der Grenze zu hoheitlichen Aufgaben in der öffentlichen Sicherheit[58], um nur einige Beispiele zu nennen[59].

Nicht unerwähnt bleiben soll, dass die PPPs aufgrund ihres praktischen Stellenwertes inzwischen eine so hohe Bedeutung errungen haben, dass seitens des Gesetzgebers darüber nachgedacht wird, für die Ausgestaltung spezieller PPPs Vertragstypen, Vertragsklauseln und möglicherweise erforderliche Normen im Verwaltungsverfahrensrecht erstmalig zu verankern[60]. Da allerdings diese Erwägungen noch ganz am Anfang stehen und, falls überhaupt zusätzliche Regelungen sinnvoll sind (was zu prüfen wäre), noch kein konkretes Gesetz in Aussicht steht,

---

53 Vgl. Tettinger, P. J., Kooperation auf neuer Basis, Zur juristischen Ausgestaltung von Public Private Partnership in Forschung und Entwicklung sind Leitlinien erforderlich, in: Wissenschaftsmanagement 1999, S. 24ff.

54 Vgl. Vogel, B., Stratmann, B., Public Private Partnership in der Forschung, Neue Formen der Kooperation zwischen Wissenschaft und Wirtschaft, hrsg. von HIS Hochschul-Informations-System GmbH, Hannover 2000, S. 2ff.

55 Vgl. Eifert, M., Stapel-Schulz, C., Organisation der virtuellen Stadt in Public Private Partnership – Entwicklungen von Städten und Gemeinden im Internet, in: ZögU 2002, S. 277ff.

56 Vgl. Birnstiel, D., Public Private Partnership in der Wirtschaftsförderung, in: Ridinger, R., Steinröx, M. Regionale Wirtschaftförderung in der Praxis, Köln 1995, S. 225ff.

57 Vgl. Duda, A., Hausmann, A., Public Private Partnerships zur Ressourcenbündelung im Kulturbereich, in: ZögU 2000, S. 340ff.

58 Vgl. Stober, R., Sicherheitspartnerschaften im „aktivierenden Staat", in: Stober, R. (Hrsg.), Public-Private-Partnerships und Sicherheitspartnerschaften, Köln 2000, S. 1ff.

59 Eine Sammlung an Praxisbeispielen bieten Hewel, B. (Hrsg.), Verwaltung reformieren, Öffentlich-private Management-Beispiele aus der Praxis, Frankfurt am Main 1995, und Heinz, W. (Hrsg.) (1993a), a.a.O., und Steirisches Institut für Politik und Zeitgeschichte (Hrsg.), Public Private Partnership im Umweltbereich, in: Politicum, Graz 2001, und Stifterverband für die Deutsche Wissenschaft (Hrsg.), Public Private Partnership Neue Formen der Zusammenarbeit von öffentlicher Wissenschaft und privater Wirtschaft, Essen 1999, S. 3ff. und Deutscher Städte- und Gemeindebund, Public-Private Partnership – Neue Wege in Städten und Gemeinden, Dokumentation Nr. 28, www.dstgb.de, Seitenaufruf vom 29.11.2002.

60 Vgl. Zypries, B., Moderner Staat – Moderne Verwaltung – Leitbild und Programm der Bundesregierung, Speyer, 2000, S. 11. Vgl. Schuppert, G. F., Grundzüge eines zu entwickelnden Verwaltungskooperationsrechts, Regelungsbedarf und Handlungsoptionen eines Rechtsrahmens für Public Private Partnership, Rechts- und verwaltungswissenschaftliches Gutachten erstellt im Auftrag des Bundesministers des Inneren 2001.

soll im Rahmen dieser Arbeit ausschließlich von der aktuell gültigen Gesetzeslage ausgegangen werden.

1.3.2 Triebkräfte der PPP-Entwicklung

„Structural change is a major stimulus to action“[61] formulieren *Bennett* und *Krebs* und treffen den initialen Beweggrund des vermehrten Auftretens der PPPs genau. PPPs können eine Lösungsstrategie für bestimmte sich verändernde Rahmenbedingungen sein. Sie etablierten sich Anfang der 90er Jahre in einem Umfeld, das sich durch eine hohe politische, technische und finanzielle Dynamik kennzeichnen lässt. Bis dahin für nahezu unmöglich gehaltene politische Entwicklungen in Mitteleuropa führten mit dem Abschluss des Vertrages zur Herstellung der Einheit Deutschlands zu bisher unbekannten politischen und ökonomischen Bedingungen[62]. Ein enormer politischer, administrativer und nicht zuletzt finanzieller Aufwand war zu bewältigen[63]. Zeitgleich wechselten die ökonomischen Rahmenbedingungen, die bisher durch eine relativ abgeschlossene Volkswirtschaft gekennzeichnet waren, mit der Verwirklichung des Binnenmarktes und der Einführung einer einheitlichen europäischen Währung ihre Struktur in einem bisher unbekannten Maße hin zu Wettbewerb auf europäischer Ebene. Insgesamt sind die ökonomischen und politischen Rahmenbedingungen durch einen tief greifenden Strukturwandel[64] bestimmt. Wie sich zeigen wird, konkretisiert sich dieser in einzelnen Veränderungen, die insbesondere die öffentliche Hand treffen.

---

61 Vgl. Bennett, R. J., Krebs, G., Public-Private Partnership Initiation in Britain and Germany, London, 1991, S. 8.

62 Vgl. Neugebauer, A., Vorübergehende Staatsbeteiligung an ostdeutschen Unternehmen: eine ergänzende Maßnahme im Privatisierungsprozeß, Freiburg 1993, S. 9ff.

63 Vgl. Schäfer, B., Privatisierung öffentlicher Aufgaben – ein Plädoyer für die wirtschaftlichere Lösung, in: Sparkasse 1992, S. 142.

64 Vgl. Buschor, E., Ein wirkungsorientiertes Modell der kommunalen Verwaltungsführung, in: Banner, G. (Hrsg.), Kommunale Managementkonzepte in Europa, Köln 1993, S. 176f. Vgl. Bargehr, B., Verwaltungsmarketing, in: Strehl, F. (Hrsg.), Managementkonzepte für die öffentliche Verwaltung: Betriebswirtschaftliche Ansätze zur Leistungssteigerung, Innsbruck 1993, S. 12ff. Vgl. Schauer, R., Neuere Entwicklungen auf dem Gebiet des Nonprofit-Management – Entwicklungstendenzen auf dem Nonprofit-Sektor –, in: Budäus, D., Reichard, C., Schauer, R., Public und Nonprofit Management: Neuere Entwicklungen und aktuelle Problemfelder, Hamburg 2002, S. 44.

Der Binnenmarkt schafft die Freiheit, Waren und Dienstleistungen aus allen Ländern der Union in allen Ländern der Union ohne in der Grenzüberschreitung begründete Hindernisse anzubieten und nachzufragen. *Wer* die Leistung anbietet, ist dabei unbedeutend. Das Gemeinschaftsrecht gilt ausdrücklich auch für öffentliche und mit anderen Sonderrechten ausgestattete Unternehmen[65]. Damit sind öffentliche Monopole, soweit sie nicht technisch begründet sind, im Sinne der Wettbewerbskonzeption der Europäischen Union einer neuen Konkurrenz ausgesetzt: Öffentliche Unternehmen dürfen heute, abweichend von der früheren Praxis des gesetzlichen Schutzes bestimmter öffentlicher Unternehmen[66], keine Vorteile mehr genießen[67]; sie unterliegen wie die privaten Unternehmen zwingend den Gesetzen des Marktes[68]. Damit könnte beispielsweise der öffentliche Personennahverkehr[69], ein öffentliches Monopol, in den kommenden Jahren privaten Wettbewerbern ausgesetzt werden. So steht die öffentliche Hand, insbesondere in Form öffentlicher Unternehmen, vor vollkommen anderen Herausforderungen als noch einige Jahre vorher[70]. Eine gewisse technische Innovation vorausgesetzt, wechseln immer mehr öffentliche Unternehmen vom Mono- zum Oligopol, in Einzelfällen sogar zum Polypol (beispielsweise auf dem Markt für Call-by-Call Gespräche im Telekommunikationsbereich). Gleichzeitig ging mit Einführung der gemeinsamen Währung der Schutz durch die heimische Währung verloren. Da Monopole sich oft in öffentlicher Hand befinden, trifft die Herausforderung des Wechsels vom Mono- zum Oligo- oder Polypol die öffentliche Hand weit mehr als die Privatwirtschaft, die Konkurrenzmärkte gewöhnt ist.

---

65 Wilms, G., Das Europäische Gemeinschaftsrecht und die öffentlichen Unternehmen, Speyer 1996, S. 28ff.

66 Als Beispiel sei die Gewährträgerhaftung der Landesbanken genannt.

67 Vgl. Brede, H., In der Zange: Unternehmen der öffentlichen Hand unter dem Druck von Subsidiaritätsprinzip und Marktöffnung in Deutschland, in: ZögU 2003, S. 177f.

68 Vgl. Debene, M., Das EG-Recht gegen die öffentlichen Unternehmen: Assimilierung und/oder Diskriminierung, in: IFIG (Hrsg.), Perspektiven der öffentlichen Wirtschaft in Europa – Die Aufgaben der öffentlichen Unternehmen im Binnenmarkt, Baden-Baden 1994, S. 86.

69 Vgl. Hübner, R.E., Modernisierung bei der Wuppertaler Stadtwerke AG, in: Hewel, Brigitte, (Hrsg.), Verwaltung reformieren Öffentlich-private Partnerschaften – Management-Beispiele aus der Praxis, Frankfurt am Main 1995, S. 89. Vgl. Wolff, B., Public-Private Partnerships, in: Schenk, Karl-Ernst, Schmidtchen, Dieter, Streit, Manfred E. (Hrsg.), Vom Hoheitsstaat zum Konsensualstaat: Neue Formen der Kooperation zwischen Staat und Privaten, Jahrbuch für Neue Politische Ökonomie 1996, S. 243.

70 Vgl. Edeling, T., Stadtwerke zwischen Markt und Politik, in: ZögU 2002, S. 127ff.

Ein Privatisierungsgebot dagegen beinhaltet das Gemeinschaftsrecht nicht. Soweit staatliches Eigentum vorliegt, kann es beibehalten werden[71].

Als Schutzschild gegenüber oligo- oder polypolitischer Konkurrenz verbleibt die technische Begründung der Monopolstellung, zum Beispiel im Falle natürlicher Monopole. Jedoch fallen die Deregulierungsbemühungen in eine Zeit technischer Neuerungen, die zu einem Aufheben oder zu einer Lockerung technischer Monopole führen. Beispielhaft sei die Telekommunikationsbranche genannt, in der das etablierte Monopolfestnetz Konkurrenz durch Mobilkommunikation erhält. Im Ergebnis wird der Spielraum der öffentlichen Hand, seine traditionellen Monopolbetriebe durch technische Begründungen zu schützen, immer geringer, so dass der Druck des Marktes sukzessive Einzug in öffentliche Unternehmen hält.

Die technische Revolution der vergangenen Jahre löst nicht nur monopolistische Nischen auf. Mit der Bereitstellung moderner Informations- und Kommunikationstechnik für breite Kreise der Bevölkerung und der Wirtschaft ist die Verwaltung in die Zwangslage des Mithaltens mit dem technischen Fortschritt geraten. Dabei verstrickten sich schon in der Vergangenheit die Bemühungen um moderne Verwaltungsinformatik[72] in einem Dickicht aus menschlichen Widerständen, einer kulturell bedingten Technik-Aversion und wachstumsbedingt fehlenden Anpassungszwängen[73]. Mit dem Aufkommen des Internet hat sich der Entwicklungsstau in der Informations- und Kommunikationstechnologie des öffentlichen Sektors derart verstärkt, dass eine Lösung unumgänglich geworden ist.

Der Strukturwandel findet vor dem Hintergrund einer latenten Schwäche öffentlicher Unternehmen in Bezug auf ökonomische Effizienz statt. Nach der Meinung eines Teils der Bürger arbeiten öffentliche Unternehmen tendenziell unwirtschaftlich und auf den Einzelfall bezogen, langsam, teuer und wenig kundenfreundlich[74]. Gefordert wird die Einsetzung eines Managements, das den differenzierten Leistungsansprüchen der Gesellschaft genügt und sich an den Prinzipien privater Unternehmen anlehnt[75]. Dabei ist die gesellschaftliche Atmosphäre,

---

71 Vgl. Debene, M., a.a.O., S. 86.

72 Vgl. Beyer, L., Informationsmanagement und öffentliche Verwaltung, Wiesbaden 1992, S. 5ff.

73 Vgl. Reinermann, H., Der öffentliche Sektor im Internet – Veränderungen der Muster öffentlicher Verwaltungen, Speyer, 2000, S. 2.

74 Vgl. Erd, R., Privatisierung öffentlicher Dienstleistungen – Stärken und Schwächen, in: Hewel, B. (Hrsg.), Verwaltung reformieren Öffentlich-private Partnerschaften – Management-Beispiele aus der Praxis, Frankfurt am Main 1995, S. 3.

75 Vgl. Erd, R., a.a.O., S. 4.

vor deren Hintergrund die Entwicklung stattfindet, relevant. Sie wird gekennzeichnet durch einen grundlegenden Paradigmenwechsel von Gesellschaft, Staat und Wirtschaft[76]. Der gesellschaftliche Trend der 70er Jahre hin zu Kollektivismus und einem größeren öffentlichen Einfluss in verschiedenen Lebensbereichen hat sich seit den 90er Jahren grundlegend gewandelt. Anstelle von Kollektivismus und Sozialisierung genießt Individualisierung einen hohen Stellenwert; wenig öffentlicher Einfluss in private Lebensbereiche ist anstelle einer in alle Lebensbereiche eindringenden staatlichen Bevormundung der Zeitgeist. Bezogen auf die Organisationsform, werden auf dem Weg von der postindustriellen Arbeitsgesellschaft, die durch zentrale, starre, dirigistische Organisationsformen öffentlicher Aufgabenerfüllung gekennzeichnet war, in der modernen Informationsgesellschaft flexible, individualisierte Organisationsformen nachgefragt[77]. Flexibilität und Individualität sind dabei Begriffe, die eher mit privat als mit öffentlich geführten Institutionen verbunden werden[78].

Aus Sicht des herkömmlichen Verwaltungsverständnisses ließen sich die Auswirkungen des Strukturwandels in einem einzigen Faktor, nämlich einem zusätzlichen Finanzbedarf, zusammenfassen. Alle sich an der öffentlichen Hand konzentrierenden Probleme könnten mit der Zuhilfenahme additiver Ressourcen bewältigt werden. Allerdings sind finanzielle Spielräume öffentlicher Haushalte zwischenzeitlich eine nahezu unbekannte Situation, und es kann ohne weitere Nachweise festgehalten werden, dass die Belastung des Bürgers mit Zahlungen an die öffentliche Hand in Form von Steuern, Gebühren oder Sozialabgaben die Grenze des politisch und ökonomisch Akzeptablen erreicht hat. Weiterhin wären Haushaltsmittelzuflüsse in Form einer erhöhten Kreditaufnahme der Gebietskörperschaften möglich; jedoch wird die öffentlichen Hand hier durch die Nebenwirkungen supranationaler Erfolge getroffen. Die Kreditaufnahme ist infolge der Gemeinschaftswährung nicht ausdehnbar (Stichwort Defizitkriterium[79]) und dem Bürger, der auch auf eine weitere Verschuldung allmählich sensibel zu reagieren beginnt, nicht zuzumuten. Insofern müssen die Finanzschwäche und die Ver-

---

76 Vgl. Ambrosius, G., Negativurteile über öffentliche Dienstleistungssysteme im gesellschaftlichen Wandel, in: ZögU 2000, S. 225ff.

77 Vgl. Ambrosius, G., a.a.O., S. 225.

78 Vgl. Grandke, G., Modell Offenbach – Wege aus der Finanzkrise, in: Hewel, Brigitte, (Hrsg.), Verwaltung reformieren Öffentlich-private Partnerschaften – Management-Beispiele aus der Praxis, Frankfurt am Main 1995, S. 21.

79 Jedoch haben in der Praxis auch die Bemühungen im Rahmen der EU-Konvergenzkriterien und des Stabilitäts- und Wachstumspaktes bisher nicht zu einer nachhaltigen Konsolidierung der Staatsfinanzen geführt. Vgl. Finger, S., Staatsverschuldung und Verwaltungsreform in der Demokratie – Reforminstrumente und ihre politische Durchsetzbarkeit, Wiesbaden 2001, S. 88.

schuldung der öffentlichen Hand als weitere Bestandteile des Strukturwandels hingenommen werden.

Grundsätzlich ist ein Strukturwandel in der Entwicklung moderner Industrie- Informationsgesellschaften nicht ungewöhnlich; er bestimmt geradezu die Ökonomie. Bereits 1989, als die genannten nationalen und supranationalen Veränderungen kaum abzusehen waren, die technische Situation viel leistungsschwächer und die Haushaltslage weit weniger dramatisch war als heute, erkannten *Kruzewicz* und *Schuchardt* eine zeitliche und räumliche Zuspitzung der Rahmenbedingungen der öffentlichen Wirtschaft, die dem Strukturwandel insgesamt den Charakter eines *epochalen Strukturbruches* verleihe[80]. Dieser sei in seiner Komplexität, in seiner quantitativen und seiner hohen Eigendynamik durch klassische Politiken und tradierte Handlungsmuster nicht zu bewältigen[81]. Diese Erkenntnisse gelten für die heutige Situation in geradezu potenziertem Ausmaß.

Was die Lösungsmöglichkeiten des Strukturwandels durch die öffentliche Hand angeht, so sind die Erkenntnisse der Verwaltungsreform im New Public Management (NPM) zahlreich. Die PPPs ordnen sich in das NPM ein[82] und stellen eine Lösung für bestimmte Bereiche der öffentlichen Erstellung von Gütern und Diensten dar. Aus organisatorischer und Ressourcensicht sind, den Strukturwandel zusammenfassend, Lösungen gefragt, die

- den auf Ebene der EU eingeleiteten wettbewerblichen Wandel bewältigen,
- die technischen Entwicklungen meistern,
- der gesellschaftlichen Atmosphäre gerecht werden,
- sich in die Verwaltungsreform einpassen lassen und
- die finanzielle Situation der Trägerhaushalte entspannen.

Hierbei spielt die PPP eine wichtige Rolle. Die öffentliche Hand kann sich bei Überwindung der bisherigen Dichotomie zwischen öffentlichem und privatem Sektor den Vorteilen kooperativen Arbeitens mit Hilfe der PPPs bedienen und so einen organisatorischen Beitrag zu der Bewältigung der aktuellen Herausforderungen leisten. Da Entstehungsgründe einer Organisation mit den Gestaltungsperspektiven ökonomisch-theoretisch zusammenhängen[83], wird in der laufenden

---

80 Vgl. Kruzewicz, M., Schuchardt, W., a.a.O., S. 761.

81 Vgl. Kruzewicz, M., Schuchardt, W., a.a.O., S. 761.

82 Vgl. Abschnitt 3.1.1.2.

83 Vgl. Jickeli, J., Der langfristige Vertrag: eine rechtswissenschaftliche Untersuchung auf institutionenökonomischer Grundlage, Baden-Baden 1996, S. 53.

Untersuchung an verschiedenen Stellen auf die initialen Triebkräfte der PPPs zurückgekommen.

1.4 Begriffliche und inhaltliche Abgrenzung von PPP

1.4.1 Herleitung der Arbeitsdefinition

Die öffentliche Hand nutzt die Gelegenheit der Kooperation mit Privaten in vielfältiger Form. Aus Sicht der Verwaltungswissenschaftler hat die große Pluralität der praktizierten Projekte, die unter dem Namen PPP veröffentlicht werden[84], eine inhaltliche Unschärfe des Begriffes verursacht[85]. Während die politische Praxis sich die inhaltliche Unbestimmtheit anlässlich der Verwendung des Begriffes für alle denkbaren Formen des Zusammenwirkens von Hoheitsträgern und privaten Wirtschaftssubjekten zunutze machen kann, ist für die ökonomische Forschung eine sachgerechte Definition zur Abgrenzung des Arbeitsgebietes erforderlich.

Die Abgrenzung des Begriffes erfolgt in der Literatur auch nach 20 Jahren PPP-Erfahrung je nach Autor und Intention des Beitrages unterschiedlich weit oder spezialisiert. Rund um den Begriff der PPP herrscht allgemeine „Verwirrung"[86]. Auf den ersten Blick wird die Vokabel PPP für alle denkbaren Strukturen ökonomischer Aktivität an der Schnittstelle von privatem und öffentlichem Sektor strapaziert und hat eine kaum überschaubare Formenvielfalt angenommen[87]. Das Spektrum der wissenschaftlichen Verwendung der PPP reicht von allgemeinen Formulierungen wie alle Arten von öffentlich-privatem Zusammenwirken, die durch Kommunikation, Koordination und Kooperation gekennzeichnet sind[88],

---

84 Vgl. Kestermann, R. (1992), a.a.O., S. 23. Vgl. Gottschalk, W., Praktische Erfahrungen und Probleme mit Public-Private Partnership (PPP) in der Versorgungswirtschaft, in: Budäus, D., Eichhorn, P. (Hrsg.), Public Private Partnership, Neue Formen der Aufgabenerfüllung, Baden-Baden 1997, S. 153.

85 Vgl. Budäus, D. (1996), a.a.O, S. 21ff.

86 Kestermann, R. (1993), a.a.O., S. 205ff. Vgl. Heinz, W., Public Private Partnership, in: AfK, 1998, S. 210ff. Vgl. Seldeneck, F. J. von, Public private Partnership in der Stadtentwicklung, Rechtsfragen bei gemeinsamer praktischer Umsetzung, in: Sparkasse 1992, 3, S. 145ff.

87 Vgl. Clemens-Ziegler, B., Loock, F., Public Private Partnership – eine Konzeption für die Schaffung neuer Märkte, Berlin 1998, S. 4ff.

88 Vgl. Hartmann, P., Beziehungen zwischen Staat und Wirtschaft – Unter besonderer Berücksichtigung neuartiger Kooperationsformen im Bereich der regionalen Wirtschaftspolitik, Baden-Baden 1994, S., 37.

über konkrete Formen von Liefer- und Leistungsbeziehungen[89], Outsourcing[90], materielle Privatisierung, gemischtwirtschaftliche Betriebe bis zu reinen Finanzierungsinstrumenten.

Es erscheint sinnvoll, die Bandbreite der Verwendung der Vokabel PPP einzuschränken und Merkmale zu ermitteln, anhand derer sich die Begriffsdefinition im Sinne dieser Arbeit ergibt. Zunächst soll von allen Variationen der Lieferungs- und Leistungsbeziehungen im Zusammenhang mit PPP Abstand genommen werden, denn derartige Vertragsbeziehungen werden mit der Diskussion um die externe Strukturreform und das öffentliche Beschaffungswesen erfasst. Die Tatsache, dass eine PPP staatlicher Auftragnehmer sein kann[91], wird davon nicht tangiert. Das Feld weiter einschränkend, sieht *Tettinger* eine PPP in verschiedenen Kooperationsmodellen, die am ehesten als Vor- und Zwischenformen der in unterschiedlichen Nuancierungen ausgestalteten Grundmuster einer materiellen Privatisierung zu verorten sind[92]. Aus organisatorischer Sicht reiht *Budäus* die PPP in ein Kontinuum der Kooperationsformen zwischen öffentlichen und privaten Organisationen ein, an dessen Rändern die marktlichen und in dessen Kern die kooperativen Prozesse der Leistungserstellung stehen[93]. Den Gedanken der kooperativen Partnerschaft stellt *Kouwenhoven* als Vertreter einer enger gefassten PPP-Definition in den Mittelpunkt[94]. Er erkennt eine PPP als eine Partnerschaft, die sich auszeichnet durch die Verfolgung komplementärer Ziele, die Erschließung von Synergiepotential, die Identitätswahrung der Partner und die (gesellschafts-)vertragliche Formalisierung der Zusammenarbeit[95]. Die Kooperation ist zum beiderseitigen Nutzen, denn komplementäre Ziele könnten allein nicht erreicht werden[96]. Obwohl die Ziele der Partner grundsätzlich komplementär sein

89 Vgl. Fainstein, N. I., Fainstein, S. S., a.a.O., S. 69.
90 Vgl. Kettl, D. F., Sharing Power – Public Governance and private Markets, Washington, 1993, S. 4ff.
91 Vgl. Mirow, T., Public Private Partnership – eine notwendige Strategie zur Entlastung des Staates, Beispiele aus der Freien und Hansestadt Hamburg in: Budäus, D., Eichhorn, P. (Hrsg.), a.a.O., S. 13ff.
92 Vgl. Tettinger, P. J., Die rechtliche Ausgestaltung von Public Private Partnership, in: Budäus, D., Eichhorn, P. (Hrsg.), a.a.O., S. 126.
93 Vgl. Budäus, D., Grüning, G., (1996), a.a.O., S. 49ff.
94 Vgl. Kouwenhoven, V., Public-Private-Partnership: a model for the Management of Public-Private Cooperation, in: Kooiman, J. (Hrsg.), Modern Governance – New Government Society Interactions, London 1993, S. 119ff.
95 Vgl. Kouwenhoven, V., a.a.O., S. 119ff.
96 Vgl. o.V., Neues Verwaltungsmanagement 3/1997, S. 5.

sollen[97], lässt sich ein gewisses Konfliktpotential nicht verhindern[98], jedoch wie später zu zeigen sein wird, beherrschen. Die Komplementarität aufgreifend, finden sich in der Praxis Belege für die Zweckmäßigkeit dieser Erkenntnis. Das Bundesministerium für Wirtschaftliche Zusammenarbeit erklärt als Ausgangspunkt für die Förderung von Entwicklungshilfe-PPPs die Komplementarität zur Voraussetzung: „Öffentliche und private Beiträge sollen sich in einer Maßnahme so ergänzen, dass beide Seiten mit ihren jeweiligen komparativen Vorteilen durch die Kooperation ihre Ziele kostengünstiger, wirksamer und schneller erreichen"[99].

Bis hier lässt sich festhalten, dass ein Kern der PPPs offensichtlich in der komplementären Kombination von Produktionsfaktoren liegt[100].

Bezüglich des formaljuristischen Gehaltes der kombinierten Produktionsfaktoren liegen PPPs in gesellschaftsrechtlich-formeller oder kommunikativ-informeller Form vor. Für den ersten Fall erklärt *Habersack* die PPP zur Teilmenge des gemischtwirtschaftlichen Unternehmens[101]. Richtigerweise werden beide in den Formen privaten Gesellschaftsrechtes geführt und haben mindestens einen öffentlich-rechtlichen und einen privatrechtlichen Partner, wobei die Beteiligungsquoten irrelevant sind. Jedoch gibt es grundsätzlich keinen Anlass, die PPP nach dem verwendeten juristischen Rahmen zu definieren; entscheidend für den Ökonomen ist die betriebswirtschaftliche Wirkung, nicht die rechtliche Konstruktion[102]. So stehen institutionalisierte PPPs, sogenannte Organisations-PPPs neben stark vertraglich ausgerichteten PPPs, die ohne eine eigene Institution auskom-

---

97 Vgl. Budäus, D., Neue Kooperationsformen zur Erfüllung öffentlicher Aufgaben. Charakterisierung, Funktionsweise und Systematisierung von Public Private Partnership, in: Harms, J., Reichard, C. (Hrsg.), Die Ökonomisierung des öffentlichen Sektors: Instrumente und Trends, Baden-Baden 2003, S. 218.

98 Vgl. Budäus, D., Grüning, G., Steenbock, A., Public Private Partnership I –State of the Art, Hamburg 1997, S. 17.

99 Bundesministerium für Wirtschaftliche Zusammenarbeit, Kurzübersicht: Public-Private Partnership: Zusammenarbeit mit der deutschen Wirtschaft, Suchmaschine des Bundesministeriums für Wirtschaft für Programme zur Wirtschaftsförderung, www.bmwi.de, Seitenaufruf vom 14.06.2000.

100 Vgl. Roggencamp, S., Public Private Partnership: Entstehung und Funktionsweise kooperativer Arrangements zwischen öffentlichem Sektor und Privatwirtschaft, Frankfurt am Main 1997, S. 31.

101 Vgl. Habersack, M., Private Public Partnership: Gemeinschaftsunternehmen zwischen Privaten und der öffentlichen Hand – Gesellschaftsrechtliche Analyse – , in: ZGR, 1996, S. 545f.

102 Nach dem Formalisierungsrad differenziert Greiling, D., a.a.O, S. 340.

men[103]. Die Tatsache, dass die öffentlichkeitswirksamsten PPPs in der formaljuristischen Form der Kapitalgesellschaften organisiert sind, wird in dem späteren Teil der Untersuchung berücksichtigt, soll jedoch nicht zu dem grundsätzlichen definitorischen Ausschluss anderer Organisationsformen führen, die demselben ökonomischen PPP-Wirkungsmuster folgen. Weiterhin wird die PPP nicht nach dem Kriterium *profit* oder *non-profit*[104] differenziert. Auch Wohltätigkeits-PPPs[105] (*non-profit*) schöpfen ihren Erfolg aus der Konstruktion als PPP; der Unterschied liegt lediglich in der Verwendung des Nutzens.

Im Hinblick auf die folgenden Untersuchungen lassen sich die entscheidenden begriffskonstituierenden Merkmale zusammenfassen:

Die Kombination komplementärer Produktionsfaktoren durch privatwirtschaftliche und öffentliche Partner, formell oder informell institutionalisiert, die ein Kompetenzgeflecht begründet, dessen angestrebter Erfolg über die individuelle Nutzung der Ressourcen hinausgeht, wird als PPP bezeichnet.

Die Arbeitsdefinition ergänzend, ist es erforderlich, den Begriff des Produktionsfaktors zu erklären. Der „Produktionsfaktor" soll sich aus zwei Elementen zusammensetzen, von denen das erste obligatorisch und das zweite ergänzend ist:

1. Die institutionelle Kompetenz der Leistungskontrolle der PPP durch die Gesellschafter, wobei deren Komplemetarität durch die unterschiedlichen Gesellschafterstrukturen bedingt ist. Von einem öffentlichen Gesellschafter ist eine andere Handhabung der Beteiligung zu erwarten als von dem Privaten[106]. Die Kontrollkompetenz des Gesellschafters ist der entscheidende Produktionsfaktor der PPP.

2. Produktionsfaktoren innerhalb der PPP, beispielsweise materielle Güter von größerer (z.B. Kontakte zur Regulierungsbehörde im Monopolfall oder zu Kunden im Polypolfall) oder geringerer (z.B. Kapital) Spezifität.

---

103 Vgl. Budäus, D. (2003), a.a.O., S. 220f.

104 Vgl. Zimmer, A., Public-Private Partnerships: Staat und Dritter Sektor in Deutschland, in: Anheier, H.K. (Hrsg.) Der Dritte Sektor in Deutschland – Organisationen zwischen Staat und Markt im gesellschaftlichen Wandel, Berlin 1997, S. 75.

105 Ein bekanntes Beispiel ist die Kunststiftung Ehrenhof Düsseldorf, eine PPP der Stadt Düsseldorf und der Veba AG, vgl. Stadt Düsseldorf und Veba AG, www.nrw-forum.de, Seitenaufruf vom 22.02.2000.

106 Vgl. Picot, A., Kaulmann, T., Industrielle Großunternehmen aus verfügungsrechtlicher Sicht – theoretische Aussagen und empirischer Befund, in: ZfbF, 1985, S. 963.

Diese Definition der PPP liegt eng an der des gemischtwirtschaftlichen Unternehmens. Die PPP grenzt sich von diesem durch die Definition der eingebrachten Produktionsfaktoren ab. Ein gemischtwirtschaftliches Unternehmen liegt bereits vor, sobald eine gewisse Eigenkapitalquote an einem Unternehmen durch den privaten Partner gehalten wird[107]. Entscheidend ist jedoch die institutionelle Kontrollkompetenz der Partner. Hier grenzt sich die PPP im Sinne dieser Arbeit von dem gemischtwirtschaftlichen Unternehmen ab. Das gemischtwirtschaftliche Unternehmen ließe sich auch ohne den Einfluss wirksamer privater Kontrollkompetenz beispielsweise mit Hilfe von stimmrechtlosen Vorzugsaktien, Genussscheinen, stillen Beteiligungen, vinkulierten Anteilen oder ähnlichen Eigenkapitalien ohne wirksames Einflussrecht begründen. Eine PPP jedoch liegt eben nur dann vor, wenn ein gewisser unternehmerischer Einfluss des privaten Partners theoretisch möglich ist. Inwieweit die Kapitalstruktur die Ausübung dieses Einflusses beeinträchtigt, wird in Abschnitt 6 erarbeitet. Erst dieser Einfluss erschafft den Produktionsfaktor der übergeordneten Kontrolle. Die Option des Einflusses beider Partner ist Grundlage des ökonomischen Erfolgspotentiales der PPP.

1.4.2 Organisatorische Einordnung ausgewählter Projekte

Die Verwendung des Begriffes PPP ist in der politischen und ökonomischen Praxis ähnlich diffus wie in der Wissenschaft. Aus diesem Grund sollen verschiedene, in der Praxis häufiger oder exemplarisch auftretende Organisationsformen, die üblicherweise mit dem Begriff PPP etikettiert sind, vom PPP-Modell dieser Arbeit abgegrenzt werden.

- Betriebsführungs- oder Betreibermodell

Eine Gebietskörperschaft beauftragt ein ausgewähltes, rein privates Unternehmen mit der Erledigung einer öffentlichen Aufgabe. Das notwendige Anlagevermögen, welches im Rahmen der bisherigen Eigenproduktion der öffentlichen Hand war, bleibt in dessen Eigentum. Lediglich die Bewirtschaftung wird privat ausgeführt. Hier liegt ein Outsourcing vor, d.h., es wird ein Liefer- und Leistungsverhältnis begründet[108]. Eine PPP liegt nicht vor.

---

107 Vgl. Becker, R., Die Erfüllung öffentlicher Aufgaben durch gemischtwirtschaftliche Unternehmen, Baden-Baden 1997, S. 23.

108 Vgl. Clemens-Ziegler, B., Loock, F., a.a.O., S. 9

- Konzessionsmodell[109]

Das Konzessionsmodell kommt im Rahmen natürlicher Monopole zur Anwendung. Ein öffentlicher Monopolist wird durch einen Privaten ersetzt. Dieser erhält gegen Entgelt die Konzession, ein bestimmtes Gebiet exklusiv mit bestimmten Lieferungen und Leistungen zu versorgen. Eine PPP liegt nicht vor.

- Kooperationsmodell[110]

Der Hoheitsträger gewährt einem oder mehreren ausgewählten privaten Unternehmen eine quotale Beteiligung an einer Gesellschaft. Die Gesellschaft wird unter betriebswirtschaftlicher und/oder technischer Einflussnahme des privaten Gesellschafters geführt. Gleichzeitig kann die Gebietskörperschaft das Unternehmen mit der Erfüllung bestimmter öffentlicher Aufgaben beauftragen; daneben können auch andere, rein privatwirtschaftliche Aufgaben wahrgenommen werden. Es liegt eine PPP vor.

Als Beispiel lässt sich, zurückkommend auf die Triebkräfte der PPP, die Bewältigung des Strukturwandels im Bereich der Informations- und Kommunikationstechnik verstehen. Kenntnisse und Fertigkeiten, die anlässlich des Einstiegs der Verwaltung ins Informationszeitalter benötigt werden, werden im Zuge von PPP beschafft, um die anderenfalls abzusehenden Investitionskosten in Technologie und Humanressourcen zu verringern. So konnte das Internetangebot der Stadt Hamburg mit Hilfe einer PPP aufgestellt werden. Die Kooperation benennt sich selbst als „Strategische Partnerschaft für *hamburg.de*“[111]. Strategische Partner sind neben der Stadt Unternehmen, die in Hamburg und seinem Umland verankert sind, mehrere Sparkassen[112], Landesbanken und/oder deren Onlinetöchter. Die Stadt bringt das bisherige staatliche Online-Angebot, den Namen hamburg.de sowie die Inhalte der öffentlichen Verwaltung in die Betreibergesellschaft ein. Zusammen mit den privaten Partnern, die Kapital und Know-how einbringen, wird, ergänzend zum staatlichen Angebot, eine für die Wirtschaft in Hamburg offene, kommerzielle Plattform aufgebaut. Gemeinsam sollen innovative Softwareentwicklungen im Bereich der interaktiven Verwaltung erarbeitet werden. Die PPP-Gesellschaft vermarktet dann ihre Produkte. Die Stadt spart die Providerko-

---

109 Vgl. Clemens-Ziegler, B., Loock, F., a.a.O., S. 9.

110 Vgl. Clemens-Ziegler, B., Loock, F., a.a.O., S. 8.

111 Freie und Hansestadt Hamburg, www.hamburg.de, Pressemitteilung vom 27. Dezember 1999, Seitenaufruf vom 22.02.2000.

112 Es handelt sich nicht ausschließlich um öffentlich-rechtliche Sparkassen, sondern mit der Hamburger Sparkasse um eine Sparkasse in traditionell privatrechtlicher Form ohne öffentliches Eigentum.

sten und ihre Mitarbeiter erhalten kostenlose Schulungen[113]. Eine ähnliche Lösung strebt das Land Berlin an.

Unter der Adresse berlin.de wird der regionale Online Dienst des Bundeslandes in PPP mit der Primus-Online Berlin Brandenburg GmbH & Co. KG betrieben. Ausschlag gebend für die Wahl der PPP waren haushaltspolitische Erwägungen. Erkennend, dass die technischen und personellen Herausforderungen sich in schwer wiegenden finanziellen Aufwendungen konkretisieren, entschied Berlin sich, „für den elektronischen Vertrieb seiner Informationen und Dienste nicht wie bisher selbst zu bezahlen...“[114] sondern sie in Form einer PPP einzurichten. Verbunden wird das öffentliche Anliegen der Internetpräsenz mit dem privaten Interesse an den kommerziellen Möglichkeiten der neuen Dienste. Das Land bringt seine Inhalte exklusiv ein und sichert der Plattform über hochwertige exklusive Inhalte eine gewisse Grundnachfrage. Der private Betreiber stellt Kapital und Know-how und erweitert die Seite um Mehrwertdienste, so dass sich in der Summe für den Bereich der Verwaltungsanwendungen eine angemessene Refinanzierung ergibt[115]. Da das Land seine Inhalte und die prominente Adresse www.berlin.de im Tausch gegen die Nutzungsrechte einbringt, ergibt sich die folgende Kalkulation: Der Wert der eingetauschten Leistung entspricht dem Aufwand, den das Betreiben der Seite verursacht. Gewinn ergibt sich, wenn der aus der zusätzlichen Nachfrage nach Mehrwertdiensten erwirtschaftete Mehrwertdienstüberschuss den Aufwand der Verwaltungsseiten überkompensiert.

Als weiteres Beispiel sei die Bewältigung des Strukturwandels im Entsorgungsbereich bei gleichzeitiger Freisetzung von Haushaltsmitteln genannt. Im Ver- und Entsorgungsbereich wird neben dem einmaligen liquiden Ergebnis die andauernde Wettbewerbsfähigkeit der ehemaligen Monopolisten per PPP beschafft. Eine organisatorisch äußerst anspruchsvolle Aufgabe in einem infrastrukturlastigen Bereich der kommunalen Erfüllungsverantwortung konnte beim Schwerter Kooperationsmodell „Stadtentwässerung“ im Wege der PPP gelöst werden[116]. Die Ausgangslage waren ein aufzulösender Investitionsstau vor dem Hintergrund der Finanzknappheit und bestehende, technisch-organisatorisch bedingte Vollzugsde-

113 Freie und Hansestadt Hamburg, a.a.O., Seitenaufruf vom 22.02.2000.

114 Stadt Berlin, www.berlin.de, www.berlin.de das Stadtinformationssystem Berlin als öffentliches Anliegen und wirtschaftliche Chance, Seitenaufruf vom 22.02. 2000.

115 Vgl. www.berlin.de, a.a.O..

116 Vgl. zum Schwerter Organisationsmodell: Visser, G., Das Schwerter Kooperationsmodell Stadtentwässerung, in: Hewel, Brigitte, (Hrsg.), Verwaltung reformieren Öffentlich-private Partnerschaften – Management-Beispiele aus der Praxis, Frankfurt am Main 1995, S. 81ff.

fizite im ursprünglichen Regiebetrieb des städtischen Tiefbauamtes. Die Abwasserbeseitigungspflicht liegt nach der gesetzlichen Regelung bei der Gemeinde. Die Gemeinde hat die notwendigen Anlagen zu errichten, zu erhalten und den erforderlichen technischen Regeln anzupassen. Eine Gemeinde kann sich der Abwasserbeseitigungspflicht nicht entziehen; insbesondere ist eine Übertragung der Erfüllungsverantwortung auf private Dritte nicht möglich. Die notwendige Infrastruktur bleibt bei dem Schwerter Modell in öffentlicher Hand und wird, ausgegliedert vom gemeindlichen Haushalt, als Sondervermögen geführt. Damit kann die Finanzierung durch die zinsgünstigen Kommunalkredite sichergestellt werden. Die Stadt erhält sich den regelmäßigen Haushaltszufluss aus der gebührenwirksamen Kalkulation von Abschreibungen, Zinsen und kalkulatorische Kosten. Daneben hätten die Gebührenzahler auch noch steuerliche Nachteile der privatrechtlichen Infrastruktur, wie z.B. die zwingend entstehende Mehrwertsteuerpflicht, zu tragen[117]. Ferner vermeidet die Kommune den Beschluss, ihre Verfügungsrechte an der Entwässerungsinfrastruktur irreversibel zu veräußern. Bewirtschaftet wird die öffentlich-rechtliche Infrastruktur von der eigentlichen PPP-Gesellschaft, der Stadtentwässerung Schwerte GmbH, deren Gesellschafter neben der Stadt (52 %) drei private Bauunternehmen (je 16 %) sind. Während die Stadt ihre gebührenrechtliche Nachfragemacht einbringt, stellen die privaten Partner neben ihren 48 % Eigenkapital technisches Know-how und Personalkapazitäten auf Zeit zur Verfügung. Diese PPP-Gesellschaft handelt im Auftrag der Stadt, die den Auftrag alljährlich entsprechend dem fortgeschriebenen Abwasserbeseitungskonzept an die Stadtentwässerung Schwerte GmbH vergibt. Die PPP-GmbH organisiert namens und für Rechnung der Stadt die notwendigen Infrastrukturinvestitionen, die übrigen übertragenen Aufgaben führt sie in ihrem eigenen Namen und auf eigene Rechnung aus.

117 Vgl. Visser, G., a.a.O., S. 85f.

2. Ökonomisches Potential einer PPP aus institutionenökonomischer Sicht

Anspruch der Neuen Institutionenökonomik ist die Erkennung und Berücksichtigung von Schwächen, die der neoklassischen Mikroökonomie angelastet werden[118]. Ausgehend von einem methodologischen Individualismus und der Annahme opportunistischen Verhaltens der Individuen („human nature as we know it“[119]), unvollkommener Märkte und des Vorhandenseins von Transaktionskosten, wird die neoklassische Sichtweise der Unternehmung aufgegeben. Insbesondere die streng individualisierte Betrachtungsweise, in der nicht das Unternehmen, sondern die daran beteiligten Individuen bestimmte Interessen verfolgen[120], grenzt die Institutionenökonomik gegenüber der Neoklassik ab: Ein Unternehmen ist keine Produktionsfunktion, sondern eine Abwicklungsform[121] und existiert zum Zwecke der Befriedigung persönlicher Interessen der beteiligten Individuen wie Anteilseigner, Mitarbeiter und Geschäftsführer. Dabei bleibt das neoklassische Modell des Nutzen maximierenden Faktoreigentümers in der property-rights Betrachtung auf der individuellen Ebene erhalten[122], so dass sich die institutionenökonomischen Ansätze als Weiterentwicklung der Neoklassik unter Berücksichtigung realitätsnäherer Prämissen begreifen lassen[123]. Obwohl diese Ansätze ursächlich für die Privatwirtschaft erarbeitet wurden, ist der Zusammenhang auch für Unternehmen unter öffentlichem Einfluss relevant[124], denn es gilt, dass Organisationsprobleme innerhalb und an den Schnittstellen des öffentlichen

---

118 Vgl. Williamson, O. E., The Economics of Organization: The Transaction Cost Approach, in: American Journal of Sociology 1981, S. 548.

119 Williamson, O. E., (1981), a.a.O., S. 553.

120 Vgl. Picot, A., Der Beitrag der Verfügungsrechte zur ökonomischen Analyse von Unternehmensverfassungen, in: Bohr, K., Drukarczyk, J., Drumm, H.-J., Scherrer, G. (Hrsg.), Unternehmensverfassung als Problem der Betriebswirtschaftslehre, Berlin 1981, S. 158.

121 Vgl. Baur, C., Make-or-Buy-Entscheidungen in einem Unternehmen in der Automobilindustrie – Empirische Analyse und Gestaltung der Fertigungstiefe aus transaktionskostentheoretischer Sicht, München 1990, S. 40.

122 Vgl. Noll, W., Die Relevanz der Property Rights – Theorie für eine Theorie öffentlicher Unternehmen, in: ZögU 1992, Beiheft 14, S. 45.

123 Vgl. Budäus, D., Gerum, E. Zimmermann, G., Einführung, in: Budäus, D., Gerum, E. Zimmermann, G. (Hrsg.), Betriebswirtschaftslehre und Theorie der Verfügungsrechte, Wiesbaden 1988, S. 9ff.

124 Vgl. Williamson, O. E., The Economics of Discretional Behavior: Managerial Objectives in a Theory of the Firm, London 1964, S. 57f.

Sektors aus theoretischer Sicht nicht wesensverschieden von den Anreizproblemen der privaten Wirtschaft sind[125]. Demzufolge verfügen Instrumente in der Organisation privatwirtschaftlicher Leistungsbeziehungen grundsätzlich auch über ein Leistungspotential im nicht-privatwirtschaftlichen Bereich[126]. Der intermediäre Bereich, um dem es bei PPP geht, ist daher in jeden Falle abgedeckt.

Ausgehend von einer marktwirtschaftlich verfassten Ökonomie und Vertragsfreiheit, liefert die Neue Institutionenökonomie unter drei Teilbereichen Beiträge, die für den Verwaltungswissenschaftler von besonderem Interesse sind[127]: die property-rights, die Transaktionskostentheorie und das Prinzipal-Agenten-Problem.

Der property-rights-theoretische Ansatz untersucht die Handlungs- und Verfügungsrechtsstruktur als Gestaltungsvariable. Untersucht werden die Wirkungen variabler Verfügungsrechtsstrukturen auf die Effizienz ökonomischen Handelns. Aus den property-rights-theoretisch definierten Verfügungsrechtsstrukturen lassen sich dann mit Hilfe der Transaktionskosten- und der Prinzipal-Agenten-Theorie die am besten geeigneten Organisationsformen auswählen[128]. Aus Sicht der Theorie der property-rights liegt der zentrale Unterschied rein öffentlich und teil-privater PPP-Firmen in der kapitalseitigen Anreizkompatibilität der Organisationsform[129]. Private Unternehmen sind kapitalseitig formulierten Effizienzanreizen zugänglich, während rein öffentliche Unternehmen ohne diesen Anreiz auskommen müssen. Eine PPP könnte über ihre Eigenschaft als intermediäre Form den Zugang zu den kapitalseitig bedingten Effizienzanreizen ermöglichen

---

125 Vgl. Wolff, B., a.a.O., S. 258. Für empirische Untersuchungen zur Begründung der Ineffizienz öffentlicher Produktionsprozesse gegenüber privatwirtschaftlicher Organisation aus verfügungsrechtlicher Sicht vgl. Picot, A., Kaulmann, T. (1985), a.a.O., S. 956ff.

126 Vgl. Wolff, B., a.a.O., S. 258.

127 Schuppert, G. F., Institutional Choice im öffentlichen Sektor, in: Grimm, D. (Hrsg.), Staatsaufgaben, Baden-Baden 1994, S. 667ff.

128 Vgl. Picot, A., Ökonomische Theorien der Organisation – ein Überblick über neuere Ansätze und deren betriebswirtschaftliches Anwendungspotential, in: Ordelheide, D., Rudolph, B., Büsselmann, E., Betriebswirtschaftslehre und ökonomische Theorie, Stuttgart 1991, S. 154. Vgl. Williamson. O. E., The Economics of Governance: Framework and Implications, in: Journal of Institutional and Theoretical Economics 1984, S. 195ff.

129 Vgl. Buchanan, J. M., Konsum ohne Produktion: Die unmögliche Idylle des Sozialismus, in: Vanberg, V., Freiheit, Wettbewerb und Wirtschaftsordnung – Hommage zum 100. Geburtstag von Friedrich A. von Hayek, Freiburg/Berlin/München 1999, S. 194f.

und über den Import betriebswirtschaftlicher Anreizstrukturen die Erledigung öffentlicher Aufgaben zu optimieren helfen.

Bezogen auf die Methodik, ist zu erwähnen, dass dieser Untersuchungsansatz unabhängig von dem ursächlichen Grund des Eingehens der PPPs arbeitet. Angenommen werden kann, dass nicht alle PPPs von vornherein wegen der Einsicht in verfügungsrechtlich begründete Effizienzvorteile eingerichtet werden, sondern aus vollkommen anderen Erwägungen, die beispielweise in der finanziellen Situation des Trägerhaushaltes begründet sein können.

Anders als die property-rights-Theorie stellt die Transaktionskostentheorie nicht die beteiligten Individuen, sondern die Kosten des Leistungsaustausches in den Vordergrund. Aus Sicht des Unternehmens als Abwicklungsform entsteht eine Unternehmung genau dann, wenn die Kosten der hierarchischen Produktion, also der Abwicklung einer Leistung im Unternehmen, günstiger sind als der marktliche Bezug. Mit Hilfe dieser Erkenntnisse könnte sich die Einrichtung einer PPP als situationsbedingt optimale Organisationsform in der Auswahlentscheidung alternativer Produktionsformen erweisen[130].

Alle PPPs stellen sich als Organisationen mit Fremdgeschäftsführung dar. Es wäre aus privater Sicht, im Gegensatz zu der öffentlichen Seite, zwar eine Selbstorganschaft vorstellbar, an dieser Stelle soll jedoch die praxisübliche Fremdgeschäftsführung der PPP von öffentlicher wie von privater Seite angenommen werden. Der Prinzipal-Agenten-Ansatz ist geeignet, organisationsformbedingte Kosten aufgrund opportunistischen Ausnutzens von Informationsasymmetrie und sich ergebender Spielräume der Individualnutzen maximierenden Personen zu analysieren und Szenarien aufzuzeigen, die geeignet sind, diese Verluste aus der Delegation der Tätigkeit zu minimieren. Von zentraler Bedeutung ist wieder die Anreizkompatibilität der Organisationsform: Die Organisationsform soll anreizkompatibel gestaltet sein, um bestimmte Ziele zu erreichen. Andererseits muss sie auch umgekehrt anreizkompatibel sein, nämlich bestimmte Verhaltensweisen der Individuen zu vermeiden. Eine PPP könnte so eine stärkere Anreizkompatibilität aufweisen als öffentliche Unternehmen, da sie über privatwirtschaftlich organisierbare Anreize verfügt, die der öffentlichen Hand nicht zugänglich sind. Angewandt auf die PPP kann untersucht werden, inwieweit sich die Ziele einer PPP

130 Vgl. Naschold, F., Budäus, D., Jann, W., Mezger, E., Oppen, M., Picot, A., Reichard, C., Schanze, E., Simon, N., (Hrsg.), Leistungstiefe im öffentlichen Sektor: Erfahrungen, Konzepte, Methoden, Berlin 1996, S. 63ff.

anreizkompatibel und unter Minimierung des Delegationsverlustes erfüllen lassen.

Aus dieser Betrachtungsweise lassen sich, teilweise auch parallel und konkurrierend zum Transaktionskostenansatz Unternehmensformen begründen[131], die wegen ihrer Organisationsformwahl agency-costs minimierend funktionieren. Wie zu zeigen sein wird, lassen sich im Agency-Ansatz ähnlich wie im Transaktionskostenansatz Situationen finden, in denen sich die PPP als kostenminimal erweist.

2.1 PPP und Verfügungsrechte

2.1.1 Wirkungskette der property-rights

Alchian und *Demsetz*[132] greifen auf die anfänglichen Untersuchungen durch *Coase*[133] zurück und formulieren die grundlegenden Ausführungen zu einer Theorie der property-rights (auch Theorie der Verfügungsrechte genannt). Sie fundieren die property-rights-Theorie im Wesentlichen auf vier Grundbausteinen: der Verhaltensannahme individueller Nutzenmaximierung, der Eigentumsrechte, dem Auftreten von Transaktionskosten und der Bedeutung von externen Effekten[134].

1. Die Annahme des Strebens nach individueller Nutzenmaximierung
Ausgehend von einem methodologischen Individualismus, wird angenommen, dass jedes Individuum persönliche Vorteile sucht, Nachteile mindert und so seinen Nutzen maximiert. Der Handlungsspielraum wird opportunistisch ausgeschöpft, eigene Vorteile werden auch auf Kosten Dritter und unter Ausnutzung von List und Tücke beschafft, soweit Chancen sich ergeben[135]. Neben monetären Wohlstandspositionen können auch immaterielle Güter, z.B. der soziale Stand, den persönlichen Nutzen erhöhen. Liegen dem Individuum Entscheidungsalternativen vor, wird der Nutzen mit der Eintrittswahrscheinlichkeit bestimmter Konsequenzen gewichtet. Das Individuum entscheidet seine Handlungsmöglichkeiten

131 Vgl. Picot, A. (1991), S. 154.
132 Vgl. Alchian, A. A., Demsetz, H., Production, Information Costs, and Economic Organisation, in: The American Economic Review 1972, S. 777ff.
133 Vgl. Coase, R. H., The Problem of Social Cost, in: The Journal of Law and Economics 1969, S. 1ff.
134 Vgl. Picot, A. (1991), a.a.O., S. 145.
135 Vgl. Williamson, O. E. (1981), a.a.O., S. 553.

nach der Wahrscheinlichkeit und den individuell einzuschätzenden Kosten- und Nutzengrößen. Der Erwartungswert des Nutzens der Konsequenzen der Alternativen, berechnet aus dem Produkt von Nettonutzen und Wahrscheinlichkeiten, bestimmt die Entscheidung[136]: „In other words individuals respond to economic incentives…"[137]. Bezogen auf die Organisationsformwahl, sind diejenigen Organisationen optimal, bei denen zu erreichende, operabel fixierte Ziele (Effizienz, Gewinn) organisationsformbedingt und selbst regulierend auf der Funktion individueller Anreize liegen oder sich durch geeignete Mechanismen an die Erfüllung der individuellen Ziele koppeln lassen.

2. Die property-rights

Die property-rights[138] (Verfügungsrechte, Eigentumsrechte) über ein Gut legen die Rechte von Individuen im Umgang mit einem Gut fest[139]. Güter können dabei alle Arten von Sachen, insbesondere auch Produktionsmittel in Form von Unternehmen, sein. Die Verfügungsrechte gliedern sich in mehrere Einzelrechte[140]:

- Rechte, die die Art der Nutzung eines Gutes betreffen (usus)
- Rechte der Aneignung von Gewinnen und Verlusten, die durch die Nutzung eines Gutes entstehen (usus fructus)
- Rechte zur formalen und materiellen Veränderung eines Gutes (abusus) und
- Rechte zur Veräußerung eines Gutes an Dritte

In unbeschränkter Form liegen die Eigentumsrechte allerdings nur in den seltensten Fällen vor[141]. Gesetzliche Normen und vertragliche Bindungen schränken die Rechte in ihrer Wirksamkeit ein. Je nach Ausgestaltung der Rechte variiert einerseits der Wert des Gutes und andererseits das Verhalten der Individuen im Umgang mit den Gütern. Die Verfügungsrechte sind dann optimal zugeordnet, wenn die Bindung des Individuums an die Verfügungsrechte möglichst unverwässert und direkt ist. Im Idealfall stellen diese Rechte die wirtschaftliche Existenzgrundlage des Individuums dar. Die Rechte können jedoch auch mehreren Individuen gemeinsam zugeordnet sein. Mit zunehmender Anzahl an Individuen,

---

136 Vgl. m.w.N.: Kaulmann, T., Property-Rights und Unternehmenstheorie – Stand und Weiterentwicklung der empirischen Forschung, München 1987, S. 18.

137 Vgl. Furubotn, E.G., Pejovich, S., Chapter One Introduction, in: Furobotn, E.G., Pejovich, S., (Hrsg.), The Economics of Property Rights, Cambride 1974, S. 1.

138 Vgl. Alchian, A. A., Economic Forces at Work, North Shadeland, 1977, S. 127ff.

139 Vgl. Picot, A., Reichwald, R., Wigand, R. T., Die grenzenlose Unternehmung, Information, Organisation und Management, 3. Aufl., Wiesbaden 1998, S. 39ff.

140 Vgl. Furubotn, E.G., Pejovich, S., a.a.O., S. 4.

141 Vgl. Nutter, G. W., Markets without Property: A Grand Illusion, in: Furubotn, E. G., Pejovich, S., a.a.O., S. 221.

die Rechte an einem Gut halten, spricht man von sich verdünnenden property-rights. Verdünnte property-rights haben zur Folge, dass die Konsequenzen der Handlung eines Individuums keine volle Auswirkung auf das Individuum haben, sondern auch andere Berechtigte die Folgen, möglicherweise zu gleichen Teilen, mittragen müssen. Die Anreizkompatibilität nimmt ab. Infolge dessen kann es aus Effizienzsicht zu suboptimalen Ergebnissen kommen. Verdünnte Rechte jedoch liegen in öffentlichen Unternehmen üblicherweise nicht vor, denn öffentliche Gesellschafter, z.B. Gebietskörperschaften gibt es nur in begrenzter Anzahl. Aus dieser Sicht besteht kein Unterschied zwischen öffentlichen und privaten Unternehmen[142]. Der Tatsache, dass das Eigentum an den Gebietskörperschaften entsprechend der Bevölkerungsanzahl extrem breit gestreut ist, wird später in der Untersuchung Rechnung getragen.

3. Transaktionskosten

Verfügungsrechte müssen definiert, erworben und ausgeübt werden. Die dadurch verursachten Aufwandspositionen (Kosten der Rechtsberatung, der Vertragsanbahnung, der Kontrolle) werden seit der Einführung des Begriffes durch *Coase* in 1937 als Transaktionskosten bezeichnet. Neben den monetär erfassbaren Größen beinhalten sie grundsätzlich auch alle ökonomischen Nachteile[143], wie etwa aufzuwendende Zeit, Mühe und dergleichen. Transaktionskosten lassen sich reduzieren, aber nie ganz vermeiden. Ließen sie sich gänzlich eliminieren, so wäre es gleichgültig, in welcher Form die Verfügungsrechte verteilt sind, wie *Coase* 1960 nachgewiesen hat[144].

4. Externalitäten

Für die meisten Güter sind die Verfügungsrechte zugeordnet. Für die betriebliche Produktion müssen benötigte Rechte an Produktionsmitteln erworben werden; deren Kosten sind Bestandteil der Kalkulation, sie sind internalisiert. Daneben gibt es Güter, deren Verfügungsrechte nicht zugeordnet sind und deren Nutzung ohne Marktmechanismus möglich ist[145]. Güter ohne zugeordnete Eigentumsrechte, so genannte öffentliche Güter wie saubere Luft oder auch Universitätsbibliotheken, können genutzt werden, ohne Rechte erwerben zu müssen. Da der

---

142 Vgl. Stauss, B., Private und öffentliche Unternehmen im Effizienzvergleich. Unternehmensverfassungen im 'Lichte' der Property-rights-Theorie, in: ZögU 1983, S. 286.

143 Vgl. Tietzel, M., Die Ökonomie der Property-Rights: Ein Überblick, in: Zeitschrift für Wirtschaftspolitik 1981, S. 207ff..

144 Vgl. Coase, R. H. (1960), a.a.O., S. 1ff.

145 Vgl. Cheung, S., The Structure of a Contract and the Theory of a Non-Exclusive Resource, in : Journal of Law and Economics 1970, S. 49ff.

Nutzer die Vorteile der Nutzung individuell genießt, jedoch deren Kosten nur partiell belastet bekommt, werden die Güter verschwenderisch und im Ergebnis ineffizient, unter Inkaufnahme eines Wohlfahrtsverlustes, genutzt[146]. Optimal ist es daher, property-rights möglichst gut spezifiziert und exklusiv zuzurechnen, um den Akteuren alle Folgen ihres Handeln möglichst unmittelbar werden zu lassen und so externe Effekte zu internalisieren.

Die einzelwirtschaftliche Effizienzmaximierung führt derivativ zur gesamtwirtschaftlichen Effizienzmaximierung. Sind property-rights nicht zugeordnet, entfällt der Anreiz der effizienten Nutzung. Aus externen Effekten kommt es dann über die einzelwirtschaftliche Ineffizienz zu gesamtwirtschaftlichen Wohlfahrtsverlusten[147]. Dieses ist der Kern der die Effizienz steigernden Wirkung zugeordneter property-Rights. Die direkte Zuordnung von Kosten und Nutzen auf den Verursacher oder Produzenten erzeugt solche Anreize, die die Beteiligten veranlassen, die Ressourcen effizienzmaximal zu nutzen[148]. *Buchanan* kommt anlässlich der Grundsätze einer Wirtschaftsordnung auf den Zusammenhang von Produktion und Gewinnaneignung der property-rights zurück und formuliert: "Wenn den Individuen die Freiheit gegeben wird, Wert in Erwartung zu produzieren, dass ihnen erlaubt ist, zu konsumieren, was sie herstellen, kann von ihnen erwartet werden, dass sie einen höheren Wert dessen, was auch immer sie wollen, produzieren als unter jedem anderen Arrangement"[149]. Dieser Effekt lässt sich, wie die Untersuchungen in den folgenden Abschnitten zeigen werden, in der PPP nutzbar machen.

Im Rahmen individueller Nutzenmaximierung streben die Beteiligten die Aneignung und Verwendung der genannten Rechte an. Private Unternehmer maximieren ihren Nutzen, nämlich den Gewinn, durch die Produktion auf der Minimalkostenkombination. Sie sind aus eigenem Interesse und daher anreizkompatibel gehalten, den Umgang mit ihren Eigentumsrechten effizienzmaximal zu gestalten. Während der *Private* seinen Nutzen, den *Gewinn*, auf der Minimalkostenkombination maximiert, maximiert der *Öffentliche* seinen Nutzen, nämlich die *Effizienz öffentlichen Handelns* ebenfalls der *Minimalkostenkombination*. Damit läge für beide Partner eine vorteilhafte Situation vor, wenn es gelänge, die Kräfte der property-rights in die PPP zu importieren.

---

146 Vgl. Demesetz, H., Toward a Theory of Property Rights, in: American Economic Review 1967, S. 347ff.

147 Vgl. Picot, A., 1991, a.a.O., S. 145.

148 Vgl. Demsetz, H., a.a.O., S. 356.

149 Buchanan, J. M., a.a.O., S. 198.

2.1.2 Herstellung der Anreizkompatibilität in der PPP

Die Einführung von Anreizstrukturen ist neben der Theorie der Bürokratie und des Unternehmers zentraler Gehalt der property-rights-Theorie[150]. Optimal sind aus property-rights-theoretischer Sicht nun die Organisationsmodelle, die die Internalisierung von Externalitäten durch die Inanspruchnahme direkter Anreizmechanismen gewährleisten:

Die Verfügungsrechte als zentrale Motivation einer Institution sind genau dann richtig zugeordnet, wenn sie die maximale Anreizkompatibilität aufweisen. Anreizinkompatible Organisationsformen dagegen führen zu suboptimalen Ergebnissen[151]. Die Verfügungsrechte sind optimal anreizkompatibel eingestellt, wenn den Individuen die Wirkung ihrer Handlung möglichst direkt zugeordnet werden kann.

Angewandt auf die öffentliche Hand, wäre ein Regiebetrieb als transaktionskostenminimale Koordinationsform öffentlicher Leistungserstellung anzusehen, denn die Zuordnung der Verfügungsrechte an den Gesellschafter ist groß. Er bekommt die Wirkungen seiner Handhabung wegen der stark konzentrierten Eigentumsrechte unverwässert und in direkter Stärke zu spüren[152]. Property-rights-theoretisch käme es infolge konzentrierter Verfügungsrechte zu einer effizienten Steuerung der Unternehmung. Doch bis hier blieb ein essentielles Kriterium der sich selbst maximierenden ökonomischen Effizienz außer Acht: Die Konzentration der Verfügungsrechte führt nur in Kombination mit einem optimal justierten Anreizmechanismus der übergeordneten Gesellschaftereinheit zu dem Effizienzmaximum. Die Konzentration der Verfügungsrechte allein reicht nicht. Die die Effizienz steigernden Wirkungen lassen sich erst in Kombination konzentrierter Rechte mit einem anreizkompatiblen Prinzipal erzielen. Anderenfalls ließe sich die Einzel- und derivativ auch die gesamtwirtschaftliche Effizienz einer Volkswirtschaft maximieren durch totale Konzentration aller denkbaren Verfügungsrechte in einer Hand. Doch gerade diese Gesellschaftsform führt nicht zu wünschenswerten Ergebnissen[153].

Privaten Anteilseignern ist Effizienzanreiz systembedingt inhärent. Arbeitet ihr Unternehmen ineffizient, wird das Ziel der individuellen Nutzenmaximierung

---

150 Vgl. Buchanan, J. M., a.a.O., S. 194.
151 Vgl. Buchanan, J. M., a.a.O., S. 193f.
152 Vgl. Stauss, B., a.a.O., S. 286.
153 Vgl. Stauss, B., a.a.O., S. 287.

verfehlt. Die Nutzenmaximierung beinhaltet die Sicherung der individuellen Existenzgrundlage des Individuums. Ineffizienzen führen bei direkt zugeordneten Verfügungsrechten im Extremfall zur Gefährdung der wirtschaftlichen Existenzgrundlage des Unternehmers. Aus dieser Sicht ist sein Produktionseffizienzanreiz maximal.

Bei der öffentlichen Hand ist die Nutzenmaximierung nicht gekoppelt an die Effizienzmaximierung, sondern an zahlreiche, nicht zwangsläufig ökonomische Erwägungen. Einen Unternehmer im individuellen Sinne gibt es nicht, und die Sicherung der Existenzgrundlage aller öffentlicherseits Beteiligten ist nicht an die Wirtschaftlichkeit des Unternehmens gekoppelt. Ein wirksamer Effizienzanreiz liegt aus dieser Sicht nicht vor. Im Ergebnis ist zu schlussfolgern, dass bei gleicher Wirkungskette der property-rights die Ausübung der Verfügungsrechte durch private oder durch öffentliche Hände nicht identisch ist[154]. Soweit Unterschiede in dem Verhalten öffentlicher, privater und PPP-Unternehmen liegen, sind diese in der unterschiedlichen Handhabung der Verfügungsrechte begründet, weil die Notwendigkeit effizienten Verhaltens unter öffentlichem Einfluss nicht auf der individuellen Ebene herstellbar ist. Im Vorgriff auf kommende Untersuchungen sei an dieser Stelle erwähnt, dass die schlichte Bestandssicherung des Betriebes aus privater Sicht nicht ausreicht. Der private Anteilseigner ist im Gegensatz zu dem öffentlichen Anteilseigner zwingend darauf angewiesen, sein Eigenkapital *rentierlich* zu bedienen, da er sich sonst seiner wirtschaftlichen Existenzgrundlage beraubt.

Aus Sicht der property-rights-Theorie wäre demzufolge die vollständige materielle Privatisierung öffentlicher Unternehmen effizienzmaximal[155]. Gegenstand einer PPP ist jedoch die partielle private Beteiligung an einem öffentlichen Unternehmen. Die Gründe, warum ein Unternehmen nur partiell und nicht gänzlich privat oder öffentlich verfasst ist, spielen aus property-rights-theoretischer Sicht keine Rolle. Insofern kann für die folgenden Ausführungen eine PPP angenommen werden, deren Eigenkapital partiell von privaten und öffentlichen Gesellschaftern gehalten wird.

Entscheidend für den Erfolg der PPP ist die Frage, ob und in welchem Ausmaß der partielle private Gesellschafteranteil ausreicht, Effizienzvorteile tatsächlich zu aktivieren. Obwohl die öffentliche Beteiligungsquote an sich keine Vorteile zugeordneter property-rights nutzen kann, da öffentliches Eigentum keinen Zu-

---

154 Vgl. Picot, A., Kaulmann, T., a.a.O., S. 963.
155 Vgl. Picot, A., Kaulmann, T. (1985), a.a.O., S. 977.

gang zu Erfolgspotentialen der property-rights hat, ist öffentliches Eigentum in *PPP-Kombination* mit privaten Gesellschafterrechten in der Lage, negative Folgen öffentlichen Eigentums zu überwinden und auch in öffentlichem Eigentum die Vorteile zugeordneter property-rights zu genießen. Nur wenn diese Wirkung erzielt werden kann, kommt es zu property-rights-theoretisch begründeten Effizienzwirkungen in dem Betrieb. Die Anreizwirkung begründet sich aus einer gewissen Beteiligungsquote des anreizgesteuerten privaten Partners. Jedoch wirken sich dessen Maßnahmen in der Geschäftspolitik auf das gesamte Eigenkapital des Betriebs aus, also auch auf den Anteil des öffentlichen Gesellschafters. Der Nutzen aus Kontrollkosten, die der Private aufwendet, kommt auch dem Öffentlichen über seine Beteiligungsquote zugute, und zwar kostenlos als Trittbrettfahrer. Eine taktisch kluge Bemessung und Handhabung (vgl. Abschnitt 6) der privaten Beteiligungsquote führen zu einem maximalen Trittbrettfahrerergebnis. Die die Effizienz steigernden Wirkungen lassen sich in Abhängigkeit von der Beteiligungsquote eines anreizkompatiblen privaten Partners in die PPP importieren.

Im Ergebnis ist die PPP in der Lage, der öffentlichen Hand einen Zugang zu den die Effizienz steigernden Wirkungen zugeordneter Verfügungsrechte zu eröffnen, die dem öffentlichen Partner anders nicht zugänglich wären, auch ohne vollständige Entäußerung des öffentlichen Eigentums. Die öffentliche Hand kann diese Vorteile kostenlos nutzen, indem sie die Maßnahmen des Privaten zulässt, die sich untrennbar auf das Gesamtkapital erstrecken. Erwirtschaftet wird die „Kostenlosigkeit" aus den Skaleneffekten der Leistung des Privaten, die in seinem Gesellschafteranteil begründet sind, sich allerdings auf das gesamte Eigenkapital auswirken.

2.2 Transaktionskostenanalyse bei PPP

2.2.1 Spezifität und Transaktionskosten

Innerhalb der PPP lassen sich Kooperationsrenten erzielen, soweit die Situation geeignet ist, komplementäre Ressourcen besser gemeinsam als individuell zu nutzen. Dieser Effekt ist grundsätzlich unabhängig von der Zuordnung der property-rights; jedoch gilt, dass sich die Kooperationsrenten, wie alle betrieblichen Gewinne, erst durch die optimale Zuordnung der betrieblichen property-rights anreizkompatibel in der Nähe der Minimalkostenkombination erwirtschaften lassen. Um das Potential der Kooperationsrenten deutlich sichtbar zu machen, werden die transaktionskostentheoretischen Potentiale zunächst einzeln und unabhängig erarbeitet.

In einer arbeitsteilig organisierten Ökonomie ist es für das Zustandekommen einer vorteilhaften Allokation notwendig, Verfügungsrechte zu übertragen. *Coase* benennt die Kosten, die im Zuge dieser Übertragung verursacht werden, als Transaktionskosten[156]. Heute unterscheidet man interne und externe Transaktionskosten[157]. Externe Transaktionskosten entstehen in der Anbahnung und entlang des Tauschvorganges. Darunter fallen Kosten für Spezifizierung, Zuordnung, Tausch, Durchsetzung und Überwachung der Verfügungsrechte[158]; es sind beispielsweise Informations,- Werbungs-, Such- und Kontrollkosten[159]. Die Internalisierung externer Transaktionskosten ist genau dann optimal, wenn die Grenzerlöse aus der Internalisierung deren Grenzkosten entsprechen[160]. Externe Transaktionskosten stehen in Abhängigkeit zum Rechtssystem, und hier liegt der Übergang von Transaktionskostenansatz zur der property-rights-Theorie. Unter die externen Transaktionskosten fallen nicht nur die Erwägungen, eine Rechtsübertragung möglichst schlank zu gestalten, sondern auch die grundsätzliche Definition von Eigentumsrechten. Sind diese nicht oder nicht ausreichend exklusiv definiert, resultieren Transaktionskosten, die ein prohibitives Niveau erreichen können und so zum totalen Marktversagen führen oder andererseits aufgrund von externen Effekten allokativ unerwünschte Wirkungen erzeugen können.

Interne Transaktionskosten entstehen an den Schnittstellen innerhalb der Unternehmung. Vorausgesetzt, ein Unternehmen kommt nicht ohne die Delegation von Tätigkeiten an Arbeitnehmer aus, werden die dadurch verursachten Kosten, d.h. Anweisungs- und Überwachungskosten, als interne Transaktionskosten bezeichnet[161]. Bedeutend sind in diesem Zusammenhang insbesondere die Kontrollaufwendungen, die aufgrund des Strebens einzelner Mitglieder der Unternehmung nach individueller Nutzenmaximierung (Agentenkonflikt) verursacht sind. Ob und inwieweit diese Individuen in der Lage sind, ihre Partikularinteressen durchzusetzen, hängt von der Struktur der internen Transaktionskosten ab. Die Struktur bleibt in ihrer Wirkung nicht auf das Innenverhältnis der Unternehmung beschränkt. Vielmehr beeinflussen interne Transaktionskosten das Verhalten des Unternehmens nach außen[162], indem sie in die Kostenfunktion des Unternehmens eingehen und so über den nach außen wirksamen Verkaufspreis der produzierten

---

156 Vgl. Coase, R. H. (1988), a.a.O., S. 6f.
157 Vgl. Wegehenkel, L., Coase – Theorem und Marktsystem, Tübingen 1980, S. 15ff.
158 Vgl. Wegehenkel, L., a.a.O., S. 16.
159 Vgl. Dahlmann, C. J., The Problem of Externality, in: The Journal of Law and Economics 1979, S. 147f.
160 Vgl. Wegehenkel, L., a.a.O., S. 17.
161 Vgl. Wegehenkel, L., a.a.O., S. 9ff.
162 Vgl. Wegehenkel, L., a.a.O., S. 17.

Güter und Dienstleistungen auch eine (allokative) Wirkung auf Dritte haben. Wo die Disziplinierung durch den Wettbewerb, wie beispielsweise im Monopol, ausfällt, führen nicht beherrschte interne Transaktionskosten direkt zu einem Wohlfahrtsverlust.

Transaktionskostentheoretisch kann das Problem der Auswahl der optimalen Organisationsform durch Abwägen von externen und internen Transaktionskosten gelöst werden. Die Transaktionskostentheorie hält für die öffentliche Hand bei genauer Betrachtung des Entscheidungsbaumes jedoch auch Lösungen bereit, die über die Entscheidung zwischen Markt und Hierarchie hinausgehen.

Art und Stärke von Transaktionskosten werden bestimmt durch das Auftreten bestimmter Umweltbedingungen, kombiniert mit bestimmten Verhaltensweisen menschlicher Individuen. Ausgehend von *Coases* Erkenntnissen, entwickelt *Williamson* die Theorie mit Hilfe eines Transaktionskostenmodells weiter[163]. Sein „Organizational failure framework"[164] differenziert Prämissen über Verhaltensannahmen und Umweltszenarien. Die im Folgenden genannten Umweltbedingungen bilden einen Prämissenrahmen, der die aktuelle Situation öffentlicher und privater Unternehmen mit einem verwendbaren Realitätsgehalt abbildet.

1. Umweltszenario: Komplexität
Ohne Komplexität bildet sich die Entscheidung über ökonomische Probleme in einem strukturierten Entscheidungsbaum ab und lässt sich durch logische Schlussfolgerung bewältigen. Individuen jedoch handeln in einem komplexen Umfeld. Entwicklungen sind zwar grundsätzlich abzusehen, aber dennoch von vielen Faktoren abhängig (Vielschichtigkeit) und daher nicht überschaubar. Eine einfache logische Schlussfolgerung ist nicht möglich[165].

2. Umweltszenario: Unsicherheit
Unsicherheit tritt in verschiedenen Ausprägungen auf, z.B. im Zeitablauf oder in der Prognose des Verhaltens Dritter[166]. Strategische Unsicherheit ist auf Opportunismus zurückzuführen. Sie liegt im Falle der Unkalkulierbarkeit des Verhaltens des Transaktionspartners vor. Läge eine genaue Prognose über das ex post-Verhalten des Partners vor, könnten ex ante wirksame Sicherungsvereinbarungen

163 Für Zusammenfassung des Ansatzes vgl. Williamson. O. E. (1984), S. 195ff.

164 Williamson, O. E., Markets and Hierarchies: Analysis and antitrust Implications, New York 1975, S. 20ff.; die Ausführungen folgen diesem Modell.

165 Vgl. Michaelis, E., Organisation unternehmerischer Aufgaben – Transaktionskosten als Beurteilungskriterium, Frankfurt am Main 1985, S. 155.

166 Vgl. Michaelis, E., a.a.O., S. 157.

geschlossen werden. Im Ergebnis muss Unsicherheit grundsätzlich einkalkuliert werden.

3. Verhaltensannahme: begrenzte Rationalität

Komplexität und Unsicherheit ließen sich unter maximaler kognitiver Leistung, gegebenenfalls durch Schätzungen, kalkulieren und damit beherrschen. In Kombination mit logischer Entscheidungsfindung aufgrund rationalen Verhaltens käme es zu einer effizienten Entscheidung. Doch die menschliche Informationsverarbeitungskapazität ist begrenzt, und nicht immer sind alle Informationen bei vertretbaren Transaktionskosten zu beschaffen. Die Formulierung der Entscheidungssituation gelingt daher nur bedingt; eine begrenzt rationale Entscheidung ist die Folge[167].

4. Umweltszenario: Spezifität

Produktionsfaktoren, die es zu beschaffen gilt, können eine derart spezifische Beschaffenheit aufweisen, dass von einer Vertretbarkeit der betreffenden Güter nicht mehr ausgegangen werden kann. Solche Güter sind unvollkommen standardisiert oder sogar mit der Eigenschaft der Einzigartigkeit ausgestattet[168]. Nicht nur im Bereich der materiellen, sondern auch im Bereich der immateriellen Aktiva, etwa bei Markennamen oder bei der Reputation einer Firma, kann es nichtreproduzierbare oder nicht am Markt beschaffbare Produktionsfaktoren geben. Sind diese Produktionsfaktoren bei Unmöglichkeit einer hierarchischen Produktion essentiell, ist eine Abhängigkeitslage[169] des nachfragenden Unternehmens bei marktlicher Versorgung kaum zu vermeiden. Spezifität allein ist im Grunde unproblematisch, denn sie ist kalkulierbar. Kombiniert mit den erklärten Verhaltensannahmen der Individuen, könnte es zur Gefahr opportunistischer Ausnutzung führen, die Transaktionen unter hoher Spezifität mit prohibitiv hohen Risiken, nämlich Transaktionskostenrisiken, versehen und so undurchführbar werden.

---

167 Vgl. Williamson (1975), S. 21ff.

168 Auch autonome Partner in einer Marktbeziehung unterliegen dem Agenten-Problem, z.B. in einer Liefer- und Leistungsbeziehung über Güter von hoher Spezifität. An dieser Stelle trifft die Transaktionskostentheorie das Agentenproblem. Hat der eine Vertragspartner zum Zeitpunkt der Aufnahme der Geschäftsbeziehung spezifische Investitionen erbracht, für die es keinen anderen Verwendungszweck gibt, gerät er in eine Abhängigkeitssituation (Locking-in-Effekt) , die opportunistisch ausgenutzt werden und im Extremfall in Marktversagen münden könnte.

169 Vgl. Dowling, M., Lechner, C., Kooperative Wettbewerbsbeziehungen: Theoretische Ansätze und Managementstrategien, in: DBW 1998, S. 90f.

5. Verhaltensannahme: Individualnutzenmaximierung und opportunistisches Verhalten

Ohne Opportunismus wären vertragliche Regelungen trivial. Eine Vorausplanung könnte durch die gegenseitige Verpflichtung, eine faire Regelung im Falle von veränderten Umweltszenarien herbeizuführen, ersetzt werden. Vollständige Verträge könnten auch im Falle der unbegrenzten Rationalität abgeschossen werden, Opportunismus wäre bedeutungslos. Die klassische Mikroökonomie geht von dem Streben nach Eigennutz des Individuums aus. Jedoch beschränken sich in der Realität nicht alle Individuen auf ein schlichtes Ausmaß von Eigennutz, das als fair zu bezeichnen wäre. *Williamson* unterstellt daher opportunistisches Verhalten, also die Verfolgung des Eigeninteresses unter Zuhilfenahme von List und Tücke, auch zum Nachteil anderer[170]. Opportunismus schafft echte und künstlich herbeigeführte Informationsasymmetrien und beschränkt sich nicht nur auf die Missachtung von Vertragspflichten und sozialen Normen, sondern schließt auch illegale Handlungen wie Täuschung, Diebstahl und Betrug ein. Opportunistisches Verhalten tritt unabhängig vom Zeitpunkt des Vertragsabschlusses, ex ante und ex post, auf.

Angenommen werden soll, dass sich die öffentliche Hand in ausgewählten Bereichen in einer der geschilderten Situation sehr ähnlichen Lage befindet. Für die Handhabung der Situation scheidet die Einflussnahme auf die Punkte 1., 2., 3. und 5. aus. Sie sind entweder technisch oder biologisch vorgegeben und sollen als nicht variabel hingenommen werden. Unter allen Überlegungen der Verhaltensannahmen und Umweltbedingungen kommt Punkt 4., der Spezifität, die maximale Bedeutung zu. Man spricht daher anstelle des Transaktionskostenansatzes auch vom Spezifitätsansatz. Eine Problemlösungsstrategie muss sich daher auf die Handhabung der Spezifität konzentrieren[171]. Nahe liegend ist die schlichte Reduktion der Spezifität, in deren Folge wieder auf die klassischen Markt- oder Hierarchie-Entscheidungsbäume zurückgegriffen werden kann. Für den Fall, dass auch diese Lösungsmöglichkeit aussscheidet – und das soll im Folgenden angenommen werden –, können organisatorische Maßnahmen helfen, ein drohendes totales Marktversagen zu vermeiden. Marktversagen führt in der Privatwirtschaft zu der Alternative „Weglassen" des betrachteten Projektes. Diese Alternative steht der öffentlichen Hand nicht zur Verfügung. Ein Marktversagen führt in jedem Fall zu einer Verfehlung der Minimalkostenkombination, da unabhängig von den Kosten gar nichts produziert werden kann und das Ziel so schon vor Betrachtung der Kosten verfehlt wird. Die Erfüllung von Aufgaben, die als „öffent-

170 Vgl. Williamson, O.E., (1975), a.a.O., S. 26.
171 Vgl. Picot, A., Reichwald, R., Wigand, R. T., a.a.O., S. 154ff.

lich“ definiert sind, *muss* die Gebietskörperschaft zwingend sicherstellen. Organisationsformen, mit denen sich jenseits von Marktversagen die Transaktionsformen beherrschen lassen, können eine organisatorische Unterstützung der Leistungsfähigkeit der öffentlichen Hände bieten und damit die ökonomisch optimale Produktion unter öffentlichem Einfluss sicherstellen.

2.2.2 Spezifität im Faktormarkt

Das Erkennen von spezifischen Produktionsfaktoren ist für die öffentliche Hand fruchtbar. Probleme, die durch spezifische Produktionsfaktoren aufkommen, lassen sich durch transaktionskostentheoretische Erkenntnisse bewältigen. Daneben eröffnen transaktionskostentheoretische Überlegungen Lösungsmöglichkeiten für die ständig in der Diskussion stehende Leistungstiefe der öffentlichen Hand. Diese Probleme erkennend, kann mit der PPP eine transaktionskostentheoretisch fundierte Handlungsoption für die Bewältigung derjenigen Probleme der öffentlichen Hand zur Verfügung stehen, die sich in faktorspezifischen und leistungstiefenbedingten Anforderungen konkretisieren.

2.2.2.1 PPP als Lösung zwischen Markt und Hierarchie

Wenn die Pole ökonomischer Organisation, Markt und Hierarchie versagen, könnten hybride Organisationsformen, die die Stärken der Pole vereinen, den Konflikt lindern[172]. Kapital sparend vereint werden können die Anreizvorteile marktlicher Koordination mit den Skaleneffekten und Schnittstellenvorteilen hierarchischer Produktion. Die Betriebswirtschaftslehre reagiert auf diese organisatorische und institutionelle Herausforderung mit der Herleitung kooperativer Elemente[173].

Als Beispiel mag das Beschaffen von spezifischen Produktionsfaktoren den Erwerb eines Unternehmens erforderlich machen. Die in dem Prozess der Deregulierung sich befindende Versorgerbranche steht stellvertretend für viele öffentliche Unternehmen, die vor neuen Herausforderungen stehen um unter Konkurrenz

172 Vgl. Jarillo, J. C., Ricart, J. E., Sustaining Networks, in: Interfaces, 1987, S. 83ff.
173 Vgl. Klein, B., Crawford, R. G., Alchian, A. A., Vertical Integration, appropriable Rents, and the Competitive Contracting Process, in: Journal of Law and Economics, 1978, S. 297ff. Vgl. Picot, A., Subsidiaritätsprinzip und ökonomische Theorie der Organisation, in: Faller, P., Witt, D. (Hrsg.), Erwerbsprinzip und Dienstprinzip in der öffentlichen Wirtschaft und in der Verkehrswirtschaft, Festschrift für K. Oettle, Baden-Baden 1991, S. 103ff.

und bei Ressourcenknappheit des öffentlichen Gesellschafters eine strategische Position zu sichern, Kostensenkungen durch verbesserte Skaleneffekte zu erreichen oder schlicht spezifische Einkaufs- und Abatzmärkte zu erschließen. Die Beschaffung dieser Produktionsfaktoren am Markt kann aufgrund der hohen Spezifität und des Opportunismuspotentials unmöglich sein oder ist wegen des hohen Kapitaleinsatzes des zunächst rein öffentlichen Gesellschafters unerwünscht. Dasselbe mag für die Hierarchie gelten. Aus der Sicht der öffentlichen Hand zieht der Kauf eines Unternehmens oder der Aufbau eines unternehmenseigenen Bereiches zur Beschaffung der genannten Produktionsfaktoren einen prohibitiv hohen Liquiditätsbedarf (Kapitalerhöhung zu Lasten des Trägerhaushaltes) nach sich und scheidet daher aus. Mit Hilfe der Gründung einer PPP lassen sich die für neue Aufgabenbereiche der öffentlichen Hand notwendigen Produktionsfaktoren die Haushaltsmittel schonend beschaffen und gleichzeitig die Kooperationsvorteile realisieren. Entsteht eine PPP durch Verkauf von Anteilen an bracheninterne, strategische Investoren, so, wie es in der Versorgerbranche vorkommt, werden transaktionskostentheoretische Kooperationsvorteile ausgenutzt unter Freisetzung von Liquidität. Echte Kooperationsrenten ergeben sich nun aus der Kombination komplementärer Einheiten, die unter Totalerwerb nicht möglich gewesen wären. Über die Nebenbedingung der Liquiditätsknappheit bei dem öffentlichen Gesellschafter kommt es zu Vorteilen, die sich beispielsweise in der Befestigung von anreizgesteuertem Innovationspotential des neuen Partners niederschlagen. „In der Vergangenheit kauften große Gesellschaften kleine typischerweise auf, wenn sie deren Spezialwissen benötigten. In vielen Fällen aber wirtschafteten die Erwerber ihren neuen Besitz herunter und verloren genau die Leute und das kreative Umfeld, das sie überhaupt erst angezogen hatte.“[174] Ähnlich formuliert General Motors: „Wenn wir so eine Gesellschaft einfach aufkauften, so würden wir die Gans schlachten, die goldene Eier legt.“[175] Die Kooperation ist schon aus dieser Sicht der Hierarchie und dem Totalerwerb überlegen.

Weiterhin verfügt die öffentliche Hand über Produktionsfaktoren, die sie nicht internalisiert nutzen kann, andererseits jedoch nicht externalisieren will. Anstelle einer Vermarktung der spezifischen Güter an konzernunabhängige Marktteilnehmer werden die spezifischen Güter einer unternehmensinternen Nutzung zuge-

174 O.V. Business Week, 25.6.1984, S. 40, zitiert nach Williamson, O. E., Die ökonomischen Institutionen des Kapitalismus: Unternehmen, Märkte, Kooperationen, Tübingen 1990, S. 182.

175 O.V. Business Week, 25.6.1984, S. 40, zitiert nach Williamson, O. E., (1990), S. 182.

führt[176]. Die genannten Internet-Stadtportale sind ein praktisches Beispiel. Die öffentlichen Gesellschafter verfügen über die Namensrechte, so genannte „intangible assets"[177], die kaum einer marktlichen Verwertung zugeführt werden können[178] oder aus übergeordneten politischen Gründen nicht marktlich genutzt werden sollen. Eine hierarchische Nutzung fällt wegen der Prämisse nicht verfügbarer Finanzmittel ebenfalls aus. Im Ergebnis lassen sich aus öffentlicher Sicht mit Hilfe der PPP im Einzelfall auch Vermögenswerte aktivieren, die mit Hilfe der herkömmlichen Koordinationsstrukturen Markt oder Hierarchie nicht ausgenutzt werden können. Im Beispiel der Stadtportale stellt die Stadt die Namensrechte, die nicht anders verwendet werden könnten, und der Private die Technik, und beide teilen sich den Nutzen, die Kooperationsrente.

PPP ist in der Lage, die ökonomische Vorteilhaftigkeit einer Kooperation für die öffentliche Hand zu erschließen, um so faktorspezifisch oder leistungstiefenproblematisch begründete Herausforderungen zu begegnen. Transaktionskosten lassen sich senken, ein Versagen des Marktes für Produktionsfaktoren wird vermieden, der Liquiditätsbedarf verringert sich, und Synergiereserven werden ausgenutzt.

Nicht unbeachtet bleiben soll an dieser Stelle, dass eine Kooperation mehrerer öffentlicher Unternehmen untereinander ähnliche Wirkungen wie in der PPP haben kann. Kommunale Querverbünde können ein Beispiel sein. Der Vorteil dieser Unternehmen beläuft sich jedoch ausschließlich auf den Genuss der Kooperationsrente[179]. In der gleichen Situation nutzen PPPs neben der Kooperationsrente auch noch die positiven Effekte zugeordneter Verfügungsrechte. Bei gleichen Transaktionskosten und Synergieeffekten sind sie aus dieser Sicht kommunalen Querverbünden überlegen, denn auch das möglichst vollständige Ausschöpfen der Kooperationsrente unterliegt einem anreizkompatiblen Steuerungsmechanismus, dessen sich rein öffentliche Unternehmen nicht bedienen können.

---

176 Vgl. Krüsselberg, U., Theorie der Unternehmung und Institutionenökonomik, Die Theorie der Unternehmung im Spannungsfeld zwischen neuer Insititutionenökonomik, ordnungstheoretischem Institutionalismus und Marktprozesstheorie, Heidelberg 1992, S. 192.

177 Vgl. Krüsselberg, U., a.a.O., S. 181.

178 Vgl. Krüsselberg, U., a.a.O., S. 189ff.

179 Für die praktische Relevanz mit zahlreichen Beispielen vgl. Flauger, J., Stadtwerke verbünden sich, in: HB 14.02.2003, S. 16.

2.2.2.2 Optimierung der Leistungstiefe mit Hilfe der PPP

Die Optimierung der Leistungstiefe der Gebietskörperschaften als Gesellschafter öffentlicher Unternehmen ist eine der aktuellen Herausforderungen an die Verwaltungswissenschaft und Praxis[180]. Auf Basis transaktionskostentheoretischer Überlegungen können kooperative Organisationsformen einen Beitrag zur Optimierung der Leistungstiefe der Gebietskörperschaften stellen[181].

In den bisherigen Untersuchungen wurde das make-or-buy-Problem mit Hilfe der Transaktionskostenvergleiche gelöst. Jedoch kann die öffentlich-rechtliche Eigenschaft des Gesellschafters übergeordnete Gründe bestimmen, welche die make-or-buy-Entscheidung jenseits der bisher betrachteten Gesichtspunkte beeinflussen. In der öffentlichen Wirtschaft kommt, anders als in der Privatwirtschaft, für welche die transaktionskostentheoretischen Überlegungen ursprünglich hergeleitet wurden, eine weitere Nebenbedingung hinzu. Es handelt sich um die Bereiche der „übergeordneten politischen Gründe". Diese Bereiche sind aus überragend wichtigen politischen Gründen dem betriebswirtschaftlichen make-or-buy Entscheidungsbaum entnommen. Diese Gründe sind organisationsformdeterminierend, wenn ohne sie die Bürgerrechte oder der Aufgabenträger selbst in einem von den Bürgern, vertreten durch die Politiker, nicht gewollten Maße gefährdet werden[182]. Als Vorgabe gilt hier ein unbedingtes, mindestens teilweises Beibehalten der Funktionsinternalisierung, unabhängig davon, wie transaktionskostentheoretisch optimal zu entscheiden wäre. Auf den ersten Blick sprengen diese zusätzlichen externen Rahmenbedingungen den Mechanismus der Transaktionskostentheorie, denn nicht effizienzbedingte Anforderungen waren bisher unbekannt.

Jedoch sind ganz ähnliche Effekte aus der Privatwirtschaft bekannt. Hier wird aus übergeordneten unternehmenspolitischen Gründen auf eine Externalisierung verzichtet, auch wenn diese auf den ersten Blick sinnvoll erscheinen könnte. Näher betrachtet, sind diese unternehmenspolitischen Erwägungen strategischer Natur. Eine Leistung ist, abgeleitet aus Theorie und Praxis der Privatwirtschaft, dann strategisch bedeutsam, wenn sie zur Kernkompetenz der Unternehmung zählt. Sie dienen der Differenzierung von anderen Anbietern und sichern den Platz im Wettbewerb. Ohne Kernkompetenzen entfällt die Rechtfertigung des Unternehmens. Leistungen mit Kernkompetenzcharakter werden daher grundsätzlich in-

180 Vgl. Naschold, F., Budäus, D., Jann, W., Mezger, E., Oppen, M., Picot, A., Reichard, C., Schanze, E., Simon, N., (Hrsg.), (1996), a.a.O., S. 63ff.

181 Vgl. Naschold, F., Budäus, D., Jann, W., Mezger, E., Oppen, M., Picot, A., Reichard, C., Schanze, E., Simon, N. (Hrsg.), (1996), a.a.O., S. 63ff.

182 Vgl. Wolff, B., a.a.O., S. 249f.

ternalisiert[183]. In der transaktionskostentheoretischen Entscheidungsfindung der öffentlichen Hand nehmen die „übergeordneten politischen Gründe" den Platz der strategischen Bedeutung ein. Die Leistungstiefenproblematik differenziert sich mit Hilfe der „strategischen Bedeutung" der zu erbringenden Leistung[184]. Strategisch bedeutende Leistungen werden grundsätzlich nicht am Markt beschafft, sondern sie bleiben internalisiert.

Es ergibt sich folgender Entscheidungsbaum. Leistungen von geringer oder ohne strategische Bedeutung, die sich durch eine gute Standardisierung auszeichnen und sicher und planbar sind, sind einer Externalisierung zugänglich; Strategisch wichtige, unternehmensspezifische und innovative Leistungen, die möglicherweise unsicher sind und häufig anfallen, werden in der Hierarchie erbracht[185]. Diese funktioniert jedoch nur so weit, wie das Know-how vorhanden ist oder hergestellt werden kann. Ist das Know-how nicht vorhanden, wie im Falle der Informations- und Kommunikationstechnologie Herausforderungen der öffentlichen Hand oder im Falle der Marktkenntnisse deregulierter Ex-Monopolisten, sind vertikale Koordinationsformen[186] als PPP bei Vermeidung der Externalisierung eine Lösung[187].

Mit Hilfe einer PPP lässt sich die Leistungstiefe auch in denjenigen Fällen jenseits der Hierarchie optimieren, in denen eine Externalisierung aufgrund übergeordneter Erwägungen ausscheidet, Strukturwandel jedoch organisatorische Veränderungen unumgänglich werden lassen.

---

183 Vgl. Gerhardt, T., Nippa, M., Picot, A., Die Optimierung der Leistungstiefe, in: Harvard forum 3/1992, S. 137ff.

184 Vgl. Picot, A. (1991) ‚Ein neuer Ansatz zur Gestaltung der Leistungstiefe,in: ZfbF 1991, S. 345f.

185 Vgl. Picot, A., Reichwald, R., Wigand, R. T., a.a.O., S. 127ff.

186 Vgl. Kumpe, T., Bolwijn, P. T., Vertikale Integration I: Ein altes Konzept macht wieder Sinn, in: HARVARDmanager, 1/1989, S. 73ff.

187 Vgl. Geck, H.-U., Strategische Allianzen und ihre Rechtsformen, in: DB 1991, S. 1337ff.

2.3 Organisationsspezifische Gefährdungslage delegierter Macht

2.3.1 Grundlagen einer Prinzipal-Agenten-Beziehung

Smith[188] erkennt 1776 eine störungsanfällige Situation, in der die Geschäftsführung und die Zuordnung der property-rights grundsätzlich in verschiedenen Händen liegen. Er nimmt dabei an, dass von einem Fremdgeschäftsführer keine Geschäftsführungsqualität in Bezug auf Engagement und Sorgfalt erwartet werden könne, wie er es von einer klassischen inhabergeführten Unternehmung gewohnt ist. Insofern reichen die Anreize, die zugeordnete property-rights ergeben, bei Fremdgeschäftsführung nicht aus, um eine minimalkostenkombinierte Produktion sicherzustellen. Heute ist es Thema der Prinzipal-Agent-Theorie, die Innenbeziehungen[189] einer Institution, die durch ein Auftraggeber-Auftragnehmer-Verhältnis gekennzeichnet ist, zu erklären.

Ross[190] definiert eine Prinzipal-Agenten-Beziehung (auch Agency-Ansatz oder Agentenkonflikt genannt) grundsätzlich für den Fall, dass eine Seite, der Prinzipal (es sind auch mehrere gleichzeitig möglich), an eine andere Seite, den Agenten, Entscheidungs- und Ausführungskompetenzen delegiert. Prinzipal-Agenten-Situationen sind dadurch charakterisiert, dass der Agent Entscheidungen trifft, die nicht nur sein eigenes Wohlergehen, sondern auch das des Prinzipals beeinflussen[191]. So könnte für das angestellte Management eine individuelle Nutzenmaximierung in Form von möglichst geringer Arbeitsbelastung, ein komfortables Arbeitsumfeld oder eine über das erforderliche Maß hinausgehende Personalausstattung Vorrang vor dem operativen Ziel des Unternehmens haben[192]. In der Folge produziert das Unternehmen auf einer Kostenkurve, die oberhalb der Minimalkostenkombination liegt, und wird das operative Ziel verfehlt oder nur suboptimal erreicht[193].

Maßnahmen, die ein Abweichen der Zielvorstellungen der Manager von der Zielwünschen der Gesellschafter beeinflussen, werden seit den Untersuchungen

---

188 Vgl. Smith, A., The Wealth of the Nations, Cannan Edition, New York 1937, S. 700.
189 Vgl. Picot, A., (1991), S. 150.
190 Vgl. Ross, S. A., The Economic Theory of Agency: The Principal's Problem, in: American Economic Review 1973, Papers and Proceedings, No. 2, S. 134.
191 Vgl. Picot, A. (1991), a.a.O., S. 150.
192 Vgl. Blankart, C. B., Ökonomie der öffentlichen Unternehmen, München 1980, S. 130.
193 Vgl. Blankart, C. B. (1980), a.a.O., S. 130.

von *Berle* und *Means* unter dem Begriff *Corporate-Control* zusammengefasst[194]. Corporate-Control-Probleme treten in fast allen Auftraggeber-Auftragnehmer-Verhältnissen auf. Im Folgenden sei das Verhältnis von öffentlichem Gesellschafter zu dem Geschäftsführer des öffentlichen Unternehmens betrachtet[195]. Die Probleme der Corporate-Control treten aus Sicht des Agency-Ansatzes in Abhängigkeit von der organisatorischen Struktur des Unternehmens auf; man spricht von einer „organisationsspezifischen Gefährdungslage"[196]. Möglicherweise kann die PPP eine Alternative mit organisationsbedingt geringerer Gefährdungslage darstellen.

Grundlegend für die Agentenproblematik ist die Annahme individueller Nutzenmaximierung zu Lasten des Prinzipals. Die Opportunismus-Prämisse geht so weit, dass der individuelle Nutzen auch unter Zuhilfenahme von List und Tücke auf Kosten anderer beschafft wird[197]. Unerheblich ist dabei, ob die Vorteile des einen die Nachteile des anderen übersteigen. Dabei gilt, dass die Möglichkeiten für den Agenten, sich ungestraft opportunistisch verhalten zu können, mit steigender Größe[198] und Diversifizierung[199] des Unternehmens zunehmen.

Das opportunistische Ausnutzen von sich ergebenden Spielräumen wäre ohne die Prämisse unvollständiger und asymmetrischer Information kein Problem. Der Prinzipal wäre über alle Handlungen des Agenten informiert und könnte sie zielgenau sanktionieren. Dieses antizipierend, würde der Agent nicht opportunistisch handeln. In Realsituationen jedoch ist das Wissen unvollständig und sind die Informationen ungleichmäßig verteilt. Prinzipal und Agent können ex ante die persönlichen Eigenschaften des Transaktionspartners kaum prüfen; man nennt diese daher *hidden characteristics* des Transaktionspartners. Ist ein ungeeigneter Partner an der Transaktion interessiert, wird er die Eigenschaften, die den anderen Partner zur Ablehnung veranlassen könnten, verbergen. Es besteht die Gefahr, mit schlechten Vertragspartnern zu kontrahieren *(adverse selection)*. Der Prinzi-

---

194 Vgl. Berle, A. A., Means, G. C., The Modern Corporation and Private Property, New York 1932.

195 Vgl. Bös, D., Gedanken zur Theorie öffentlicher Unternehmen, in: ZögU 1993, S. 144.

196 Schuppert, G.F. (1994), a.a.O., S. 657f.

197 Vgl. Palmer, D., Friedland, R., Jennigs, P.D., Powers, M.E., The Economics and Politics of Structure: The Multidivisional Form and the Large U.S. Corporation, in: Administrative Science Quarterly 1987, S. 27.

198 Vgl. Williamson, O. E., Hierarchical Control and Optimum Firm Size, in: Journal of Political Economy 1967, S. 123ff.

199 Vgl. Schäfer, H., Strategische Allianzen – Erklärung, Motivation und Erfolgskriterien, in: WISU 1994, S. 689.

pal jedoch kann das Verhalten, die Stärken und Schwächen sowie nicht kommunizierte Absichten nur erahnen und ist insoweit schlechter informiert. Obwohl auch der Agent das Verhalten des Prinzipals nicht voraussehen kann, liegt ein Gleichgewicht an Unsicherheit nicht vor, denn die Situation des Agenten ist mit einem geringeren Risiko gewichtet: Er arbeitet ohne eigenen Kapitaleinsatz. Die Drohung des einzelnen Partners mit Abbruch des Dienstvertrages ist so faktisch nur auf Seiten des Agenten wirksam. Die wirtschaftlichen Folgen eines Arbeitsplatzwechsels sind von geringerer Bedeutung als die Folgen der Korrektur einer Geschäftspolitik, die, einmal eingerichtet, je nach Umständen nur schwer reversibel ist. In den *hidden characteristics* des ausgewählten Partners kann *hidden action* begründet sein[200]. Damit bezeichnet man Handlungen des Agenten zu Lasten des Prinzipals ohne dessen Wissen nach Vertragsabschluss[201]. *Hidden action* kann der Prinzipal entweder aufgrund der gegebenen Informationsasymetrie nicht beobachten, oder er bemerkt zwar die *hidden action*, kann deren Vor- und Nachteile aber aufgrund mangelnden Fachwissens oder wegen mangelnden Engagements[202], nicht wirksam beurteilen und/oder sanktionieren. Die Informationsasymmetrie wird unterstützt von der Struktur des exogenen Risikos. Der Prinzipal kann das Ergebnis des Agenten im nachhinein nicht in Leistung des Agenten und exogenes Risiko differenzieren[203]. Der Agent ist so in der Lage, ein schlechtes Ergebnis, welches in eigener Fehl- oder Schlechtleistung begründet ist, hinter dem exogenen Risiko zu verstecken. Diese Möglichkeit kalkulierend, eröffnet sich für den Agenten schon ex ante ein diskretionärer Handlungsspielraum, den er durch *hidden action* unter Verfehlung der Minimalkostenkombination zum persönlichen Vorteil ausnutzen kann. In Verbindung mit opportunistischem Verhalten des Agenten kommt es zu *moral hazard*[204], wenn der Agent seinen Handlungsspielraum fahrlässig, böswillig oder kriminell zu Lasten des Prinzipals ausnutzt[205].

---

200 Vgl. für *hidden characteristics* und deren Folgen Spremann, K., Asymmetrische Information, in: ZfB 1990, S. 566f.

201 Vgl. Spremann, K. (1990), a.a.O., S. 571f.

202 Vgl. für den Fall der Bankgesellschaft Berlin, Drost, F. M., Wissenschaftler werfen Berliner Senat mangelnde Schadensbegrenzung vor – Politik versagt bei Bankgesellschaft, in: HB 27.1.2003, S. 27.

203 Vgl. Spremann, K. (1990), a.a.O., S. 571.

204 Vgl. Holmström, B., Moral Hazard and observability, in: Bell Journal of Economics S. 74ff.

205 Ähnlich wie die *hidden characteristics* ist auch das Problem der *hidden intention* nach Vertragabschluss begründet, denn Prinzipal-Agenten-Probleme beinhalten nicht zwangsläufig eine Hierarchie wie zwischen Angestellten und Vorgesetzten.

Zunächst lassen sich organisationsformunabhängig Opportunismusrisiken ex ante durch Abbau der Informationsdefizite vermindern, indem die Partner ex ante Informationen offenbaren. *Adverse-selection*-Probleme lassen sich mit Hilfe von *signalling*[206] (der Agent signalisiert seine Redlichkeit durch Zeugnisse o.ä.), *screening*[207] (der Prinzipal prüft die Reputation des Bewerbers) oder *self selection* (der Prinzipal konstruiert ein Selbstwahlschema und erkennt an der Wahl des Bewerbers dessen Intention) Maßnahmen lindern. Kosten infolge von *moral hazard* in Kombination mit *hidden action* lassen sich durch eine Verbesserung des Informationsflusses nach Vertragsabschluss (z.B. laufende Berichte) reduzieren[208]. Doch auch diese Maßnahmen verursachen Kosten, die dem Agentenkonflikt an sich zugerechnet werden müssen. Die Summe aller Reibungsverluste, die durch das mögliche oder tatsächliche Abweichen der Agentenhandlung vom den Wünschen des Prinzipals entsteht, wird unter dem Begriff agency-costs zusammengefasst[209]. Darunter fallen im Einzelnen[210]:

- Kosten der Kontrolle durch den Prinzipal,
- Garantiekosten durch den Agenten und
- Wohlfahrtsverlust.

Aus organisationstheoretischer Sicht gilt: Optimal ist das Vertragsarrangement mit den niedrigsten agency-costs[211]. Im Falle minimaler agency-costs wird auf der Minimalkostenkombination produziert; Abweichungen sind, den Wettbewerb am Gütermarkt unbeachtet lassend, durch Verluste aus der Fremdgeschäftsführung bedingt, die mit Hilfe von PPP selbst regulierend und anreizgesteuert reduziert werden könnten.

---

206 Vgl. Spence, M., Job Market Signalling, in: Quarterly Journal of Economics 1973, S. 355ff.

207 Vgl. Arrow, K. J., Agency and the market, in: Arrow, K.J., Intriligator, M. D. (Hrsg), Handbook of Mathematical Economics, Amsterdam, Vol. III, S. 1183ff..

208 Vgl. Spremann, K., Reputation, Garantie, Information, in: ZfB 1988, S. 621ff.

209 Vgl. Jensen, M. C., Meckling, H., Theory of the firm: Managerial Behavior, Agency Costs and Ownership Structure, in: Journal of Financial Economics 1976, S. 308.

210 Vgl. Jensen, M. C., Meckling, H., a.a.O., S. 308.

211 Vgl. Pratt, J. W., Zeckhauser, R. J., Principals and Agents: An Overview, in: Pratt, J. W., Zeckhauser, R. J. (Hrsg.) Principals and Agents: The Structure of Business, Boston 1985, S. 3.

2.3.2 Disziplinierung delegierter Macht in der PPP

Mit zunehmendem Opportunismuspotential reichen die genannten Maßnahmen der Informationsbeschaffung für die Sicherstellung der Minimalkostenkombination nicht aus. Ein *moral hazard*, der, wenn er absichtlich und offensichtlich unter Ausnutzung des Abhängigkeitsverhältnisses auftritt, auch *hold up* (Überfall) genannt wird[212], lässt sich durch die bisher erklärten Mittel nicht wirksam vermeiden. Ein *hold up* geneigter Partner wird seine Charaktereigenschaften und seine Intention durch List und Tücke verbergen, so dass die genannten Maßnahmen versagen, und er wird geeignete Situationen böswillig ausnutzen. Selbst wenn der Agent ex ante keine *hold-up*-Absichten hat, so muss in einem opportunistischen Umfeld angenommen werden, dass jede *hold up*- oder *moral hazard*-geeignete Situation, und sei es, dass sie nur durch Zufall und durch Unachtsamkeit des Prinzipals entsteht, durch den Agenten ausgenutzt wird. Im Laufe der Zeit kann der Agent das Kontrollverhalten des Prinzipals erkennen und sein Handeln darauf einstellen, so dass auch die genannte Berichtspflicht an Wirkung verliert. Das operative Ziel des Unternehmens wird entlang einer über der Minimalkostenkombination liegenden Kostenfunktion verfehlt oder nur suboptimal erreicht.

Aus institutionell-organisatorischer Sicht liegt ein wirksamer Schutz in der Schaffung organisatorischer Bedingungen (im Gegensatz zu den genannten informationstechnischen Bedingungen), die die opportunistische Gefährdungslage vermeiden. Das Eigeninteresse des Opportunisten nutzend, können Bedingungen geschaffen werden, die den Agenten aus dessen individuellem Nutzenmaximierungsinteresse zu genau dem Verhalten drängen, das der Prinzipal sich wünscht[213]. Die Optimierung erfolgt durch die Koppelung des Interesses des Prinzipals an das des Agenten. Eine Kopplung der Interessen beider Vertragspartner kann durch Beteiligung des Agenten am wirtschaftlichen Erfolg seines Handelns erfolgen. Der Wert eines Unternehmens oder spezielle betriebswirtschaftliche Kennzahlen (z.B. Umsatz oder Betriebsergebnis) lassen sich als Bemessungsgrundlagen für die Entlohnung des Agenten einstellen. Die Koppelung des Interesses des Prinzipals an das des Agenten setzt eine direkte und strenge Verbindung voraus. Im Extremfall gefährdet der Agent seine Existenzgrundlage bei Verfehlen des Zieles. Dieses setzt

212 Vgl. Spremann, K. (1988), a.a.O., S. 628.
213 Vgl. Spremann, K. (1990), a.a.O., S. 571.

1. ein operables Zielsystem,
2. Vertragsfreiheit bei der Gestaltung des Entlohnungsschemas und
3. einen streng und direkt anreizgesteuerten Prinzipal

voraus.

Mit Einrichtung einer PPP ist es zwingend erforderlich, zunächst die (1.) Zieldefinition operabel zu formulieren. Gelänge dieses nicht, so gingen öffentliche Interessen (unter Vorgriff auf später folgende Untersuchungsergebnisse, vgl. Abschnitt 5), schon aufgrund der privaten Rechtsform unter. Anders als in öffentlichen Unternehmen, die mit wenig operablen Zielen wie „öffentliches Interesse" oder „Allgemeinwohl" auskommen müssen, zwingt das Vorhandensein eines privaten Partners die öffentliche Hand zur Fixierung einer formalen und operablen Zieldefinition. Soweit diese vorliegt, lässt sich das Unternehmensinteresse grundsätzlich an das Managerinteresse koppeln. Wirksame Leistungsanreize werden geschaffen, und das Opportunismuspotential wird entschärft[214]. Der mit der PPP einhergehende Zwang der operablen Zielformulierung ist die Grundlage, auf der die Disziplinierung delegierter Macht besser gelingen könnte als unter rein öffentlicher Handhabung.

Selbst wenn es unter rein öffentlichem Einfluss ein fixiertes Zielsystem gäbe, so fehlte es doch an der Möglichkeit, tatsächlich starke, direkte und auch streng sanktionierende Entlohnungsschemata (2.) einzurichten[215], die die delegierte Macht zu disziplinieren helfen könnten. Öffentliche Unternehmen sind, solange sie sich vollständig im öffentlichen Eigentum befinden, an das Entlohnungsschema des öffentlichen Dienstes gebunden. Selbst leistungsschwache Mitarbeiter sind im öffentlichen Dienst faktisch nicht kündbar[216]. Opportunismus vermeidende Entlohnungsstrategien sind unüblich. Anstelle dessen herrscht der Glaube an nicht opportunistisch handelnde Individuen vor, die maschinenartig auch diffus eingestellte Zielsysteme ohne Abweichung bewältigen[217]. Die öffentliche Hand hat insofern keinen Zugang zu Mitteln der Machtdisziplinierung, wie sie der Pri-

214 Vgl. Kouwenhoven, V., a.a.O., S. 122.

215 Vgl. Köckritz, S. von, Ermisch, G., Dittrich, N., Lamm, C., Bundeshaushaltsordnung, Kommentar, § 7, Rn. 8.5., Loseblattsammlung, München seit 1975.

216 Vgl. Köckritz, S. von , Ermisch, G., Dittrich, N., Lamm, C., a.a.O., § 7, Rn. 8.5.

217 Vgl. Thiemeyer, T., in der Auseinandersetzung mit der individualistischen Betrachtungsweise: Über Gegenstand und Inhalt einer „Ökonomie der öffentlichen Unternehmen" Anmerkungen zu Charles Beat Blankarts gleichnamigem Buch, in: ZögU 1981, S. 494ff. Vgl. Arnim, H. H., von, Ist der rationale Staat möglich?, in: Arnim, H. H. von, Lüder, K. (Hrsg.), Wirtschaftlichkeit in Staat und Verwaltung, Berlin 1993, S. 67ff.

vatwirtschaft offen stehen. Mit der privatwirtschaftlichen Struktur einer PPP kann sich die Verwendung öffentlich-rechtlicher Entlohnungsstrukturen erübrigen, so dass sich die Option eröffnet, wirksame Leistungsanreize einzurichten[218].

Jedoch nützen die Voraussetzungen zu 1. und 2. nichts ohne einen Prinzipal, der die Koppelung des Unternehmensinteresses an das Individualinteresse der Manager kompetent und engagiert einstellt. Dieses Engagement auf Gesellschafterebene ist aus property-rights- theoretischer Sicht in PPP-Unternehmen ungleich größer als in rein öffentlichen Unternehmen, da die Drohung mit Ausfall der individuellen Existenzgrundlage bei wirtschaftlichem Misserfolg entfällt. Werden die Rahmenbedingungen zu 1. und 2. durch einen engagierten Prinzipal, der sich bei Misserfolg des Wegfalles seiner eigenen Existenzgrundlage ausgesetzt sieht[219], genutzt, sollte die Disziplinierung delegierter Macht aus institutionenökonomischer Sicht in PPP-Unternehmen besser gelingen als in rein öffentlichen Unternehmen.

Dabei kann die öffentliche Hand zum Trittbrettfahrer des Privaten werden. Der Private wird aus eigenem Interesse die Corporate-Control so einrichten, dass die Maximierung des Unternehmenserfolges – und dieser ist satzungsgemäß definiert – angestrebt wird. Selbst wenn der Öffentliche sich an den Kontrollkosten (hier beispielsweise Entwurf des Entlohnungsschemas, laufende Überwachung) nicht beteiligt, profitiert er doch kostenlos von dessen Wirkung, die ursächlich seinem privaten Partner zuzuschreiben ist. Dabei braucht der öffentliche Partner nicht zu befürchten, dass sein in der Kostenlosigkeit gegründeter Trittbrettfahrererfolg von dem Privaten in den Einstiegskonditionen diskontiert antizipiert wird, denn dieser hat keine zusätzlichen Kosten zu decken, die durch die Passivität seines Partners entstehen. Sein Kontrollaufwand fällt unabhängig von dem öffentlichen Partner an. „Verdient" wird dieser Trittbrettfahrererfolg durch die Skaleneffekte des Kontrollaufwandes, die bei einer Verteilung des gleichbleibenden Kontrollaufwandes auf eine den größere als den Kontrollaufwand einleitende Kapitalbasis entstehen.

Aus dieser Sicht lässt sich der Agentenkonflikt durch die Teilnahme privaten Kapitals besser entschärfen, so dass in der Summe geringere Agency-Costs anfallen, als es in rein öffentlicher Handhabung möglich wäre.

---

218 Vgl. Köckritz, S. von, Ermisch, G., Dittrich, N., Lamm, C., a.a.O., § 7, Rn. 8.5.
219 Vgl. Alchian, A. A., Demsetz, H., a.a.O., S. 777.

2.4 Zwischenergebnis I: Ökonomisches Erfolgspotential der PPP

Ausgehend von institutionenökonomischen Prämissen, schöpft die PPP ihr *ökonomisches Erfolgspotential* vorrangig aus den folgenden Quellen:

1. PPP schafft über die Eigenkapitalstruktur einen Zugang zu den die Effizienz steigernden Anreizwirkungen zugeordneter Verfügungsrechte, so dass Externalitäten internalisiert werden, Verschwendung vermieden und eine Produktion auf der Minimalkostenkombination angereizt wird. Öffentliche Unternehmen ohne private Partner müssen regelmäßig ohne oder ohne ausreichende Anreizmechanismen auf verfügungsrechtlicher Basis auskommen.
2. PPP ist bei hoher Faktorspezifität eine geeignete Form der Beschaffung von Produktionsfaktoren, die anderenfalls einem Marktversagen zum Opfer fielen oder additive finanzielle Ressourcen in nicht vertretbarem Ausmaß nach sich zögen.
3. Mit Hilfe von PPP lassen sich Vorteile der Leistungstiefenoptimierung aus Sicht der öffentlichen Hand auch in den Fällen realisieren, die aus Effizienzgesichtspunkten und/oder übergeordneten Gründen keinen Zugang zu den Polen ökonomischer Koordination haben .
4. PPP ist in der Lage, den Agentenkonflikt, der in rein öffentlichen Unternehmen in Kombination mit fehlenden eigenkapitalstrukturbedingten Anreizen verstärkt auftritt, zu lindern mit Hilfe vertraglicher Strukturen, die in rein öffentlichen Unternehmen nicht angewendet werden oder angewendet werden können, und stellt damit eine Annäherung an die minimalkostenkombinierte Produktion auch des öffentlichen Zieles sicher.

1. und 4. schöpfen ihre Wirkung aus der Koppelung des individuellen Erfolges an den der Organisation. Mit dieser Hilfe lässt eine Produktion sich an die Minimalkostenkombination heranführen. 2. und 4. schöpfen ihre Wirkung aus der Optimierung der Transaktion an sich. Das Erfolgspotential von 1. bis 4. kann einzeln und kombiniert auftreten. Nicht jede PPP hat, schon aus technischen, rechtlichen oder politischen Gründen, Zugang zu allen Quellen der Optimierung. Strategisch optimale Lösungen entstehen in Konstruktionen, die eine Kumulierung der Wirkungen zulassen. Alle Elemente des ökonomischen Erfolgspotentials der PPP werden in einer echten win-win-Situation erarbeitet. Ineffizienzen werden abgebaut, der einzelwirtschaftliche Nutzen nimmt zu, und in dessen Summe kommt es zu einem Wohlfahrtsgewinn. Abbildung 2 fasst die Elemente des ökonomischen Erfolgspotentials der PPP zusammen.

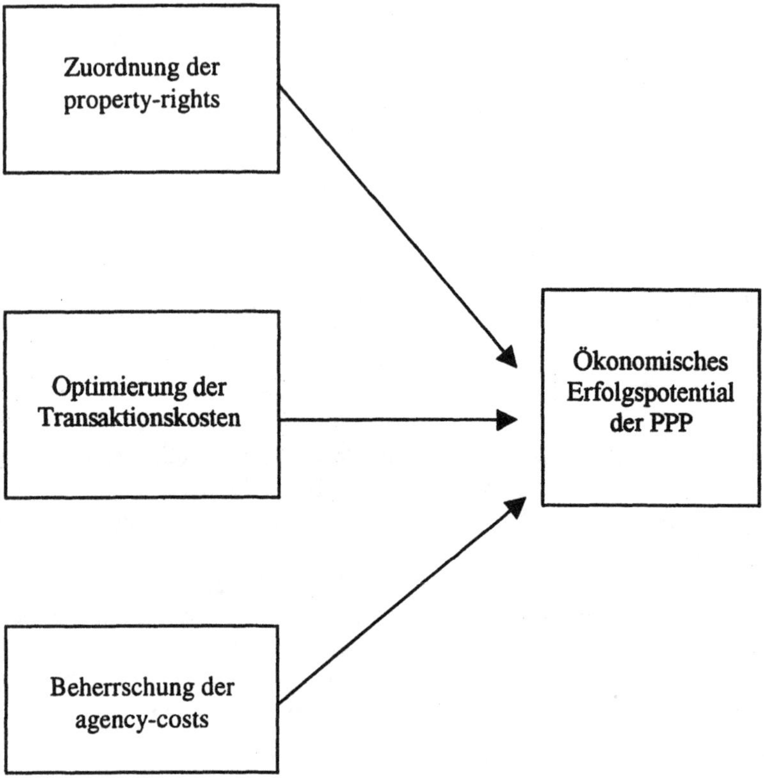

Abb. 2: Das ökonomische Erfolgspotential der PPP

3 Politisches Erfolgspotential der PPP aus rationaler politischer Sicht

Ökonomische Potentiale realisieren sich – technische Restriktionen als beherrschbar angenommen – in der Privatwirtschaft selbstregulierend, da das Kapital seiner produktivsten, d.h. rentierlichsten, Verwendung folgt. Unter öffentlichem Einfluss heben sich ökonomische Potentiale nicht automatisch. Sie lassen sich erst dann realisieren, wenn eine für den verantwortlichen Politiker anreizkompatible Situation vorliegt[220]. Diese Situation lässt sich mit PPP einrichten, und damit hat die PPP neben dem ökonomischen ein politisches Erfolgspotential.

Im Folgenden wird aufgezeigt, dass sich die PPP in die Anreizstrukturen des politischen Systems einpasst, auf der Nutzenfunktion der Entscheider liegt und so das Potential der praktischen Umsetzung beinhaltet. Danach lässt sich als Anwendung des politischen Potentials erarbeiten, ob PPP mit der nachgewiesenen Anreizkompatibilität in der Lage ist, ausgewählte Elemente der im Folgenden erörterten Verwaltungsreform in ihrer Realisierung wirkungsvoll zu unterstützen.

3.1 PPP im New Public Management

Es ist Aufgabe der Verwaltungswissenschaft und –praxis, auf die dynamischen Umweltbedingungen, die im Abschnitt 1.3.2 erörtert wurden, zu reagieren und Lösungsansätze zu fundieren.

Im Rahmen des Public Managements beschäftigt sich die Verwaltungswissenschaft mit der Spezifizierung von Steuerungsproblemen öffentlicher Organisationen unter Berücksichtigung dynamischer Umweltbedingungen. Kernbereiche sind die Analyse und die Gestaltung von Managementprozessen von Verwaltungen und öffentlichen Unternehmen[221]. Zurückgegriffen wird dabei auf ein Verständnis von Organisationsveränderung, das davon ausgeht, dass an verschiedenen Führungsfunktionen (Strukturen, Verfahren, Personal und Außenverhältnis)

220 Vgl. Jreisat, J. E., Public Organisation Management, The Development of Theory and Process, Westport, 1997, S.50ff.

221 Vgl. Naschold, F., Bogumil, J., Modernisierung des Staates – New Public Management in deutscher und internationaler Perspektive, 2. Aufl., Opladen 2000, S. 250.

gleichzeitig angesetzt werden muss, da starke Interdependenzen bestehen[222]. Erarbeitet wurde daher funktionenübergreifend eine Vielzahl von Modernisierungsansätzen, deren programmatische Ansätze sich in Begriffen wie „Neues Steuerungsmodell", „Reinventing Government", „Public Management" und vor allem „New Public Management" wiederfinden[223]. New Public Management (NPM) wurde im Kontext zum Public Management formuliert und stellt den übergreifendsten Terminus dar; er erfasst die Gesamtheit möglicher, international mit unterschiedlichen Schwerpunkten zu diskutierender Strategien der Reform von Verwaltungen und öffentlichen Unternehmen[224]. Im deutschen Sprachgebrauch wird mit nahezu identischer Doktrin der Begriff des Neuen Steuerungsmodells[225] verwendet. Erfasst werden alle Maßnahmen zur Modernisierung der Verwaltung; lediglich die alleinige Verwendung additiver Ressourcen zur Bewältigung der Situation scheidet aus.

Das Paket an Reformen, das aus dem NPM heraus geeignet ist, die neuen Herausforderungen zu bewältigen, zeichnet sich durch einen hohen Grad an Heterogenität aus. Eine geschlossene Theorie oder einen festen, allgemein gültigen Katalog an Handlungsanweisungen gibt es nicht. Vielmehr wird versucht, die Methoden und Verfahren der Modernisierung jedes einzelnen Verwaltungsbereiches unter ausdrücklicher Einbindung des Gesamtgefüges[226] aus Politik und Verwaltungsumfeld durch das New Public Management zu identifizieren, klassifizieren und im nächsten Schritt theoretisch zu fundieren[227]. Vorschläge zur Reform der öffentlichen Verwaltung sind dabei nicht neu, sie wurden in der Vergangenheit jedoch kaum umgesetzt[228]. Der Grund mag in dem damals relativ schwächeren Haushaltsdruck gelegen haben. Heute sind die Gebietskörperschaften aus haus-

222 Vgl. Bogumil, J., Modernisierung lokaler Politik: Kommunale Entscheidungsprozesse im Spannungsfeld zwischen Parteienwettbewerb, Verhandlungszwängen und Ökonomisierung, Baden-Baden 2001, S. 112.

223 Vgl. Budäus, D., Von der bürokratischen Steuerung zum New Public Management, in: Budäus, D., Conrad, P., Schreyögg, G. (Hrsg.), New Public Management, Berlin 1998, S. 2ff. Vgl. Budäus, D., Finger, S., Stand und Perspektiven der Verwaltungsreform in Deutschland, in: Die Verwaltung 1999, S. 316.

224 Vgl. Budäus, D., Public Management – Konzepte und Verfahren zur Modernisierung öffentlicher Verwaltungen, Berlin, 1994, S. 47. Vgl. Barzelay, M., The New Public Management – Improving Research and Policy Dialogue, Oxford 2001, S. 1ff.

225 Vgl. KGSt, Das Neue Steuerungsmodell. Begründung, Konturen, Umsetzung, Köln 1993, S. 15ff.

226 Vgl. Budäus, D. (1994), a.a.O., S. 47.

227 Vgl. Finger, S., a.a.O., S. 97.

228 Vgl. Finger, S., a.a.O., S. 95ff.

haltspolitischen Gesichtspunkten gezwungen, sich mit Möglichkeiten der Einsparung von Mitteln zu beschäftigen. Dazu trägt die entlang des NPM geliederte Verwaltungsreform bei[229].

Obwohl das NPM als offener Begriff keinen fixen Standpunkt vertritt, so basiert es doch auf der konkreten praktischen Erkenntnis, dass die klassische bürokratische Produktion öffentlicher Güter und Dienstleistungen nicht immer geeignet ist, den relevanten gesellschaftlichen Anforderungen gerecht zu werden[230]. Eine aktuelle Anforderung ist die Steigerung der Effizienz der öffentlichen Produktion, um die Trägerhaushalte zu entlasten. Charakteristisch für Elemente des NPM ist der Wechsel von der legal-bürokratischen Steuerung hin zu einer ökonomisch ausgerichteten Steuerung[231]. Im Zusammenhang mit der stärkeren Orientierung an betrieswirtschaftlichen Managementtechniken spricht man vom Wandel des „Bürokratiemodells" zum „Managementmodell" in der Verwaltungssteuerung[232]. Ausgehend von diesem Grundkonsens, sind die Elemente, die die Verwaltungswissenschaft unter NPM subsumiert, einer groben Systematisierung zugänglich. Die Reformansätze lassen sich drei interdependenten und sich teilweise überlagernden Ebenen zuordnen[233]:

- Binnenreform
- Ein grundlegend neues Rollen- und Funktionsverständnis von Staat und Verwaltung
- Externe Strukturreform

Im Rahmen der Aufgabenstellung dieser Arbeit sind die Verwaltungsreformelemente relevant, die mit Hilfe von PPP unterstützt werden können. Mit der Binnenreform wird die interne Reform von Strukturen, Verfahren und personellem Verhalten zusammengefasst[234]. Sie ist einer PPP nicht zugänglich, da PPP aufgrund seiner privatrechtlichen Struktur und des definitionsgemäßen privaten Einflusses in der Binnenreform in der Regel keinen Einsatz finden kann. Denkbar ist allerdings ein indirekter Lernprozess, indem der Wandel vom Bürokratiemodell

---

229 Vgl. Finger, S., a.a.O., S. 95ff.

230 Vgl. Budäus, D. (1998), a.a.O., S. 2. Vgl. St. Bernhardt, B., Neuorganisation der staatlichen Aufgabenerfüllung – Anspruch und Leistungsfähigkeit des New Public Management, Dargestellt am Beispiel des Straßenunterhaltungs- und Betriebsdienstes, Baden-Baden 2000, S. 7.

231 Vgl. m.w.N. Wallerath, M., in: Wallerath, M. (Hrsg.), a.a.O., S. 41.

232 Vgl. Budäus, D. (1998), a.a.O, S. 6.

233 Vgl. Budäus, D. (1998), a.a.O., S. 3.

234 Vgl. Budäus, D. (1998), a.a.O., S. 4.

zum Managementmodell durch die direkte Präsenz des PPP Managements und der dort angewandten betriebswirtschaftlichen Instrumente unterstützt wird[235].

Das neue Rollen- und Funktionsverständnis[236] greift die Idee der Konzentration auf die Kernkompetenzen auf[237]. Grundgedanke ist, dass die staatliche Eigenproduktion von Gütern und Leistungen zu Gunsten einer Fokussierung auf die gesellschaftlichen Notwendigkeiten und Problemlagen zurückgenommen werden könnte. Zunächst wird hier die Entbehrlichkeit öffentlicher Aufgaben geprüft, um im nächsten Schritt die ökonomisch optimale Methode der Erfüllung der verbleibenden Aufgaben zu ermitteln. Dabei kann für die nach dem ersten Schritt verbleibenden Aufgaben der Gewährleistungsverantwortung ein rein öffentlicher Träger, ein privater Betrieb oder eine PPP durch die Gebietskörperschaft beauftragt werden. In Abgrenzung zur ordnungspolitischen Diskussion geht es im NPM dabei nicht um eine schlichte Vermögensprivatisierung, sondern um das Heben von Effizienzreserven (beispielsweise property-rights-, transaktionskosten- und Corporate-Control-bedingt) mit Hilfe einer verstärkten Inanspruchnahme marktlicher oder hybrider Organisationsformen zu Lasten hierarchischer Produktion. Aus Sicht des NPM ist eine materielle Privatisierung nicht das vorrangige Ziel der Reform, sondern sie entsteht eher als Nebenprodukt aus der Notwendigkeit privaten Engagements, welches sich aus der Einsicht in Effizienzgesichtspunkte ergibt. Soweit es mit Hilfe des reformierten Rollen- und Funktionsverständnisses des Staates gelingt, eine tendenzielle Aufhebung der Dichotomie zwischen öffentlichem und privatem Sektor in breiten politischen Schichten zu verankern, kann eine für hybride Organisationsformen förderliche Atmosphäre gesellschaftlichen Selbstverständnisses geschaffen werden. Über den Rückzug des Staates auf seine Kernkompetenzen hin zu einem Vertrauen zu privatem Engagement liefert das neue Rollen- und Funktionsverständnis die atmosphärische Grundlage der PPP.

Die dritte Ebene des NPM, die externe Strukturreform, gliedert Ansätze zur Schaffung von Wettbewerbsbedingungen und Wahlmöglichkeiten für die Nutzer

---

235 Vgl. Vgl. Budäus, D., Public Private Partnership – Neue Formen kooperativer Aufgabenerfüllung, in: Schauer, R., Budäus, D., Public Management: Arbeitsberichte und Forschungsergebnisse: Verwaltungsreform. Neue Kooperationsformen, Nonprofit-Management, 3. Forschungskolloquium Linz-Hamburg, Linz 2001, S. 12.

236 Vgl. Schuppert, G. F., Geändertes Staatsverständnis als Grundlage des Organisationswandels öffentlicher Aufgabenwahrnehmung, in: Budäus, D. (Hrsg.), Organisationswandel öffentlicher Aufgabenwahrnehmung, Baden-Baden 1998, S. 19ff.

237 Vgl. Budäus, D., Finger, S., a.a.O., S. 321f.

im öffentlichen Sektor[238]. Parallel dazu wird über eine stärkere Inanspruchnahme der Nutzer für die Finanzierung dieser Leistungen nachgedacht. Grundlegende Idee der externen Strukturreform ist, dass Wettbewerb zu effizienten Verhaltensweisen und so zu einem sparsameren Umgang mit Haushaltsmitteln durch die Beteiligten führt. Die Schaffung von Wettbewerbsbedingungen differenziert sich nach dem Wettbewerb mit Produzenten innerhalb und außerhalb der Verwaltung. Der Wettbewerb innerhalb der Verwaltung ist einer PPP nicht zugänglich. Jedoch ist PPP geeignet, den externen Wettbewerb zu begleiten. Unter externem Wettbewerb wird ein materieller Wettbewerb mit Leistungsanbietern außerhalb der Verwaltung verstanden, d.h. Leistungen können sowohl von Privaten als auch von öffentlichen Stellen parallel angeboten werden. Die Auswahl des Anbieters erfolgt, wie am Markt, individuell durch den Nutzer. PPP kann als ein zusätzlicher Anbieter im Rahmen des NPM auftreten und, wie noch zu zeigen sein wird, in diesem Rahmen die externe Strukturreform in der praktischen Umsetzung als organisatorischer Mantel unterstützen.

3.2 Determinanten politischen und administrativen Handelns

Für die Herstellung einer sich selbst durchsetzenden PPP-Konstruktion ist es erforderlich, eine anreizkompatible Situation für den entscheidenden Politiker herzustellen. Daher ist es erforderlich, die Determinanten des politischen und administrativen Handelns zu erörtern, in denen sich eine Anreizkompatibilität unterordnen muss.

Die Verwaltungssituation und die Reformentwicklung sind aktuell durch eine Kombination von Finanzkrise und Schwächen politischer Führung gekennzeichnet[239]. Heruntergebrochen auf die Organisationsformwahl, muss eine Organisationsform dieser politischen Situation gerecht werden[240]. In den folgenden Abschnitten wird zu zeigen sein, wie PPPs in der Lage sind, die Finanzkrise zu lindern und die „Schwächen" der politischen Führung zu internalisieren, und so verschiedenen Elementen der externen Strukturreform als Umsetzungstechnik zur Realisierung verhelfen kann.

238 Vgl. Budäus, D. (1998), a.a.O., S. 4.
239 Vgl. Budäus, D., Finger, S., a.a.O., S. 340.
240 Vgl. Schuppert, G. F. (1994) a.a.O., S. 647.

3.2.1 Die Beachtung der individuellen Interessen der mit der PPP befassten Individuen als Entscheidungskriterium in der Praxis von Politik und Verwaltung

Der Erfolg der Elemente des NPM hängt von dem Grad seiner Umsetzung ab. Diese Umsetzung soll sich im Rahmen des NPM in das Gesamtgefüge[241] aus Politik und Verwaltung einordnen. Entscheidungen über PPP werden innerhalb dieses Gesamtgefüges, wie alle politischen und administrativen Entscheidungen, von Individuen gefällt, die, wie anlässlich der Institutionenökonomie erklärt, neben sachgerechten auch individuelle und opportunistische Interessen verfolgen, und wieder kann dabei die Zuhilfenahme von List und Tücke nicht ausgeschlossen werden[242].

Die Entscheidung für oder wider eine PPP trifft ein gewählter Politiker. Da in dieser Arbeit nicht geprüft werden soll, ob eine pluralistische Demokratie überhaupt in der Lage ist, eine optimale Politik im Sinne eines theoretischen Optimums zu verwirklichen[243], soll die politische Umwelt in die PPP-Funktionalität so internalisiert werden, wie sie in der Praxis vorliegt. Dies gilt auch dann, wenn in der Demokratie „...die unvernünftigsten Forderungen unter dem Deckmantel der Wirtschaftspolitik durchkommen“[244]. Die Wirtschaftspolitik sei hier als Beispiel für die Instrumentalfunktion öffentlicher Unternehmen genannt.

„Tatsächlich pflegen Berufspolitiker vor allem ihren Eigeninteressen zu folgen und bilden insofern eine »politische Klasse“[245]. Gleichzeitig gilt: „Politik ist – immer schon – vorrangig Kampf um Macht, Posten, Geld“[246]. Ausgehend von dieser Annahme, sind die Entscheidungen des Politikers eine Funktion des erwarteten Wahlverhaltens unter der Prämisse des Verfolgens des Machterhaltes[247]. Angenommen wird daher ein Politiker, der sich Stimmen maximierend verhält. Alle Maßnahmen, die er ergreift, kalkuliert er zunächst nach der Wählerwir-

---

241 Vgl. Budäus, D. (1994), a.a.O., S. 47.

242 Vgl. Williamson, O. E. (1981), a.a.O., S. 553.

243 Vgl. Wagner, H., Öffentlicher Haushalt und Wirtschaft, in: VVDStRL 1956, Nr. 27, S. 61.

244 Wagner, H., a.a.O., S. 61.

245 Arnim, H. H. von, Das Parteienkartell lähmt die Republik: Zwölf Thesen zum Zustand von Staat und Gesellschaft, in: Die Welt 27. 07.2002, S. 9. Hervorhebung im Original.

246 Arnim, H. H. von (2002), a.a.O., S. 9.

247 Vgl. Downs, A., Eine ökonomische Theorie des politischen Handelns in der Demokratie, in: Widmaier, H.P., Politische Ökonomie des Wohlfahrtsstaates – eine kritische Darstellung der Neuen Politischen Ökonomie, Frankfurt am Main 1974, S. 124.

kung[248], denn Wählerstimmen sind das Geld auf dem Markt der Politik[249]. Die Wählerstimmenfunktion gilt für alle Entscheidungen des Politikers, für die Verwaltungsreform, die Aufstellung des Haushaltes und die Wahlentscheidung zwischen Hierarchie, PPP oder Externalisierung[250]. Der parteipolitische Wettbewerb hat entscheidenden Einfluss[251] auf die Realisierung der Ansätze des NPM. Ebenfalls hat er entscheidenden Einfluss auf die Umsetzung einzelner NPM-Ideen mit Hilfe der PPP. Es ergibt sich der folgende Zusammenhang:

Fördert die Einrichtung einer PPP den Erwartungswert der Wahlentscheidung, so werden Politiker geneigt sein, eine PPP einzurichten; reduziert sie den Erwartungswert des Wahlerfolges, kann von vornherein von einer Ablehnung ausgegangen werden.

Es kommt also auf die Wählerwirkung (im Folgenden auch Wählerstimmenwirkung genannt) der Maßnahme an. Dazu seien die Interessen der Wähler betrachtet. Grundsätzlich ist davon auszugehen, dass eine einzelne organisatorische Entscheidung des Politikers die Wahlentscheidung des Bürgers nicht signifikant beeinflusst, denn die Bedeutung einer derartigen Organisationsentscheidung ist in Anbetracht der sonstigen politischen Entscheidungen, der persönlichen Wirkung des Politikers und der längerfristigen politischen Grundüberzeugung des Wählers als gering einzuschätzen. Der Bürger fällt seine Wahlentscheidung über die Wiederwahl einer Regierung, je nach dem wie zufrieden er mit der Regierungsarbeit ist. Zufrieden ist er, heruntergebrochen auf die PPP-Entscheidung, dann, wenn er sich persönlich durch die PPP-Entscheidung nicht schlechter stellt oder dieses für die Zukunft befürchtet als ohne die PPP[252]. Die Versorgung mit den in der PPP produzierten Gütern darf sich qualitativ nicht verschlechtern oder verteuern. Aus betriebswirtschaftlicher Sicht ist dies auch nicht zu befürchten. Schließlich wird die PPP zur Effizienzsteigerung eingerichtet, und nicht, wenn von Beginn an ein sich vergrößerndes Defizit absehbar ist, das steigende Preise nach sich zieht.

---

248 Vgl. Brede, H., Grundzüge der Öffentlichen Betriebswirtschaftslehre, München 2001, S. 46. Die BHO kommentierend: „Die Politik misst daher den Erfolg staatlicher Maßnahmen in der Regel nach Gewinn und Verlust in Wählerstimmen und nicht nach dem kaufmännischen Maßstab von finanziellem Aufwand und Ertrag." Köckritz, S. von, Ermisch, G., Dittrich, N., Lamm, C., a.a.O., § 7, Rn. 8.3.

249 Vgl. Samuelson, P. A., Nordhaus, W. D., Volkswirtschaftslehre: Grundlagen der Makro- und Mikroökonomie, 8. Aufl., Köln, 1987, S. 436ff.

250 Vgl. Brede, H. (2001), a.a.O., S. 46.

251 Vgl. Bogumil, J., a.a.O., S. 172.

252 Vgl. Downs, A., a.a.O., S. 125.

Aus Sicht des Politikers jedoch birgt jede organisatorische Neuerung – darunter fällt auch die PPP-Risiken. Der Hinweis auf private Teilhabe an staatlicher Leistungserstellung ist daher zunächst auch eher ein Argument der politischen Opposition als der Regierung, die auch ohne effizienzmaximale Verwaltung regieren kann, denn die Opposition trägt nicht das Risiko der Organisationsinnovation, sondern konsumiert lediglich den argumentativen Nutzen des Hinweises auf innovative Organisationsmodelle. Strategische und operative Missgeschicke, Kalkulationsfehler, die Kombination unglücklicher, sich ändernder Rahmenbedingungen und eine negativ reagierende Presse sind nur einige Beispiele für die möglichen Angriffsflächen organisatorischer Neuerungen. Demgegenüber steht die Alternative eines risikolosen, möglicherweise ökonomisch nicht optimalen, aber dennoch funktionierenden Verwaltungsapparates, mit dessen Kosten und Mängeln sich die Wähler aufgrund jahrzehntelanger Gewöhnung abgefunden haben. Die mögliche oder tatsächliche Ineffizienz organisatorischer Entscheidungen, auch in Bezug auf das Halten oder teilweise Veräußern von öffentlichen Unternehmen, spielt, solange die Skandalschwelle nicht überschritten ist, keine Wahl entscheidende Rolle. Im Ergebnis hätte ein Politiker kaum einen Anreiz, die ökonomischen Erfolgspotentiale einer PPP zu heben. Aufgrund der Tatsache, dass es trotzdem eine steigende Anzahl an PPPs gibt, muss es andere starke Anreizmechanismen geben, die die politischen und/oder ökonomischen Risiken einer PPP überkompensieren, so dass ein politischer Nettonutzen verbleibt, der den PPP-Entschluss fördert.

Der stärkste Anreiz für einen Politiker, sich dem Thema PPP und der damit einhergehenden Privatisierung zu öffnen, liegt in dem Beschaffen von Haushaltsmitteln. Mit diesen liquiden Mitteln kann er seiner Verpflichtung, einen gedeckten Haushalt aufzustellen, nachkommen. Dasselbe gilt für alle Elemente der Verwaltungsreform. Sie liegen nur dann auf der Nutzenfunktion des Politikers, wenn sie wählerwirksam oder haushaltspolitisch nützlich sind. Dem Haushalt kommt eine große Bedeutung zu, denn erstens hat er eine gewisse Wählerwirkung und zweitens ist der Politiker zum Aufstellen des Haushaltes nachprüfbar verpflichtet. Der Effizienz in öffentlichen Unternehmen jedoch ist der Politiker letztendlich nicht direkt nachprüfbar verpflichtet, so dass keine anreizkompatible Struktur besteht, deren Effizienz aus der Einsicht in ökonomische Erkenntnisse (Ansätze der property-rights, der Transaktionskostentheorie und der Corporate-Control) zu optimieren. Die Tatsache, dass eine Effizienzverbesserung öffentlicher Tätigkeit über den Wohlfahrtsgewinn allen zugute kommt, wird eher nebenbei mitgenommen und kann später als Mittel der Außenkommunikation der neuen Struktur hilfreich eingesetzt werden.

Der Politiker jedoch steht als Sachwalter der Wähler nicht allein. Er bedient sich des Verwaltungsapparates. Dieser wird beherrscht von Beamten, die ebenfalls individuelle Interessen verfolgen. Deren persönliches Interesse liegt, wie bei allen Individuen zunächst in dem Streben nach materiellem Wohlergehen in Form von finanziellen Verbesserungen durch Gehaltssteigerungen, Pensionszusagen oder ähnliche Zuweisungen. Jedoch können in einer Beamtenlaufbahn aufgrund der Besoldungsregelungen die finanziellen Vorteile nicht unbegrenzt wachsen. Da es in der Beamtenbesoldung an der Korrelation zwischen Arbeitsleistung und Aufstieg fehlt[253], der Beamte aber trotzdem eine Mehrung seines persönlichen Wohles anstrebt, weicht er in nichtmonetäre Bereiche des Wohlergehens aus. In Reichweite kommen persönliche Anerkennung, sozialer Status, Prestige der Tätigkeit und, in Abhängigkeit vom Lebensalter des Staatsdieners, das Erhalten des vertrauten Arbeitsumfeldes. Mittel zum Beschleunigen des finanziellen und sozialen Aufstiegs des leitenden Beamten ist dabei die Vergrößerung des persönlichen Aufgabenfeldes. Das Streben nach zusätzlichen finanziellen und personellen Ressourcen wird belohnt durch die Möglichkeit, den Aufstieg zügig zu erreichen. Man spricht daher von dem Beamten als Budgetmaximierer[254]. Ein Abbau von Verantwortlichkeiten im Staatsapparat, wie er von der Verwaltungswissenschaft als sinnvoll erkannt wurde, ist für den Beamten tendenziell unattraktiv. Dazu gehört auch die Abgabe von Verantwortlichkeiten, die die öffentliche Hand innerhalb ihrer Unternehmen bereithält.

Neben den Interessen der Administration sind die der beteiligten Arbeitnehmer zu berücksichtigen. Obwohl diese grundsätzlich einen geringeren Einfluss haben, da sie sind im Gegensatz zu den Politikern oder den Verwaltungsspitzen nicht in die Entscheidung involviert sind, müssen ihre Interessen berücksichtigt werden. Die allen Veränderungen innewohnende Befürchtung, den Arbeitsplatz zu verlieren, lässt sich mit Hilfe geeigneter Multiplikatoren in Wahlkampfzeiten durch die Opposition nutzen. Sodann handelt der Politiker rational, wenn er die Interessen der Arbeitnehmer berücksichtiget, um auch diese Personengruppe wählerstimmenwirksam zu bedienen.

---

253 Vgl. Köckritz, S. von, Ermisch, G., Dittrich, N., Lamm, C., a.a.O., § 7, Rn. 8.5. Vgl. Mehler, G., Public Private Partnership in der Abfallwirtschaft des Main-Taunus-Kreises, in: Hewel, B., (Hrsg.), Verwaltung reformieren Öffentlich-private Partnerschaften – Management-Beispiele aus der Praxis, Frankfurt am Main 1995, S. 74.

254 Vgl. Niskanen, W. A., Bureaucracy and Representative Government, Chicago/New York, 1971, S. 1ff. Vgl. Lindsay, C.. M., A Theory of Government Enterprise, in: Journal of Political Economy 1976, S. 1063.

Elemente des NPM haben aufgrund der Machtstellung und gleichzeitigen Abhängigkeit aller Beteiligten daher nur dann eine Chance, wenn sie so ausgestaltet sind, dass sie für alle Beteiligten akzeptabel sind. Für den Politiker als Initiator müssen sie zusätzlich einen positiven Nettonutzen haben, der das mit jeder Veränderung einhergehende Risiko überkompensiert.

Mit Hilfe der PPP könnte eine Situation geschaffen werden, die für nahezu alle Beteiligten der angestrebten Reform akzeptabel wird, indem sie deren individuelle Interessen bedient und so dem innerhalb des NPM erkannten Gesamtgefüge aus Politik und Verwaltung gerecht wird. Neben der Beachtung dieser Interessen hat sich die PPP jedoch der aktuellen Haushaltssituation unterzuordnen.

3.2.2 Die Finanzsituation der Gebietskörperschaft

Der Strukturwandel, der in Abschnitt 1.3.2 als die zentrale Triebfeder der PPP-Entwicklung erarbeitet wurde, ist nicht von immaterieller Konsequenz. Ausgehend von der Annahme, der Staat könne jedes auftretende, technisch lösbare Problem in der Eigenerstellung lösen, ließe sich der gesamte Reformdruck in einem einzigen Begriff zusammenfassen: Additive Ressourcen sind notwendig. Damit lässt sich schlussfolgern, dass für den politischen Entscheider die maximalen Anreize vorliegen, liquide Haushaltsmittel zu beschaffen oder Auszahlungen zu vermeiden.

Der Wähler reagiert auf haushaltspolitische Maßnahmen, insbesondere auf weitere Erhöhungen der Abgaben, sensibel. Möglichkeiten sind Einsparungen auf der Ausgabenseite und Verbesserung der Einnahmen. Auf der Ausgabenseite sind Einsparungsmöglichkeiten bei den Leistungen der Bürger begrenzt, da sie zum einen oft gesetzlich vorgeschrieben (z.B. Transferleistungen) sind oder zum anderen bei der Kürzung eine unerwünschte Wählerwirkung haben. Einsparungen im Verwaltungsapparat an sich sind nur langfristig wirksam, da eine Verwaltungsreform, insgesamt gesehen, derzeit nicht in allen Bereichen erfolgreich ungesetzt ist und daher noch Anfangsverluste zu finanzieren sind. So ist das Interesse der Haushaltspolitiker groß, Auszahlungen zu vermeiden und kurzfristig zusätzliche Einnahmen zu beschaffen. Eine PPP reduziert weitere Ausgaben, wenn erforderliche Umstrukturierungen der einst öffentlichen Betriebe nun unter Zuhilfenahme privaten Kapitals erfolgen können. PPP kann langfristig laufende Kosten reduzieren, da die Ausschöpfung des ökonomischen Erfolgspotentials (property-rights-, transaktionskostentheoretische und Corporate-Control-Vorteile) hilft, effizient zu arbeiten. Im Fokus des finanzpolitischen Interesses jedoch steht ein kurzfristiger PPP-Effekt: Die Freisetzung von liquiden Mitteln durch eine teilweise Veräußerung eines öffentlichen Unternehmens oder die Einsparung einer erforderlichen Kapitalerhöhung des öffentlichen Unternehmens[255]. Dieses ist gleichzeitig die zentrale Triebfeder der PPP[256].

Während sich die Bürger an eine bürokratisch organisierte Verwaltung mit mäßiger Arbeitseffizienz nach der allgemeinen Erfahrung gewöhnt haben und diesen Zustand zwar kritisieren, doch letztlich konsequenzlos hinnehmen, ist die Problemlage der Finanzknappheit eine andere. Leere öffentliche Kassen können heute oft nicht mehr durch zusätzliche Darlehensaufnahmen optisch ausgeglichen werden. Eine nur mittelmäßig arbeitende Verwaltung ist für die politische Führung nicht zwangsläufig schädlich, ein Haushaltsdefizit dagegen sehr, denn alle Gebietskörperschaften *müssen* ihren Haushalt gesetzmäßig verabschieden. Es ist der *Zwang* zur Aufstellung des Haushaltes, der den starken Aktionsdruck ausübt und eine die PPP begünstigende Kreativität freisetzt. Der Politiker steht unter Handlungsdruck. *Kirchhof* erklärt zwar für die Außenwirkung des Haushaltes, dass das Recht und nicht das Geld staatliches Verwalten regiere[257]. Was allerdings für das Verhältnis von Haushalt und Verwaltung gilt, gilt für das Verhältnis von Haushalt und Politik im Umfeld der öffentlichen Finanzkrise eben nicht: Haushaltspolitische Erfordernisse determinieren politische Entschlüsse.

Die langfristigen Effizienzgewinne in der Produktion der Güter und Leistungen sind wenig wählerwirksam und stellen damit einen nur geringen Anreiz zur Einrichtung einer PPP dar. Erst die desolate Finanzlage zwingt die öffentliche Hand über das Vehikel des Veräußerungserlöses zu organisatorischen Innovationen wie der PPP, die allein schon wegen der Realisierung des ökonomischen Erfolgspotentials der PPP sinnvoll gewesen wäre. Die Frage, ob die öffentliche Hand ohne den Liquiditätsdruck althergebrachte und verfestigte, jedoch wenig effiziente Strukturen öffentlicher Leistungserstellung einer Effizienzsteigerung zugänglich gemacht hätte, kann, ausgehend von den erklärten Anreizmechanismen, nicht ohne weiteres bejaht werden.

---

255 Vgl. Kouwenhoven, V., a.a.O., S. 121. Vgl. Helm, T. M., Rechtspflicht zur Privatisierung, Privatisierungsgebote im deutschen und europäischen Recht, Baden-Baden 1999, S. 44f.

256 Vgl. Roentgen, F., Public-Private-Partnership: Eine effizienzorientierte Analyse kommunaler Aufgabenerfüllung unter Einbeziehung erwerbswirtschaftlicher Unternehmen, Aachen 2001, S. 10.

257 Vgl. Kirchhof, P., Die Steuerung des Verwaltungshandelns durch Haushaltsrecht und Haushaltskontrolle, in: NVwZ 1983, S. 505.

Diesen und den vorhergehenden Abschnitt zusammenfassend, ergibt sich das folgende Anforderungsprofil für organisatorische Veränderungen im Prozess der Verwaltungsreform, die dem Gesamtgefüge aus Politik und Verwaltung gerecht werden. Die Maßnahmen müssen

- die Haushaltssituation entspannen (1.),
- in ihrer Wählerstimmenwirkung akzeptabel sein (2.),
- die Interessen der Administration wahren (3.) und
- die Interessen der beteiligten Arbeitnehmer berücksichtigen (4.).

Erfüllt ein Reformelement diese Anforderungen nicht, kommt es zu den größten Hindernissen bei dessen Realisierung. Bezüglich der PPP ist zu prüfen, ob sie diese Voraussetzungen erfüllt und so ihr politisches Erfolgspotential nachweist. Erst wenn eine PPP diesen Anforderungen gerecht wird, ist sie in der politischen Praxis relevant und kommt als Organisationsalternative in Frage.

3.3 PPP als Alternative zur öffentlichen Produktion

Der Nachweis, den genannten Anforderungen gerecht zu werden, erfolgt am Beispiel der PPP als Privatisierungsstrategie öffentlicher Unternehmen. Mit Hilfe der Betrachtung der PPP als Mittel der Privatisierung lässt sich die Quantität der entstandenen PPP erklären und es lässt sich auf diesem Wege die politische Funktionalität der PPP erarbeiten. Auf diese Ergebnisse soll in den dann folgenden Abschnitten zurückgegriffen werden, wenn es darum geht, die Vorteilhaftigkeit der PPP als organisatorisches Mittel der Verwirklichung von Elementen der externen Strukturreform herzuleiten.

3.3.1 PPP als Privatisierungsstrategie öffentlicher Unternehmen

Ausgehend von defizitären öffentlichen Haushalten, ist die materielle Privatisierung von Staatsvermögen eine Maßnahme, liquide Haushaltsmittel zu beschaffen[258]. Während die Veräußerung von Vermögensgegenständen, die nicht mit individuellen Interessen der Beteiligten verknüpft sind, so z.B. öffentliches Grundvermögen, ohne größere Hindernisse gelingen mag, ist die Situation bei der Veräußerung eines öffentlichen Unternehmens eine andere. Die in dem vorherigen

---

258 Vgl. Abromeit, H., Veränderung ohne Reform. Die britische Privatisierungspolitik (1979 - 1985), in: Politische Vierteljahresschrift 1986, S. 271ff.

Abschnitt genannten Anforderungen und Interessen der Beteiligten müssen berücksichtigt werden, um die erforderlichen Haushaltsmittel wählerstimmenneutral zu beschaffen.

Aus dieser Sicht könnte vermutet werden, dass einzelne PPP nicht wegen der Einsicht in die Vorteile einer externen Strukturreform eingegangen werden, sondern aus dem Grunde des Beschaffens der Finanzmittel. Ausgehend von dem Wunsch der politischen Führung nach Veräußerung eines öffentlichen Unternehmens, ist die PPP geeignet, die Veräußerung Nutzen stiftend für den Politiker auszugestalten. Das ist genau dann der Fall, wenn die Voraussetzungen 1. bis 4. des vorherigen Abschnittes erfüllt werden. Die Entspannung der Haushaltssituation (1.) braucht nicht weiter geprüft zu werden, denn dieser Faktor ist das auslösende Element. Im Folgenden erfolgt der Nachweis der Eignung der PPP bezüglich der verbleibenden Voraussetzungen 2., 3. und 4.

3.3.1.1 Akzeptanz in der Wählerwirkung

Privatisierungen stoßen in der Wählerwirksamkeit, nahezu unabhängig von der finanzwirtschaftlichen Vorteil- oder Unvorteilhaftigkeit, auf ein geteiltes Echo. Während die eine politische Richtung schon aus ordnungspolitischen Gründen eine Zurückdrängung öffentlicher Tätigkeiten wünscht, nimmt die andere politische Richtung die Maßnahme zum Anlass um mit Hilfe der Tafelsilberdiskussion[259] die Leistungsfähigkeit der jeweils an der Regierung sich befindenden Partei zu diskutieren. Um diese möglicherweise wählerwirksame Diskussion zu vermeiden, ist es für den regierenden Politiker rational, die Privatisierung so zu konstruieren, dass es zu keiner negativen Wählerstimmenwirkung kommt. Der regierende Politiker wägt zum Ausgleich des defizitären Haushaltes, soweit ihm – und davon soll im Folgenden ausgegangen werden – ein finanzpolitischer Entscheidungsspielraum nicht bleibt, zwischen negativer Wählerstimmenwirkung einer erhöhten Neuverschuldung oder der Wählerstimmenwirkung einer Privatisierung von Staatsvermögen ab. Soweit der Politiker sich der Privatisierung öffentlicher Unternehmen als Option der Beschaffung von Haushaltsmitteln bedient, wirken

259 Die „Tafelsilberdiskussion" ist eine politisch motivierte Maßnahme, die wählerstimmenwirksam die Verschleuderung von Vermögen der öffentlichen Hand suggeriert. Dieses impliziert, dass es sinnvoll sei, Vermögen der öffentlichen Hand praktisch in Reservehaltung vorzuhalten. Dem Gesetz folgend, darf es ein „Tafelsilber"-Vermögen in Form von passiv verwendetem Vermögen, welches in absehbarer Zeit nicht genutzt werden kann, nicht geben; entsteht es trotzdem, so mahnt § 63 BHO zur sofortigen Veräußerung, vgl. Güntzel, in: Heuer, Kommentar zur Haushaltsrecht, Frankfurt, § 63, Rn. 3,4.

Anreize, die Privatisierung möglichst Wählerstimmen schonend einzurichten. Die Annahme, der Politiker habe eine PPP aufgrund der kurzfristigen Beschaffung von Liquidität anderen Handlungsmöglichkeiten vorgezogen, schafft eine argumentative Angriffsfläche für die Opposition und macht daher eine umsichtige öffentliche Kommunikation der Entscheidung erforderlich. Der Wähler könnte bemerken, dass mittels der PPP beispielsweise ein infolge allgemeiner Ineffizienz, also durch die kumulierte Schlechtleistung der Beteiligten, verursachtes Haushaltsloch gestopft werden soll. Es kommt nun auf die Außenkommunikation der Privatisierung an.

Das ohnehin nur mäßige Interesse des Wählers an ökonomisch präzisen Formulierungen und der Erklärung gesellschaftsrechtlich exakter Strukturen der öffentlichen Verwaltung oder Elementen der Strukturreform wird beantwortet mit Begriffen, die eine durch die „Erfindung" der PPP neu geschaffene Kooperationsbereitschaft der Privatwirtschaft jenseits von haushaltsmäßigen Zwängen und der Rentabilitätspflicht ökonomischer Investitionen signalisieren. Die Tatsache, dass PPP keine Erfindung ist, die solche Vorteile jenseits von Rentabilitätspflichten erschafft, und es so eine Erfindung auch nicht geben kann, ist in der politischen Kommunikation nicht relevant. Die eingangs erwähnten wissenschaftlichen Hürden bei der Präzisierung des Begriffes wandeln sich in der politischen Verwendung vom Makel zum Markenzeichen eines kommunikativen Selbstgängers, der in diesem Zuge auch die weite Verbreitung der Vokabel PPP erklärt. Geschaffen wurde ein Name, wie er für die Politkommunikation besser geeignet nicht sein kann: Ein rechtlich sowie wissenschaftlich unverbindlicher Begriff[260], der skandalfrei-unverbraucht das Wort Partnerschaft in einen modernen Anglizismus mit der Aura privat-effizienter Wirtschaft unter dem Deckmantel des „public" verbindet, eröffnet kaum Angriffsflächen für den politischen Gegner. PPP suggeriert unbemerkt diffus ein gewisses Ausmaß an privatwirtschaftlicher Initiative, von der angenommen wird, dass der Bürger dieses, begleitet von staatlicher Aufsicht, wünscht[261]. Der Begriff PPP funktioniert als Marketinginstrument[262] für das dahinter stehende Organisationsmodell. Die SPD-Bundestagsfraktion wirbt für die Verbreitung von PPP und verkündet, PPP bedeute nicht Privatisierung öffentlicher Leistungen und schon gar nicht die Sozialisierung von Verlusten und die Privatisierung von Gewinnen[263]. Derartige Formulierungen helfen, die Tafelsilberdiskussion zu überwinden und mit Hilfe der Liquiditätswirkung der PPP die

260 Vgl. Tettinger, P. J. (1997), a.a.O., S. 125.
261 Vgl. Höftmann, B., a.a.O., S. 423.
262 Vgl. Budäus, D. (2001), S. 13.
263 Vgl. SPD Bundestagsfraktion, Projektarbeitsgruppe „Public Private Partnerships", Öffentlich Private Partnerschaften – Ein Positionspapier, Berlin 2002, S. 5.

teilweise Privatisierung öffentlicher Leistungen, wie sie von der Verwaltungswissenschaft als empfehlenswert eingeschätzt wird, umzusetzen. *Höftmann* erklärt : „Während der Begriff »Privatisierung« ideologiebefrachtet polarisiert, ermöglicht PPP aufgrund seiner allgemeinen unreflektiert konnotierten Wortschöpfung eine breite Akzeptanz bzw. gute Grundstimmung und damit Zustimmung, zumal PPP in der öffentlichen Diskussion kein Fremdwort mehr ist, sondern längst größere Aufmerksamkeit erfährt und sich ein Umbau öffentlicher Aufgaben bei schrumpfenden Ressourcen stets gut verkaufen lässt".[264]

Die Interpretation der suggerierten Tragweite des privaten Engagements erfolgt je nach politischer Einstellung des Wählers durch ihn selbst. Die richtige Einschätzung der Wählerwirkung vorausgesetzt, lassen sich situationsbedingte Interpretationen finden, mit denen sich auch größere Haushaltslöcher durch umfangreiche PPP-Privatisierungen Stimmenergebnis schonend stopfen lassen. Beide ideologischen Lager werden bedient: Die Privatisierer feiern das Zurückdrängen der öffentlichen Tätigkeit, während die Besitzstandspfleger ihr Gesicht wahren dank Beibehaltens des öffentlichen Interesses in dem öffentlichen Beteiligungsunternehmen. Parlamentarische Koalitionspartner können ihrem Klientel die geeignete Interpretation verkaufen[265] und rühmen sich parteiintern und an die Wähler gerichtet des Durchsetzens ihrer ideologischen Ideen.

Mit Hilfe einer professionellen Kommunikation des medienkonformen Begriffes PPP wandelt sich die ursprüngliche Schwierigkeit, das Privatisierungsprojekt beim Koalitionspartner, bei den Interessenwahrern und bei den Wählern durchzusetzen, zu einem echten Vorteilsbringer. Möglicherweise gelingt es sogar, die Wertschätzung, die der ökonomisch-effizienten und doch vor den negativen Folgen einer reinen Privatwirtschaft geschützten Konstruktion entgegengebracht wird, auf die Person des Politikers zu übertragen, so dass nicht nur die Akzeptanz der PPP, sondern auch das Prestige des Politikers steigt[266]. Insbesondere im kommunalpolitischen Bereich besteht die Chance der Identifikation des Politikers mit dem PPP-Projekt. Der ursprünglich blasse Haushaltssanierer wird im Rahmen

---

264 Höftmann, B., a.a.O., S. 423. Hervorhebung im Original.

265 „Wir haben das Unternehmen dennoch in dieser Weise privatisiert, wenn auch nicht zu 100 Prozent, sondern am Ende nur zu 45 Prozent, damit die Mehrheit in deutscher Hand blieb und alle Politiker im Haushaltsausschuß, im Verteidigungsausschuß und im Forschungsausschuß befriedigt waren." Freyend, E. J. von, Erfolgreiche Modelle, in: Stifterverband für die deutsche Wissenschaft, (Hrsg.), Public Private Partnership Neue Formen der Zusammenarbeit von öffentlicher Wissenschaft und privater Wirtschaft, Essen 1999, S. 33.

266 Vgl. Höftmann, B., a.a.O., S. 423.

einer taktisch klugen Kommunikation zum Vorbild einer Modernisierungsbewegung, deren betriebswirtschaftliche Erfolge sich mit der Persönlichkeit des nun glänzenden Modernisierers wählerwirksam verknüpfen lassen. Damit erfüllt die PPP die Anforderungen der Akzeptanz in der Wählerwirkung.

3.3.1.2 Administrative Akzeptanz

Der Politiker ist in seiner Entscheidung über eine Privatisierung auf die Expertise der Verwaltung zwingend angewiesen. Nur mit Hilfe des Verwaltungsapparates können Entscheidungsvorlagen erarbeit werden. Die Verwaltung beurteilt finanziell, technisch und ablauforganisatorisch, ob und welche Form der Privatisierung geeignet ist, liquide Mittel zu beschaffen. Die Verwaltung bringt sich intensiv in den Prozess einer anstehenden Privatisierung ein, und im Extremfall kehrt sich dabei das Verhältnis vom politischen Steuerungsgremium und administrativen Vollzugsapparat um: Die Politik wird zum ratifizierenden Vollzugsorgan administrativer Organisationsauswahlen[267]. So hat die Verwaltung, ohne demokratische Kontrolle, über die Zurverfügungstellung der Experten einen entscheidenden Informationsvorsprung und damit einen entscheidenden Einfluss auf die konkrete Privatisierungsgestaltung[268]. Obwohl davon auszugehen ist, dass die höheren Verwaltungsebenen mit der Regierung politisch konform gehen und deren Zwangslage kennen, steht dennoch vor dem politischen Konformismus das Individualinteresse der Verwaltungsmitarbeiter. Dieses Partikularinteresse prägt die Expertise der Verwaltung. Es muss daher davon ausgegangen werden, dass andere Organisationsalternativen, die betriebswirtschaftlich sinnvoll, allokationseffizient und arbeitnehmerfreundlich sind, dann von vornherein als Alternative in der Verwaltungsexpertise ausgeschlossen werden, wenn die persönlichen Interessen der beteiligten Staatsdiener substanziell negativ berührt werden. Im Ergebnis kommt ein Politiker an den Interessen der Verwaltung nicht vorbei. Optimal ist nun die Privatisierungslösung, die den Interessen der Beamten nicht im Wege steht. Verwaltungsmitarbeiter haben finanzielle Einbußen nicht zu befürchten, doch sie wünschen auch keine Verringerung des öffentlichen Einflussbereiches und lehnen Privatisierungen daher tendenziell ab.

Ein Totalverkauf des öffentlichen Unternehmens unter Entäußerung des Betätigungsfeldes einflussreicher Beamten ist daher nur sehr schwer möglich. Das gilt insbesondere, da mit absteigender Hierarchieebene die Beamtenschaft wieder

267 Vgl. Bogumil, J., a.a.O., S. 121.

268 Vgl. Ulrich, P., Die Großunternehmung als quasi-öffentliche Institution: Eine politische Theorie der Unternehmung, Stuttgart 1977, S. 63.

politisch gemischt besetzt ist und diese Verwaltungsmacht eine unerwünschte Privatisierung mit Hilfe der Tafelsilberdiskussion in der Öffentlichkeit wählerwirksam behindern könnte. Der Politiker wird daher Privatisierungskonstruktionen bevorzugen, die öffentliche Betätigungsfelder erhalten, Interessen der Beamten wahren und so eine wählerstimmenneutrale Zustimmung der Administration herstellen.

Aus Sicht der Verwaltung ist eine Privatisierung dann optimal, wenn sie unter Erhaltung des maximalen persönlichen Einflusses gerade noch das Ziel der Liquiditätsbeschaffung erreicht. Damit ist der Teilverkauf in der PPP-Konstruktion als second-best-Lösung nach dem unabwendbaren Totalerhalt der tradierten Struktur aus adminstrativer Sicht die gerade noch akzeptable Lösung. Ein ermäßigt ausfallender Kaufpreis aufgrund des starken öffentlichen Einflusses wird billigend hingenommen. Möglicherweise würde ein Ausgleich durch die Vergrößerung des zu verkaufenden Anteils vorgeschlagen. Eine PPP an sich verliert bei dieser beamtengerechten Konstruktion viel von der ursprünglichen Abneigung. Möglichkeiten zur Ämterpatronage sowie zur Versorgung altgedienter Parteikollegen bleiben ebenso erhalten, wie sich ganz neue Gehaltsspielräume ergeben: Zu besetzen ist nun nicht der Posten des Geschäftsführers eines öffentlichen Unternehmens, sondern eines von der Rechtsform und vom Geschäftsablauf privatwirtschaftlich organisierten Unternehmens. Damit kommt nicht mehr die öffentlichrechtliche Besoldungstabelle zur Geltung, sondern das branchenübliche Geschäftsführergehalt, das sich am Markt orientiert und Leistungsanreize bietet[269]. Für den Fall, dass dieses Gehalt über den Bezügen des dann ehemaligen Beamten liegt, trägt es zum Überwinden von PPP-Widerständen bei Karrieristen in der Verwaltung und in den öffentlichen Unternehmen bei. Laufbahnen und Versorgungsfälle lassen sich nun unabhängig von den formellen behördlichen Einstellungsvoraussetzungen, aber immer mit dem Rückhalt des öffentlichen Gesellschafters planen, der die Sicherheit der Arbeitsplätze wählerwirksam fixieren wird. Damit ist PPP als second-best-Lösung für diese Interessengruppe akzeptabel.

3.3.1.4 Akzeptanz durch die Arbeitnehmer des Unternehmens

Die individuellen Interessen der Arbeitnehmer des betroffenen Unternehmens mögen insbesondere in der Sicherung des Arbeitsplatzes, in der Gehaltsmaximierung und in der Aufrechterhaltung des traditionellen Arbeitsumfeldes liegen[270].

---

269 Vgl. Visser, G., a.a.O., S. 84.
270 Vgl. m.w.N. Williamson, O. E. (1964), a.a.O., S. 32f.

Insbesondere die Arbeitsplatzsicherheit ist in öffentlichen Unternehmen gegeben. Sie liegt entweder explizit durch formale Vereinbarungen vor oder de facto wegen der negativen Wählerwirksamkeit betriebsbedingter Kündigungen in öffentlichen Unternehmen. Angenommen werden kann, dass Arbeitnehmer diese Sicherheit nach einer Privatisierung gefährdet sehen[271]. Tendenziell werden sie eine Privatisierung daher ablehnen. Die Arbeitnehmer des öffentlichen Unternehmens stehen dabei zunächst schlechter als die Beamten in der Verwaltung, denn sie haben im Gegensatz zu der Verwaltung oder den Politikern keinen direkten Einfluss auf die Entscheidung der Privatisierung, da derartige Entscheidungen nicht im Kompetenzbereich des Unternehmens liegen.

Arbeitnehmer jedoch bündeln ihre Interessen und lassen sich durch Personalräte und Gewerkschaften vertreten. Mit dieser Hilfe lässt sich die Entscheidung über eine PPP auch politisch aufbereiten und öffentlichkeitswirksam kommunizieren. Verbündet mit der politischen Opposition, können ihre Interessen wählerwirksam organisiert werden. Der regierende Politiker handelt rational, wenn er diese Diskussion ex ante vermeidet, und beachtet daher die Interessen der Arbeitnehmer. Eine Schlechterstellung aufgrund der Privatisierung darf nicht entstehen. Bestandsgarantien für Löhne und Gehälter, Sicherungseinrichtungen für Pensionsansprüche und der generelle Kündigungsschutz müssen einkalkuliert werden[272]. Beispielsweise erklärt die Bundesregierung offiziell und wählerwirksam die Sicherung der Arbeitsplätze in dem zu privatisierenden Unternehmen zu dem Ziel ihrer Privatisierungspolitik[273]. Aus Sicht der Arbeitnehmer ist eine Privatisierungskonstruktion dann optimal, wenn die Arbeitnehmerinteressen unter der Nebenbedingung der unumgänglichen materiellen Privatisierung maximiert werden. Dieses gelingt mit Hilfe der PPP als second-best-Lösung nach dem unerreichbaren Totalerhalt der tradierten Strukturen besser als im Betreibermodell oder ähnlichen Totalprivatisierungen. Die formale Fixierung der Arbeitnehmerrechte, die praktisch als Gegenleistung für die Vermeidung einer wählerwirksamen Diskussion zu sehen ist, entschärft die Privatisierungsdiskussion. Mit der verbleibenden öffentlichen Beteiligung besteht daneben der öffentliche Einfluss weiter, der die Arbeitnehmerinteressen über die Wählerstimmenwirksamkeit auch in der Zukunft vor negativen Auswirkungen des Privaten schützen kann. Damit ist PPP auch für diese Interessengruppe als second-best-Lösung akzeptabel.

---

271 Vgl. Brede, H. (2001), a.a.O., S. 47.

272 Die finanziellen Aufwendungen für die Bestandssicherung sind für die PPP und nicht prohibitiv. Der Private antizipiert sie als Gewinn minderndes öffentliches Interesse, vgl. Abschnitt 5.3

273 Vgl. Bundesregierung, Perspektiven der Privatisierungspolitik des Bundes, Drucksache 14/3556, S. 4.

PPP ist geeignet, dem Gesamtgefüge aus Politik und Verwaltung gerecht zu werden, und erfüllt die Anforderungen 1. bis 4. Die PPP ist daher Erfolg versprechend, materielle Privatisierungen klientelverträglich und für den regierenden Politiker anreizkompatibel zu organisieren. Vor dem Hintergrund defizitärer Trägerhaushalte ist die quantitative Zunahme von PPP erklärt, und die erarbeitete politische Funktionalität der PPP kann nun innerhalb des Mechanismus wettbewerbsgerichteter Verwaltungsreformen zielorientiert angewendet werden.

3.3.2 PPP als Implementierungsstrategie wettbewerbsgerichteter Verwaltungsreformen

Mit Hilfe von PPP kann es gelingen, üblicherweise kaum überbrückbare Hindernisse der politischen Implementierung der externen Strukturreform zu überwinden. Der PPP sind Anreizstrukturen inhärent, die es ermöglichen, speziell unter Berücksichtigung der individuellen Interesse der Beteiligten, ausgewählte Elemente der Verwaltungsreform zu implementieren, die ansonsten aufgrund der Wählerstimmenwirkung nicht auf der Nutzenfunktion der Beteiligten liegen und nur schwer umzusetzen sind. Zunächst wird die Funktionalität wettbewerbsgerichteter Verwaltungsreformen erörtert und im zweiten Schritt die Unterstützung der Umsetzung mit Hilfe von PPP erarbeitet.

3.3.2.1 Funktionalität wettbewerbsgerichteter Verwaltungsreformen

Die externe Strukturreform schöpft ihr Wirkungspotential aus der Herstellung von Wettbewerb. Ausgehend von der Annahme, Wettbewerb führe zu einem effizienten Verhalten der Beteiligten, soll der Wettbewerb helfen, über ein stärker effizientes öffentliches Handeln öffentliche Mittel einzusparen und die Leistungen zu verbessern[274]. Der Nutzer kann dann, anders als bei der bisherigen Leistungserstellung, ein Gut unter Gewährleistungsverantwortung des Staates alternativ bei öffentlichen oder privaten Anbietern in Anspruch nehmen. Die öffentliche Hand gibt ihren singulären Leistungsanspruch auf und stellt sich absichtlich, anders als bei supranational vorgegebenen Deregulierungsmaßnahmen, dem Wettbewerb neuer externer Anbieter, um die eigene Effizienz zu steigern und so Haushaltsmittel einzusparen.

Der Wettbewerb, dem sich die öffentliche Institution nach der externen Strukturreform ausgesetzt sieht, führt jedoch nicht unter allen Rahmenbedingungen zu

274 Vgl. Niskanen, W. A., a.a.O., S. 213ff.

stärker effizienten Ergebnissen. Allein das Auftauchen weiterer Anbieter und der gute Wille der ehemals monopolistischen öffentlichen Produktionsstelle führen nicht zu stärker effizienten Ergebnissen[275].

Die einzelwirtschaftliche[276] und derivativ auch die gesamtwirtschaftliche Effizienz[277] schöpfen sich aus dem Zwang des Produzierens auf der Minimalkostenkombination, da andere als maximal effizient hergestellte Produkte keine Nachfrage finden und der Betrieb aus dem Markt ausscheiden muss. Soll der in der Verwaltungsreform als richtig erkannte Wettbewerb dazu dienen, die Minimalkostenkombination zu erreichen, muss die sanktionierende Funktion[278] des Wettbewerbes im Falle der Schlechtleistung zugelassen werden[279].

So ist die möglichst unverwässerte Korrelation zwischen Engagement und dem ökonomischen Erfolg eine notwendige, jedoch keine ausreichende Bedingung für die Sicherstellung der Effizienz[280]. Entscheidend für das Erreichen ist die anreizkompatible Verknüpfung zum Misserfolg, also dem Verfehlen der Minimalkostenkombination, auf der unter Wettbewerb produziert werden muss[281].

Ansonsten kommt es trotz Wettbewerbes nicht zu Effizienzgewinnen. Soweit öffentliche Unternehmen keiner Misserfolgs-, d.h. Insolvenz- oder Renditeausfalldrohung ausgesetzt werden, kann Wettbewerb, so, wie er in der externen Strukturreform gefordert wird, nicht zu Effizienzsteigerungen führen[282]. Effizienzgewinne stellen sich erst ein, sobald der Wettbewerb anreizgesteuert zu Veränderungen führt. Dazu kommt es aber eben nur im Falle der marktlichen Sanktionsdrohung. Essenziell ist die Drohung mit Sanktionen. „I can »punish« you..." [283] ist der Effizienzmotor. Lediglich die mit dem Wettbewerb verbundene existentielle Bedrohung der wirtschaftlichen Grundlage des Unternehmers führt zu dem Zwang des effizienten, also wettbewerbsfähigen, Verhaltens. Entscheidend ist,

275 Vgl. McKean, R. N., Property Rights Within Government, and Devices To Increase Governmental Efficiency, in: Southern Economic Journal 1972, S. 186.
276 Vgl. Samuelson, P. A., Economics, An Introductory Analysis 1970, S. 609.
277 Vgl. Hayek, F. A., The Use of Knowledge in Society, in: The American Economic Review 1945, S. 529.
278 "The most efficient ... economic combinations ... are brought by ruthless Darwinian competition...", Samuelson, P. A., Economics, 6. Aufl., New York u.a 1964, S. 94.
279 Vgl. McKean, R. N., a.a.O., S. 177ff.
280 Alchian, A. A., Demsetz, H., a.a.O., S. 779.
281 Alchian, A. A., Demsetz, H., a.a.O., S. 779.
282 Vgl. Alchian, A. A., Demsetz, H., a.a.O., S. 778.
283 Alchian, A. A., Demsetz, H., a.a.O., S. 777. Hervorhebung im Original.

dass derjenige, der die Verfügungsrechte an dem Betrieb hält, die Wirkungen der Ineffizienz möglichst direkt zu spüren bekommt.

Öffentliche Unternehmen jedoch haben keinen Zugang zu der Effizienz anreizenden Gefährdungslage des Verlustes der Existenzgrundlage bei nicht wettbewerbsfähigem Verhalten, denn sie sind innerhalb der Rationalität einer wählerwirksamen Insolvenz vor genau dieser geschützt.

Um aus externem Wettbewerb tatsächlich Effizienzvorteile zu schöpfen und Haushaltsmittel einzusparen, kommt es daher darauf an, eine Organisation zu gestalten, die einer Markt*sanktion* zugänglich ist. Sanktioniert wird derjenige, der die Eigentumsrechte an der Organisation hält. Die Arbeitnehmer sind in den betroffenen öffentlichen Unternehmen kaum Ziel der Sanktion, denn sie werden, die Wählerstimmenwirksamkeit internalisierend, ex ante eine Bestandssicherung durchgesetzt haben. Folglich liegt es in der Hand der Verfügungsberechtigten, aus der PPP mit vereinbarter Arbeitsplatzgarantie einen effizienten Betrieb zu machen. Property-rights-berechtigt sind in der PPP ein öffentlicher und ein privater Anteilseigner. Da es dem Öffentlichen in der Vergangenheit nicht gelungen ist, seine Rechte effektiv auszuüben, liegt das Erfolgsrezept der PPP nun zwangsläufig bei dem Privaten.

Effizienz beschreibt den Wirkungsgrad einer Handlung, also das Verhältnis von Input zu Output. Da der Output sich kaum erhöhen kann (vor der externen Strukturreform Monopol, nun Produktion unter Konkurrenz), wird die Effizienzsteigerung zu Lasten des Inputs erwirtschaftet. Zurückkommend auf die Ausgangssituation eines rein öffentlichen Unternehmens, ist ein Arbeitsplatzabbau aus Sicht der Wählerstimmenwirkung unmöglich. Im Ergebnis wird eine Effizienzsteigerung nicht ereicht. Ohne Effizienzsteigerung ist externer Wettbewerb unnötig und sogar kontraproduktiv, denn die Gesamtkosten werden nicht fallen. Ohne die wählerstimmenwirksamen und damit unerwünschten, jedoch ökonomisch zwingend erforderlichen („I can punish you“[284]) Maßnahmen gegenüber der ausführenden Stelle führt ein Wettbewerb dazu, dass die Leistungen bei dem günstigeren Anbieter (vermutlich dem Privaten) nachgefragt werden. Die Kosten des Trägerhaushaltes ermäßigen sich nicht, sondern steigen sogar, nämlich aufgrund der abnehmenden Fixkostendeckung infolge geringeren Umsatzes. Die Differenz an Umsatz verbucht der Konkurrenzanbieter für sich. In der Folge kä-

284 Alchian, A. A., Demsetz, H., a.a.O., S. 777.

me es nicht zu einer Ent-, sondern zu einer Belastung des Trägerhaushaltes[285], die von der parlamentarischen Opposition wählerstimmenwirksam ausgenutzt werden kann. Dieses antizipierend und die grundsätzlichen Risiken jeder Neuerung berücksichtigend, besteht kaum ein Anreiz für den entscheidenden Politiker, derartige Elemente der externen Strukturreform umzusetzen. Der Erfolg externen Wettbewerbes hängt also davon ab, inwieweit eine politische Bereitschaft[286] besteht, einen Bestand an öffentlichen Einrichtungen, die sich im Wettbewerb nicht halten können, dennoch weiter zu finanzieren[287]. Da diese Bereitschaft in Anbetracht der angespannten Haushaltslage der öffentlichen Hand als gering einzuschätzen ist, ist die Auflösung der bisher produzierenden Einrichtung rechtlich und politisch nahezu unmöglich, und da dem gesamten Verfahren das allgemeine Risiko jeder Neuerung anhaftet, ist der Anreiz für den Politiker, eine wirksame externe Strukturreform durchzuführen, nur sehr schwach.

Die Funktionalität wettbewerblicher Instrumente innerhalb der externen Strukturreform hängt zusammenfassend von zwei kritischen Faktoren ab:

1. Effizienzvorteile externen Wettbewerbes stellen sich erst bei Zulassen einer direkten Sanktionsdrohung, die die wirtschaftliche Grundlage der Beteiligten berührt, ein.
2. Diese, die wirtschaftliche Grundlage gefährdende Sanktionsdrohung ist wegen der Wählerstimmenwirksamkeit und der zu erwartenden Haushaltsbelastung unerwünscht.

Lösungsstrategien könnten sich aus dieser Sicht auf die Einrichtung von Organisationsverfahren richten, die zum einen eine Sanktionsdrohung an die leistende Einheit heranführen können und zum anderen dessen negative Wählerstimmenwirkung zu überwinden helfen. Gleichzeitig muss internalisiert werden, dass der Druck nicht direkt auf die beteiligten Arbeitnehmer ausgeübt werden kann, weil diese ihre Interessen wählerstimmenwirksam vertreten lassen. Organisationsinnovationen müssen sich daher auf die Einstellung einer Marktsanktion gegenüber der übergeordneten Stelle, nämlich gegenüber der Gesellschafterebene, konzentrieren.

---

285 Vgl. Raffetseder, G., Erfolgs- und Mißerfolgsfaktoren der Verwaltungsmodernisierung – Zur Steuerung von Reformprozessen, Frankfurt am Main 2001, S. 85f.
286 Vgl. Raffetseder, G., a.a.O., S. 253.
287 Vgl. Finger, S., a.a.O., S. 134.

Dies gilt in dem beschriebenen Wirkungszusammenhang für bestehende Einrichtungen. Neue Staatsaufgaben der Gewährleistungsverantwortung dagegen sind einer wettbewerblichen Produktion besser zugänglich, da sie keinen Eingriff in bestehende Strukturen beinhalten, der möglicherweise zu höheren Gesamtkosten und politischen Risiken führt. Im Folgenden wird daher zunächst die Situation einer bestehenden öffentlichen Produktion untersucht.

3.3.2.2 PPP als Instrument von Verwaltungsreformen

Die Einrichtung der die Effizienz steigernden Marktsanktion auf Gesellschafterebene und die Berücksichtigung der Wählerstimmenwirksamkeit sind vergleichbar mit der Situation der Veräußerung eines öffentlichen Unternehmens aus der Monopolsituation heraus. Für die Privatisierung öffentlicher Unternehmen formuliert ein Bundesministerium: „In einem durch Marktöffnung und Liberalisierung, technischen Fortschritt sowie zunehmenden nationalen wie internationalen Wettbewerb geprägten Umfeld ist die Öffnung der Unternehmen mit Bundesbeteiligung für privates know-how und Kapital die moderne wirtschaftspolitische Antwort auf die zentrale Herausforderung der Zukunftssicherung der zu privatisierenden Unternehmen und deren Arbeitsplätze"[288] Diese Situation trifft auf die bisher leistende öffentliche Organisationseinheit nach Einführung externen Wettbewerbes zu. Arbeitsplätze sind zugesichert, und trotzdem muss die Effizienz optimiert werden. Die Situation wettbewerblichen Angriffs ist zwar absichtlich und nicht durch externe oder internationale Wirkungen eingeleitet worden, jedoch ist der Wettbewerb das erklärte Ziel externer Strukturreformen. Eine finanzielle Vorteilhaftigkeit mit der Prämisse der wählerstimmenwirkenden Beherrschung der Situation lässt sich mit einer PPP einrichten.

Politiker, Beamte und Mitarbeiter unterliegen dabei denselben Wirkungszusammenhängen, wie sie im vorherigen Abschnitt für die Privatisierung öffentlicher Unternehmen erklärt wurden, und lassen sich über die angezeigten Anreizstrukturen auch für den externen Wettbewerb gewinnen (politische Funktionalität der PPP). Der bestehende Organisationsapparat der bisher erfüllenden öffentlichen Einheit kann bei gleichzeitiger Sicherstellung der Arbeitsplätze in eine PPP eingebracht werden. Da der private Gesellschafter unter Erfolgsdruck steht, kann sich der Öffentliche den Maßnahmen des Privaten anschließen, die Wählerwirksamkeit ist durch die ex ante Arbeitsplatzgarantie gewährleistet, und der öffentliche Partner kann sich auf die Kontrollfunktion zurückziehen und hat sich des

288 Bundesministerium der Finanzen, www.bmf.de, Privatisierung Westunternehmen, 02.07.2001, Seitenaufruf vom 24.11.2002.

Problems der Beschäftigung der Mitarbeiter partiell entäußert, während der Private das eingekaufte Arbeitsplatzproblem für den Öffentlichen mitlösen muss. Die Vokabel „muss" ist wörtlich zu interpretieren, denn wenn die PPP ineffizient arbeitet, schlägt das wirtschaftliche Ergebnis bis auf die private Gesellschafterebene durch. Diese jedoch ist zwingend auf eine rentierliche Bedienung des Eigenkapitals angewiesen, da sonst die wirtschaftliche Existenzgrundlage des privaten Partners gefährdet wird. Als Sanktionsdrohung kommt so nicht nur die Insolvenz, die wegen der Bestandsgarantie kaum wirksam ist, in Frage. Sobald ein Privater beteiligt ist, reicht, anders als bei einem rein öffentlichen Unternehmen, die Drohung mit Ausfall der Eigenkapitalverzinsung aus, um die Handhabung der property-rights in einer Weise zu gewährleisten, die nach Bestandssicherung auch noch eine Mindestverzinsung in Aussicht stellt. Die Beteiligten rein öffentlicher Unternehmen und damit das Unternehmen an sich haben keinen direkten Anreiz, Gewinn zu erwirtschaften, da sie keinen Zugang zu einer Sanktion bei Nichterfüllung des Gewinnzieles haben und damit die „I can punish you"[289]-Voraussetzung nicht erfüllt ist. Eine wirtschaftliche Garantie für den Erfolg des Hebens der Effizienzvorteile und des wirtschaftlichen Erfolges kann auch der Private nicht geben; jedoch liegen in der PPP grundsätzlich direkte Anreize vor, aus denen sich eine höhere Erfolgswahrscheinlichkeit als unter einer öffentlichen Herrschaft schlussfolgern lässt. In rein öffentlichen Unternehmen lassen sich wirksame Anreize zu effizienzmaximalem Handeln nur in entscheidend schwächerer Form einrichten[290]. Die Anreizstruktur des privaten Partners ist streng auf die ökonomische Effizienz eingestellt und wird in die PPP importiert. Die Folgen der eingestellten Anreizkompatibilität wirken auf das gesamte Eigenkapital der PPP und so nicht nur auf die Private, sondern auch auf die öffentliche Kapitalquote. Die Tatsache, dass der Private die Kosten aus Arbeitsplatzgarantie und anderen öffentlich begründeten Lasten antizipiert, wird in Abschnitt 5 internalisiert. Vorgreifend auf das Ergebnis dieser Untersuchungen, kann festgehalten werden, dass diese Antizipation die grundsätzliche Funktionsweise einer derartigen PPP nicht behindert.

PPP ist in der Lage, die im vorherigen Abschnitt als erforderlich begründete marktliche Sanktionsdrohung (1.) und die damit einhergehende unerwünschte Wählerstimmenwirkung (2.) zu überwinden, und ist damit geeignet, Elementen

289 Alchian, A. A., Demsetz, H., a.a.O., S. 777.

290 Vgl. Gravelle, H. S. E., Katz, E., Financial Targets and X-Efficiency in Public Enterprises, in: Public Finance 1976, S. 220. Vgl. Picot, A., Kaulmann, T., a.a.O., S. 960.

der externen Strukturreform, die ihr Potential auf die Einführung von Wettbewerb stützen, zu einem Erfolg zu verhelfen.

3.3.3 PPP als Neugründung

Eine PPP-Neugründung steht nicht vor den Problemen des Auflösens einer nicht wettbewerbsfähigen Einheit. Sie ist von vornherein dem Wettbewerb, der infolge der NPM-Bemühungen eingeführt wird, ausgesetzt und passt sich an. Liegt jedoch Wettbewerb am Markt vor, müssen neugegründete PPPs ihre Existenzberechtigung vor Wissenschaft, Praxis und dem Gesetz (§ 65 BHO, vgl. Abschnitt 4.1) beweisen, denn das Argument althergebrachter Strukturen, die trotz Einsicht in Effizienzgesichtspunkte wegen der zu kalkulierenden Wählerstimmenwirkung sich erst Stück für Stück reformieren lassen, greift nicht. So rechtfertigen sich neugegründete PPP gegenüber einer vollständigen Versorgung am privaten Markt nur in den Branchen, in denen, aus welchen Gründen auch immer, zunächst kein Angebot und kein Wettbewerb bestehen. Ist die Anzahl der neuen Marktteilnehmer klein, z.B. aufgrund von Marktzutrittsbarrieren, wird die disziplinierende Wirkung des Wettbewerbes auf rein privater Basis verfehlt[291]. Es liegt dann ein Oligopol vor, welches einen zusätzlichen öffentlichen Anbieter zur Förderung wettbewerblicher Strukturen rechtfertigen kann. Dies könnte der Fall sein bei neuen öffentlichen Aufgaben, für die es bisher keine privaten Anbieter gibt. Als alternative Rechtfertigung käme eine Definition der neuen Aufgabe mit der Eigenschaft der „übergeordneten politischen Gründe“[292] in Frage, so dass die Produktion unter öffentlichem Einfluss zwangsläufig wäre und die ökonomischen Erfolgspotentiale sich mit Hilfe einer neugegründeten PPP in den öffentlichen Sektor in der bereits erklärten Wirkungskette (property-rights, Transaktionskosten, Corporate-Control) importieren ließen.

In diesen Situationen ließe sich eine PPP einrichten, die von Anfang an alle vier genannten Kriterien erfüllt. Administrative oder Arbeitnehmerinteressen brauchen nicht betrachtet zu werden, da es keine Individuen gibt, in deren Kompetenzbereich eingegriffen werden kann. Haushaltspolitisch kommt es von vornherein zu einer Entlastung, denn die Anfangsinvestition reduziert sich um die private Beteiligungsquote. Auch die Wählerstimmenwirkung lässt sich optimal mit dem

291 Vgl. Nutter, W. G., a.a.O., S. 223.
292 Vgl. die Leistungstiefendiskussion aus transaktionskostentheoretischer Sicht in Abschnitt 2.2.2.2

Hinweis auf privates Engagement unter Obhut der öffentlichen Teilhabe einsetzen.

Aus dieser Sicht erfährt die Alternative PPP bei der Planung der Erstellung neuer öffentlicher Leistungen in allen vier Punkten einen Anreiz und kann in ausgewählten Bereichen von vornherein aus Einsicht in das ökonomische Erfolgspotential der PPP eingerichtet werden.

3.4 PPP in zeitlicher Dynamik

Die Politik wird eine funktionierende PPP schnell zum Vorzeigeprojekt der regierenden Partei machen. Effizienzvorteile könnten sich zudem auch direkt beim Bürger in Form von Leistungsverbesserungen und Kostensenkungen (Beispiel Telekommunikation oder Elektrizitätswerke) bemerkbar machen. Der Bürger stellt sich dadurch besser, und infolgedessen steigt seine Sympathie für PPP-Konstruktionen, womit zukünftig einzurichtende PPPs auf weniger Widerstand stoßen.

Die anfängliche Ablehnung der PPP-Privatisierung durch einige öffentlicherseits Beteiligte sollte sich im Zeitablauf nach der Einrichtung der PPP legen. Die allmähliche Gewöhnung der Beamten und der PPP-Beschäftigten an die veränderte Situation und die tägliche Präsenz der neuen privatwirtschaftlichen Kollegen in der PPP kann ursprüngliche Zweifel überwinden. Effizienzgewinne könnten an die Mitarbeiter überwälzt werden, um deren Leistungsbereitschaft, auch infolge der stärkeren Identifizierung mit der neuen Organisation, noch weiter zu erhöhen. Dies könnte sich individuell in Form von steigenden Gehältern, Leistungsprämien und ähnlichen Zugaben auszahlen. Damit liegen infolge der PPP Aussichten vor, die es in dem öffentlich-rechtlichen Besoldungsgefüge nicht gab.

Nachdem die Effizienzverbesserung sich in höheren Erträgen und einem demzufolge steigenden Unternehmenswert niedergeschlagen hat, könnten weitere Teile des Unternehmens liquiditätswirksam veräußert werden. Gelänge es, zukünftige Haushaltslöcher zu vermeiden, so könnte eine PPP alternativ auch als dauerhafte Lösung zur Produktion der benötigten Leistung bestehen. Nimmt der Haushaltsdruck wieder zu, können Politiker wieder versuchen, aus der PPP Liquidität möglichst lautlos zu beschaffen. Der Verkauf weiterer Anteile an einer bestehenden PPP kann dann noch reibungsärmer erfolgen, denn das Ausmaß an Überzeugungsarbeit gegenüber der Verwaltung und allen anderen Beteiligten sollte geringer ausfallen. Alle Individuen haben sich an den schwindenden öffentlichen

Einfluss gewöhnt. Grundsätzliche Abneigungen gegenüber dem privaten Partner sind geringer als bei der Ersteinrichtung der PPP. So kann die PPP eine Vorstufe zur Totalprivatisierung sein. Als Beispiel lässt sich die Deutsche Lufthansa AG anführen, sie gilt als exemplarisch für die Entwicklung eines Bundesunternehmens mit Sanierungsbedarf hin zu einem wettbewerbsfähigen privatwirtschaftlichen Unternehmen[293]. Gleichzeitig ist die Lufthansa ein Beispiel für die wählerstimmenwirksame Kommunikation des Privatisierungsverfahrens; die Bundesregierung bewertet die in mehreren Teilschritten seit 1997 vollzogene Privatisierung positiv. Was das Veräußerungsverfahren angeht, so propagiert die Bundesregierung vor dem Hintergrund des Erfolges bei der Lufthansa, dass sie auch „künftig diese erfolgreiche methodische Angehensweise bei Börsenplatzierungen anwenden"[294] wird.

Die Argumentation gegenüber dem Wähler anlässlich der Verringerung der staatlichen oder kommunalen PPP-Eigenkapitalquote ist einfach, denn eine PPP kann auch mit geringeren öffentlichen Anteilen leben. Hat sich zudem zwischenzeitlich eine breite private Konkurrenz etabliert, so entfällt auch das Argument der öffentlichen Daseinsvorsorge. Die letzten Anteile an der PPP können zu Gunsten des Trägerhaushaltes und nach den Gesichtspunkten finanzmathematischer Vorteilhaftigkeit eingesetzt werden.

3.5 Zwischenergebnis II: Politisches Erfolgspotential der PPP

Das *politische Erfolgspotential* der PPP besteht in der Eignung der PPP, die tatsächliche Situation der öffentlichen Hand im Gesamtgefüge aus Politik und Verwaltung bei Berücksichtigung des individuellen Nutzens aller Beteiligten zu bewältigen. In ausgewählten Situationen erfüllt die PPP die Anforderungen des politischen Systems und setzt sich daher gegenüber anderen Organisationsformen (z.B. Betreibermodell) durch. Aus dieser Sicht ist die PPP für das Verhalten des angenommen politischen Entscheiders anreizkompatibel. In der Praxis ist PPP zunächst in der Lage, materielle Privatisierungen wählerstimmenoptimal zu organisieren. Auf diese Erfahrungen aufbauend, ist PPP geeignet, ausgewählte Elemente der externen Strukturreform nach den Kriterien des NPM in der praktischen Durchsetzung zu fördern, ohne im Gesamtgefüge aus Politik und Verwaltung im Dickicht individueller Interessen steckenzubleiben.

---

293 Vgl. Bundesregierung, Perspektiven der Privatisierung des Bundes, Drucksache 14/3556, S. 14.

294 Bundesregierung, Drucksache 14/3556, a.a.O., S. 14.

Mit Hilfe von PPP lässt sich die für eine die Effizienz steigernde Wirkung des Wettbewerbs essenzielle Sanktionsdrohung auf Gesellschafterebene installieren. PPP schafft so einen Zugang der die Effizienz steigernden Wirkung der marktlichen Sanktionsdrohung, dessen ökonomischer Vorteile sich rein öffentliche Unternehmen nicht bedienen können. Gleichzeitig lässt sich mit PPP die negative Wählerstimmenwirkung dieser marktlichen Gefährdungslage vermeiden, so dass das Potential von auf externen Wettbewerb gerichteten Elementen des NPM ausgeschöpft werden kann. Bei PPP-Neugründungen ist diese Gefahr nicht gegeben, und es kann von vornherein das gesamte ökonomische Erfolgspotential einer Kooperation gehoben werden.

In der zeitlichen Dynamik können die Eigenkapitalquoten der öffentlichen Hand jenseits von anfänglichen Risiken und Hemmnissen anreizkompatibel variiert werden. Abbildung 3 fasst die Elemente des politischen Erfolgspotentials der PPP zusammen.

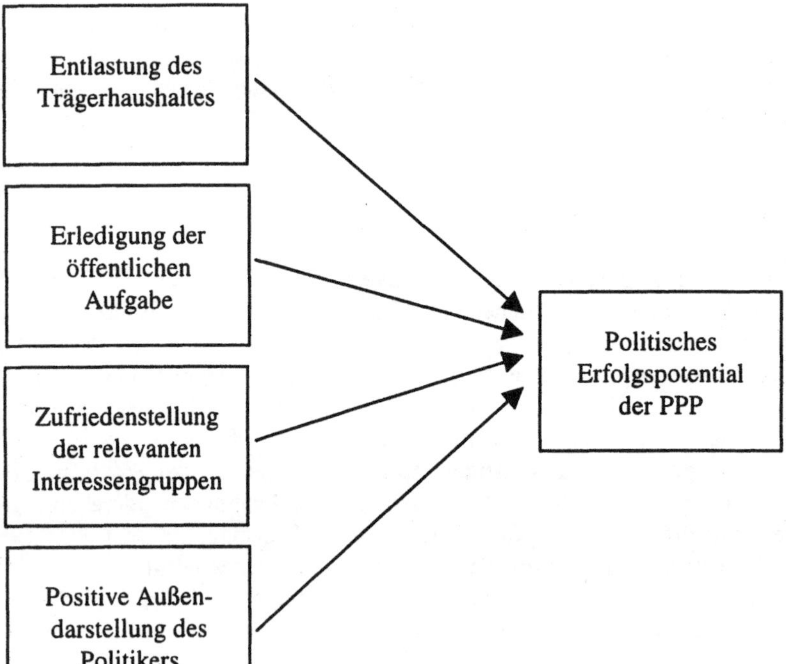

Abb. 3: Das politische Erfolgspotential der PPP

4 Rahmenbedingungen der Gründung einer PPP

Das ökonomische und *politische Erfolgspotential* der PPP kann durch die öffentliche Hand nur unter der Restriktion öffentlich-rechtlicher Vorschriften gehoben werden. Bevor in den folgenden Kapiteln auf die konkrete Gestaltung einer PPP eingegangen werden kann, ist es erforderlich, die öffentlich-rechtlichen Grundlagen der Beteiligung an PPPs, denen die öffentliche Hand als Gesellschafter einer PPP neben den zivilrechtlichen Normen zwingend unterworfen ist, zu erarbeiten. Am aktuellen Stand der Untersuchung besteht Klärungsbedarf bei der Prüfung des Wirtschaftlichkeitsgebotes, der Bedingungen, unter denen eine Rechtsform unter Beteiligung Privater begründet werden darf, und der Prüfung der vergaberechtlichen Relevanz der Auswahl des PPP-Partners sowie der Beauftragung der PPP durch die öffentliche Hand. Ergänzend ist es notwendig zu klären, inwieweit die PPP-Körperschaft bei ihrer Auftragsvergabe an Dritte dem Vergaberecht unterliegt, da sich mit Hilfe dieser externen Auftragsvergabe in bestimmten Situationen auch das ökonomische Erfolgspotential exportieren ließe.

Zu erörtern ist, ob Hindernisse bestehen, die die Realisierung des ökonomischen und politischen Erfolgspotentials der PPP substanziell und unumgänglich einschränken können. Da es kein spezielles Recht der PPP gibt, kommen als Auffangregelungen für die Prüfung der Rechtsform, der Bedingungen und des Wirtschaftlichkeitsgebotes die Vorschriften des Haushaltsrechtes zur Anwendung. Die Prüfung der vergaberechtlichen Relevanz dagegen verläuft außerhalb des Haushaltsrechtes entlang des Gesetzes gegen Wettbewerbsbeschränkungen und der Vergabeverordnung.

4.1 Haushaltsrecht

Auf Verfassungsebene ist als untrennbarer Teil der Staatsverfassung die Finanzverfassung fixiert[295]. Auf dieser basiert das Haushaltsrecht, das sich bundes-

295 Vgl. Maunz, T., Die Finanzverfassung im Rahmen der Staatsverfassung, in: VVDStRL 1956, Nr. 14, S. 37.

rechtlich in der Bundeshaushaltsordnung (BHO) konkretisiert[296]. Das Haushaltsrecht bestimmt die Richtigkeit des budgetären Willensbildungsprozesses[297]; es lässt sich daher als Verfahrensrecht[298] des Finanzstaates bezeichnen. Es ist Aufgabe des Haushaltsrechtes, finanz-, d.h. haushaltspolitische, Entscheidungen – und eine derartige ist die Handhabung einer PPP – zu Stande kommen zu lassen, zu vollziehen, zu disziplinieren, verfahrensrechtlich zu kanalisieren und letztlich zu kontrollieren. Jedoch ist die Funktion des Haushaltsrechtes wegen seiner Eigenschaft als Verfahrensrecht nicht die der positiv-beeinflussenden Steuerung, sondern die der negativ-begrenzenden Kontrolle des Verwaltungshandels, welches durch das Parlament legitimiert wird. Die materielle Wirkung des Haushaltsrechtes geht nur so weit, dem politisch Erwünschten durch die Zurverfügungstellung von Mitteln die Verwirklichung zu ermöglichen. Als Verfahrensrecht ist das Haushaltsrecht für die PPP grundsätzlich nicht in der Lage, eine inhaltliche Programmierung zu leisten[299]. Diese ist Aufgabe der Regierung. Das Haushaltsrecht stellt als Verfahrensrecht lediglich den Ordnungsrahmen[300] der inhaltlichen Gestaltung dar[301]. Doch der moderne Staat, der des Grundgesetzes, ist ein Finanzstaat[302], und so wächst die Bedeutung dieses Ordnungsrahmens auf den Gebieten, auf denen eine Abhängigkeit politischer Gestaltungen vom Einsatz finanzieller Mittel vorliegt[303], in den Bereich des inhaltlichen Programms und inhaltlichen, politischen Wollens hinein, so dass das Haushaltsrecht, obwohl Verfahrensrecht, in der praktischen Konsequenz ein originäres politisches Initiativ- und Entscheidungsrecht ist. Eine politische Maßnahme kann nur dann umgesetzt werden, wenn ihre finanziellen Auswirkungen im Haushalt genehmigt sind. So funktionieren die maßgebliche politische Weichenstellung und die inhaltliche Entscheidung im Budgetprozess, nämlich in der Auseinandersetzung mit den programmatischen Alternativen für die Ausgabe oder Einnahme der Staatsmit-

---

296 Vgl. Hettlage, K. M., Die Finanzverfassung im Rahmen der Staatsverfassung, in: VVDStRL 1956, Nr. 14, S. 4.

297 Vgl. Arnim, H. H. von, Diskussionsbeitrag, in: VVDStRL 1984, Nr. 42, S. 302f.

298 Vgl. Schuppert, G. F., Die Steuerung des Verwaltungshandelns durch Haushaltsrecht und Haushaltskontrolle, Mitbericht, in: VVDStRL 1984, Nr. 42, S. 219. Anderer Ansicht ist Mutius, A. von, Die Steuerung des Verwaltungshandelns durch Haushaltsrecht und Haushaltskontrolle, Bericht, in: VVDStRL 1984, Nr. 42, S. 147ff.

299 Vgl. Schuppert, G. F. (1983), a.a.O., S. 265.

300 Vgl. Arnim, H. H. von, (1983), a.a.O., S. 302.

301 Vgl. Isensee, J., Diskussionsbeitrag, in: VVDStRL 1984, Nr. 42, S. 268.

302 Vgl. Schuppert, G.F. (1983), a.a.O., S. 218f.

303 Vgl. Friauf, K. H., Öffentlicher Haushalt und Wirtschaft, in: VVDStRL 1956, Nr. 27, S. 23.

tel[304]. Dieses Argument gilt insbesondere für eine Maßnahme wie die PPP, deren ursächlicher Entscheidungsgrund eine haushaltspolitische Maßnahme, nämlich die der Entlastung des Trägerhaushaltes, ist. Daher ist das Haushaltsrecht die zentrale öffentlich-rechtliche Norm, an der sich die Rationalität der politisch Entscheidenden entwickelt.

4.1.1 Wirtschaftlichkeitsgebot

Obwohl die Pflicht der Verwaltung zu wirtschaftlichem Verhalten als Selbstverständlichkeit angesehen werden kann und es damit keiner besonderen Rechtsvorschrift bedürfte[305], hat der Gesetzgeber die Gebietskörperschaften zu einem wirtschaftlichen Umgang mit öffentlichen Mitteln grundgesetzlich verpflichtet (Art. 114 Abs. 2 GG). Dies betrifft auch die Verwendung öffentlicher Mittel in den PPPs. So ist die Auswahl einer bestimmten Organisationsform für eine bestimmte öffentliche Aufgabe keine Entscheidung nach freier Verwaltungskunst, sondern sie unterliegt vielmehr einem gewissen Organisationsermessen, das nach den Grundsätzen der pflichtgemäßen Ermessensausübung auszuführen ist[306]. Die Rechts- und Organisationsformentscheidung hat sich dabei an einer möglichst effizienten und wirtschaftlichen Erfüllung der Aufgabe zu orientieren, und diese ist im Rahmen der vom Haushaltsrecht vorgegebenen Bestimmungen zu organisieren[307]. Das Wirtschaftlichkeitsgebot nach § 6 Abs. 2 HGrG und § 7 Abs. 1 BHO steht an dieser Stelle jedoch nicht allein. Es ist im Zusammenhang mit den Voraussetzungen staatlichen Wirtschaftens in privaten Rechtsformen (§ 65 BHO) zu sehen. Weiterhin sind auch die Regelungen auf dem Gebiet der öffentlichen Auftragsvergabe Teile des Wirtschaftlichkeits- und Sparsamkeitsgebotes[308]. Das Wirtschaftlichkeitsgebot ist in der Regel auch auf kommunaler Ebene formal fixiert[309].

---

304 Vgl. Friauf, K. H.., a.a.O., S. 22f.

305 Vgl. Engels, T., Wirtschaftlichkeitsgebot und Rationalisierung in der öffentlichen Verwaltung, Regensburg, 1994, S. 19.

306 Vgl. Becker, R., a.a.O., S. 43.

307 Vgl. Püttner, G., Die öffentlichen Unternehmen: Handbuch zu Verfassungs- und Rechtsfragen der öffentlichen Wirtschaft, 2. Aufl., Stuttgart u.a. 1985, S. 85.

308 Vgl. Dommach, H., in: Heuer, Kommentar zur Haushaltsrecht, Rn. 8.

309 Vgl. Gornas, J., Beyer, W., Betriebswirtschaft in der öffentlichen Verwaltung, Systematische Darstellung der Besonderheiten der öffentlichen Betriebswirtschaftslehre, Köln 1991, S. 41f.

Alle finanzwirksamen Handlungen der öffentlichen Hand sind der Prüfung zu unterziehen, ob die gewählte Maßnahme die günstigste Relation zwischen dem verfolgten Zweck und den einzusetzenden Mitteln darstellt (§ 7 Abs. 2 BHO). Das gilt auch für Maßnahmen organisatorischer und verfahrensmäßiger Art. Die Verpflichtung, sich sparsam zu organisieren, ist an sich kein subsumtionsfähiger Rechtssatz[310], aus dem sich alleine schon die aufgabenangepasste Organisationsstruktur ergibt, aber sie ist dennoch als die Richtung weisendes Rechtsgebot[311] an die Verwaltung zu verstehen. Eine nähere Definition der das Rechtsgebot stützenden Begriffe Sparsamkeit und Wirtschaftlichkeit liegt auf gesetzlicher Ebene allerdings nicht vor, und auch in der Verwaltungswissenschaft und Praxis besteht kein Konsens darüber, nach welchen Kriterien die Maßstäbe der Wirtschaftlichkeit und Sparsamkeit inhaltlich abzugrenzen sind[312]. Entscheidend für die Anwendung auf PPPs ist, dass es sich bei dem Wirtschaftlichkeitsgebot um einen unbestimmten Rechtsbegriff handelt, dessen Inhalt einer Interpretation bedarf. Die Einschätzung der Wirtschaftlichkeit im juristischen Sinne unterliegt dem Handlungsspielraum der Verwaltung[313]. Bezüglich des Grades der Verbindlichkeit des Wirtschaftlichkeits- und Sparsamkeitsgebotes verwendet der Gesetzgeber den Begriff „beachten" in § 7 Abs. 1 BHO, der bedeutet, dass die Haushaltsgrundsätze der Wirtschaftlichkeit und Sparsamkeit keinen absoluten Bindungsgrad entfalten sollen[314]. Vielmehr sind sie neben anderen Rechtsgrundsätzen, z.B. dem des gesamtwirtschaftlichen Gleichgewichtes[315] und dem der Ordnungsmäßigkeit der Verwaltung, zu berücksichtigen. Auch sozialpolitische Gründe können das Wirtschaftlichkeitsprinzip überstimmen[316]. Insgesamt steht dem Minister eine breite Auswahl an Rechtfertigungen aller politisch rationalen Handlungsweisen zur Verfügung, die die Verbindlichkeit des Wirtschaftlichkeitsprinzips relativieren.

310 Vgl. Becker, R., a.a.O., S. 44. Vgl. Isensee, J., Verwaltungsraison gegen Verwaltungsrecht: Antinomien der Massenverwaltung in der typischen Betrachtungsweise des Steuerrechts, in: StuW 3/1973, S. 203.

311 Vgl. Isensee, J. (1973), a.a.O. , S. 203.

312 Vgl. Dommach, H., a.a.O., § 7 BHO, Rn. 6. Vgl. Meister, E. Steht das Haushaltsrecht quer zu den Anforderungen der Wirtschaftlichkeit, in: Arnim, H. H., von, Lüder, K., Wirtschaftlichkeit in Staat und Verwaltung, Berlin 1992, S. 275. Vgl. Grupp, K., Steuerung des Verwaltungshandelns durch Wirtschaftlichkeitskontrolle, in: DÖV 1983, S. 662.

313 Vgl. Dommach, H., a.a.O. § 7 BHO, Rn. 6.

314 Vgl. Dommach, H., a.a.O. § 7 BHO, Rn. 6.

315 Vgl. Gornas, J., Beyer, W. a.a.O., S. 55f.

316 Vgl. Köckritz, S. von, Ermisch, G., Dittrich, N., Lamm, C., a.a.O., § 7, Rn. 5.

Angewandt auf die Einrichtung einer PPP, obliegt es dem zuständigen Minister, den Ermessensspielraum zu nutzen, die Organisationsentscheidung zu fällen und entsprechend dem § 7 Abs. 1 BHO abzubilden. Hindernisse, die die ökonomische oder politische Rationalität der PPP unumgänglich behindern könnten, sind wegen des zur Verfügung stehenden Ermessenspielraums nicht zu erkennen.

Neben den grundsätzlichen Regelungen des Wirtschaftlichkeits- und Sparsamkeitsgebotes des § 7 Abs. 1 BHO ist die Bundesverwaltung gemäß § 7 Abs. 2 BHO verpflichtet, für alle sich finanziell auswirkenden Maßnahmen Wirtschaftlichkeitsuntersuchungen durchzuführen. Die BHO bekennt sich an dieser Stelle zu den Zielen des NPM mit einer Konzentration staatlicher Leistungstiefe innerhalb seiner Kernkompetenzen, die gleichzeitig eine subsidiäre staatliche Leistungserstellung berücksichtigen soll[317]. In diesem Zusammenhang ist privaten Anbietern innerhalb des Interessenbekundungsverfahrens (§ 7 Abs. 2 BHO) die Möglichkeit zu geben, zu prüfen, ob und inwieweit sie öffentlichen Zwecken dienende wirtschaftliche Tätigkeiten nicht ebenso gut oder besser erfüllen können. Insgesamt behindert das Wirtschaftlichkeitsgebot die Einrichtung von PPPs nicht; es fordert die öffentliche Hand geradezu dazu auf, das ökonomische Potential öffentlicher Einrichtungen mit Hilfe privaten Engagements besser auszuschöpfen, und trifft damit in das Ziel der bereits hergeleiteten ökonomischen Erfolgspotentiale der PPP. Kombiniert mit dem Subsidiaritätsprinzip, steht der Einrichtung von PPPs aus dieser Sicht nichts entgegen, denn „ das entscheidende Kriterium für die Frage der Aufgabenerledigung in staatlicher oder privater Regie ist, auf welche Weise eine größere Effizienzsteigerung zu erwarten ist."[318]

4.1.2 Beteiligung an privatrechtlichen Unternehmen

Nach der Bundeshaushaltsordnung – für die Länder liegen ebenfalls entsprechende Regelungen vor[319] – legitimiert sich die Teilhabe des Bundes an privatrechtlichen Beteiligungen nach den Vorschriften des § 65 BHO. Die Regelungen des § 65 BHO richten sich an die Organe des Bundes; sie haben keine unmittelbare Wirkung auf das betreffende Unternehmen[320]. Es ist damit Aufgabe des Bundes – und hier insbesondere die des zuständigen Ministers – sicherzustellen, dass Sat-

317 Vgl. Dommach, H., a.a.O., § 7 BHO, Rn. 13.
318 Vgl. Dommach, H., a.a.O., § 7 BHO, Rn. 13.
319 Vgl. Soldner, in: Heuer E., Kommentar zur Haushaltsrecht, Neuwied, Loseblattsammlung seit 1992, § 65. Rn. 9.
320 Vgl. Köckritz, S. von, Ermisch, G., Dittrich, N., Lamm, C., a.a.O., § 65.

zung, Gesellschaftsvertrag, Geschäftsordnung und Beschlüsse des Unternehmens den Voraussetzungen und Anforderungen des § 65 BHO entsprechen[321].

§ 65 BHO regelt die Voraussetzungen, die für eine Beteiligung des Bundes an privatrechtlichen Unternehmen gelten; daneben trifft er Regelungen, die für den Erwerb, die Verwaltung und die Veräußerung von bundeseigenen Beteiligungen privaten Rechts gelten[322]. Mit dem Begriff Beteiligungen sind die Unternehmen privaten Rechts gemeint, die ganz oder teilweise Eigentum der Gebietskörperschaft sind[323]. Mit „Unternehmen" ist jede selbständige Organisationseinheit privaten Rechts gemeint, unabhängig davon, welcher Zweck verfolgt wird[324]. Damit ist die PPP bei Neugründung einer Körperschaft und während des Bestehens einer Körperschaft Gegenstand des § 65 BHO.
Voraussetzungen für die Beteiligung des Bundes an privatrechtlichen Gesellschaften gemäß § 65 BHO sind:
1. das Vorliegen eines wichtigen Zweckes; der angestrebte Zweck darf dabei auf andere Weise nicht besser und stärker wirtschaftlich zu erreichen sein (§ 65 Abs. 1 Nr. 1 BHO).
2. die Begrenzung der Einzahlungsverpflichtung auf einen bestimmten Betrag (§ 65 Abs. 1 Nr. 2 BHO).
3. die Schaffung eines angemessenen Einflusses, insbesondere im Aufsichtsrat oder in einem entsprechenden Überwachungsorgan (§ 65 Abs. 1 Nr. 3 BHO).
4. Rechnungslegung nach dem Dritten Buch des HBG für große Kapitalgesellschaften (§ 65 Abs. 1 Nr. 4 BHO).

Es ist erforderlich, die Auswirkungen dieser grundsätzlichen Rahmenbedingungen in der Anwendung auf die PPP zu prüfen.

4.1.2.1 Vorliegen eines wichtigen Zweckes

Beteiligungen an privatrechtlichen Organisationsformen dürfen nur eingegangen werden, wenn ein öffentliches Interesse (auch wichtiges Interesse, öffentlicher Zweck oder öffentliche Aufgabe genannt) vorliegt. Ein öffentliches Interesse liegt dann vor, wenn damit bedeutsame Aufgaben des Bundes erfüllt werden sollen. Eine formale positive Abgrenzung des öffentlichen Interesses gibt es nicht. Negativ abgrenzend, liegt immer dann kein öffentliches Interesse vor, wenn es

---

321 Vgl. Köckritz, S. von, Ermisch, G., Dittrich, N., Lamm, C., a.a.O., § 65.
322 Vgl. Köckritz, S. von, Ermisch, G., Dittrich, N., Lamm, C., a.a.O., § 65.
323 Vgl. Piduch, E. A., Bundeshaushaltsordnung, Kommentar, Stuttgart/Berlin/Köln/ Mainz, § 65, 5.
324 Vgl. Piduch, E. A., a.a.O., § 65, 5.

sich um Aufgaben anderer Gebietskörperschaften handelt, es um dem reinen Zweck der Geldanlage geht[325], eine Beteiligung an einem ruhenden oder sich in Liquidation befindlichen Unternehmen geschaffen werden soll[326] oder eine Beteiligung eingegangen werden soll, um haushaltsrechtliche Vorschriften nicht anwenden zu müssen[327]. Der bedeutsamste Ausschlussgrund des § 65 BHO liegt in dem Verbot der Einrichtung und Aufrechterhaltung einer Beteiligung zum Zwecke der Gewinnerwirtschaftung[328]. Die Begründung für dieses Verbot liegt in der Konzeption der Bundesrepublik als Steuerstaat, der sich aus den Wirtschaftsgrundrechten und der Finanzverfassung (Art. 105 ff. GG) herleitet. Diese Einrichtung berechtigt die Gebietskörperschaften, alle Kosten des Staatswesens durch Steuererhebung zu bestreiten[329]. Diese Teilhabe von Bund, Ländern und Gemeinden am ökonomischen Erfolg der Privatwirtschaft geht einher mit der Freistellung des Staates von der Teilnahme am erwerbswirtschaftlichen Verkehr[330]. Damit ist die rein erwerbswirtschaftliche Betätigung der öffentlichen Hand untersagt. Diese ist den Privaten vorbehalten[331]. Zu prüfen ist daher, ob es unter diesen Umständen zulässig ist, eine Gewinn erwirtschaftende PPP einzurichten. Die Absicht, Gewinne zu erzielen, ist erforderlich, um das Interesse des Privaten zu wecken, denn erst mit dem Gewinninteresse entsteht das Engagement des Privaten, an dem sich der öffentliche Partner im Trittbrettfahrerverfahren beteiligen kann. Wäre es der öffentlichen Hand verboten, Gewinn erwirtschaftende Unternehmen zu betreiben, wäre dies für die PPP prohibitiv.

Da es mit Ausnahme der reinen Erwerbswirtschaftlichkeit nahezu keine Kriterien für ein *nicht* wichtiges Interesse gibt und sich so fast jede Tätigkeit als „wichtiges Interesse" interpretieren lässt, kommt fast jeder Geschäftszweck als öffentliche Aufgabe in Betracht. Insgesamt wird das wichtige Interesse weit gehend durch die politischen und ökonomischen Überlegungen der jeweiligen Regierung be-

325 Vgl. Köckritz, S. v., Ermisch, G., Dittrich, N., Lamm, C., a.a.O., § 65, 4.
326 Vgl. Soldner, in: Heuer, a.a.O., § 65, Rn. 16.
327 Vgl. Soldner, in: Heuer, a.a.O., § 65, Rn. 16.
328 Vgl. Piduch, E. A., a.a.O., § 65, 5.
329 Vgl. Kirchhof, P., Staatliche Einnahmen, in: Kirchhof, P., Isensee, J., Handbuch des Staatsrechts, Bd. IV, Heidelberg 1990, S. 224.
330 Vgl. Stober, R., Die wirtschaftliche Betätigung der öffentlichen Hand im Fadenkreuz der Kritik, in: Stober, R., Vogel, H., Wirtschaftliche Betätigung der öffentlichen Hand – Staat und Kommunen als Konkurrent der Privatwirtschaft, Köln/Berlin/Bonn/München 2000, S. 2.
331 Vgl. Kluth, W., Öffentlich-rechtliche Zulässigkeit gewinnorientierter staatlicher und kommunaler Tätigkeit, in: Stober, R., Vogel, H. (Hrsg.), Wirtschaftliche Betätigung der öffentlichen Hand – Staat und Kommunen als Konkurrent der Privatwirtschaft, Köln/Berlin/Bonn/München 1999, S. 26

stimmt[332]. Im Ergebnis lässt sich innerhalb des Haushaltsrechtes praktisch jede Tätigkeit der öffentlichen Hand dem Grunde nach rechtfertigen. Diese Ansicht wird weiterhin von der Gestaltung der Zulässigkeitsvoraussetzungen des § 65 BHO als Soll-Vorschrift gestützt. Die Verwaltung ist zwar grundsätzlich an den § 65 BHO gebunden, kann aber aus zwingenden Gründen davon abweichen. Der zuständige Minister entscheidet zusammen mit dem für das Bundesvermögen zuständigen Ministerium (§ 65 Abs. 4 BHO) über die zwingenden Gründe des Verzichtes auf einzelne Ansprüche des § 65 Abs. 1 BHO. Ein zwingender Grund wäre gegeben, wenn die Beteiligungsnotwendigkeit anders nicht verwirklicht werden könnte[333]. Für die PPP wäre die öffentliche Hand in ihrer Entscheidung immer dann frei, wenn sie als Begründung die Erfordernisse des privaten Partners als zwingenden Grund angeben könnte. Als zwingender Grund gilt im Kommentar zur BHO explizit, "...wenn der Bund seine Beteiligung von Bedingungen abhängig machen müsste, die von den übrigen Beteiligten, auf die das Unternehmen angewiesen ist, nicht akzeptiert werden und deshalb der vom Bund angestrebte Zweck vereitelt würde."[334] Angewandt auf die PPP, lässt sich schlussfolgern, dass dann abgewichen werden dürfte, wenn die Regelungen des § 65 BHO für eine PPP prohibitive Wirkung annehmen könnten.

Die Bundeshaushaltsordnung gilt für den Bund, und die Länder verfügen über äquivalente Regelungen. Um die Gemeindeebene zu erfassen – und das ist notwendig, denn eine Vielzahl der PPPs sind kommunal organisiert – ,soll die Haushaltsordnung kurz verlassen werden. Art. 28 GG beauftragt die Gemeinden, die lokalen Angelegenheiten in Selbstverwaltung zu erledigen. Die Gemeinde kann sich dabei privatrechtlicher Gesellschaften bedienen[335]. Obwohl für einige Gemeinden die formale Aufzählung der Voraussetzungen, nach denen privatrechtliche Beteiligungen eingegangen werden sollen, fehlen mögen, ist es auch der Gemeinde verboten, Betriebe aus rein erwerbswirtschaftlichen Gesichtspunkten zu halten. Auch die Gemeinden sind verpflichtet, den Nachweis des rechtfertigenden öffentlichen Zweckes für jede Art ihrer wirtschaftlichen Tätigkeit zu erbringen. Die Begründung liegt in Art. 28 GG, der als staatsgerichtete Kompetenznorm[336] die wirtschaftliche Tätigkeit der Gemeinden auf dem Gebiet der versorgungs-

332 Vgl. Soldner, in: Heuer, a.a.O., § 65 , Rn 16.

333 Vgl. Soldner, in: Heuer, a.a.O., § 65 BHO, Rn. 15. Vgl. Piduch, E. A., a.a.O, § 65, 7.

334 Piduch, E. A., a.a.O, § 65, 7.

335 Vgl. Stober, R., Kommunalrecht in der Bundesrepublik Deutschland, Dresden, 1996, S. 345f. Vgl. Cronauge, U., Kommunale Unternehmen: Eigenbetriebe – Kapitalgesellschaften – Zweckverbände, 2. Aufl. Berlin 1995, S. 30.

336 Vgl. Stober, R. (2000), a.a.O., S. 2.

und verwaltungswirtschaftlichen Betätigung sowie des Beschaffungswesens grundsätzlich rechtfertigt[337]. Dies gilt jedoch nur, soweit die Tätigkeit eben dafür erforderlich ist, denn Art 28. GG ist keine wirtschaftsorientierte Befugnisnorm, die eine Betätigung der öffentliche Hand, z.B. im Wettbewerb mit Privaten, gestattet[338]. Der Nachweis liegt auch auf Gemeindeebene in den Händen der politisch Verantwortlichen, die ihren Ermessenspielraum wie auf Länderebene der politischen und ökonomischen Rationalität entsprechend ausfüllen.

Im Ergebnis sind alle unternehmerischen Aktivitäten der öffentlichen Hand in Bund, Ländern und Gemeinden definitionsgemäß die Erfüllung von öffentlichen Aufgaben. Anderenfalls kann es keine Beteiligung der öffentlichen Hand an privatrechtlichen Gesellschaften geben. Soweit die Regelungen des § 65 BHO überhaupt zu einer hinderlichen Beeinflussung der PPP führen könnten, lässt sich dieses in der Praxis mit Hilfe des politischen Ermessensspielraumes, in dessen Folge sich praktisch jede Tätigkeit der öffentlichen Hand als öffentliche Aufgabe abbilden lässt, heilen. Damit ist eine öffentliche wirtschaftliche Tätigkeit auch in einem Ausmaß zulässig, das eine gewisse Gewinnerwirtschaftung in Aussicht stellt, so dass § 65 Abs. 1 Nr. 1 BHO der PPP an sich und deren Gewinnorientierung nicht im Wege steht.

4.1.2.2 Begrenzung der Einzahlungsverpflichtung

Der Bund kann sich an privatrechtlichen Unternehmen nur beteiligen, wenn seine Einzahlungsverpflichtung auf einen bestimmten Betrag begrenzt ist (§ 65 Abs. 1 Nr. 2 BHO). Ziele dieser Vorschrift sind es, möglichst alle unbestimmten finanziellen Risiken der öffentlichen Hand auszuschließen und über das Haftungsrisiko von vornherein Klarheit zu schaffen[339]. Diese Haftungsbeschränkung wird berücksichtigt mit Hilfe der Auswahlentscheidung über die Rechtsform der Gesellschaft, an der die öffentlicher Hand sich in Kombination mit Privaten beteiligen kann[340]. Die grundsätzliche Freiheit der Gebietskörperschaft, auszuwählen, welche Organisationsform sie verwenden möchte, ist für privatrechtliche Beteiligungen eingeschränkt. Die öffentliche Hand kann sich in Kombination mit privaten Partnern ausschließlich an Rechtsformen privaten Rechts beteiligen. Die Beteiligung Privater an öffentlich-rechtlichen Gestaltungen ist nicht zulässig[341]. Wegen der Begrenzung der Einzahlungsverpflichtung verengt sich die Rechtsformaus-

337 Vgl. Stober, R. (2000), a.a.O., S. 2.
338 Vgl. Stober, R. (2000), a.a.O., S. 2.
339 Vgl. Soldner, in: Heuer, a.a.O., § 65, Rn. 19.
340 Vgl. Soldner, in: Heuer, a.a.O., § 65, Rn. 19.
341 Vgl. Schulte, G., Öffentliches Beteiligungscontrolling, Baden-Baden 1994, S. 39f.

wahl der privatrechtlichen Gesellschaften von Personen- (GbR, oHG, KG, KGaA) und Kapitalgesellschaften (GmbH und AG, Genossenschaft) auf die privatrechtlichen und begrenzt haftenden Kapitalgesellschaften, die dann auf quasijuristische Personen wie die GmbH & Co. KG/KGaA wieder ausgedehnt werden können. Die Genossenschaft ist für PPP nahezu unbedeutend, und die GmbH & Co. KG/KGaA lässt sich gesellschaftsrechtlich wie eine GmbH stellen, so dass für die weiteren Untersuchungen von der GmbH und der AG als PPP Rechtsform ausgegangen wird. Der Begrenzung der Einzahlungsverpflichtung wird die öffentliche Hand aus Sicht der Rechtsformwahl damit gerecht. Ein Verstoß gegen § 65 Abs. 1 Nr. 2 BHO läge erst im Falle der Vereinbarung einer GmbH mit Nachschusspflicht oder im Falle des Eingehens anderer Vereinbarungen, mit denen sich das finanzielle Risiko nicht mehr auf einen von vornherein bestimmten Betrag begrenzen ließe, vor[342]. Privatwirtschaftliche Rechtsformen, die als Folge des Erfordernisses der Begrenzung der Einzahlungsverpflichtung der öffentlichen Hand entstehen, stellen kein Hindernis für die PPP dar, und weil für PPP-Konstruktionen formale Nachschusspflichten nicht zwingend erforderlich sind, sind Hindernisse für die Einrichtung einer PPP aus Sicht der Begrenzung der Einzahlungsverpflichtung nicht erkennbar.

4.1.2.3 Angemessener Einfluss

Die Vorschrift des § 65 Abs. Nr. 3 BHO soll sicherstellen, dass der Bund die Kontrolle über das in dem Bundesunternehmen gebundene Vermögen ausüben und auf die Erreichung des wichtigen öffentlichen Interesses hinwirken kann, welches ursächlich für das Eingehen dieser Beteiligung war[343]. Da die BHO keine Mehr-Einflussrechte für den Öffentlichen, verglichen mit dem privaten Anteilseigner, zur Verfügung stellt[344], kommt es darauf an, die zivilrechtlichen Optionen des dispositiven Spielraums des Gesellschaftsrechts im Sinne der öffentlichen Hand und ihrer Vorschrift des § 65 BHO auszufüllen. Zunächst ist es erforderlich, soweit gesetzlich nicht vorgeschrieben, wie z.B. bei der GmbH, ein Überwachungsorgan mittels satzungs-/gesellschaftsvertraglicher Vereinbarung zu bilden. Was die Qualität des Einflussrechtes angeht, so liegt ein „angemessener" Einfluss auf die Gesellschaft dann vor, wenn dieser den mit der Beteiligung verfolgten Zweck und die Höhe der Beteiligung berücksichtigt[345]. Das ist der Fall, wenn er dem Umfang der durch die öffentliche Hand gehaltenen Kapitalbeteili-

342 Vgl. Soldner, in: Heuer, a.a.O., § 65, Rn. 19.
343 Vgl. Soldner, in: Heuer, a.a.O., § 65, Rn. 19.
344 Vgl. Soldner, in: Heuer, a.a.O., § 65, Rn. 8.
345 Vgl. Köckritz, S. von, Ermisch, G., Dittrich, N., Lamm, C., a.a.O., § 65, 4.

gung entspricht[346]. Damit ergeben sich, wie in der GmbH und der AG üblich, Stimmrechte nach Eigenkapitalquoten[347]. Der Bund soll seinen Einfluss insbesondere im Aufsichtsrat geltend machen; gleichzeitig soll er jedoch auch auf anderen zulässigen Wegen Einfluss nehmen. Insgesamt liegt ein angemessener Einfluss dann vor, wenn die öffentliche Hand im Rahmen ihrer gesetzlichen Möglichkeiten unter Berücksichtigung des Einzelfalles in der Lage ist, eine ordnungsgemäße Administration ihrer Beteiligung zu gewährleisten und die Geschäftsführung ausreichend zu überwachen und dabei das wichtige Interesse in der Weise verfolgen kann, dass es auch erreicht werden kann[348]. Je nach Erfordernissen des Einzelfalles kommen möglichst operable Vereinbarungen im Gesellschaftsvertrag, in der Satzung oder, bei unerwünschter Verlautbarung, in einer Konsortialvereinbarung in Betracht. Die öffentliche Hand soll dazu alle gesellschaftsrechtlichen Möglichkeiten nutzen, wie sie z.B. im GmbHG vorgesehen sind, um Bestimmungen zu vereinbaren, mit denen die Überwachung der Geschäftsführung und der Verfolgung des öffentlichen Interesses verbessert werden kann[349]. Die Möglichkeit, Einfluss zu nehmen, hat die öffentliche Hand insbesondere bei der Feststellung des Jahresabschlusses, bei Geschäften, die ihrer vereinbarten Einwilligung bedürfen, und bei der Festlegung der Grundsätze der vereinbarten Geschäftspolitik[350].

Die öffentliche Hand unterwirft sich in einer privatrechtlichen Beteiligung zwingend dem privaten Recht, dessen Einhaltung grundsätzlich nicht durch öffentlichrechtliche Regelungen gebrochen werden kann. Da es für die öffentlichen Hand keine grundsätzlichen Mehr-Einflussrechte gibt, sind aus Sicht des § 65 Abs. 1 Nr. 3 BHO keine Gründe ersichtlich, die die Realisierung einer PPP behindern könnten. Rechtsform sowie Stimmrechte, die sich aus der Eigenkapitalverteilung des Betriebes ableiten und damit grundsätzlich zu einer unternehmerisch gleich-

346 Vgl. Karhenke, H., Die staatliche Beteiligung bei Beteiligungsunternehmen privaten Rechts und die Prüfung dieser Betätigung, in: Der öffentliche Haushalt 1974, S. 165.

347 Die abstrakte Berücksichtigung der Beteiligungshöhe ist jedoch in der Praxis schon wegen der Mitbestimmungsgesetze nahezu unmöglich. Die öffentliche Hand hat bei ihren Betrieben, die unter das Mitbestimmungsgesetz, das Mitbestimmungsergänzungsgesetz und das Montan-Mitbestimmungsgesetz fallen, selbst dann keine Stimmenmehrheit, wenn sie alle Anteile konzentriert hält, vgl. Soldner, in: Heuer, a.a.O., § 65, Rn. 21.

348 Vgl. Soldner, in: Heuer, a.a.O., § 65, Rn. 21.

349 Vgl. Soldner, in: Heuer, a.a.O., § 65, Rn. 21.

350 Vgl. Soldner, in: Heuer, a.a.O., § 65, Rn. 21.

berechtigten[351] Abstimmungslage führen, bilden privatwirtschaftlichen Standard ab.

4.1.2.4 Rechnungslegung

Die öffentliche Hand soll sich an einem Unternehmen nur dann beteiligen, wenn gewährleistet ist, dass der Jahresabschluss und der Lagebericht entsprechend den Vorschriften des Dritten Buches des HBG für große Kapitalgesellschaften aufgestellt und geprüft werden (§ 65 Abs. 1 Nr. 4 BHO), soweit nicht weiter gehende gesetzliche Vorschriften gelten oder andere gesetzliche Vorschriften diesem entgegenstehen[352]. Die im HGB an mehreren Stellen für kleine und mittelgroße Kapitalgesellschaften zugelassenen Erleichterungen bei der Aufstellung und Prüfung des Jahresabschlusses sollen für öffentliche Beteiligungen an privatrechtlichen Kapitalgesellschaften damit nicht angewendet werden, auch wenn es sich originär um kleine oder mittelgroße Gesellschaften handelt[353]. Mit dieser Maßnahme soll sichergestellt werden, dass für die Verwaltung der Anteile, für die Überwachung der Geschäftsführung sowie für die Finanzkontrolle ausreichend Unterlagen zur Verfügung stehen[354]. Die Prüfung kleiner und mittelgroßer Kapitalgesellschaften nach dem Dritten Buch des HGB für große Kapitalgesellschaften lässt sich sicherstellen, wenn dies im Gesellschaftsvertrag vereinbart ist[355]. Der zuständige Minister ist daher gehalten, anlässlich des Eingehens der Beteiligung an privatrechtlichen Kapitalgesellschaften die Prüfung nach dem Dritten Buch HGB zu vereinbaren.

Angewandt auf die PPP, ergeben sich keine unumgehbaren Hindernisse. Soweit wegen des Geschäftsumfanges nicht sowieso nach dem Dritten Buch HGB geprüft werden muss, sind keine Gründe ersichtlich, warum der private Partner dies ablehnen sollte, da er die Prüfungspflicht der privatrechtlichen Gesellschaft, ob nun in kleinerem oder größerem Umfang, ohnehin erfüllen muss. Einen gegebenenfalls entstehenden Mehraufwand in der Rechnungslegung kann der Private diskontiert bei der Bemessung der Eigenkapitalkonditionen antizipieren, so dass auch diese Belastung sich neutralisieren lässt.

---

351 Vgl. Morell, P., Der Bundeshaushalt, Recht und Praxis, Kommentar zur Bundeshaushaltsordnung, Wiesbaden 1983, § 65, Rn. 2.
352 Vgl. Soldner, in: Heuer, a.a.O., § 65, Rn. 25.
353 Vgl. Soldner, in: Heuer, a.a.O., § 65, Rn. 25.
354 Vgl. Soldner, in: Heuer, a.a.O., § 65, Rn. 25.
355 Vgl. Soldner, in: Heuer, a.a.O., § 65, Rn. 25.

4.1.3 *Veräußerung von Anteilen an privatrechtlichen Unternehmen*

Soweit eine PPP nicht neu gegründet wird, sondern durch die Veräußerung von Anteilen an einer Kapitalgesellschaft oder durch die Abgabe von Bezugsrechten nach einer Kapitalerhöhung zu Stande kommt, werden die Vorschriften gemäß § 63 BHO angewandt. § 63 BHO regelt den Erwerb und die Veräußerung von Vermögensgegenständen, angewandt auf die PPP, also von Anteilen an Kapitalgesellschaften, unter dem Blickwinkel des Willkürverbotes und der Wirtschaftlichkeit[356]. Dem Grunde nach darf die Veräußerung nur erfolgen, wenn die Anteile zur Erfüllung von Aufgaben des Bundes nicht benötigt werden. Über diese Notwendigkeit entscheidet der zuständige Minister. Der Höhe nach dürfen die Anteile nur zu ihrem vollen Wert veräußert werden. Der volle Wert ist der Preis, der im gewöhnlichen Geschäftsverkehr nach der Beschaffenheit des zu verkaufenden Anteils bei einer Veräußerung zu erzielen wäre. Die öffentliche Hand soll sich bei der Preisfindung nicht anders verhalten, als es auch unter Privaten üblich ist[357]. Der volle Wert ermittelt sich bei Veräußerung über die Börse üblicherweise im Bookbuilding-Verfahren, das heute an der Stelle des früheren Festpreisverfahrens steht[358]. Wirtschaftlich kommt es dadurch zu der Veräußerung der Anteile zu dem Wert, der sich aus Angebot und Nachfrage ergibt, so dass dem Erfordernis der Abgabe zum vollen Wert Genüge getan ist.

Ist eine Börseneinführung nicht geplant, entspricht die Vermarktung durch Kauf-/ Abtretungsvertrag der BHO. Hier haben sich in den vergangenen Jahren zwei Verfahren, die die Nachvollziehbarkeit der Transaktion gewährleisten sollen, etabliert. Im ersten Verfahren beauftragt das zuständige Ressort eine oder mehrere neutrale Wirtschaftsprüfungsgesellschaften, die als Gutachter den Wert der Beteiligung ermitteln. Grundlage dieser Wertermittlung ist das Ertragswertverfahren; daneben kommen je nach Einzelfall beispielsweise auch die Multiplikatormethode, das Vergleichswertverfahren, die Substanzwertmethode, die Liquidationsbewertung und der Discounted Cash-Flow in Frage. Der vom Gutachter bestimmte Wert gilt als Wertuntergrenze für die kommenden Preisverhandlungen. Diese werden durch einen vom Ressort beauftragten Mergers & Acquisitions (M&A) Berater (für dessen Auswahl ist ein Ausschreibungsverfahren erfor-

356 Vgl. Güntzel, in: Heuer E., Kommentar zur Haushaltsrecht, Neuwied, Loseblattsammlung seit 1992, § 63, Rn 1.

357 Vgl. Güntzel, in Heuer, a.a.O., § 63, Rn. 4. Vgl. Köckritz, S. von, Ermisch, G., Dittrich, N., Lamm, C., a.a.O., § 63, Rn. 4.2.

358 Die Ausführungen zu den Wertermittlungen und zu den Veräußerungsverfahren werden dargestellt nach: Dommach, in: Heuer, a.a.O., § 7, Rn. 17.

derlich) durchgeführt, der die Transaktion im Bietungsverfahren zu organisieren hat.

Im anderen Verfahren wird der Unternehmenswert nicht durch einen neutralen Wirtschaftsprüfer ermittelt. Das zuständige Ressort beauftragt nach der PPP-Entscheidung einen M & A Berater, der zunächst das Unternehmen bewertet, um im Anschluss das Bietungsverfahren für die zu veräußernden Anteile durchzuführen.

Ausnahmen von der Veräußerung zum vollen Wert sind durch Haushaltsvermerk (§ 63 Abs. 3 BHO) oder durch Einzelfallentscheidung des Finanzministers (§ 63 Abs. 4 BHO) zulässig. Für die haushaltsvermerkte Ausnahme müssen sich „Vorteile" für die öffentliche Hand nachvollziehen lassen, in deren Folge das Bundesinteresse an einer Veräußerung zum niedrigeren Wert höher ist als die Veräußerung zum vollen Wert[359]. Fehlt der – systematisch vorrangig zu wählende – Haushaltsvermerk, kann der für die Finanzen zuständige Minister bei geringem Wert oder bei Vorliegen eines dringenden, d.h. zeitkritischen, Interesses die Veräußerung unter dem vollen Wert genehmigen[360]. Das „dringende Interesse" ist ein unbestimmter Rechtsbegriff mit weitem Ermessenspielraum des Ministers, der politische Wertungen vornehmen kann[361]. Angewandt auf die PPP, ließen sich „Vorteile" (gegebenenfalls auch in Form eines dringenden Interesses) begründen, wenn nur ein ganz bestimmter privater Partner die beispielsweise geforderte Arbeitsplatzsicherheit oder das Verbleiben des Unternehmens an einem bestimmten Ort in geeigneter Weise sicherstellen könnte. Fehler bei der Bemessung des Preises führen nach Außen hin nicht zu der Unwirksamkeit des Vertrages mit dem Privaten[362], und daher kommt es auch aus dieser Sicht nicht zu einer Behinderung der PPP.

Die ökonomische und politische Rationalität des Politikers erfassend, steht der § 63 BHO der Einrichtung einer PPP nicht im Wege. Der zuständige Minister ist schon aus dem eigenen Interesse wegen der Verantwortlichkeit für den Trägerhaushalt gehalten, den maximalen Preis zu erzielen. Sollte infolge der politischer Rationalität die Auswahl eines bestimmten privaten Partners erforderlich sein, so ist diese Auswahl innerhalb des Ermessensspielraumes begründbar und stellt kein Hindernis für die Einrichtung einer PPP dar. Aus Sicht des Privaten ist der Er-

---

359 Vgl. Köckritz, S. von, Ermisch, G., Dittrich, N., Lamm, C., a.a.O., § 63, Rn. 5.1.
360 Vgl. Köckritz, S. von, Ermisch, G., Dittrich, N., Lamm, C., a.a.O., § 63, Rn. 5.1.
361 Vgl. Köckritz, S. von, Ermisch, G., Dittrich, N., Lamm, C., a.a.O., § 63, Rn. 5.2.1.
362 Vgl. Köckritz, S. von, Ermisch, G., Dittrich, N., Lamm, C., a.a.O., § 63, Rn. 7.

werb einer Beteiligung zu ihrem vollen Wert geschäftsüblicher Standard und insofern unproblematisch.

4.2 Vergaberecht

Verträge, die die öffentliche Hand mit privaten Unternehmen schließt, um sich sachliche Mittel zu verschaffen, die sie zur Erfüllung ihrer Aufgaben benötigt, werden öffentliche Aufträge genannt. Darunter fallen beispielsweise Kauf-, Liefer- und Bauaufträge. Es handelt sich dabei um fiskalische Hilfsgeschäfte der Verwaltung, die zivilrechtlich kontrahiert werden[363]. Seit Ende der 90er Jahre sind Vorschriften zur Auftragsvergabe im Gesetz gegen Wettbewerbsbeschränkungen (GWB) und in der Verordnung über die Vergabe von öffentlichen Aufträgen (Vergabeverordnung – VgV) kodifiziert. Ziel der Regelungen ist es, ein transparentes, nachprüfbares Vergabeverfahren zu schaffen, dass einem unterlegenen Bieter die Möglichkeit einräumt, im Falle eines fehlerhaften Vergabeverfahrens Schadenersatz einzuklagen[364]. Das Ausschreibungsverfahren muss daher für Dritte gerichtlich nachvollziehbar gestaltet werden. Für die PPP sind die vergaberechtliche Relevanz der Auswahl des privaten Partners sowie die Beauftragung der PPP durch die öffentliche Hand zu prüfen. Daneben ist die vergaberechtliche Wirkung der Beauftragung Dritter durch die PPP zu klären. Ist einer oder sind mehrere der drei Fälle nicht relevant, lässt sich die PPP in der Praxis einfacher und weniger bürokratisch einrichten. Der private Partner kann dann über das organisatorische Mittel der PPP indirekt an öffentliche Aufträge in Höhe der Beteiligungsquote kommen, um die er ansonsten hätte vergaberechtlich konkurrieren müsste. Möglicherweise gelingt es ihm dann, über die Erlöse aus den Aufträgen den Gewinn der PPP zu exportieren und so versteckte Gewinne zu generieren (vgl. Abschnitt 7.2.1).

4.2.1 Auswahl des privaten Partners in der PPP

Die Wirkung des Vergaberechts (4. Teil des GWB) ist auf Beschaffungsvorgänge begrenzt. Daher äußert sich das Vergaberecht nicht explizit zur Auswahl der Partner von PPPs. Entscheidend ist, dass Geschäftsabschlüsse, die anlässlich ei-

363 Vgl. Schlette, V., Die Verwaltung als Vertragspartner, Empirie und Dogmatik verwaltungsrechtlicher Vereinbarungen zwischen Behörde und Bürger, Tübingen 2000, S. 148f.

364 Vgl. Bechtold, R. Kartellgesetz Gesetz gegen Wettbewerbsbeschränkungen, Kommentar, 3. Aufl., München 2002, § 97, Rn. 4ff.

ner PPP vorkommen, Beschaffungsvorgänge sind. Diese zeichnen sich durch das Vorliegen von Bau-, Liefer- und Dienstleistungsverträgen aus, wie sie in den §§ 145ff. BGB geregelt sind. Zu prüfen ist, ob diese Voraussetzungen im Zuge der Auswahl des privaten Partners erfüllt werden.

- Eine PPP in der Rechtsform der GmbH und der AG kann formal entstehen durch:die Beteiligung des privaten Partners an einem bestehenden Betrieb der öffentlichen Hand, z.B. durch Erwerb von Anteilen durch den privaten Partner oder durch Teilnahme seine an einer Kapitalerhöhung (1.),
- durch Neugründung der PPP-Körperschaft (2.), oder
- die Beteiligung des öffentlichen Partners an einem bestehenden Betrieb des Privaten, z.B. durch Erwerb von Anteilen durch den öffentlichen Partner oder durch Teilnahme des Öffentlichen an einer Kapitalerhöhung (3.).

Die Veräußerung von Anteilen und/oder die Abgabe von Bezugsrechten (Kapitalerhöhung unter Einbeziehung von Fremdgesellschaftern) durch die öffentliche Hand zum Zwecke der Aufnahme des privaten Gesellschafters (1.) stellen keinen Einkauf von Leistung Dritter gegen Entgelt dar. Ein Beschaffungsvorgang liegt damit nicht vor[365]. Bezüglich der Auswahlentscheidung über den privaten Partner kommt das in Abschnitt 4.1.2 erörterte Haushaltsrecht, nach dem bei Veräußerung der volle Wert zu realisieren ist (§ 63 BHO), zur Anwendung. In der Neugründung fehlt es ebenfalls an dem formalen Beschaffungsvorgang, so dass es auch hier keine vergaberechtliche Relevanz gibt. Die Verwaltungspraxis schließt sich dieser Auffassung an: Um Missverständnisse auszuschließen, fügt beispielsweise die Stadt Dortmund auf der Suche nach einem „Partner für städtische Hallenbäder in neuer Trägerschaft“[366] schon in der Zeitungsannonce den Hinweis ein: „Es handelt sich bei der Partnersuche um keinen öffentlichen Auftrag im Sinne des § 97 des Gesetzes gegen Wettbewerbsbeschränkungen. Daher sind wir zur Annahme eines abgegebenen Angebots nicht verpflichtet“[367] .

Der Erwerb von Anteilen an einer Kapitalgesellschaft durch die öffentliche Hand (3.) fällt ebenfalls nicht unter den Gegenstandsbereich des Vergaberechts.

Insgesamt sind Hindernisse für die Einrichtung einer PPP aus dem Vergaberecht bei der Auswahl des privaten Partners nicht zu erkennen, da das Vergaberecht

---

365 Vgl. Jestaedt, T., Kemper, K., Marx, F., Prieß, H.-J., Das Recht der Auftragsvergabe: Auftraggeber, ausschreibungspflichtige Aufträge, Vergabeverfahren, Sektoren, Rechtsschutz, Neuwied 1999, S. 56.

366 Stadt Dortmund in: HB 5. 6. 2001, S. 48.

367 Stadt Dortmund a.a.O., S. 48.

keine Relevanz entfaltet, sondern vielmehr die bereits als unproblematisch beurteilten Regelungen der §§ 63, 65 BHO zur Anwendung kommen.

4.2.2 Beauftragung einer PPP-Gesellschaft durch die öffentliche Hand

Neben der Auswahl des privaten Partners ist die Vergabe eines öffentlichen Auftrages an die PPP-Gesellschaft relevant, soweit die PPP von öffentlichen Aufträgen abhängig ist und nicht am Markt konkurrieren muss[368]. Dies kann der Fall sein, wenn eine PPP im Auftrage einer Kommune spezielle Leistungen anbietet, die nur durch die Kommune im Rahmen der Gewährleistungsverantwortung nachgefragt werden können. Für den Fall, dass das Vergaberecht hier nicht anwendbar wäre, ergäbe sich ein wettbewerblicher Vorteil für die PPP. Der eigentliche Wert der PPP-Beteiligung erwächst in diesem Fall nicht mit der Beteiligung an sich, sondern erst mit der Beauftragung durch die zuständige Gebietskörperschaft. Daher kommt der *Kombination* aus Einrichtung der PPP und Beauftragung der PPP die zentrale Bedeutung zu. Diese *Kombination* könnte vergaberechtliche Relevanz entfalten, denn die Gründung einer juristischen Person kann bei PPP mit einer Auftragserteilung an diese Person derart verknüpft sein, dass der Vorgang insgesamt wie die Erteilung eines Auftrages erscheint[369]. Verfügt die zu (teil-)privatisierende Einheit bereits über öffentliche Aufträge i.S.d. § 97 GWB oder nimmt sie vergleichbare Aufgaben wahr, kann der neubeteiligte private Partner eine Rolle übernehmen, die der eines Auftragnehmers sehr ähnlich ist[370]. Andererseits ist die Beschaffungseigenschaft formell nicht gegeben, denn im juristischen Sinne leistet der PPP-Betrieb an sich, nicht der private Partner. Sieht sich die öffentliche Hand nach Aufnahme des privaten Partners als Garant für die Leistung an – und genau das kann bei PPP Kern der Vereinbarung und des politischen Konsenses sein – und geht sie die finanzielle Haftung dafür ein, so „besteht lediglich ein gradueller Unterschied zu der Situation, dass die Körperschaft, die die Aufgabe als eigene betrachtet und lediglich die tatsächliche Er-

---

368 Die aktuelle Relevanz zeigt sich an der Entscheidung des Oberlandesgerichtes Düsseldorf: Eine bundeseigene GmbH hatte sich zu 25 % an einem Privatunternehmen beteiligt, das Bekleidung für die Bundeswehr beschaffen sollte. Die Richter entschieden, dass die von der gemischtwirtschaftlichen Tochtergesellschaft geleistete Beschaffung von Kleidung dem Vergaberecht unterliege. Vgl. Steinbeis, M., Gericht stoppt Vergabepraxis des Bundes, in: HB, 21.5.2003, S. 4.

369 Vgl. Boesen, A., Vergaberecht, Kommentar zum 4. Teil des GWB Köln, 2000, S. 250

370 Vgl. Boesen, A., a.a.O., S. 250.

bringung der Arbeit »einkauft«"[371]. Damit könnte man das Vergaberecht für anwendbar halten.

Das Vergaberecht findet seine Anwendung nur bei dem Bezug von Dritten, die nicht identisch mit der öffentlichen Hand sind. Anderenfalls liegt ein so genanntes in-house- Geschäft vor, das einem internen Organisationsakt vergleichbar ist und außerhalb des Vergaberechts kontrahiert werden kann[372]. Ob die leistende in-house-Einheit dabei öffentlich-rechtlich oder privatrechtlich organisiert ist, ist nicht relevant; entscheidend ist das Abhängigkeitsverhältnis der leistenden von der beauftragenden Einheit[373]. Während das Abhängigkeitsverhältnis bei Eigengesellschaften der öffentlichen Hand (100 % Gesellschaftsanteil) deutlich ist, liegt bei einer PPP nicht zwangsläufig eine Abhängigkeitslage vor. Man spricht bei diesen Unternehmen von einer eingeschränkten Abhängigkeit[374], deren Ausmaß von Fall zu Fall variiert. Ausschlag gebend für die Anwendbarkeit des Vergaberechts ist die Frage, ob der Leistende derartig in die Organisationsstruktur des öffentlichen Auftraggebers eingebunden ist, dass die Beauftragung mit einem internen Organisationsakt verglichen werden kann. Erst in diesem Falle liegt ein vergaberechtlich nicht relevantes in-house-Geschäft vor. Operable Abgrenzungskriterien hat der Gesetzgeber bisher jedoch nicht entwickelt[375]. Ansetzend bei der Beherrschung (§ 98 Nr. 2 GWB) durch den öffentlichen Auftraggeber, könnte ein in-house-Geschäft bei einer Minderheitsbeteiligung ausscheiden und bei einer Mehrheitsbeteiligung vorliegen; die Geschäftsanteile müssten für ein in-house-Geschäft überwiegend von der öffentlichen Hand gehalten werden[376]. Jedoch ist die Frage, wann eine Beherrschung vorliegt, letztlich nicht geklärt, und obwohl es auf die Bestimmung der personellen Leitung des Unternehmens ankommt[377], ist die nominale Mehrheit beispielsweise wirkungslos, wenn im Gesellschaftsvertrag Einstimmigkeit vereinbart ist[378].

Da die Anwendbarkeit des Vergaberechts auf die PPP nicht abschließend geklärt ist, soll zunächst davon ausgegangen werden, dass es gelingen könnte, die Auf-

---

371 Boesen, A., a.a.O., S. 251. Hervorhebung im Original.
372 Vgl. Boesen, A., a.a.O., S. 247.
373 Vgl. Boesen, A., a.a.O., S. 247.
374 Vgl. Boesen, A., a.a.O., S. 248.
375 Vgl. Boesen, A., a.a.O., S. 248.
376 Vgl. Müller-Wrede, M., in: Ingenstau, H., Korbion, H. (Verfasser der ersten Auflage), VOB Verdingungsordnung für Bauleistungen Teile A und B, Kommentar, 14. Aufl., Düsseldorf 2001, § 97, Rn. 34.
377 Vgl. Müller-Wrede, M., a.a.O., § 97, Rn. 37.
378 Vgl. Boesen, A., a.a.O., S. 248.

tragsvergabe an die PPP-Gesellschaft außerhalb des Vergaberechts zu organisieren[379]. Das gilt umso eher, als es für den öffentlichen Partner nicht rational ist, zunächst eine PPP für eine öffentliche Aufgabe einzurichten und diese anschließend nicht sicher mit dieser zu beauftragen zu können. Der private Partner sichert sich mit Hilfe der Beteiligungshöhe eine quotale Auftragserteilung außerhalb des Vergaberechts, um die er unter dem Voraussetzungen des Vergaberechtes hätte konkurrieren müssen. Soweit die zu erbringenden Leistungen die eines Monopols sind, kommt der Private über die PPP in die aussichtsreiche Lage, ein Monopol außerhalb des Vergaberechts erschlossen zu haben. Der Öffentliche profitiert hier als Trittbrettfahrer von der Auftraggebereigenschaft seines öffentlichen Partners. Im Ergebnis muss das Vergaberecht bis hier keine unüberwindbaren Hindernisse für die Einrichtung einer PPP beinhalten.

4.2.3 Beauftragung durch die PPP

PPP-Körperschaften vergeben im Einkauf von Waren und Dienstleistungen Aufträge an Dritte. Diese Auftragsvergabe könnte zu einem Export eines maßgeblichen Teils des PPP-Umsatzes und der PPP-Gewinnmarge hin zu dem Produzenten der einzukaufenden Vorprodukte führen. Denkbar ist das insbesondere bei PPP im Bereich der Infrastrukturinvestition oder auf dem Gebiet der Versorgungsleistungen. Soweit die PPPs in einem Monopolbereich produzieren, das Regulativ des Marktes also fehlt und daher auf einer erhöhten Kostenfunktion produziert werden kann[380], könnte es auf dieses Weise gelingen, diskretionäre, also versteckte, Gewinne der PPP außerhalb der eigentlichen PPP-Gesellschaft zu erwirtschaften. Beispielsweise könnte das private Konzernbauunternehmen beauftragt werden, zu einem höheren als dem Wettbewerbspreis Leistungen zu erbringen. Der höhere Preis ist für die PPP nur tragbar, weil sie als reguliertes Monopolunternehmen auf einer überhöhten Kostenfunktion produzieren kann, ohne vom Markt auszuscheiden[381].

---

379 Die Auffassung, das Vergaberecht sei nicht relevant, wird im Falle der Verknüpfung der partiellen Veräußerung der leistenden Gesellschaft, die schon einen öffentlichen Auftrag aus der Zeit des reinen in-house-Geschäftes hat, gestützt von der Risikostruktur des Vorganges. Ein vergaberechtlich relevanter Auftrag liegt nicht vor, wenn der private Dritte wirtschaftliche Risiken übernimmt. Das ist in der geschilderten Situation der Fall. Hier kommt die Gesamtsituation einer Konzessionserteilung näher als die Vergabe eines öffentlichen Auftrages, womit das Vergaberecht nicht anwendbar wäre, vgl. Boesen, A., a.a.O., S. 250.

380 Vgl. Blankart, C. B. (1980), a.a.O., S. 129ff.

381 Vgl. Abschnitt 7.2.1.

Jedoch könnte es sein, dass für die beschriebenen Konstruktionen das Vergaberecht gilt und die genannten diskretionären Gewinne sich nicht generieren lassen. § 98 GWB definiert, welche Auftraggeber unter das Vergaberecht fallen. Ziel der Vorschrift ist es, Körperschaften, die eine gewisse Staatsnähe aufweisen und zudem der direkten Kontrolle der Gebietskörperschaft unterstehen, dem Regime des Vergaberechtes zu unterwerfen[382]. Das Vergaberecht soll damit der Freiheit in der Wahl des Trägers einer öffentlichen Aufgabe und auch seiner Rechtsform folgen[383]. Die private Rechtsform und die partielle Beteiligung eines Privaten an dieser reichen grundsätzlich nicht aus, um den Geltungsbereich des Vergaberechtes zu verlassen. § 98 Abs. 1 GWB erklärt Körperschaften privaten Rechts dann für vergaberechtlich relevant, wenn das beabsichtigte oder tatsächliche Tätigkeitsfeld gemeinhin einer staatlichen Stelle zuzuordnen ist. Die Aufgaben der juristische Person müssen erstens im „Allgemeininteresse" liegen, dürfen zweitens nicht gewerblicher Art sein, und die Aufgabenerfüllung muss drittens den besonderen Gründungszweck der juristischen Person erfassen. Die juristische Lage zusammenfassend, lässt sich festhalten, dass es weder für den Begriff des Allgemeininteresses noch für den Begriff der „nicht gewerblichen Art" inhaltliche Konkretisierungen gibt, mit denen sich die vergaberechtliche Situation juristischer Personen abschließend bestimmen ließe[384]. Was den Gründungszweck angeht, so müssen Aufgaben erledigt werden, die in nicht gewerblicher Art und Weise im Allgemeininteresse liegen[385]. Entscheidend ist das Ziel zum Zeitpunkt des Gründungsaktes der Körperschaft, das aus dem der Gründung zu Grunde liegenden Rechtsakt (Satzung, Gesellschaftsvertrag) abzuleiten ist[386]. Ergibt sich aus dem Gründungszweck eine Aufgabe, die mit Hilfe aller Chancen und Risiken am Markt erledigt werden soll, ist davon auszugehen, dass die PPP ihre Entscheidungen grundsätzlich nach wirtschaftlichen Gesichtspunkten trifft. Dieses gilt auch für die Auftragsvergabe, so dass außerhalb des Vergaberechts kontrahiert werden kann. Werden jedoch gesellschaftsvertragliche Aufgaben wahrgenommen, die ehemals von der öffentlichen Hand in Alleinregie erfüllt wurden und auch weiterhin außerhalb des Wettbewerbes erfüllt werden sollen, so wird eine im Allgemeininteresse liegende Aufgabenerfüllung in nicht gewerblicher Art angenommen, was zur Relevanz des Vergabeverfahrens führen kann[387]. Auf das Verhältnis von wettbewerblicher zu im Allgemeininteresse liegender Tätigkeit kommt es nicht an; wer auch nur partiell öffentliche Aufgabe erfüllt, ist insgesamt

382 Vgl. Boesen, A., a.a.O, S 140.
383 Vgl. Bechtold, R., a.a.O., § 98, Rn. 10.
384 Vgl. Boesen, A., a.a.O., S. 146.
385 Vgl. Bechtold, R., a.a.O., § 98, Rn. 10.
386 Vgl. Boesen, A., a.a.O., S. 148.
387 Vgl. Boesen, A., a.a.O., S. 149.

öffentlicher Auftraggeber im Sinne des § 98 GWB.[388]. Wie das folgende Beispiel der Deutschen Post AG zeigt, ist für die Bestimmung der Gewerblichkeit die exakte Einzelfallkonstruktion entscheidend[389]. Die Deutsche Post AG hat in der Satzung das Ziel des Erbringens von Postleistungen, und zwar zukünftig im Wettbewerb mit Dritten, verfasst. Daher ist die Deutsche Post AG als vollständig gewerblich einzustufen, obwohl sie partiell das Briefmonopol ausschöpft. Jedoch beruht das Briefmonopol mit der Verpflichtung des Flächen deckenden Angebotes nicht auf dem Gründungszweck, sondern auf einer gesetzlichen Verpflichtung, so dass eine vergaberechtliche Relevanz aus dem Briefbeförderungsmonopol nicht hergeleitet werden kann. Da sich die Post AG in ihrem aktuellen rechtlichen und unternehmerischen Auftreten als privates Unternehmen kennzeichnet, kommt eine im Allgemeininteresse liegende Auftragserfüllung nicht in Betracht, so dass die Deutsche Post AG außerhalb des Vergaberechtes kontrahieren kann[390].

Sind die Voraussetzungen erstens bis drittens erfüllt, muss zusätzlich die überwiegende Finanzierung oder die Beherrschung des Unternehmens seitens öffentlicher Stellen vorliegen, um das Vergaberecht zu aktivieren (§ 98 Abs. 2 Nr. 2 GWB). Die Beherrschung kann hier durch eine aktive Alimentierung oder auch durch die passive Anteilseignerschaft der öffentlichen Hand begründet werden. Eine Beherrschung nach § 117 AktG erfüllt immer den Beherrschungstatbestand[391]. Weiterhin führt der Einfluss mit Hilfe der personellen Besetzung der Geschäftsführung und/oder der Aufsichtsgremien durch öffentlicherseits ausgewählte Personen zu einer Beherrschung im Sinne des § 98 Abs. 2 GWB; diese liegt dann vor, wenn das beherrschende Unternehmen eine so weit gehende Einwirkungsmöglichkeit hat, dass es seinen geschäftspolitischen Willen durchsetzen kann[392]. Angewandt auf die PPP, lässt sich auch bei diesem Kriterium keine allgemein gültige Aussage ableiten; es kommt vielmehr auf den Einzelfall an.

Neben den genannten Anwendungsfällen schafft § 98 Abs. 2 Nr. 4 einen weiteren Tatbestand vergaberechtlicher Relevanz, den Sektorenauftraggeber. Aufträge von Unternehmen, die in bestimmten Sektoren (Trinkwasser- und Energieversorgung, Verkehr oder Telekommunikation; das Nähere regelt die VgV) tätig sind, sind immer vergaberechtlich relevant, wenn sie die Tätigkeiten auf Grundlage von be-

---

388 Vgl. Bechtold, R., a.a.O., § 98, Rn. 12.
389 Die Beschreibung des Beispiels der Deutschen Post AG erfolgt nach: Boesen, A., a.a.O., S. 153.
390 Zu dem entgegengesetzten Ergebnis kommt Bechtold, R., a.a.O., § 98, Rn. 20.
391 Vgl. Bechtold, R., a.a.O., § 98, Rn. 15.
392 Vgl. Bechtold, R., a.a.O., § 98, Rn. 15.

sonderen Rechten ausüben oder wenn sie durch einen öffentlichen Auftraggeber einem beherrschenden Einfluss ausgesetzt sind. Auch hier kann es in der Anwendung auf die PPP nur in der Einzelfallbetrachtung entschieden werden. Jedoch ist davon auszugehen, dass diese vergaberechtliche Relevanz in Bereichen, in denen sich Wettbewerb etabliert, zukünftig ausgenommen wird, wie z.B. in der Telekommunikation (grundsätzlich ein Sektorenauftraggeber), bei der bestimmte Geschäftssparten (z.B. Mobilnetz, Satellitentelefon, Mehrwehrtdienste) keine Sektorenbereiche mehr bilden müssen[393].

Ziel des Vergaberechtes ist es, die vergaberechtliche Relevanz öffentlich bestimmter Aufträge auch in den Fällen zu erhalten, in denen eine privatrechtliche Rechtsform, auch unter Beteiligung privater Gesellschafter, für die Erfüllung öffentlicher Aufgaben gewählt wurde. Da das Vergaberecht grundsätzlich nur für öffentliche Auftraggeber gelten soll, ist mit der einer PPP inhärenten Aufhebung der Dichotomie zwischen öffentlichem und privatem Sektor eine vergaberechtliche Grauzone entstanden, deren Vielfalt mehr oder weniger selbständiger Einheiten nicht von vornherein eindeutig zugeordnet werden kann[394]. Ob eine PPP in ihrer Auftragsvergabe grundsätzlich dem Vergaberecht unterliegt, lässt sich nach dem § 98 GWB nur im Einzelfall klären[395]. Die Frage, ob es gelingen könne, PPP-Gewinne versteckt abzuführen, lässt sich damit nur im Einzelfall beantworten. PPPs unterliegen daher einer differenzierten Betrachtungsweise je nach der Wirksamkeit des Vergaberechts. Während die Rahmenbedingungen bestimmter PPPs ein Agieren jenseits Vergaberechts verbieten, können die Rahmenbedingungen in anderen PPPs so eingestellt werden, dass sich die Option einer versteckten Gewinnabführung infolge der Schwäche der Anwendbarkeit des Vergaberechts ergibt.

4.3 Zwischenergebnis III: Haushalts- und Vergaberecht

Die öffentliche Hand hat als Anteilseigner einer privatrechtlichen Gesellschaft keine Mehr- oder Sonderrechte im Vergleich zu privaten Anteilseignern. Das Gebot der Wirtschaftlichkeit und Sparsamkeit stellt keine Hürden für die Einrichtung einer PPP dar. Vielmehr bekennt sich die BHO zu den Erfolgspotentialen der externen Strukturreform, fordert privates Engagement mit dem Interessenbekundungsverfahren aktiv an und stellt die ökonomisch effizienzoptimierte

393 Vgl. Boesen, A., a.a.O., S. 160.
394 Vgl. Boesen, A., a.a.O., S. 246.
395 Vgl. Bechtold, R., a.a.O., § 98, Rn. 3.

Lösung öffentlicher Aufgaben als Rechtsgebot auf[396]. Aus dieser Sicht verpflichtet die BHO die öffentliche Hand geradezu zur Hebung ökonomischer Potentiale, so wie es mit Hilfe der PPP möglich wird. Auch aus § 65 BHO ergeben sich keine Hindernisse. Alle möglichen Formen öffentlichen Engagements in privatrechtlichen Formen lassen sich unter der Ausnutzung des politischen Ermessensspielraumes legitimieren. Die für die Erschließung privaten Engagements essentielle Option der Gewinnerwirtschaftung ist in jedem Falle gewährleistet. Die Begrenzung der Einzahlungsverpflichtung, die Schaffung eines angemessenen Einflusses und die Rechnungslegung bilden privatwirtschaftliche Standards ab und sind unproblematisch. Gleiches gilt für den § 63 BHO mit der Anweisung, Anteile an öffentlichen Unternehmen nur zum vollen Wert abzugeben. Ist in der Folge von politischer Rationalität die Entscheidung für einen bestimmten Privaten erwünscht, so kann dieser auch außerhalb des Höchstgebotes in der Ausfüllung des Ermessenspielraumes ausgewählt werden, so dass § 63 BHO kein Hindernis darstellt.

Das Vergaberecht ist für die Auswahl des PPP-Partners nicht relevant. Für die Beauftragung einer PPP-Gesellschaft durch die öffentliche Hand kann ebenfalls davon ausgegangen werden, dass das Recht der öffentlichen Auftragsvergabe keine Anwendung finden muss; entscheidend ist jedoch der Einzelfall. Für die Beauftragung Dritter seitens der PPP muss ebenfalls wegen der Erforderlichkeit einer Einzelfallentscheidung differenziert werden: in PPPs, bei denen es möglich ist, ohne Vergaberecht zu beauftragen, und PPPs, die nach vergaberechtlichen Vorschriften vergeben müssen. Der diskretionäre Export von PPP- Gewinnen ist damit je nach Einzelfall möglich.

Im Ergebnis sind aus Sicht des Haushaltsrechtes und des Vergaberechtes unumgehbare Vorschriften, die das politische oder ökonomische Erfolgspotential der PPP substanziell einschränkend tangieren, nicht zu erkennen.

396 Vgl. Dommach, in: Heuer, a.a.O., § 7, Rn. 14.

5 Zielsystem der PPP

Die privatwirtschaftlich orientierte Effizienzmaximierung, an der der öffentliche Partner mit Hilfe einer PPP teilhaben soll, orientiert sich an dem Gewinn als Maßstab des betrieblichen Erfolges. Die öffentliche Hand jedoch verfolgt üblicherweise nicht in erster Linie das Gewinnziel. Die eingangs erwähnte Komplementarität zwischen öffentlichem und privaten Zielen reicht nicht aus um geschäftspolitische Differenzen zu vermeiden. Vorstellbar wäre die Erwirtschaftung von Gewinnen aus transaktionskostentheoretischen Synergieeffekten (komplementäre Ziele), die im nächsten Schritt nach Wunsch des einen Partners ausgeschüttet, nach Wunsch des anderen Partners jedoch in beispielsweise karitative Zwecke reinvestiert werden sollen (konfliktäre Ziele). So können komplementäre Ziele als eine notwendige, jedoch nicht als die ausreichende Bedingung einer erfolgreichen PPP angesehen werden. Erarbeitet werden muss daher, welche Ziele der öffentlichen Hand sich durch die PPP trotz drohender Zielkonflike unterstützen lassen.

5.1 Ziele der Partner in der PPP

Zum Zwecke der Sicherung des öffentlichen Einflusses nach § 65 BHO ist es erforderlich, konkrete Regelungen zu treffen, mit denen sich das öffentliche Interesse auch im Konfliktfall durchsetzen lässt[397]. Die öffentliche Hand ist zwingend auf die rechtsverbindliche oder einem ökonomischen Anreizsystem folgende Fixierung bestimmter Ziele, die sie mit der PPP anstrebt, angewiesen. Sie darf sich dabei nicht auf freiwillige Zusagen, die sich aus Zufälligkeiten personeller Gegebenheiten und guter Beziehungen ergeben, verlassen[398]. Ob eine rechtsverbindliche oder in einem ökonomischen Anreizsystem liegende und möglichst selbstregulierende Festschreibung der Ziele vorgenommen werden kann, bestimmt sich nach den Eigenschaften[399] der Ziele. Es sind die Ziele zu betrachten, die der öf-

397 Vgl. Soldner, in: Heuer, a.a.O., § 65 BHO, Rn. 21.
398 Vgl. Soldner, in: Heuer, a.a.O., § 65 BHO, Rn. 21.
399 Vgl. Oettle, K., Über den Charakter öffentlich-wirtschaftlicher Zielsetzungen, in: Oettle., K. (Hrsg.), Grundfragen öffentlicher Betriebe I, Ausgewählte Aufsätze zur Zielsetzung, Führung und Organisation öffentlicher Betriebe, Baden-Baden 1976, S. 18. Vgl. Becker, W. D., Zweig, G., Aufgabenwandel bei öffentlichen Kreditinstitu-

fentliche Partner üblicherweise für eine PPP formuliert. Anlässlich der Ausschreibung der Beratungsleistungen für eine einzurichtende Teilprivatisierung einer eigenbetriebsähnlichen Einrichtung formuliert beispielsweise die Stadt Bielefeld Ziele einer angestrebten PPP: „Ziele der nachfolgend angestrebten Teilprivatisierung sind insbesondere neben der langfristigen Gebührenstabilität, der gesicherten künftigen Leistungserbringung für die Bürger der Stadt Bielefeld und dem Erhalt der Arbeits- und Ausbildungsplätze positive Effekte für den Haushalt der Stadt Bielefeld."[400] Die Stadt Hanau formuliert auf der Suche nach privaten Partnern für die Stadtwerke Hanau GmbH: „Die Stadt Hanau strebt mit der Aufnahme eines oder mehrer strategischer Partner für die SWH (Stadtwerke Hanau GmbH, Anmerkung des Verfassers) die Sicherung des dauerhaften Fortbestandes sowie eine gezielte und kontinuierliche Weiterentwicklung der SWH als regional tätiges kommunales Unternehmen an."[401] Gleichzeitig müssen die dauerhafte Stärkung und das Wachstum des Betriebes „...den zukünftigen Anforderungen einer langfristig wirtschaftlich und ökologisch sinnvollen Energie- und Wasserversorgung..."[402] Rechnung tragen. Für die Teilprivatisierung der Hanauer Straßenbahn AG erklärt die Stadt Hanau den potentiellen privaten Investoren „...insbesondere den Erhalt eines leistungsfähigen Personennahverkehrs und die langfristige Sicherung des Unternehmensstandortes Hanau unter Wahrung der Arbeitnehmerinteressen"[403] für wichtig.

Zusammenfassend steht im Vordergrund der öffentlichen Interessen die Kombination der Erfüllung von offensichtlich Gewinn mindernden Zielen wie bei-

---

ten, in: Eichhorn, P., Münch, P. (Hrsg.), Aufgaben öffentlicher und gemeinwirtschaftlicher Unternehmen im Wandel, Baden-Baden 1983, S. 200f. Vgl. Fett, R., Die gemischtwirtschaftlichen Betriebe in der Bundesrepublik Deutschland, Frankfurt am Main 1978, S. 234f. Vgl. Chmielewicz, K., Zur Problematik einzelwirtschaftlicher Effizienzkriterien bei öffentlichen Unternehmungen, in: Thiemeyer, T., Öffentliche Unternehmen und ökonomische Theorie, Baden-Baden 1987, S. 145. Vgl. Thiemeyer, T., Wirtschaftslehre öffentlicher Betriebe, Reinbeck 1975, S. 25. Vgl. zu einer grundsätzlichen Zielbetrachtung Meyer, M., Ziele in Organisationen – Funktionen und Äquivalente von Zielentscheidungen, Wiesbaden 1994, S. 102. Vgl. für Entscheidungen innerhalb alternativer Ziele Laux, H., Entscheidungstheorie – Grundlagen, 4. Aufl. Berlin 1998, S. 17f.

400 Stadt Bielefeld, der Oberbürgermeister: Teilprivatisierung des Umweltbetriebes der Stadt Bielefeld – Umfassende Beratung der Stadt Bielefeld, Ausschreibung, in: HB 6.4.2002, S. 66.

401 Stadt Hanau, Teilprivatisierung der Stadtwerke Hanau GmbH, Inserat, in: HB 1.7.2002, S. 21.

402 Stadt Hanau, a.a.O., S. 21.

403 Stadt Hanau, Teilprivatisierung der Hanauer Straßenbahn AG, Inserat, in: HB 1.7.2002, S. 21.

spielsweise dem Umweltschutz und der Sicherstellung des ökonomischen Erfolges des Betriebs bei Berücksichtigung von Nebenleistungen (z.B. des Erhaltes oder der Schaffung von Arbeitsplätzen vor Ort)[404]. Dabei belastet eine über die betriebswirtschaftliche Notwendigkeit hinausgehende Arbeitsplatzsicherheit die Erfüllung der erwerbswirtschaftlichen Ziele, nämlich der angestrebten positiven Beeinflussung des Haushaltes. Insofern schafft der öffentliche Partner ein Zielsystem, das sich partiell komplementär aber auch durch einen gewissen Zielkonflikt auszeichnet[405]. Dieser muss anlässlich der Zielprogrammierung einer PPP berücksichtigt werden.

Doch der öffentliche Partner steht mit seinen Zielvorstellungen nicht allein, denn in der PPP kommen zu den Zielen des Öffentlichen die des Privaten. Für den privaten Partner soll das Ziel der Gewinnmaximierung angenommen werden.
Insgesamt wird für die folgenden Untersuchungen ein Zielsystem der PPP angenommen, dass sich wie folgt zusammensetzt:

A. für den öffentlichen Partner ein duales Zielsystem der PPP, bestehend aus:

   1. dem Ziel der Erfüllung eines öffentlichen Interesses, das Gewinn mindernden Charakter haben kann, beispielsweise die Erhaltung eines über das betriebswirtschaftliche Optimum hinausgehenden Personalbestandes, über die gesetzlichen Erfordernisse hinausgehende Umweltschutzbemühungen, die nicht betriebswirtschaftlich optimale Erhaltung der Produktion vor Ort und andere ökonomisch unübliche Leistungen, die wählerstimmenwirksam auf der Nutzenfunktion des öffentlichen Partners liegen.

   2. das Gewinnziel, auch bei vorheriger Minderung durch 1.

B. für den privaten Partner ein singuläres Ziel der PPP:

   das Gewinnziel.

---

404 Vgl. Sander, O., Weiblen, W., Kommunale Wirtschaftsunternehmen, Köln u.a, 1982, S. 12. Vgl. für die Gewinnorientierung öffentlicher Kreditinstitute Becker, W. D., Öffentliche Banken als Instrumente der staatlichen Ordnungspolitik, in: ZögU 1980, S. 259ff.

405 Vgl. Braun, G., Ziele in öffentlicher Verwaltung und privatem Betrieb, Baden-Baden 1988, S.127f. Vgl. Machura, S., Besonderheiten des Managements öffentlicher Unternehmen, in: ZögU 1993, S. 170f.

Jede Art von Zielerfüllung wirkt sich auf das Gesamtkapital der PPP aus. So bekommt jeder Partner Nutzen und Kosten der Erfüllung des Gewinnziels und der Erfüllung der den Gewinn mindernden Ziele immer und untrennbar zugewiesen. Soweit auf öffentlicher Seite Gewinn mindernde Interessen vorliegen, ergäbe sich streckenweise Konfliktpotential mit dem Gewinnmaximierungsstreben des Privaten, der aus der Erfüllung nicht erwerbswirtschaftlicher Ziele keinen Nutzen ziehen kann, dessen Belastungen jedoch in Höhe seiner Beteiligungsquote voll zugewiesen bekommt. Konfliktpotential ergäbe sich weiterhin dort, wo es unter Einflussverschiebung zu einer Abweichung von dem anfänglich eingestellten Verhältnis von Gewinnziel und den Gewinn mindernden Zielen kommt. Auch dieses wird in den folgenden Abschnitten berücksichtigt.

5.2 Programmierung der Ziele im Einfluss des Verfahrensrahmens

Das Zielsystem wie auch der Prozess der Zielbildung (beide zusammen werden in dieser Untersuchung als Zielprogrammierung bezeichnet) dienen der erfolgreichen Steuerung der PPP. Zur Verfügung stehen verschiedene Steuerungsmittel, die sich auf die Veränderung entscheidungsrelevanter Faktoren bei den ausführenden Organen richten, so dass Handlungsalternativen ermöglicht, erleichtert, erschwert oder untersagt werden[406]. In der Verwaltungswissenschaft verwendete Steuerungsmechanismen gliedern sich nach *Schuppert* in vier Gruppen, die Steuerung durch Normsetzung, Personal, Organisation und Verfahren, Haushaltsrecht und Haushaltskontrolle[407]. Jedoch entscheidet die normative Prägung der verwendeten Rechtsform darüber, inwieweit sich die Institution öffentlichen Zielsetzungen und Steuerungsoptionen öffnet und welche Techniken in welcher Form überhaupt greifen können[408].

In der PPP scheidet zunächst die Steuerung durch Normsetzung wegen des Verbotes des Einzelfallgesetzes aus. Das Haushaltsrecht ist zu beachten, stellt je-

406 Vgl. Müller, N., Rechtsformwahl bei der Erfüllung öffentlicher Aufgaben, Köln/Berlin/Bonn/München 1993, S. 353.

407 Vgl. Schuppert, G. F., Die Einheit der Verwaltung als Rechtsproblem, in: DÖV 1987, Heft 17, S. 761ff.

408 Vgl. Müller, N., a.a.O., S. 356. Vgl. Loeser, R. Wahl und Bewertung von Rechtsformen für öffentliche Verwaltungsorganisationen, Speyer 1988, S. 98. Vgl. Schuppert, G.F., Zur Kontrollierbarkeit öffentlicher Unternehmen – Normative Zielvorgaben und ihre praktische Erfüllung, in: ZögU 1985, S. 310ff. Vgl. Potthoff, E., Zur Aktiengesellschaft als Rechtsform für öffentliche Betriebe, in: Rittig, G., Ortlieb, H.-D., Gemeinwirtschaft im Wandel der Gesellschaft, Festschrift für Hans Ritschel, Berlin 1972, S. 167ff.

doch, wie bereits erörtert, kein Hindernis dar; die Haushaltskontrolle eignet sich nur zur ex post Kontrolle und nicht zur ex ante Programmierung und wird im Abschnitt 6.1 erörtert. Die Steuerung durch Organisation und Verfahren ist mit der Entscheidung für eine PPP auf das private Gesellschaftsrecht festgelegt. Auch die Steuerung durch Personal unterliegt zwingend dem Gesellschaftsrecht, denn das Personal hat sich zunächst an den gesetzlichen Normen (beispielsweise § 117 AktG) zu orientieren und kann nur den verbleibenden Ermessensspielraum im Sinne übergeordneter Instanzen ausfüllen. Die in rein öffentlichen Unternehmen übliche Interpretation eines diffus eingestellten Zielsystems mit Hilfe politisch ausgewählter Geschäftsführerpositionen verliert seine Wirkung in einer PPP, denn die private Rechtsform unterstützt, wie sich zeigen wird, im Zweifel das Gewinninteresse. Dieses Gewinninteresse lässt sich selbst bei Beherrschung des Geschäftsführergremiums durch den öffentlichen Partner nur begrenzt im Gewinn mindernden öffentlichen Intereresse interpretieren. Unter Dissens mit dem Privaten lassen sich grundsätzlich nur von vornherein fixierte Zielprogramme durchsetzen. Es ist zum Zeitpunkt der Satzungsgestaltung erforderlich, eine gewisse Einigkeit in juristisch belastbarer Form herzustellen.

Die Ziele der PPP müssen sich im Rahmen des gesellschaftsrechtlichen Dispositionsspielraumes formulieren lassen; ansonsten sind sie für eine Organisation, in der der Dissens der Partner nicht mit Sicherheit ausgeschlossen werden kann, ungeeignet. Das ökonomische Erfolgspotential begegnet hier dem juristischen Rahmen, dem es sich zwingend unterzuordnen hat. Obwohl der juristische Rahmen aus ökonomischer Sicht nur eine Verfahrensregelung wirtschaftlichen Handelns darstellt, hat der juristische Rahmen doch den entscheidenden Einfluss auf die Zielformulierung. Aus diesem Grund werden im Folgenden die gesellschaftsrechtliche Situation und die Ergebnisse der Ausnutzung des vorhandenen Dispositionsspielraumes in der politischen und ökonomischen Rationalität untersucht. Dabei werden zunächst die gesetzliche Struktur der beiden für die PPP in Frage kommenden Kapitalgesellschaften und die relevanten Faktoren der Zielprogrammierung erörtert. Die gesetzlichen Optionen werden nachfolgend kombiniert mit unterschiedlichen Zielprogrammen einer PPP, so dass ermittelt werden kann, welche Zielprogramme durch den gesetzlichen Rahmen unterstützt werden und welche nicht. Im Optimalfall lässt sich eine Situation herleiten, in der die PPP mit hohem ökonomischen Erfolgspotential Unterstützung durch das Gesellschaftsrecht erfährt und so mit großer Wahrscheinlichkeit in der Lage ist, die Ziele beider Partner selbstregulierend und Konflikt begrenzend zu internalisieren.

5.2.1 Einflussoptionen in der PPP als Aktiengesellschaft

Die Aktiengesellschaft wird als juristische Person handlungsfähig durch ihre Organe. Leitungsorgan ist der Vorstand, der in eigener Verantwortung die Geschäfte der Gesellschaft führt (§76 I AktG); seine Bestellung, Anstellung und Abberufung erfolgen durch den Aufsichtsrat (§84 AktG). Der Vorstand gestaltet die Geschäftspolitik unabänderbar nach eigenem und persönlichem Ermessen (§ 76 Abs. 1 AktG). Er ist nur gemeinschaftlich zur Geschäftsführung befugt; ein Konsens ist daher Pflicht (§ 77Abs. 1 AktG). Der Vorstand ist in seiner Handlung an die satzungsgemäßen Vereinbarungen zwingend gebunden. Dabei ist er gehalten, die Interessen innerhalb des Unternehmens, aber auch die außerhalb des Unternehmens, nämlich die der Gesellschaft, zu verfolgen[409]. So sind Träger dieser Interessen grundsätzlich die Aktionäre, jedoch auch die Arbeitnehmer und die Öffentlichkeit[410]. Der Vorstand ist weder berechtigt noch verpflichtet, sich in der Ausfüllung der Geschäftsführung allein von den Aktionärsinteressen, die in der PPP ohnehin nicht von homogener Struktur sein müssen, leiten zu lassen[411]. Er kann und soll sich auch am Gemeinwohl orientieren und die Interessen der Arbeitnehmer beachten. Die Hauptversammlung hat über Fragen der Geschäftsführung nur zu entscheiden, wenn der Vorstand dies verlangt (§ 119 Abs. 2 AktG). Darüber hinaus können weder Hauptversammlung noch Aufsichtsrat bindende Weisungen erteilen[412]. Auch die Option, für bestimmte Geschäfte die Zustimmung des Aufsichtsrates einzuholen[413] (§ 111 Abs. 4 Satz 1 AktG), führt nicht zu einer wirksamen Einflussnahme auf die tägliche Geschäftspolitik. Maßnahmen der Geschäftsführung können dem Aufsichtsrat dadurch nämlich nicht übertragen werden[414]; die Zustimmungsregelung darf nicht ungebührlich in das Leitungsermessen des Vorstandes eingreifen[415] und begründet keine freie Mitwirkungszuständigkeit des Aufsichtsrates[416]. Ferner darf sie sich nur auf besonders außergewöhnliche und bedeutende Geschäfte, wie beispielsweise An- und Verkauf von Beteiligungen, Grundstücken oder Betriebsteilen, richten. Eine Einzelfallsteuerung durch den Aufsichtsrat oder die Hauptversammlung scheidet jedoch vor al-

---

409 Vgl. Hüffer, U., Aktiengesetz, 3. Aufl., München 1997, § 76, Rn. 12.

410 Vgl. Hüffer, U., a.a.O., § 76, Rn. 12.

411 Vgl. Hüffer, U., a.a.O., § 76, Rn. 12.

412 Vgl. Adamska, M., Rechtsformen der Organisation kommunaler Interessen in gemischt-wirtschaftlichen Unternehmen, Kiel 1992, S. 130.

413 Vgl. Potthoff, E., a.a.O., S. 173.

414 Vgl. Hüffer, U., a.a.O, § 111, Rn. 16.

415 Vgl. Henn, G., Handbuch des Aktienrechts, 7. Aufl., Heidelberg 2002, S. 301.

416 Vgl. Mertens, H. J., in: Kölner Kommentar zum Aktiengesetz, 2. Aufl., Köln u.a., § 111, Rn. 66.

lem deshalb aus, weil ex ante die zukünftigen Entscheidungsfälle nicht zu bestimmen und damit nicht im Sinne des § 111 Abs. 4 AktG zu fixieren sind[417].

Für Einflussoptionen sowohl seitens der Satzung als auch seitens des Aufsichtsrates nach § 111 gilt, dass diese Einflussnahmen nur dann wirken, wenn das Einflussziel sich durch die Eigenschaften wenig variabel in sächlicher und/oder zeitlicher Hinsicht auszeichnet, da sowohl die Steuerung mit Hilfe der Satzungsgebundenheit des Vorstandes als auch die mit Hilfe des § 111 AktG von einer ex ante zu schaffenden operablen Formulierung abhängig sind.

Je geringer der Grad der Operabilität des Interesses des einen oder anderen Partners ist, desto mehr kommt es auf die Besetzung des Vorstandspersonals an, denn jenseits von operablen Satzungsformulierungen ist der Vorstand und nicht die Ebene der Kapitalgeber das bestimmende Leistungsorgan der AG[418]. Die eigentlichen unternehmerischen Entscheidungen liegen nicht im Einfluss der Aktionäre. Ihnen verbleibt lediglich das Recht, ex post, quasi repressiv, auf der Hauptversammlung mittels eines Vertrauen entziehenden Beschlusses nach § 84 Abs. 3 Satz 2 AktG den Aufsichtsrat auf ein bestimmtes Problem aufmerksam zu machen und dann zu hoffen, dass der Aufsichtsrat dies zum Anlass nimmt, den Vorstand nach § 84 Abs. 3 Satz 2 AktG abzuberufen[419]. Eine direkte Steuerung der AG durch Eingriff in die Geschäftsführung ist weder für den privaten noch für den öffentlichen Partner möglich. Es lässt sich festhalten, dass dem Vorstand bei der Auflösung eines Konfliktes zwischen mehreren vorhandenen Zielen im Rahmen der Geschäftsführung der entscheidende Ermessenspielraum zukommt[420]. Obwohl der Vorstand eigenverantwortlich handelt und – wie der Aufsichtsrat – nicht in den einzelnen Handlungen von der Hauptversammlung steuerbar ist, sind beide Gremien letztlich von der Hauptversammlung abhängig. Nur diese entscheidet über die personelle Besetzung des Aufsichtsrates, über den der öffentliche wie der private Partner mittelbar Einfluss auf die Entscheidung der personellen Besetzung des Vorstandes ausüben kann[421]. Die Hauptversammlung kann den Vorstand über den Aufsichtsrat nicht unmittelbar steuern, doch sie kann ihr nicht genehme Handlungen des Vorstandes zum Anlass eines Vertrauensentzuges (§ 84 Abs. 3 AktG) machen, den der Aufsichtsrat wegen seiner Abhängigkeit von

---

417 Vgl Mertens, H. J., (1988), a.a.O., § 111, Rn. 66.

418 Vgl. Gerum, E., Richter, B., Steinmann, H., Zur Steuerung öffentlicher Konzerne, Empirische Befunde zur institutionellen Durchsetzung des öffentlichen Interesses in Aktiengesellschaftskonzernen, in: ZögU 1986, S. 294f.

419 Vgl. Adamska, M., a.a.O., S. 132.

420 Vgl. Harbarth, S., Anlegerschutz in öffentlichen Unternehmen Berlin, 1998, S. 178.

421 Vgl. Adamska, M., a.a.O., S. 131.

der Hauptversammlung durchführen wird. Das Bestreben des Vorstandes und des Aufsichtsrates, ihre Stellungen auf Dauer zu erhalten, führt im Ergebnis dazu, dass für die Bestimmung des für die alles entscheidende Satzungsinterpretation zuständigen Vorstandspersonals derjenige, der die Mehrheit in der Hauptversammlung hat, die PPP letztlich beherrschen kann[422].

Eine direkte aktionärsseitige Leitung der PPP lässt sich nur durch die satzungsgemäße Definition grundsätzlicher geschäftspolitischer Maßnahmen und *einzelner* und *von vornherein ausgewählter* Handlungen einrichten[423]. Damit ist die direkte aktionärsseitige Einflussnahme von den *Eigenschaften* der Interessen der Aktionäre abhängig. Sind diese Eigenschaften von vornherein für die Gegenwart und die Zukunft absehbar und explizit formulierbar, wird ihre Umsetzung durch das AktG wirkungsvoll unterstützt. Sind die Ziele dagegen durch die Eigenschaften „variabel" in zeitlicher und/oder sächlicher Hinsicht gekennzeichnet, werden sie durch das AktG nicht unbedingt unterstützt, sondern sind auf eine wohlwollende Interpretation der täglichen Geschäftspolitik durch die Vorstandsmitglieder angewiesen.

5.2.2 Einflussoptionen in der PPP als GmbH

Als Organe der GmbH sind der Geschäftsführer und die Gesellschafterversammlung vorgeschrieben; als fakultatives Organ kommt der Aufsichtsrat dazu (§ 52 GmbHG), der allerdings bei einer GmbH mit mehr als 500 Arbeitnehmern gemäß § 77 Abs. 1 BetrVG gebildet werden muss[424] und dessen Einrichtung aufgrund des Einwirkungsgebotes des § 65 BHO fast immer erforderlich ist. Die Geschäftsführer entsprechen dem Vorstand der AG; jedoch erfolgt deren Bestellung in der GmbH durch den Gesellschaftsvertrag (§ 6 Abs. 3 GmbHG) oder durch Gesellschafterbeschluss (§ 46 Nr. 5 GmbHG). Den Gesellschaftern sind die Aufgaben zugewiesen, die in der AG der Hauptversammlung zufallen (§ 46 Nr. 5, 6, 8 GmbHG), und Entscheidungen werden üblicherweise mit Stimmenmehrheit gefasst (§§ 47 Abs. 1, 48 Abs. 1 GmbHG)[425]. Die Ausgestaltung der Organe und ihre Funktionen sind denjenigen bei der AG ähnlich; der entscheidende Unter-

422 Vgl. Adamska, M., a.a.O., S. 132.

423 Vgl. Janson, B., Rechtsformen öffentlicher Unternehmen in der europäischen Gemeinschaft, Baden-Baden 1980, S. 144f.

424 Vgl. Adamska, M., a.a.O., S. 137.

425 Vgl. Fichtelmann, H., in: Bartel H., Heidelberger Kommentar zum GmbH-Recht, 4. Aufl., Heidelberg 1998, § 47, Rn. 11ff.

schied besteht jedoch in dem Verhältnis der Organe zueinander[426]. Wo das Aktienrecht ein gewisses Gleichgewicht zwischen den Organen herstellt, bestimmt das GmbHG einen klaren Vorrang für die Gesellschafter als bestimmendes Organ der Gesellschaft[427]. Ist der Einfluss in der AG nur relativ wenig flexibel mit Hilfe von Satzungsbestimmungen möglich, kann dieser in der GmbH direkt und flexibel erfolgen. Im Sinne einer direkten Steuerung durch die Gesellschafter wäre die GmbH der AG vorzuziehen. Im Gegensatz zur Aktiengesellschaft entspricht es der Natur der Gesellschaft mit beschränkter Haftung, dass die Gesellschafter und nicht die Geschäftsführer das unternehmerische Initiativ- und Entscheidungszentrum darstellen[428]. Der GmbH-Geschäftsführer hat keine eigenverantwortliche Stellung wie der Vorstand einer AG; er muss auch im Einzelfall weisungsgebunden Handeln[429]. Damit verfügen die Kapitalgeber der GmbH im Gegensatz zur AG über die direkte Steuerungsmöglichkeit durch den Eingriff in den laufenden Geschäftsbetrieb mit Hilfe von Einzelanweisungen[430]; das Erfordernis der Vorhersage zukünftiger Entscheidungssituationen zum Zwecke der Einzelfallsteuerung ist in der GmbH nicht erforderlich. So lassen sich Regelungen fixieren, nach denen die Geschäftsführer schon dann nicht ohne Zustimmung der Gesellschafterversammlung handeln dürfen, wenn sie aus nahe liegenden Gründen erkennen können, dass die geplanten Handlungen dem Willen der Gesellschaftermehrheit widersprechen könnten[431]. Damit haben die Eigenkapitalgeber einer GmbH die Option, die Geschicke der Gesellschaft ex ante per Gesellschaftsvertrag *und*, im Gegensatz zur AG, ex post mit Hilfe persönlicher Sanktionen gegenüber dem Vorstand zu bestimmen.

Im Hinblick auf die Steuerung der Gesellschaft ist die Eigenschaft der Ziele „Vorhersehbarkeit“ ist in einer GmbH im Gegensatz zu der AG grundsätzlich nicht erforderlich, weil in die Einzelfallgeschäftsführung ändernd eingegriffen werden kann. Aus dieser Sicht wäre die Steuerung einer PPP in der Rechtsform der GmbH mit Hilfe des direkten Eingriffes in die Geschäftsführung besser gegeben als in der AG. Im Extremfall eines rein öffentlichen Unternehmens könnte die Steuerung einer Gesellschaft in Form der GmbH besser als der AG gelingen,

426 Vgl. Adamska, M., a.a.O., S. 139.
427 Vgl. Adamska, M., a.a.O., S. 139.
428 Vgl. Adamska, M., a.a.O., S. 143.
429 Vgl. Maiberg, H., Gesellschaftsrecht, 7. Aufl., München 1990, S. 382.
430 Vgl. Adamska, M., a.a.O., S. 143f.. Vgl. Eibelshäuser, M. (Hrsg.), Überörtliche Prüfung kommunaler Körperschaften, Darmstadt 2002, S. 13.
431 Vgl. Mertens, H. – J., in: Ulmer, P. (Hrsg.), Großkommentar Hachenburg, GmbHG, 6. Aufl., Berlin 1997, § 37, Rn. 9.

denn das GmbHG lässt Einflussmöglichkeiten zu, die einer GmbH aus Steuerungssicht eigenbetriebsähnliche Eigenschaften verleihen könnten[432].

Die Chance zur genaueren Steuerung der GmbH wird bei Anwendung auf die Stimmrechtslage einer PPP jedoch neutralisiert: Jeder Partner muss, seine Mehrheitsverhältnisse kalkulierend, damit rechnen, von dem anderen Partner überstimmt zu werden. So haben die Partner die grundsätzliche Chance, eine PPP in Form der GmbH besser als in Form der AG steuern zu können, können diese aber nicht nutzen, weil ihre Mehrheit auf Gesellschafterebene möglicherweise nicht ausreicht. Damit geht der Vorteil einer GmbH, die nicht notwendige Vorhersehbarkeit der Ziele, also die rechtsforminhärente Unterstützung variabler (in zeitlicher und sächlicher Hinsicht) Ziele, verloren. Zurückkommend auf die Unabhängigkeit des AG-Vorstandes, liegt damit die gleiche Situation vor wie in der AG, in der der unterlegene Gesellschafter keine Möglichkeit hat, so viele Vorstandsposten mit „seinem" Personal zu besetzen, das aus eigenem Antrieb die Geschäftspolitik in seinem Sinne ausrichtet. Damit ist der Einfluss in der GmbH zwar theoretisch besser möglich, jedoch letztlich ebenso von der Eigenkapitalsituation abhängig wie in der AG. In der PPP-GmbH hängt die Einwirkung jedes einzelnen Partners von der Mehrheitslage bei der Einsetzung des Geschäftsführungspersonals *und* bei der Mehrheitslage der Einzelfallbeschlüsse der Gesellschaft ab. Da die in der Eigenkapitallage begründeten Stimmrechte in beiden Situationen identisch sind, kommt es im Ergebnis wie in der AG zu einer Einwirkungsmöglichkeit, die sich streng nach der sich aus Eigenkapitalverteilung ergebenden Stimmrechtslage richtet. Da die Einwirkungsrechte in ihrer ökonomischen Konsequenz in einer PPP-GmbH-Situation mit denen der AG vergleichbar sind, wird im Folgenden, soweit nicht anders angegeben, die PPP als Aktiengesellschaft untersucht. Vorgreifend auf die Untersuchungen des nächsten Abschnittes, wird ein rational handelnder privater Partner auch in der GmbH-Konstruktion auf Regelungen bestehen, die ihn vor dem Ausufern des öffentlichen Interesses mindestens in dem Maße wie in der AG üblich schützen. Insofern soll im Rahmen dieser Untersuchung angenommen werden, dass der Private den Dispositionsspielraum der GmbH-Regelungen nutzt und Vorgaben durchsetzt, die ihn, wie in der beschriebenen Form in der AG, vor einer Ausweitung des öffentlichen Einflusses schützen. Soweit dennoch auf die GmbH zurückgekommen wird, soll auch für die GmbH angenommen werden, dass es dem Privaten gelun-

432 Vgl. Ahrens, K., Grenzen der Gemischtwirtschaftlichkeit aus kommunaler Sicht, in: Gesellschaft für öffentliche Wirtschaft und Gemeinwirtschaft (Hrsg.), Gemischtwirtschaftlichkeit und öffentliche Aufgabe, Referate und Diskussionsbeiträge einer Vortrags- und Diskussionsveranstaltung der Gesellschaft für öffentliche Wirtschaft und Gemeinwirtschaft am 17. November in Köln, Berlin 1988, S. 11.

gen ist, den Gesellschaftsvertrag der GmbH so auszugestalten, dass die das Privatkapital schützenden Wirkungen des AktG auch in die GmbH implementiert wurden. Was die praktische Relevanz dieser Annahme angeht, sei auf die Beteiligungen des Bundes verwiesen. Gesellschaftsverträge, an denen der Bund beteiligt ist, sind im Wesentlichen den Bestimmungen des Aktiengesetzes angepasst[433].

5.2.3 Gesellschaftsrechtliche Situation des öffentlichen Interesses am Beispiel der Aktiengesellschaft

5.2.3.1 Gegenstand des Unternehmens und ergänzende Bestimmungen

Das AktG sieht für die inhaltliche Programmierung der AG den *Gegenstand des Unternehmens* (§ 23 Abs. 2 Nr. 2 AktG) und *ergänzende Bestimmungen* (§ 23 Abs. 5 Satz 2 AktG) vor[434]. Die Angabe des Gegenstandes regelt die zu entfaltende Tätigkeit (Branche, Produktionsprogramm) und ist zwingend vorgeschrieben. Dessen Erklärung bezweckt, die Grenze der Geschäftsführungsbefugnis zu bestimmen und außenstehende Dritte über den Tätigkeitsbereich der AG zu informieren[435]. Angewandt auf öffentliche Unternehmen, wäre das Sachziel[436] im *Gegenstand des Unternehmens* zu vereinbaren. Die Rechtsprechung verlangt dabei keine exakte Gegenstandsbezeichnung; beispielsweise reicht eine Aussage wie „Handel mit Waren aller Art“ aus[437]. Der Vorstand ist zwingend an die Satzung des Unternehmens gebunden; es liegt insofern eine Einschränkung seiner sonst weit gehend unbeschränkbaren Geschäftsführungsbefugnis vor; Verstöße sind durch den Vorstand schadensersatzpflichtig und können ein Grund für dessen Abberufung sein[438]. Unter die *ergänzenden Bestimmungen* fällt die Option der Regelung eines Unternehmenszwecks, wobei das AktG diesen Begriff nicht kennt, jedoch in der Praxis zwischen Gegenstand und Zweck zu unterscheiden

---

433 Vgl. Soldner, in: Heuer, a.a.O.,§ 65, Rn. 8.

434 Vgl. Dreher, M., Unternehmen und Politik, Die gesellschaftsrechtliche Kompetenz der Aktiengesellschaft, in: ZHR 1991, S. 373f.

435 Vgl. Hüffer, U., a.a.O., § 23, Rn. 100.

436 Vgl. Braun, G. E., a.a.O., S. 124.

437 Vgl. Henn, G., a.a.O., S. 86.

438 Vgl. Happ, Wilhelm, (Hrsg), Aktienrecht Handbuch – Mustertexte – Kommentar, Köln u.a., 1995, S. 17. Üblicherweise zusätzlich verwendete Klauseln wie die „Ausführung aller damit in Verbindung stehenden Geschäfte“ erweitern den gegenständlich eingeschränkten Handlungsbereich des Vorstandes wieder, sind jedoch zulässig, Vgl. Happ, W., a.a.O., S. 17.

ist[439]. Regelungsbereich eines Unternehmenszweckes innerhalb des § 23 Abs. 5 Satz 2 AktG kann die geplante finanzielle Entwicklung des Unternehmens sein. Mit Hilfe des Unternehmenszweckes lässt sich, angewandt auf die PPP, regeln, ob eine Kostendeckung bei Verfolgen des *Gegenstandes des Unternehmens* ausreicht, ob der Gewinn maximiert werden soll oder ob beispielsweise karitative Zwecke verfolgt werden sollen[440]. An dieser Stelle sollte die Relevanz des Formalzieles[441], das Ausmaß der Gewinnerwirtschaftung, festgehalten werden. Für die Formulierung des Zweckes der Gewinnerwirtschaftung gilt, dass dieser sich nicht nur durch dessen Auslegung, sondern durch den Satzungswortlaut ergeben soll und infofern deutlich zu formulieren ist[442]. Dabei ist die Angabe eines Unternehmenszweckes grundsätzlich fakultativ; entfällt sie, gilt gesetzlich gewollt regelmäßig die uneingeschränkte Gewinnerzielungsabsicht als Zweck des Betriebes[443].

Unternehmensgegenstand und Unternehmenszweck stehen in einer Mittel-Zweck-Relation[444]; der Gesellschaftszweck gibt den finalen Sinn der Unternehmung an, der Unternehmensgegenstand bezeichnet das zu verwendende Mittel[445]. Gegenstand des Unternehmens ist die Tätigkeit, die es entfaltet, um den Zweck zu erreichen[446]. Aus Sicht des privaten Partners ist die Bedeutung des Unternehmenszweckes entscheidend höher als die des Unternehmensgegenstandes, denn es ist unter Rentabilitätsgesichtspunkten indifferent, auf welche Weise der Gewinn zu Stande kommt. Aus Sicht des öffentlichen Partners eignet sich die alleinige Fixierung des öffentlichen Interesses innerhalb des Unternehmensgegenstandes nur dann zur Steuerung der PPP, wenn ihr öffentliches Interesse sich darauf beschränkt, dass eine bestimmte Tätigkeit ausgeführt wird, jedoch nicht, unter welchen Bedingungen[447]. Diese Bedingungen, soweit sie von dem gesetzlichen Ziel der Gewinnerwirtschaftung abweichen sollen, müssen explizit im Unternehmenszweck vereinbart werden. Auch in Anbetracht einer im Zeitablauf variablen Gesellschafterstruktur der PPP ist die anfängliche Zweckformulierung in der Sat-

439 Vgl. Hüffer, U., a.a.O., § 23, Rn. 100.
440 Vgl. Harbarth, S. a.a.O., S. 124ff.
441 Vgl. Braun, G. E., a.a.O., S. 124.
442 Vgl. Happ, W., a.a.O., S. 17.
443 Vgl. Püttner, G. (1988a), S. 25ff. Vgl. Potthoff, E., Aufgabenorientierte Überwachung öffentlicher Unternehmen durch Aufsichtsräte, in: Eichhorn, P., Engelhardt, W.W., Standortbestimmung öffentlicher Unternehmen in der sozialen Marktwirtschaft: Gedenkschrift für Theo Thiemeyer, Baden-Baden 1994, S. 322.
444 Vgl. Hüffer, U., a.a.O., § 23, Rn. 100.
445 Vgl. Hüffer, U., a.a.O., § 23, Rn. 100.
446 Vgl. Dreher, M. a.a.O., S. 357.
447 Vgl. Harbarth, S., a.a.O., S. 124ff

zung von entscheidender Bedeutung[448]. Liegt das öffentliche Interesse einerseits im Gegenstand des Unternehmens – beispielsweise Stromerzeugung – und soll die Stromerzeugung nicht ausschließlich nach gewinnlichen Interessen, sondern auch nach Gewinn mindernden Interessen erfolgen (beispielsweise durch Niedrigpreise für sozial Schwache), muss dieses explizit im Zweck vereinbart werden[449]. Wird die Gewinnerzielungsabsicht nicht explizit bereits zu Beginn satzungsgemäß eingeschränkt, sind Versuche eines Gesellschafters, ex post Gewinn mindernde Maßnahmen im öffentlichen Interesse innerhalb der PPP durchzusetzen, zum Scheitern verurteilt. Die Änderung des Unternehmensgegenstandes wäre als Satzungsänderung gemäß § 179 AktG mit einer Mehrheit von mindestens 75 % des bei der Beschlussfassung vertretenen Grundkapitals möglich (§ 179 Abs. 1 AktG); von ökonomischem Interesse ist jedoch die Änderung des Unternehmenszwecks. Diese Satzungsänderung ist nach § 33 BGB, der auf die AG subsidiär anzuwenden ist[450], nur einstimmig möglich, so dass die denkbare Majorität des Öffentlichen nicht ausreicht[451]. Bereits eine einzige Gegenstimme des Privaten macht die Zweckvariation als Satzungsänderung unmöglich. Die Pflicht zur Verankerung des öffentliches Auftrages in der Satzung schützt den Privaten vor einer nachträglichen Ausuferung des öffentlichen Interesses und vor der damit einher-gehenden Entwertung seiner PPP-Beteiligung[452]. Die Begründung liegt in den Grundsätzen des Staatswesens: Alle Bürger sollen gleichmäßig zur Erfüllung öffentlicher Aufgaben mittels Steuerpflicht herangezogen werden. Es ist nicht Aufgabe der Minderheitsaktionäre einer Gesellschaft, einen zusätzlichen Beitrag zu erbringen, soweit dies nicht von vornherein in der Satzung festgelegt ist[453].

Sofern das öffentliche Interesse Eingang in die Satzung – dort im Gegenstand und in den ergänzenden Bestimmungen – findet, muss geklärt werden, in welchem Verhältnis und in welcher Rangordnung dieses zu den verbleibenden Ge-

---

448 Alternativ zu der Fixierung kommt eine Konsortialabsprache in Betracht, die unter den Gesellschaftern vereinbart werden kann. Wird das öffentliche Interesse durch eine derartige Absprache geregelt, muss diese Konsortialvereinbarung ebenfalls verlautbart, d.h. öffentlich zugänglich gemacht, werden; erfolgt dieses nicht, ist der öffentlich Zweck nicht ausreichend definiert und darf die Beteiligung nicht eingegangen werden. Vgl. Hoffmann-Becking, M., Der Einfluss schuldrechtlicher Gesellschaftervereinbarungen auf die Rechtsbeziehungen in der Kapitalgesellschaft, in: ZGR 3/1994, S. 443ff. Vgl. Becker, R., a.a.O., S. 116.

449 Vgl. Harbarth, S., a.a.O., S. 156.

450 Vgl. Harbarth, S., a.a.O., S. 225.

451 Vgl. Püttner, G. (1988a), S. 28.

452 Vgl. Harbarth, S., a.a.O., S. 119.

453 Vgl. Püttner, G. (1988a), S. 28.

winninteressen steht. Soweit dem einen Ziel Vorrang eingeräumt wird, ist dies so zu verstehen, dass das sekundäre Ziel nur in dem Rahmen zur Geltung gebracht werden kann, welchen das primäre Ziel eröffnet, nicht jedoch, dass das zweitrangige das erstrangige Ziel einschränken oder modifizieren mag[454]. Zielrangfolge bedeutet Zielunterordnung; es darf kein Ziel verfolgt werden, das das Erreichen des im Range vorhergehenden Zieles gefährdet oder auch nur beeinträchtigt[455]. Damit wäre aus öffentlicher Sicht die vorrangige Formulierung eines Gewinn mindernden öffentlichen Interesses zulässig, denn so könnten im Extremfall auch sehr unrentable Zwecke wirksam verfolgt werden, ohne dass dies an dem dann zweitrangigen Ziel der Gewinnerwirtschaftung scheitern sollte[456]. Der private Partner wird diese unbedingte Unterordnung erwerbswirtschaftlicher Ziele nicht akzeptieren, da er seines ökonomischen Erfolges beraubt ist und diese Unterordnung insofern für die PPP prohibitiv ist. Im Umkehrschluss ist eine Unterordnung des Öffentlichen unter das Ziel der Gewinnerwirtschaftung ebenfalls prohibitiv, da es aufgrund der Strenge der Unterordnung zu einem Totalverlust des öffentlichen Interesses käme, womit die Legitimationsbasis einer öffentlichen Beteiligung nach § 65 BHO verloren ginge.

Es verbleibt die Option der gleichrangigen Vereinbarung der Ziele. Die gleichrangige Fixierung eines öffentlichen Zweckes und der Gewinnerzielung allein begründet jedoch keinen Vorrang des öffentlichen Zweckes[457]. Fehlt es in der Satzung an klaren Aussagen über das Verhältnis der Ziele zueinander, sollte im Zweifel davon ausgegangen werden, dass dem öffentlichen Ziel kein Vorrang zukommt[458], denn das AktG verhindert den Aktionär als Opfer statuarischer Festlegungen, von denen er nicht mit Sicherheit ausdrücklich Kenntnis erlangen konnte[459].

Im Ergebnis sind satzungsmäßige Vereinbarungen rational, die ein Ressourcen verbrauchendes öffentliches Ziel maximal im Gleichrang mit dem erwerbswirtschaftlichen Ziel des Privaten positionieren, wobei konsensfähige Formulierungen wie „...die angemessene und ausreichende Versorgung der Bevölkerung mit dem Gut X bei Erwirtschaftung eines gewissen Gewinnes...“ gewählt werden

454 Vgl. Harbarth, S., a.a.O., S. 201.
455 Vgl. Semler, J., Die Unternehmensplanung der Aktiengesellschaft – eine Betrachtung unter rechtlichen Aspekten, in: ZGR 1983, S. 8.
456 Vgl. Harbarth, S., a.a.O., S. 202.
457 Vgl. Harbarth, S., a.a.O., S. 158ff.
458 Vgl. Harbarth, S., a.a.O., S. 205.
459 Vgl. Harbarth, S., a.a.O., S. 205.

können. Derartige Formulierungen erfüllen die juristischen Anforderungen[460]. Der hohe Grad an Unbestimmtheit ergibt sich zwangsläufig. Enge statuarische Grenzen mit detaillierten Vorgaben lassen sich mit dem Agieren in einer dynamischen ökonomischen Umwelt nicht vereinbaren. Jede geschäftspolitische Innovation zöge eine langwierige Satzungsänderung nach sich, die, wenn sie aufgrund der Stimmrechtslage überhaupt zu Stande käme, in einem wettbewerblichen Umfeld aufgrund der Zeitverzögerung dann keine Solche mehr wäre. Soweit es aufgrund der unumgänglichen Offenheit der satzungsgemäßen Formulierungen[461] zu Zielkonkurrenzen zwischen Gewinn mindernden und gewinnlichen Zielen der PPP kommt, fällt dem Vorstand die alles entscheidende Aufgabe der Abwägung der Ziele zu[462]. Die Risiken der Partner ergeben sich daher in der je nach Vorstandsbesetzung in der Unberechenbarkeit der Geschäftspolitik. Das Ermessen der Vorstandes findet seine Grenzen im Grade der Operabilität der Satzungsbestimmungen in Gegenstand und Zweck. Bei Gleichrang gewinnlicher und Gewinn mindernder Elemente darf keine Komponente über ein bestimmtes Maß hinaus verfolgt werden, wenn Gleichrang vereinbart ist, muss der Vorstand Gleichrang herstellen[463], die Grenzziehung ist den rechtsanwendenden Instanzen überlassen.

Entscheidend für eine satzungsgemäße Verfolgung bestimmter Ziele ist demzufolge der Grad der Operabilität der Interessen. Das Ziel des Privaten ist mit der Gewinnorientierung operabel abgebildet, und es erfährt durch das private Gesellschaftsrecht zusätzlich eine grundsätzliche Unterstützung in seiner satzungsgemäßen Befestigung: In allen Bereichen, in denen nichts Abweichendes formuliert wurde, ist im Zweifel das Gewinnziel zu verfolgen[464]. Der öffentliche Partner kann sich dieses Vorteiles auch bedienen, jedoch nur so weit, wie die Gewinnerwirtschaftung sein Ziel ist. Der Gewinn mindernde Teil des öffentlichen Interesses muss durch den öffentlichen Partner in möglichst operabler Form artikuliert werden, damit sich dieser satzungsgemäß vereinbaren lässt und nicht durch die grundsätzliche Gewinnorientierung verdrängt wird[465]. Soweit wenig operabel formulierbare und kollisionsgefährdete Interessen der Partner vorliegen und eine wenig operable Formulierung in der Satzung getroffen wurde, kommt im täglichen Geschäftsbetrieb dem Vorstand die Aufgabe der Konfliktlösung zu. Da sich

460 Vgl. Harbarth, S., a.a.O., S. 235.
461 Vgl. Budäus, D., Einzelwirtschaftliche Konzepte zur Analyse und Steuerung öffentlicher Unternehmen – Probleme und Perspektiven, Public Management – Diskussionsbeiträge Nr. 1, Hamburg 1991, S. 20.
462 Vgl. Harbarth, S., a.a.O., S. 178.
463 Vgl. Harbarth, S., a.a.O., S. 195.
464 Vgl. Müller, R. H., a.a.O., S. 35.
465 Vgl. Püttner, G. (1988a), a.a.O., S. 29.

ein wenig operables oder zeitliches/sächliches variables öffentliches Interesse im Konfliktfall nicht mit der letzten Konsequenz im erwünschten Ausmaß zweifelsfrei durchsetzen lässt, führt eine PPP mit diesem Zielprogramm wegen der Abhängigkeit von unsicheren Vorstandsentscheidungen nicht zwangsläufig zu optimalen Ergebnissen des öffentlichen Interesses.

Nicht auszuschließen ist der Versuch eines Gesellschafters, über die persönliche Einflussnahme im Vorstand und Aufsichtsrat vom satzungsgemäß vereinbarten Unternehmensziel abzuweichen. Während diese Option in rein öffentlichen Unternehmen im Konsens aller Beteiligten denkbar ist, da es niemanden gibt, dessen Interessen durch die Beeinflussung verletzt werden können, scheidet diese Möglichkeit in der PPP aus[466]. Derartige Handlungen wären, soweit sie Gewinn mindernde Folgen hätten, als gesellschaftsschädliche Einflussnahme zu qualifizieren und könnten eine Schadenersatzpflicht gemäß § 117 AktG auslösen[467]. Die Schadenersatzpflicht nach § 117 AktG entfaltet ihre Wirkung, sobald das Gewinninteresse vorausgesetzt wird[468]. Auch die Majorität eines Gesellschafters setzt die Schadensersatzpflicht durch den § 117 AktG nicht außer Kraft; sie besteht selbst bei minimaler privater Beteiligung[469]. Die Geltendmachung von Schadensersatzforderungen des privaten Minderheitsgesellschafters wird weiter gehend unterstützt, seitdem die Gebietskörperschaften als herrschendes Unternehmen im Sinne des Aktienrechtes juristisch anerkannt sind[470]. Insgesamt unterstützt die private Rechtsform die im Unternehmensgewinn liegenden Interessen des privaten Partners wirkungsvoll.

---

466 Vgl. Ahrens, K., a.a.O., S. 12.

467 § 117 Abs. 1 AktG „Wer vorsätzlich unter Benutzung seines Einflusses auf die Gesellschaft ein Mitglied des Vorstandes oder des Aufsichtsrats, einen Prokuristen oder einen Handlungsbevollmächtigten dazu bestimmt, zum Schaden der Gesellschaft oder ihrer Aktionäre zu handeln, ist der Gesellschaft zum Ersatz des ihr daraus entstehenden Schadens verpflichtet. Er ist auch den Aktionären zum Ersatz des ihnen daraus entstehenden Schadens verpflichtet, soweit sie, abgesehen von einem Schaden, der ihnen durch Schädigung der Gesellschaft zugefügt worden ist, geschädigt worden sind."

468 Vgl. Püttner, G. (1988a), a.a.O., S. 25ff.

469 Vgl. Püttner, G. (1988a), a.a.O., S. 25.

470 Vgl. Ahrens, K., a.a.O., S. 12. § 311 Abs. 1 AktG: „Besteht kein Beherrschungsvertrag, so darf ein herrschendes Unternehmen seinen Einfluss nicht dazu benutzen, eine abhängige Aktiengesellschaft oder Kommanditgesellschaft auf Aktien zu veranlassen, ein für sie nachteiliges Rechtsgeschäft vorzunehmen oder Maßnahmen zu ihrem Nachteil zu treffen, oder zu unterlassen, es sei denn, dass die Nachteile ausgeglichen werden"

Bezogen auf das Erfordernis der Einflussnahme der öffentlichen Hand nach § 65 BHO, gilt, dass darauf zu achten ist, dass es zu keinem den Ausgleichsanspruch nach § 117 AktG auslösenden Einfluss kommt[471]. Diese Einwände lassen sich am ehesten dadurch vermeiden, dass das wichtige öffentliche Interesse im Gegenstand und in den ergänzenden Bestimmungen des Unternehmenszweckes eindeutig operabel formuliert ist, so dass der Vorstand schon aus der Satzung und Aufgabenstellung heraus verpflichtet ist, dieses wichtige öffentliche Interesse zu verfolgen, insbesondere dann, wenn es eben nicht dem Gewinnstreben des privaten Partners entspricht[472].

Eine weiter gehende Entmachtung eines Partners ließe sich theoretisch mit Hilfe abweichender Satzungsbestimmungen einrichten. Vorzugsaktien ohne Stimmrecht sind denkbar, jedoch lässt sich auch für diese Aktionäre die Zustimmung zur Satzungsänderung nicht ganz ausschließen. Daneben ist Genussrechtskapital denkbar, welches ohne Stimmrecht dem Privaten nur ein anleiheähnliches Gewinnbeteiligungsrecht zugesteht. Ferner gibt es das Institut der stillen Beteiligung mit von Beginn an außerordentlich minimalem Einfluss des einen Gesellschafters, der sich gesellschaftsvertraglich noch weiter zurückdrängen ließe. Jedoch bieten die genannten Konstruktionen im Ergebnis keine Kooperation zwischen gleichberechtigten Partnern, sondern der Entmachtete, z.B. der Private, hält eher eine bessere Anleihe anstelle echten Eigenkapitals[473]. Der Gedanke der PPP wird damit definitionsgemäß nicht erfüllt; das ökonomische Erfolgspotential lässt sich wegen der Einflusslosigkeit des Privaten nicht heben, so dass grundsätzlich einflusslose Konstruktionen nicht weiter betrachtet werden.

Es ergibt sich eine Abhängigkeit der grundsätzlichen Vorteilhaftigkeit einer PPP von dem Grad der Operabilität des öffentlichen Interesses. Der verantwortliche Minister handelt rational, wenn er die öffentlichen Interessen mit der Eigenschaft der maximalen Operabilität ausstattet. Im Extremfall entscheidet sich sonst die Vorteilhaftigkeit aus Sicht des einzelnen PPP-Partners an der Ausfüllung des geschäftspolitischen Ermessenspielraumes des Vorstandes. Bei wenig operabel formulierten Zielen ist die Zielerreichung daher abhängig von der Besetzung des Vorstandes. Dieser wird bestimmt durch die Stimmrechtslage, die sich grundsätzlich nach der Eigenkapitalverteilung unter den Partnern richtet. Jedoch führt, wie die weiteren Untersuchungen zeigen werden, die Stimmrechtsausübung in der Praxis nicht immer zu einem Abbild der Eigenkapitallage im Vorstand, so

471 Vgl. Soldner, in: Heuer, a.a.O., § 65, Rn. 24.
472 Vgl. Soldner, in: Heuer, a.a.O., § 65, Rn. 24.
473 Vgl. Püttner, G. (1988a), a.a.O., S. 27.

dass die Ermessensleistung des Vorstandes und damit die Zielereichung nicht immer vorhersehbar sind.

5.2.3.2 Verschiedene Zielprogramme in ihrer Eignung für PPP

Ausgehend von dem dualen Zielsystem des öffentlichen Partners, das aus Gewinn mindernden und erwerbswirtschaftlichen Interessen besteht, lässt sich das Risiko eines Zielkonfliktes wegen der Unmöglichkeit, Entscheidungslagen im voraus zu regeln, in Kombination mit paritätischer Stimmrechtsverteilung nicht ganz ausschließen. Es kommt daher darauf an, schon zum Zeitpunkt der Gründung der PPP das Zielsystem so einzustellen, dass möglichst unabhängig von der eigenkapitalseitigen Stimmrechtslage und von dem Selbstverständnis des Vorstandes ein Zielsystem arrangiert wird, welches seine Erfüllung möglichst selbstregulierend sicherstellt.

Der Zielkonflikt lässt sich dann vermeiden, wenn ein öffentliches Interesse vorliegt, dass sich durch die Eigenschaft „gut operabel formulierbar" auszeichnet und so Eingang in die Satzung finden kann (z.B. Art der Produktion, Sitz des Unternehmens)[474]. In diesem Fall wird es durch die Satzungsgebundenheit des Vorstandes erfüllt. Der öffentliche Anteil kann dann sogar auf ein Minimum schrumpfen[475], da schon durch eine Minimalbeteiligung die Abänderung des Zwecks der PPP gemäß § 33 BGB unmöglich ist.

Weiterhin ist das öffentliche Interesse immer dann gewährleistet, wenn es auf der Nutzenfunktion des Privaten liegt[476]. Sofern das öffentliche Interesse keinen Ge-

474 Vgl. Püttner, G. (1988a), a.a.O., S. 29.

475 Vgl. Himmelmann, G., Gemischtwirtschaftlichkeit als Chance begreifen, in: Gesellschaft für öffentliche Wirtschaft und Gemeinwirtschaft (Hrsg.), Gemischtwirtschaftlichkeit und öffentliche Aufgabe, Referate und Diskussionsbeiträge einer Vortrags- und Diskussionsveranstaltung der Gesellschaft für öffentliche Wirtschaft und Gemeinwirtschaft am 17. November in Köln, Berlin 1988, S. 41.

476 Vgl. Edeling, T., 2002, a.a.O., Seite 135f. Edeling erörtert die Steuerung von rein öffentlichen Unternehmen und kommt in der Untersuchung wenig operabler Ziele und des auszufüllenden Handlungsspielraumes des Vorstandes zu der Erkenntnis, dass die Lösung im Zielkonflikt zwischen dem Selbstbehauptungsinteresse des Unternehmens und der beteiligten Individuen gegenüber den politischen Erwartungen des öffentlichen Eigentümers dadurch gelöst werden könnte, dass die politischen Interessen der öffentlichen Hand sich auf die ökonomische Leistung des Unternehmens konzentrieren sollten. Angewandt auf die PPP, bestätigt dieses Ergebnis die Funktionalität des Ausrichtens der PPP-Ziele nach der Nutzenfunktion des Privaten. Vgl. auch Loesch, A. von, Zur Abhängigkeit der Privatisierungsmöglichkeiten vom Unternehmensziel: Bedarfsdeckung oder Erwerbswirtschaft, Diskussionsbeitrag, in:

winn mindernden Charakter hat, verbleibt als Zweck der PPP die Gewinnerwirtschaftung, bei deren Verfolgung sich der Öffentliche der Nutzenfunktion des Privaten bedienen und sich auf dessen Engagement verlassen kann[477].

Liegt das öffentliche Interesse in wenig operabler Form vor und/oder zeichnet es sich in sächlicher oder zeitlicher Dimension durch eine hohe Variabilität aus, scheidet eine fixe Satzungsprogrammierung aus. Für den Satzungszweck kämen dann Formulierungen in Frage, nach denen sich die Geschäftspolitik der PPP nach wirtschaftlichen Gesichtspunkten zu richten habe, jedoch unter Beachtung – nicht näher definierter – öffentlicher Interessen[478]. Damit wird die Steuerung durch die Interpretation des Vorstandspersonals entscheidend, dessen Besetzung bei paritätischer Stimmrechtslage ebenfalls paritätisch erfolgt, so dass es zu einem auf Vorstandsebene auszutragenden Zielkonflikt kommen kann. Wird in dieser Situation eine PPP eingerichtet, liegt das Problem der Auflösung des Zielkonfliktes bei Vermeiden der Ansprüche nach §§ 117, 311 AktG bei dem Vorstand, von dem man dann als „Diener zweier Herren"[479] spricht.

Es lassen sich für die folgenden Untersuchungen drei grundsätzliche PPP-Zielkonstruktionen zusammenfassen:
1. Das öffentliche Interesse ist operabel und satzungsgemäß gesichert (PPP 1).
2. Das öffentliche Interesse liegt auf der Nutzenfunktion des Privaten (PPP 2).
3. Das Satzungsprogramm lässt einen auf Vorstandsebene auszutragenden Zielkonflikt zu. (PPP 3).

PPPs sind für die Bereiche öffentlichen Interesses geeignet, die sich mit Eigenschaften nach 1. und/oder 2. auszeichnen. Hier ist die Wahrscheinlichkeit, das ökonomische Erfolgspotential zu heben, relativ zu 3. größer, denn die öffentliche Hand kann sich an die Leitung durch den Privaten ohne vermehrten Kontrollaufwand anschließen. Öffentliche Interessen nach 3. sind für eine PPP weniger geeignet[480]; das ökonomische Erfolgspotential lässt sich hier nur mit einer geringe-

---

Gesellschaft für öffentliche Wirtschaft und Gemeinwirtschaft (Hrsg.), Gemischtwirtschaftlichkeit und öffentliche Aufgabe, Referate und Diskussionsbeiträge einer Vortrags- und Diskussionsveranstaltung der Gesellschaft für öffentliche Wirtschaft und Gemeinwirtschaft am 17. November in Köln, Berlin 1988, S. 33.

477 So beispielsweise bei der RWE AG, vgl. Müller, R. H., a.a.O., S. 34.

478 Vgl. Habersack, M., a.a.O., S. 550.

479 Vgl. Püttner, G. (1988a), a.a.O., S. 29.

480 Vgl. Püttner, G. (1988a), a.a.O., S. 23. Vgl. Ahrens, K. (1988a), Kommunale Trägerschaft – Garant der Interessenidentität von Träger und Unternehmen, in: Gesellschaft für öffentliche Wirtschaft und Gemeinwirtschaft (Hrsg.), Gemischtwirtschaftlichkeit und öffentliche Aufgabe, Referate und Diskussionsbeiträge einer Vortrags-

ren Wahrscheinlichkeit und in geringerem Maße heben, da der Private nicht automatisch das Ziel des Öffentlichen verfolgt und das Trittbrettfahrerverfahren hier nur eine geringere Funktionalität aufweist. Daneben sind die Verluste aus Dissonanzrisiken, die sich infolge des Austragens der Konflikte auf Vorstandsebene ergeben, zu tragen. Da die Grenzen zwischen der PPP 2 und PPP 3 fließend sind, sind auch in anfänglichen PPP-2-Fällen im Zeitablauf Dissonanzrisiken nicht ausgeschlossen. Diesem Effekt wird in Abschnitt 6 Rechnung getragen.

5.3 Programmierung der Ziele in der ökonomischen Rationalität der Partner

Die unterschiedlichen Eignungen verschiedener öffentlicher Interessen mit unterschiedlichen Eigenschaften für deren Berücksichtigung in einer PPP haben Auswirkungen auf den Teil des *politischen Erfolgspotentials* der PPP, der in der Einnahme des einmaligen PPP-Privatisierungserlöses liegt. Der private Partner kalkuliert die Eigenkapitalkonditionen der PPP, also Kaufpreis für Anteile, Bezugsrechte, das Agio bei einer Kapitalerhöhung oder andere Eigenkapitalzahlungen, aus den Eigenschaften der PPP und den Verpflichtungen aus dem Gewinn mindernden öffentlichen Interesse. Der Wert einer PPP soll sich am Ertragswertverfahren orientieren; damit entspricht der Wert einer PPP-Quote, die beispielsweise durch den Privaten zu erwerben ist, dem quotalen Wert der diskontierten zukünftigen Einzahlungsüberschüsse aus der PPP[481]. Der Wert eines PPP-Anteils bemisst sich also nach den zukünftig zu erwartenden Gewinnen. Gewinn mindernde öffentliche Interessen müssen kaufmännisch vorsichtig, also in dem maximal zu erwartenden Ausmaß, kalkuliert werden. Die geringer ausfallenden zukünftigen Gewinne führen über die Diskontierung zu einem niedrigeren aktuellen Wert der PPP Beteiligung, für den öffentlichen Partner aus Sicht der anfänglichen Entlastung des Trägerhaushaltes also zu schlechteren Eigenkapitalkonditionen.

PPPs, die ein öffentliches Interesse ausweisen, das keine Gewinn mindernde Wirkung hat, nämlich PPP 1, führen zu den besten Eigenkapitalkonditionen des Privaten. PPPs, die mit Gewinn mindernden öffentlichen Interessen belastet sind, führen, soweit die Gewinnminderung sicher kalkulierbar ist, zu – verglichen mit PPP 2 – schlechteren Eigenkapitalkonditionen. Sind die öffentlichen Interessen

---

und Diskussionsveranstaltung der Gesellschaft für öffentliche Wirtschaft und Gemeinwirtschaft am 17. November in Köln, Berlin 1988, S. 43.

481 Korth, H.-M., Unternehmensbewertung im Spannungsfeld zwischen betriebswirtschaftlicher Unternehmenswertermittlung, Marktpreisabgeltung und Rechtsprechung, in: BB 33/1992, Beilage 19, S. 2ff.

nicht nur durch die Eigenschaft „Gewinn mindernd", sondern zusätzlich durch die Eigenschaft „variabel" und/oder „gering operabel" ausgezeichnet, führt dies zu einem in maximaler Belastung zu kalkulierenden Gewinn minderndem öffentlichen Interesse, das vergleichsweise sehr schlechte Eigenkapitalkonditionen nach sich zieht oder für den Privaten prohibitiv wirkt. Das zu kalkulierende Gewinn mindernde öffentliche Interesse setzt sich zusammen aus dem sicher vorhandenen Gewinn mindernden öffentlichen Interesse (beispielsweise: Die Produktion des Betriebes hat ihren Sitz mit allen Arbeitnehmern bis zum Datum x in der Ortschaft y)[482] und dem abzuschätzenden wenig operablen (beispielsweise: Förderung kommunaler Interessen) Interesse. Dazu kommt, dass der Private den Einfluss von sich im Laufe der Legislaturperioden ändernden politischen Ansichten in der Interpretation der PPP-Satzung berücksichtigen muss[483]. Befürchtet der Private eine nachträgliche Ausweitung des Gewinn mindernden öffentlichen Interesses (infolge eines Ausfalles des Schutzes nach § 117 AktG, der sich in der wenig operablen Satzungsformulierung begründet), sinkt der Kaufpreis entsprechend seinen Befürchtungen. Schließlich führt der Vorstand die Gesellschaft unabhängig und ist in seiner Interpretation über die Vorteilhaftigkeit geschäftpolitischer Entschlüsse frei. Wird der Vorstand nun öffentlich beherrscht und steht dem Ausmaß des Gewinn mindernden öffentlichen Interesses keine explizite Satzungsgrenze entgegen, kann es zur Unberechenbarkeit des Geschäftsbetriebes kommen[484]. Für die betriebswirtschaftliche Entscheidung über mehr oder weniger Mitarbeiter oder über den Bestand des Unternehmens vor Ort lassen sich immer betriebswirtschaftliche Gründe formulieren, gegebenenfalls unter dem Hinweis auf einen langfristigen, heute noch nicht absehbaren Erfolg der Geschäftspolitik[485]. Sogar politisches Engagement in der Geschäftspolitik ließe sich rechtfertigen, beispielsweise damit, dass der Erhalt der Marktwirtschaft für das Unternehmen erforderlich und zu fördern sei[486], was zur Folge hätte, dass eine bestimmte Partei Gewinn mindernd zu unterstützen wäre. Aus dem Umfang der zu antizipierenden Belastungen aus öffentlichen Interessen lässt sich erklären, dass in ausgewählten Branchen auffallend wenige PPPs zu Stande kommen[487], denn dort war

482 So geschehen beispielsweise bei dem Verkauf der Anteile der Stadt Hannover an der Gilde Brauereri AG. Die Verkaufsvereinbarung sieht vor, dass der Sitz der Brauerei noch mindestens 30 Jahre in Hannover bleibt, vgl. o.V. Einigung mit Interbrew: Hannover verkauft Gilde-Anteile, in: HB 28.11.2002.

483 Vgl. Graef, M., Der öffentliche Auftrag in den Geschäftsberichten öffentlicher Unternehmen, Baden-Baden 2002, S. 26.

484 Vgl. Harbarth, a.a.O., S. 179.

485 Vgl. Dreher, M., a.a.O., S. 357ff.

486 Vgl. Dreher, M., a.a.O., S. 365.

487 Vgl. Harbarth, S., a.a.O., S. 164.

das Gewinn mindernde öffentliche Interesse, entweder das sichere und/oder das abzuschätzende, prohibitiv hoch. Soweit politische Entscheidungsträger aufgrund besonderer struktureller Bedingungen dazu neigen, sich leerformelhaft zu artikulieren und sich nicht verbindlich festzulegen[488], führt diese Neigung zwangsläufig zu schlechteren Eigenkapitalkonditionen des Privaten. Der öffentliche Verhandlungspartner ist also im eigenen Interesse gehalten, das öffentliche Interesse möglichst eindeutig und in kalkulierbarer Form zu offenbaren und dadurch zu signalisieren, dass es nicht zu darüber hinausgehenden, Gewinn mindernden Einflüssen kommt[489]. Anderenfalls müsste der Private eine PPP, die eigentlich eine PPP 1 wäre, wegen des Risikozuschlages doch nach PPP 3 kalkulieren, und der Öffentliche verfehlte dann sein Ziele der maximalen Liquiditätsbeschaffung.

Der für die Gründung der PPP verantwortliche Politiker steht im Dilemma einerseits zwischen der Maximierung des Kaufpreises und andererseits der Beibehaltung gewohnter und/oder der Einrichtung neuer Gewinn mindernder Einflussstrukturen. Sodann wirkt auf den verhandelnden Haushaltspolitiker der Anreiz der Vereinbarung eines möglichst geringen Gewinn mindernden öffentlichen Interesses. Unter dem Druck des Trägerhaushaltes und der Pflicht zur Offenbarung des öffentlichen Interesses mag dieses in der Praxis auf eine Mindestmaß beschränkt werden: „Daseinsvorsorge und Versorgungssicherheit spielen zumindest im aktiven Sprachgebrauch keine Rolle mehr. An diese Stelle sind ökonomische Bewertungskriterien gerückt. ... Das schließt mit ein, daß man in Zukunft das Engagement bei politischen Alibiprojekten ... (gemeint ist der Umweltschutz – Anmerkung des Verfassers) zumindest einschränken, in Einzelfällen sogar ganz einstellen wird. Auch die ordnungspolitische Instrumentalisierung der Unternehmen ... gerät so auf den Prüfstand.“[490]

Der Haushaltspolitiker internalisiert die Kalkulation des Privaten, die in Abhängigkeit vom Kostensatz des öffentlichen Interesses erfolgt. Für den Fall, dass der

---

488 Vgl. Budäus, D., Probleme der Beteiligungsverwaltung der öffentlichen Hand bei der Durchsetzung von Eigentümerinteressen unter bestimmter Berücksichtigung der Aktiengesellschaft, Hamburg 1988, S. 7.

489 Vgl. Püttner, G. (1988a), S. 25.

490 Lieske, S., Kommunale Energiebersorgungsunternehmen im lokalen und wettbewerblichen Kontext, in: Edeling, T., Lieske, S., Rogas, K., Sitter, R., Stölting, E., Wagner, D., Öffentliche Unternehmen zwischen Privatwirtschaft und öffentlicher Verwaltung, Forschungsbericht im DFG-Schwerpunkt: Regulierung und Restrukturierung der Arbeit in den Spannungsfeldern von Globalisierung und Dezentralisierung, Potsdam 2001, S. 71ff. Der Autor berichtet in dem zitierten Abschnitt unter Verwendung empirischer Erhebungen über die Lage in öffentlichen, teils gemischtwirtschaftlichen Unternehmen.

haushaltspolitische Anreiz, Liquidität zu beschaffen, maximal ist, liegen starke haushaltspolitische Anreize vor, eine PPP möglichst nach dem Muster PPP 2 oder PPP 1 zu arrangieren. Dies könnte bei bereits bestehenden öffentlichen Einrichtungen, die in eine PPP umgewandelt werden sollen, durch eine Veränderung des bisherigen Zielprogramms und/oder der Einflussstrukturen des Betriebes erfolgen, denn die Haushaltsentlastung verhält sich umgekehrt proportional zu dem Erfüllen Gewinn mindernder öffentlicher Interessen.

In diesem Zusammenhang lässt sich auch die denkbare Befürchtung, das öffentliche Interesse komme in einer PPP „unter die Räder", ausräumen. Soweit im Zuge der Einrichtung der PPP bestimmte öffentliche Interessen verringert werden, entfallen die damit zusammenhängenden Leistungen nicht aufgrund der Einrichtung der PPP, sondern deshalb, weil die öffentliche Hand derartige Leistungen nicht in der Satzung formuliert hat. Der Grund dafür, dass die öffentliche Hand den Katalog der öffentlichen Interessen begrenzt hat, mag in den Defiziten der Trägerhaushalte oder in einer gewollten Präferenzordnung öffentlicher Leistungen und Ausgaben gesucht werden. Insofern ist die Einrichtung der Organisationsform PPP nur verfahrensmäßiger Anlass, nicht jedoch der Grund des Wegfallens von Leistungen. Aus verwaltungswissenschaftlicher Sicht bringt die PPP die ökonomisch sinnvolle Verpflichtung mit sich, das öffentliche Interesse anlässlich der Einrichtung einer PPP exakter zu formulieren, als es in der Vergangenheit bei rein öffentlichen Unternehmen erforderlich war. Gleichzeitig erfährt das nun stärker operabel formulierte Interesse seinen ökonomischen Wert. Es ist die Differenz der Eigenkapitalkonditionen des Privaten mit und ohne öffentlichem Interesse. Dieser Kostensatz eines bestimmten öffentlichen Interesses zwingt die Exekutive zur Auseinandersetzung über die Präferenzordnung der Leistungen und der verwendeten Mittel. Das Ergebnis dieses Abwägens geht in die Zwecksetzung der PPP ein. Die Organisationsform PPP ist in jedem Fall nicht der inhaltliche Grund des Wegfallens bestimmter Leistungen; diese Kritik an der PPP greift daher nicht. Weitere Kritik, die einer PPP ablehnend gegenübersteht, weil die PPP den unerwünschten *Anlass* zu der aus dieser Sicht ebenfalls unerwünschten durchzuführenden Präferenzordnung öffentlicher Leistungen führt, greift ebenfalls nicht, da die Auseinandersetzung über Kosten und Nutzen öffentlicher Leistungen haushaltsmäßig vorgeschrieben ist und daher jede Maßnahme, die diese Vorschrift umzusetzen hilft, aus Sicht des Gesetzgebers zu begrüßen ist. PPP fördert hier, praktisch als Nebenergebnis, die gesetzlich vorgeschrieben Kosten/Nutzen-Analyse nach § 7 BHO.

Die haushaltspolitischen Anreize, die sich nach der ökonomischen Rationalität einer PPP-Konstruktion ergeben, führen dazu, dass die PPP 1 und die PPP 2 bevorzugte Realisierungschancen haben. Damit sind selbstregulierend diejenigen PPP-Situationen ausgewählt, die auch eine große Wahrscheinlichkeit beinhalten, das ökonomische Erfolgspotential zu heben, und so auch nach der Vergütung der Eigenkapitalien eine echte *win-win*-Situation mit allokativen Vorteilen darstellen. PPP-Gelegenheiten mit Eigenschaften nach PPP 3 haben eine geringere Wahrscheinlichkeit, verwirklicht zu werden, da der Private Eigenkapitalkonditionen mit niedrigerer Anreizwirkung für den Trägerhaushalt anbietet und diese dann auch öffentlicherseits prohibitiv wirken. Dass ausgerechnet diese PPPs demzufolge mit geringerem politischen Erfolgspotential ausgestattet sind, ist förderlich, denn sie weisen schon wegen der Gefahr eines lähmenden Interessenkonfliktes ein geringeres ökonomisches Erfolgspotential auf. So ist PPP über die anfänglichen Eigenkapitalzahlungen in der Lage, selbstregulierend die am besten geeigneten Situationen öffentlicher Produktion im Auswahlverfahren zu bevorteilen.

5.4 Zielrealisation

5.4.1 Zielprioritäten

Aus öffentlicher Sicht ist die Obergrenze des Erfolges der Gewinn und die Mindestgrenze des Erfolges das gegebenenfalls Gewinn mindernde öffentliche Interesse[491]. Der *Zweck* des Unternehmens (mehr oder weniger Gewinn, §23 Abs. 2 Nr. 2 AktG) wird erfüllt mit Hilfe des *Gegenstandes des Unternehmens* (§23 Abs. 5 AktG). Soweit das (Gewinn mindernde) öffentliche Interesse im Unternehmensgegenstand fixiert (und im *Zweck* Gewinn mindernd genehmigt) ist, wird es in der Reihenfolge der Verwendung der betrieblichen Mittel *vor* der Erfüllung des Zieles des Privaten erreicht, weil als Erstes die Mittel zur Erreichung eines Zieles verwendet werden, und zwar unabhängig davon, ob dann als Zweites das Ziel (ein gewisses Maß an Gewinn) auch erreicht wird. Die ausschließlich in der Gewinnerwirtschaftung liegenden Interessen des Privaten stehen in der Reihenfolge demzufolge hinter den Gewinn mindernden Interessen des Öffentlichen, denn die Ziele des Öffentlichen sind ein *Muss*, die des Privaten sind ein *Soll*. Soweit technische Restriktionen dabei als beherrschbar angenommen werden können, wird das öffentliche Ziel erreicht. Die Reihenfolge, die sich selbst bei einem Dissens der Partner infolge der de facto Nichtänderbarkeit des Unternehmenszweckes sicher und dauerhaft ergibt, unterstützt die Erreichung des öffentlichen

491 Vgl. Witte, E., Hauschildt, J., Die öffentliche Unternehmung im Interessenkonflikt, Betriebswirtschaftliche Studie zu einer Zielkonzeption der öffentlichen Unternehmung, Berlin 1966, S. 85ff.

Zieles wirkungsvoll. Während die öffentliche Hand mindestens ein Ziel, das des satzungsgemäß gesicherten Unternehmensgegenstandes, immer, wenn auch zu Lasten des anderen Zieles, mit der höchsten Wahrscheinlichkeit erreicht, lässt sich für die Ziele des Privaten wegen des sekundären Ranges eine weniger hohe Eintrittswahrscheinlichkeit schlussfolgern.

5.4.2 Verschiebung des Zielprogramms

Obwohl mit der Eingrenzung des Eignungsbereiches der PPP für die Fälle PPP 1 und PPP 2 der Zielkonflikt grundsätzlich beherrschbar wird, soll der Extremfall der ex ante unbeabsichtigten und dann doch eintretenden Verstärkung des Einflusses des einen Partners erörtert werden. Nicht auszuschließen ist nämlich für alle drei PPP-Zielprogramme, dass sich der Einfluss eines Partners in der Praxis anders als kalkuliert entwickelt. Der Einfluss wird bestimmt durch die Stimmrechtsausübung, und diese ist, wie in den kommenden Abschnitten erläutert wird, in der Praxis nicht immer identisch mit der Eigenkapitalstruktur der PPP und so im Extremfall nur unsicher vorhersehbar. Wird der Einfluss des eines Partners größer, so soll wegen des Ermessensspielraumes des Vorstandes angenommen werden, dass die Zielerfüllung entweder bei größerem Einfluss des Öffentlichen das Gewinn mindernder Interesse oder aber bei größerem Einfluss des Privaten erwerbswirtschaftlicher Interessen stärker ist als zum Zeitpunkt der Einrichtung der PPP. Die Mehr-Erfüllung des einen Zieles geht zu Lasten der Minder-Erfüllung des anderen Ziels.

Gelingt es dem privaten Partner, die Geschäftstätigkeit in der PPP zu seinen Gunsten zu verschieben, kommt es zu einem höheren Gewinn zu Lasten Gewinn mindernder Ziele der PPP. Der expandierte Gewinn wird quotal den Gesellschaftern zugewiesen. Der öffentliche Partner tauscht also im Extremfall seine *einen* Interessen gegen seine *anderen*, nämlich Gewinn mindernde gegen Gewinn orientierte. Für den öffentlichen Partner ergibt sich ein Vorteil aus der Dualität seines Zielsystems, das aus Gewinn mindernden und gewinn-orientierten öffentlichen Interessen besteht; es kommt aus seiner Sicht partiell zu einem Zielwechsel. Effiziente Märkte vorausgesetzt, könnte der Öffentliche den wegen der stärkeren Gewinnorientierung erhöhten Liquiditätszufluss aus der Dividende nutzen, um seine Ziele PPP-extern zu finanzieren, beispielsweise durch Mehrbeschäftigung von Arbeitnehmern in der Verwaltung bei ungeplant hohem Arbeitsplatzabbau in der PPP.

Gelingt es dem öffentlichen Partner, seinen Einfluss zu expandieren, und verfolgt er dann primär sein gewinnorientiertes Ziel, so ist dies für den Privaten zunächst nicht negativ, denn der Öffentliche trifft die Nutzenfunktion des Privaten. Eher wahrscheinlich ist jedoch die Verwendung des gewachsenen öffentlichen Einflusses für die Realisierung Gewinn mindernder öffentlicher Interessen, die einen starken Anreiz durch die mit ihnen verbundene Wählerstimmenwirksamkeit erfahren. Während der Öffentliche den Vorteil dieser Zielverschiebung *ganz* nutzen kann, werden die Kosten nicht nur ihm, sondern beiden Partnern *quotal* durch einen niedrigeren Gewinn zugewiesen. Der Öffentliche erfährt einen großen Anreiz, seinen Einfluss in Richtung Gewinn mindernde öffentliche Interessen auszudehnen; er hat den vollen Nutzen, jedoch nur quotale Kosten. Der Öffentliche tauscht hier Gewinn gegen Nutzen, der Private Gewinn gegen Verlust. Gelingt es dem öffentlichen Partner, die Geschäftstätigkeit in der PPP zu seinen Gunsten zu verschieben, so finanziert der Private aus seiner Quote den zusätzlichen Nutzen des öffentlichen Partners zu Lasten seines Gewinnes. Insgesamt befindet sich ein öffentlicher Partner mit dem geschilderten dualen Zielsystem bei einer Interessenverschiebung in der PPP in einer strategisch besseren Position als der private Partner.

5.4.3 Nutzen des öffentlichen Partners bei individueller Nutzenmaximierung der Geschäftsführung

Der Grad der Nutzung des ökonomischen Erfolgspotentials aus der Beherrschung des Agentenkonfliktes zwischen Eigentümer der PPP und Managern der PPP ist abhängig vom Grad des Einflusses des Privaten, denn der Private ist, im Gegensatz zu dem Öffentlichen, wegen des unbedingten Erfordernisses der rentierlichen Bedienung seines eingesetzten Kapitals gezwungen, den Managernutzen möglichst genau an den Nutzen der PPP zu binden. Soweit es durch Verschiebung des Einflusses nicht gelingt, den Agentenkonflikt zu vermindern, geht dies stets zu Lasten des Privaten, jedoch nicht zwangsläufig zu Lasten des Öffentlichen.

Dazu soll das Verhalten angestellter Manager im Agentenkonflikt eingehend betrachtet werden[492]. Angestellte Manager haben eine spezielle Ausgabenpräferenz, denn sie sind bestimmten Ausgaben gegenüber, die sie ihrer Zielerreichung näher bringen, nicht neutral eingestellt. Davon soll als Erstes eine Ausgabenpräferenz

492 Die Erörterungen erfolgen ausführlich, denn der Rückgriff auf das spezielle Managerverhalten ist in den folgenden Abschnitten erforderlich.

gegenüber *staff* angenommen werden[493]. Mit *staff* wird die Neigung, eine erhöhte Personalverantwortung zu erreichen, beschrieben. Infolge steigender Personalverwaltung steigen sowohl die Macht als auch der gesellschaftliche Status, die den individuelle Managernutzen erhöhen[494]. Dadurch neigen *staff* gerichtete Manager dazu, für alle Arten von Aufgaben unabhängig von deren Auslastungsgrad und betriebswirtschaftlicher Vorteilhaftigkeit eigene Stabsabteilungen bilden zu lassen[495]. Gleichzeitig wird so das Ziel der Professionalisierung erreicht[496], deren Ergebnisse dem Manager zugerechnet werden und seinen externen Marktwert steigern und damit den individuellen Nutzen maximien. Ein erhöhter Personalbestand wird dabei einer besseren Bezahlung von weniger Mitarbeitern vorgezogen, was Auswirkungen auf die Leistung des einzelnen Mitarbeiters hat.

Als die zweite Ausgabenpräferenz wird die der *emoluments* angenommen. Die Vorteile der *emoluments* kommen dem Management direkt zu Gute. *Emoluments* sind ein diskretionärer Teil des Managerlohns, der zuzüglich zu dem laufenden Gehalt bereitsteht. Sie sind die Gehaltsbestandteile, bei deren Wegfall der Manager nicht kündigen würde, die er jedoch im Falle der Zugriffsmöglichkeit gern mitnimmt, weil er persönlich davon profitiert. Beispielhaft zu nennen sind außergewöhnlich repräsentative Firmenwagen, Büros und Geschäftsreisen. Die Manager zögen den Vorteil in bar vor, weichen jedoch alternativ auf die Nutzung dieser Vorteile aus, weil sie weniger auffällig für die Gesellschafter und die Belegschaft sind und damit eine geringere Angriffsfläche für Dritte darstellen.

Die *staff*-Effizienzverluste enthalten zu 100 % Arbeitsplätze, doch auch in *emoluments* stecken Arbeitsplätze, beispielsweise im Chauffeur eines zusätzlichen Firmenwagens. Die Inanspruchnahme von *emoluments* wirkt sich auf die Verteilung des erwirtschafteten Gewinns aus, nicht jedoch auf den erwirtschafteten Gewinn an sich[497]. Soweit nun das Ziel der öffentlichen Hand wählerwirksam in der Erhaltung von Arbeitsplätzen über das betriebsnotwendige Maß hinaus besteht, liegt dieses Ziel auf der Nutzenfunktion des Managers, dessen individuelles

493 Vgl. für die Ausführungen zu *staff, emoluments* und individueller Nutzenmaximierung der Manager: Williamson, O. E. (1964), a.a.O., S. 34ff.

494 Vgl. Alchian, A. A., Kessel R. A., Competition, Monopoly and the Pursuit of Money, in: National Bureau of Economic Research (Hrsg.), Aspects of Labor Economics, New York 1962, S. 163.

495 Vgl. für die Budgetmaximerungstheorie auch Niskanen, W. A., a.a.O., S. 1ff.

496 Vgl. Williamson, O. E., Mangerial Discretion and Business Behavior, in: The American Economic Review 1963, S. 1034ff.

497 Vgl. Thonet, P. J., Mangerialismus und Unternehmenserfolg – ein empirischer Beitrag, Saarbrücken 1977, S. 49.

Interesse immer automatisch an das des Öffentlichen, niemals jedoch automatisch an das des privaten Partners gekoppelt ist. Kommt es aufgrund von Einflussverschiebung nicht zu der kalkulierten Disziplinierung der Manager, werden dessen Nutzen und Kosten wie im vorhergehenden Abschnitt den PPP-Partnern zugerechnet, so dass der Öffentliche hieraus nicht verlieren kann und sich in der im vorhergehenden Abschnitt erörterten, strategisch besseren Ausgangsposition befindet.

5.5 Zwischenergebnis IV: Zielsystem der PPP

Die Zielprogrammierung einer privatrechtlichen Gesellschaft wird, ohne besondere Rechte für den öffentlichen Gesellschafter vorzuhalten, zwingend durch das private Gesellschaftsrecht bestimmt. Dieses unterstützt grundsätzlich das Ziel der Gewinnmaximierung. Jede Maßnahme, die davon abweicht, muss von vornherein explizit vereinbart werden. Soweit Gewinn mindernde öffentliche Interessen verfolgt werden sollen, ist dies zwingend in der Satzung zu fixieren, ansonsten gehen sie zu Gunsten des Gewinnzieles unter. Trotzdem hängt das Ausmaß des Verfolgens Gewinn mindernder und gewinnlicher Ziele im entscheidenden Maß von der personellen Besetzung des Vorstandes und dessen Abwägung zwischen Gewinn mindernden und gewinnlichen Zielen in der täglichen Geschäftspolitik ab. Abhängig von der Vorstandsbesetzung kann variables Gewinn minderndes Interesse der öffentlichen Hand nicht sichergestellt werden, solange es nicht operabel in der Satzung beschrieben ist. Da dies bei variablen Interessen (in sächlicher und zeitlicher Hinsicht) nur stark eingeschränkt möglich sein wird, ist die PPP für das Erreichen variabler Gewinn mindernder öffentlicher Ziele nicht geeignet.

Die Eignung unterschiedlicher öffentlicher Interessen für die Verwirklichung in PPPs ist grundsätzlich abhängig von deren Nähe zu der Nutzenfunktion des privaten Partners und vom Grad der Operabilität des öffentlichen Interesses. Öffentliche Ziele, die sich durch eine hohe sächliche und/oder zeitliche Variabilität auszeichnen, sind ebenso wie Ziele, die kaum operabel formulierbar sind, für die PPP tendenziell prohibitiv (PPP 3). In dieser Situation liegt kaum ökonomisches oder politisches Erfolgspotential vor. Soweit das Gewinn mindernde öffentliche Ziel als Mittel zum Erreichen des betrieblichen Gewinnes eingeordnet ist, wird es in der Reihenfolge vor dem gewinnlichen Interesse des Privaten erfüllt. Kommt es zu einer Zielverschiebung innerhalb eines dualen öffentlichen Zielsystems aus Gewinn mindernden und gewinnlichen öffentlichen Interessen, befindet sich der öffentliche Partner in einer strategisch besseren Ausgangsposition. Der Öffentliche kann auch aus quotal zugewiesener privater Zielerreichung Nutzen schöpfen, der Private bei einer umgekehrten Verschiebung allerdings nicht. Abbildung 4 ordnet mögliche Ziele des öffentlichen Partners nach ihrer Eignung für eine PPP.

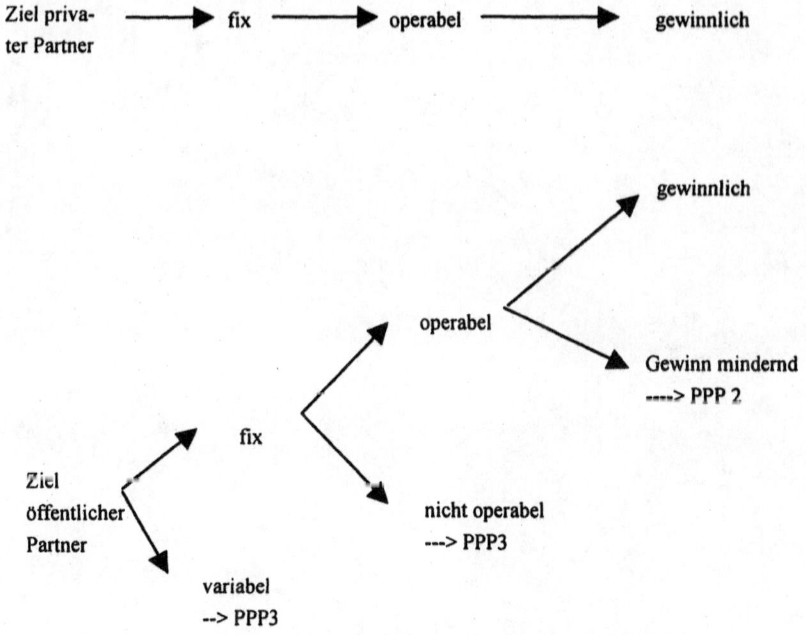

Abb. 4: Das PPP-Potential in Abhängigkeit von den Zieleigenschaften

6 Kontrolle durch den Kapitalmarkt

Der Grad der Operabilität eines Zieles in einer PPP verbessert die Wahrscheinlichkeit, dass die PPP dieses Ziel erreicht. Einen institutionellen Automatismus, dass diese Ziele erfüllt werden, gibt es allerdings nicht[498]. Die Wahrscheinlichkeit der Zielerfüllung lässt sich verbessern, indem die das Ziel erfüllende Geschäftsführung der PPP einer Corporate-Control unterworfen wird. Diese Kontrolle soll sicherstellen, dass das Ziel der PPP nach der Art her verfolgt wird, und muss darüber hinaus geeignet sein, den Grad der ökonomischen Effizienz, mit dem es erreicht wurde, zu fördern. Ein Ziel wird im Sinne dieser Untersuchung effizient erreicht, wenn es möglichst nah an der Minimalkostenkombination produziert wird. Angenommen werden soll, dass Abweichungen davon (technische und wettbewerbliche Restriktionen seien als beherrschbar angenommen) als agency-costs in der Fremdgeschäftsführung begründet sind[499].

Es liegt in der Natur der Corporate-Control, dass sie erst ex post zum Tragen kommt. Die Wirkung der Kontrolle entsteht daher aus der Vorwirkung der Kontrolle. Diese muss geeignet sein, das Verhalten der Individuen möglichst exakt auf das erwünschte Verhalten hin, auf die Maximierung der ökonomischen Effizienz bei der Verfolgung der Ziele der PPP, zu justieren[500]. Ausgehend von der Prämisse der Nutzenmaximierung der Individuen, führt die Vorwirkung einer Kontrolle im nächsten Schritt nur dann zum Erfolg, wenn sie im Falle des Fehlverhaltens negative Sanktionen bereithält[501], da es der Vorwirkung der Kontrolle ansonsten an der erforderlichen Anreizkompatibiliät mangelt. Zu erarbeiten ist daher die Funktionsfähigkeit der öffentlichen und privaten Corporate-Control innerhalb einer PPP im Hinblick auf die Justierung auf das ökonomische Optimum, von dem angenommen werden soll, dass es sich erst infolge einer angedrohten, den Individualnutzen mindernden Sanktion selbstregulierend einstelle.

Die Corporate-Control des öffentlichen Partners verläuft gemäß der Kontrollinstanz der Haushaltskontrolle nach dem Haushaltsrecht. Wie sich zeigen wird, be-

498 Vgl. Budäus, D. (1988), a.a.O., S. 13f.
499 Vgl. Abschnitt 2.3
500 Vgl. Krüsselberg, U., a.a.O., S. 171.
501 Vgl. Picot, A, Kaulmann, T., a.a.O., S. 961.

stehen in weiten Bereichen der Kontrolle von PPP-Beteiligungen der öffentlichen Hand Wahlrechte, ob die Haushaltskontrolle bei einer PPP-Beteiligung zur Anwendung kommt. In Anbetracht der bewerteten Leistungsfähigkeit der öffentlichen Haushaltskontrolle ist daher zu erklären, wie ein rational handelnder öffentlicher sowie der privater Partner der PPP das Erfordernis der Anwendung in Abhängigkeit von der Nützlichkeit der öffentlichen Haushaltskontrolle beurteilen.

Die privatwirtschaftliche Corporate-Control bestimmt sich nach der Kontrollinstanz des betrieblichen Gewinns, der das Maß der Effizienz darstellen kann. Wie sich zeigen wird, differenziert sich die Leistungsfähigkeit dieser privaten Corporate-Control nach der Eigenkapitalverteilung und wird anhand ausgewählter Beteiligungsstrukturen erarbeitet. Die privatwirtschaftliche Kontrolle arbeitet ebenso wie die öffentliche Haushaltskontrolle nicht automatisch. Während die öffentliche Haushaltskontrolle durch Ausübung der Wahlrechte aktiviert wird, lässt sich privatwirtschaftliche Kontrolle nicht durch Anordnung, sondern nur durch Herstellung einer anreizkompatiblen Rentabilität der Kontrolle aktivieren. Es ist daher auch zu untersuchen, in welchen Situationen sich eine Rentabilität der privaten Corporate-Control herstellen lässt.

6.1 Markt für öffentliche Unternehmenskontrolle

6.1.1 Finanzkontrolle bei Bund und Ländern

Bevor auf die öffentliche Haushaltskontrolle der PPP-Beteiligungen in der Form privatrechtlicher Kapitalgesellschaften eingegangen wird, ist es erforderlich, kurz die relevanten haushaltsrechtlichen Normen zu ordnen. Das von einem zweistufigen Staatsaufbau aus Bund und Ländern – die Gemeinden werden im Abschnitt Bund und Länder mit erfasst[502] – ausgehende Grundgesetz regelt in Art. 109 Abs. 1, dass Bund und Länder in ihrer Haushaltswirtschaft grundsätzlich selbständig sind und unabhängig agieren können[503]. Jedoch sind Bundesgesetze zulässig, die für Bund und Länder gemeinsam geltende Grundsätze enthalten (Art. 109 Abs. 3 GG). Das HGrG fällt unter diese Regelung. Es schreibt in seinem Teil II (§§ 49-57) einige unmittelbar und einheitlich für Bund und Länder (einschließlich deren Gemeinden) geltende Grundsätze vor, die wegen ihrer Unmittelbarkeit nicht in Bundes- oder Landesrecht umgesetzt werden müssen[504]. Teil I erklärt Richtlinien

502 Vgl. Maunz, T., a.a.O., S. 54.
503 Vgl. Piduch, E. A., a.a.O., Vorbemerkung, Rn. 2.
504 Vgl. Piduch, E. A., a.a.O., Vorbemerkung, Rn. 2.

für die Bundes- und Landesgesetzgebung. Damit übereinstimmend ist für die Haushaltswirtschaft des Bundes die Bundeshaushaltsordnung (BHO) erlassen worden. Die Bundesländer lehnen sich materiell und formell weit gehend an die BHO an; gleichwohl weichen sie in einigen Regelungsbereichen zulässigerweise ab[505]. So erfolgen die weiteren Untersuchungen am Beispiel des Bundes mit dem Hinweis, dass auf Ebene aller Bundesländer Regelungen mit gleichen Rechtswirkungen wie auf Bundesebene erlassen wurden.

Die Rechnungskontrolle gliedert sich in drei Abschnitte[506]. Zunächst erfolgt die *Prüfung nach dem Gesellschaftsrecht*, dann die *erweiterte Prüfung* nach § 53 Haushaltsgrundsätzegesetz (HGrG) durch die Gebietskörperschaft und drittens die des *Rechnungshofes*. Da die gesellschaftsrechtliche Prüfung eng mit der nach § 53 HGrG verwandt ist, erfolgt deren Erklärung in einem Gliederungspunkt.

6.1.1.1 Prüfung nach dem Gesellschaftsrecht und nach § 53 HGrG

Das Handelsrecht (Drittes Buch HGB) verpflichtet den Vorstand zur Aufstellung eines Jahresabschlusses, bestehend aus Jahresbilanz und Gewinn- und Verlustrechung, der mit der *gesellschaftsrechtlichen Prüfung* durch externe Wirtschaftsprüfer zu bestätigen ist. Der geprüfte Jahresabschluss und der Lagebericht sind dem Aufsichtsrat vorzulegen (§ 170 AktG). Billigt der Aufsichtsrat den Jahresabschluss, gilt dieser als festgestellt, wenn nicht Vorstand und Aufsichtsrat beschließen, der Hauptversammlung die Feststellung zu überlassen (§ 172 AktG). Diese Prüfung beschränkt sich darauf, ob die gesetzlichen Erfordernisse einer ordnungsgemäßen Rechnungslegung und satzungsmäßigen Bestimmung durch den Vorstand formal eingehalten sind und ob der Geschäftsbericht den Formerfordernissen entspricht und ein zutreffendes Bild der Gesellschaft bietet[507]. Sie stellt die in der Form korrekte Rechnungslegung im Sinne des HGB zuverlässig sicher, denn sie verfügt über eine selbstregulierende Sanktionsmöglichkeit: Fehlerhafte Jahresabschlüsse werden durch den Prüfer nicht bestätigt, so dass die Vorwirkung der Prüfung den Vorstand, der einen geprüften Jahresabschluss vorzulegen hat, zu einem fehlerfreien Aufstellen des Jahresabschlusses verpflichtet. Die gesellschaftsrechtliche Prüfung beinhaltet keine Geschäftsführungsprüfung; vielmehr wird eine formale Richtigkeitskontrolle durchgeführt. Das nun formal geprüfte kaufmännische Rechnungswesen liefert in diesem Zusammenhang auch

505 Vgl. Piduch, E. A., a.a.O., Vorbemerkung, Rn. 3.
506 Vgl. Karhenke, H., (1974), a.a.O., S. 160.
507 Vgl. Janson, B., a.a.O., S. 168.

keine ausreichenden Unterlagen für die Erfüllung des öffentlichen Auftrages[508]. Die gesellschaftsrechtliche Prüfung beurteilt nicht die ökonomische Effizienz des Geschäftsbetriebes. Ist die Effizienz jedoch nicht Gegenstand der Prüfung, ist sie auch nicht geeignet, diese zu optimieren.

Die Prüfung ist nicht zu umgehen; eine Diskussion über die Entscheidung für und wider diese Prüfung ist daher obsolet.

Der öffentlichen Hand steht ein zusätzlicher erweiterter Prüfungsgang zur Verfügung, denn die in privatrechtliche Rechtsformen investierten öffentlichen Mittel sollen einer stärkeren Kontrolle unterworfen werden[509]. Diese so genannte *erweiterte Prüfung* nach 53 HGrG wird entsprechend der Zuständigkeitsregelung gemäß § 68 BHO durch den damit befassten Bundesminister ausgeübt[510]. Die erweiterte Kontrolle räumt Gebietskörperschaften Informationsrechte ein[511], die über diejenigen eines privaten Aktionärs hinausgehen[512]; § 53 HGrG stellt damit einen ändernden Eingriff in die Regelungen des privaten Gesellschaftsrechts dar, der grundsätzlich und unmittelbar kraft des Gesetzes gilt[513]. Die erweiterte Prüfung wird im Rahmen, jedoch als zusätzlicher Auftrag, zu der gesellschaftsrechtlichen Prüfung durch dieselben Prüfer, die die gesellschaftsrechtliche Prüfung bestätigen, durchgeführt[514]. Die öffentliche Hand ist mit diesem Mittel berechtigt,

---

508 Vgl. Karehneke, H., (1977), S. 486.

509 Vgl. Janson, B., a.a.O., S. 168.

510 Dabei bezieht die Kontrolle nach § 53 HGrG, wie alle öffentlichen Kontrolle, immer auch den privaten Gesellschafteranteil mit ein, eine isolierte Kontrolle des öffentlichen Anteils ist nicht möglich.

511 Obwohl die Rechte des § 53 HGrG grundsätzlich nur Gebietskörperschaften zustehen, kommt es bei Mehrheitsbeteiligungen der öffentlichen Hand nicht darauf an, ob die Gebietskörperschaft direkt die Anteile hält oder sie diese mit Hilfe zwischengeschalteter öffentlichrechtlicher oder privatrechtlicher Unternehmen verwaltet (112 Abs. 2 BHO). Unternehmen in der Rechtsform einer bundesunmittelbaren juristischen Person des öffentlichen Rechts sollen hinsichtlich einer Beteiligung an privatrechtlichen Unternehmen haushaltsrechtlich dieselbe Behandlung erfahren wie der Bund. So stehen den bundesunmittelbaren Unternehmen im Falle einer mittelbaren oder unmittelbaren Mehrheitsbeteiligung die Rechte gemäß § 53 HGrG in gleicher Weise zu wie dem Bund, vgl. Piduch, E. A., vor § 66, Rn. 1.

512 Vgl. Lohl, R., Möglichkeiten und Grenzen der Prüfung der staatlichen Betätigung bei Unternehmen, in: Der öffentliche Haushalt 1971, S. 28.

513 Vgl. Lohl, R., a.a.O., S. 28.

514 Die Auswahl der erweitert berichtenden Abschlussprüfer kann die Gebietskörperschaft nur auf gesellschaftsrechtlichem Wege, also auf der Hauptversammlung/ der Gesellschaftsversammlung, durchsetzen. Für die konkrete Auswahl der Prüfer hat sich der die Gebietskörperschaft vertretende Minister mit dem Rechnungshof zu verständigen (§ 68 Abs. 1 BHO).Vgl. Karehnke, H. (1974), a.a.O., S. 175.

1. die Ordnungsmäßigkeit der Geschäftsführung prüfen zu lassen (§ 53 Abs. 1 Nr. 1 HGrG),
2. die Entwicklung der Vermögens und Ertragslage sowie die Rentabilität der Gesellschaft beurteilen zu lassen (§ 53 Abs. 1 Nr. 2 a HGrG),
3. Verlust bringende Geschäfte und Ursachen dieser Verluste, wenn diese Geschäfte und die Ursachen für die Vermögens- und Ertragslage von Bedeutung waren, prüfen zu lassen (§ 53 Abs. 1 Nr. 2 b HGrG) und
4. die Ursachen eines in der Gewinn- und Verlustrechnung ausgewiesenen Jahresfehlbetrages ermitteln zu lassen (§ 53 Abs. 1 Nr. 2 c HGrG).

Die Prüfung soll klären, ob die Unternehmen sich nach der vorgegebenen Aufgabenstellung gerichtet haben, und nachvollziehen, ob es Fehlmaßnahmen von Vertretern der Gebietskörperschaft bei und in den Unternehmen gab[515]. Die Prüfung richtet sich nicht gegen das Unternehmen, sondern gegen die das Unternehmen verwaltende Einheit der Administration. Geprüft wird wie beim Jahresabschluss die Ordnungsmäßigkeit, d.h. das Einhalten von Gesetz und Satzung[516]. Zu bewerten ist dabei nicht das Vorliegen einer betriebswirtschaftlichen Ideal- oder Durchschnittsleistung, ebenfalls nicht der Grad der ökonomischen Effizienz, sondern nur die Nachvollziehbarkeit der Ordentlichkeit und Gewissenhaftigkeit[517]. Zu beanstanden sind nur grobfehlsame oder missbräuchliche kaufmännische Ermessensentscheidungen[518]; ein Urteil über die Geschäftspolitik[519] des Unternehmens ist von dem erweitert Prüfenden nicht zu fällen. Insgesamt geht die Prüfung nach § 53 HGrG nur insoweit über die privatrechtliche Jahresabschlussprüfung hinaus, wie sie eine Ermittlung der *Ursachen* für Entwicklungen der Vermögens- und Ertragslage einschließt[520].

Obwohl damit auch eine Bewertung der Geschäftsführung möglich wäre, ist eine Beurteilung der PPP nach den Grundsätzen der Wirtschaftlichkeit und Sparsamkeit nicht vorgesehen; vielmehr ist die Kontrolle der Geschäftsführung mit der Prüfung der Einhaltung äußerer Ermessensgrenzen zu vergleichen[521]. Der Abschlussprüfer hat insbesondere keine Aufsichtsfunktion gegenüber der Geschäftsführung und auch keine Möglichkeit, in die unternehmerische Entscheidungsfrei-

515 Vgl. Karehnke, H. (1974), a.a.O., S. 172.
516 Vgl. Janson, B., a.a.O., S. 168ff.
517 Karehenke, H. (1974), a.a.O., S. 171.
518 Vgl. Karehnke, H. (1974), a.a.O., S. 171.
519 Vgl. Lohl, R., a.a.O., S. 32.
520 Vgl. Janson, B., a.a.O., S. 169.
521 Vgl. Janson, B., a.a.O., S. 169.

heit einzugreifen[522]. Der Bericht der erweiterten Prüfung gemäß § 53 HGrG ist der Gebietskörperschaft unverzüglich einzureichen und gelangt allen Aufsichtsratsmitgliedern zur Kenntnis; der zuständigen Minister, der Aufsichtsrat und der Rechnungshof werden dadurch mit Informationen bedient, so dass sie sich aufgrund des Abschlussberichtes ihre eigene Urteile bilden und gegebenenfalls die erforderlichen Maßnahmen ergreifen können[523].

Die erweiterte Kontrolle hat nicht zwangsläufig eine ökonomische Wirkung. Zunächst ist der ökonomisch relevante Sachverhalt, der Grad der Ausnutzung der Minimalkostenkombination, nicht Gegenstand der Prüfung und damit ohne Maßstab für die Effizienz auch nicht geeignet, diese zu steigern. Damit fehlt die Bemessungsgrundlage, an der sich Verbesserungen orientieren könnten. Und selbst wenn sich im Verlauf der Ermittlung ökonomische Missstände offenbaren, fehlt es dem Institut der erweiterten Prüfung an Sanktionsmöglichkeiten, mit deren Hilfe sich Verbesserungen wenigstens für die Zukunft erzwingen ließen. Insgesamt fehlt es der Prüfung an einem anreizkompatiblen Wirkungsmechanismus, der in der Vorwirkung auf die nächste Prüfung ein ökonomisch sinnvolles Verhalten der Individuen selbstregulierend einstellt. Mit Hilfe der tatsächlich erfolgenden Vorwirkung[524] der Kontrolle nach §53 HGrG wird das Verhalten der PPP-Mitarbeiter und -Geschäftsführung, sich an dem Prüfungsgegegenstand orientierend, streng auf das Einhalten der Formerfordernisse eingestellt, so dass die täglichen Entscheidungen zwischen der Einhaltung eines formalen Verfahrens und der Nutzung ökonomischen Potentials regelmäßig zu Gunsten der Form und zu Lasten der Ökonomie ausgeht[525]. Da die Kontrollen so zu einer Justierung eines ökonomisch nicht optimalen Verhaltens führen, lässt sich die Zweckmäßigkeit derartiger Kontrollen für die PPP-Effizienzsicherung nicht schlussfolgern.

Was den Anwendungsbereich des erweiterten Kontrollrechtes angeht, so kann die Gebietskörperschaft eine erweiterte Prüfung nur dann beanspruchen, wenn sie über die Mehrheit der Anteile[526] (nicht der Stimmen) verfügt *oder* ihr mindestens ein Viertel der Anteile gehört *und* sie zusammen mit anderen Gebietskörperschaften die Mehrheit der Anteile hält (§53 Abs. 1 HGrG). Mit Hilfe der Mindestbeteiligung von 25 % versucht der Gesetzgeber zu vermeiden, dass sich die

522 Vgl. Piduch, E. A., a.a.O., vor § 66, Rn. 7.
523 Vgl. Piduch, E. A., a.a.O., vor § 66, Rn. 7.
524 Vgl. Kirchhof, P. (1983), a.a.O., S. 515.
525 Vgl. Isensee, J. (1984), a.a.O., S. 269.
526 Als Anteile der Gebietskörperschaft zählen auch Anteile der Sondervermögen der Gebietskörperschaft (§ 53 Abs. 2 HGrG); Anteile öffentlich-rechtlicher Unternehmen bleiben unberücksichtigt, vgl. Piduch, E. A., a.a.O., vor § 66, Rn. 5.

Mehrheitsbeteiligung durch Addition von Splitterbeteiligungen ergibt. Gehören z.B. dem Bund weniger als 25 % der Anteile, ist er auch dann nicht berechtigt, nach § 53 HGrG zu prüfen, wenn der Betrieb zu 100 % Bund, Ländern und Gemeinden gehört[527]. Besteht keine Mehrheitsbeteiligung nach § 53 HGrG, gibt es kein unmittelbar kraft des Gesetzes geltendes erweitertes Prüfrecht. Jedoch *soll* das zuständige Bundesministerium bei Unternehmen, die nicht AG, KGaA oder Genossenschaften sind, darauf hinwirken, dass Vereinbarungen in die Satzung bzw. in den Gesellschaftsvertrag aufgenommen werden, die der Gebietskörperschaft die Rechte nach § 53 HGrG durch Einzelvereinbarung sichern (§ 67 BHO). Für PPPs in der Rechtsform der AG gilt diese Sollbestimmung nicht unbedingt, denn der Gesetzgeber hält einen Eingriff in die Verfassung von Unternehmen in der Rechtsform der AG nur für gerechtfertigt, wenn die Gebietskörperschaft die Mehrheit der Anteile hält[528]. Für Minderheitsbeteiligungen in der Rechtsform der GmbH jedoch kommt die Soll-Bestimmung zur Anwendung. Bei Minderheitsbeteiligungen an einer GmbH besteht also ein Wahlrecht, ob eine Prüfung vereinbart wird. Daneben gibt es Ausnahmeregelungen, auch für Mehrheitsbeteiligungen der GmbH und der AG, denn dem Wortlaut des § 53 HGrG ist zu entnehmen, dass es sich um eine *Kann*-Vorschrift handelt; die Gebietskörperschaft ist berechtigt, jedoch nicht verpflichtet, die erweiterte Prüfung durchführen zu lassen[529]. Trotzdem steht die Entscheidung, ob nach § 53 HGrG geprüft wird, nicht im Ermessen des Ministers; vielmehr ist die erweiterte Prüfung die Regel. Allerdings darf der Minister davon im Einvernehmen mit dem Bundesministerium der Finanzen, dem für das Bundesvermögen zuständigen Bundesministerium und dem Präsidenten des Bundesrechnungshofes davon abweichen (§ 68 Abs. 2 BHO). Der Verzicht ist kein verwaltungsinternes Absehen von einer Rechtsausübung, sondern beinhaltet eine verbindliche Erklärung gegenüber dem Unternehmen, dass die Rechte der Gebietskörperschaft nicht geltend gemacht werden[530], so dass aus der *Kann*-Vorschrift im Ergebnis eine *Soll*-Vorschrift mit Ausnahmeregelung wird[531]. Nach der Begründung zum Gesetzesentwurf soll der Verzicht nur aus wichtigem Grund zugelassen werden[532]. Ein solcher liegt darin, dass die Ausübung der Rechte eine erwünschte Kooperation mit einem anderen Unternehmen unmöglich machen könnte[533]. Eine PPP zeichnet sich definitionsgemäß durch diese Eigenschaft aus. Ganz offensichtlich schätzt der Gesetzgeber

527 Vgl. Piduch, E. A., a.a.O., vor § 66, Rn. 5.
528 Vgl. Lohl, R., a.a.O., S. 34.
529 Vgl. Lohl, R., a.a.O., S. 29.
530 Vgl. Piduch, E. A., a.a.O., § 68, Rn. 2.
531 Vgl. Köckritz, S. von, Ermisch, G., Dittrich, N., Lamm, C., a.a.O., § 68, 1.
532 Vgl. Piduch, E. A., a.a.O., Rn. 2.
533 Vgl. Lohl, R., a.a.O., S. 29.

die Wirkung der öffentlichen Haushaltskontrolle aus Sicht des privaten Partners als unerwünscht ein; das mag so weit reichen, dass die formale öffentliche Kontrolle für die PPP prohibitiv wirkt, so dass aus dieser Sicht erst mit Hilfe der Verzichtsoption die Koalitionsfähigkeit der öffentlichen Hand wiederhergestellt wird[534].

Damit ist die erweiterte Kontrolle für PPPs in den Grenzen des § 68 Abs. 2 BHO fakultativ; wird sie dennoch angewandt, ist ihre Wirksamkeit für die Effizienzsicherung nur eingeschränkt.

6.1.1.2 Prüfung durch den Rechnungshof

Nach § 114 Abs. 2 GG prüft der Bundesrechnungshof, dessen Mitglieder die richterliche Unabhängigkeit besitzen, die Rechnung sowie die Wirtschaftlichkeit und Ordnungsmäßigkeit der Haushalts- und Wirtschaftsführung. Die Prüfung erstreckt sich auch auf das Engagement der Gebietskörperschaften in Form von privatrechtlichen Gesellschaften (§§ 44 Abs. 1 HGrG, 92 BHO). Die Formulierung „prüft die Betätigung bei Unternehmen" (§§ 44 Abs. 1 HGrG, 92 BHO) bezieht dabei die vollständige Tätigkeit der öffentlichen Hand von der Gründung über den Erwerb bis zur Veräußerung von Anteilen an privatrechtlichen Gesellschaften ein. Aus diesem Grunde wählte der Gesetzgeber nicht die Formulierung „Betätigung *in* Unternehmen", sondern „Betätigung *bei* Unternehmen" [535]. Der Rechnungshof wird von Amts wegen, also ohne Antrag durch einen Dritten, tätig; entscheidend ist die Initiative der Mitglieder des Rechnungshofes[536]. Die Prüfung des Rechnungshofes stellt keine Prüfung des Unternehmens dar; sie richtet sich allein gegen die Stellen der Administration, die für die Verwaltung und Beaufsichtigung der Unternehmensbeteiligung verantwortlich sind[537]. Der Rechnungshof ermittelt anhand der eingereichten Unterlagen durch den zuständigen Minister; dieser hat dem Rechnungshof das Ergebnis seiner Prüfung schriftlich mitzuteilen und reicht dem Rechnungshof zusätzlich die folgenden Unterlagen ein[538]:

- alle Materialien, die dem Bund als Aktionär oder als Gesellschafter zugänglich sind,

534 Vgl. Piduch, E. A., a.a.O., § 68, Rn.2.
535 Vgl. Lohl, R., a.a.O., S. 25.
536 Vgl. Arnim, H. H. von, Grundprobleme der Finanzkontrolle, in: DVBL 1983, S. 665.
537 Vgl. Piduch, E. A., a.a.O., § 91, Rn.1.
538 Vgl. Piduch, E. A., a.a.O., vor § 66, Rn. 10.

- die Berichte, welche die auf die Veranlassung durch die Gebietskörperschaft gewählten/entsandten Mitglieder des Überwachungsorgans einschließlich aller ihnen über das Unternehmen zur Verfügung stehenden Unterlagen zu erstatten haben, und
- die Prüfungsberichte nach § 53 HGrG.

Reichen diese Unterlagen nach Auffassung des Rechnungshofes nicht aus, um die Prüfung durchzuführen, so ist der Rechnungshof auf das direkte Selbstunterrichtungsrecht in den Unternehmen vor Ort angewiesen. Zum Zwecke der Sicherstellung dieses direkten Informationsrechtes im Unternehmen ist der zuständige Minister gehalten, darauf hinzuwirken, dass dem Bundesrechnungshof die in § 54 HGrG bestimmten Befugnisse eingeräumt werden (§ 66 BHO). Während die erweiterten Informationsrechte des § 53 HGrG der Ministerien bei Mehrheitsbeteiligungen unmittelbar kraft Gesetzes gelten, ist das in § 54 HGrG vorgesehene unmittelbare Informationsrecht des Rechnungshofes auch bei Mehrheitsbeteiligungen abhängig von einer Vereinbarung in der Satzung bzw. im Gesellschaftsvertrag des betreffenden Unternehmens[539]. Bei Minderheitsbeteiligungen soll der zuständige Minister im Falle von Gesellschaften, die nicht AG, KGaA oder Genossenschaften sind, also auch bei der GmbH, darauf hinwirken, dass die Befugnisse nach §§ 53, 54 HGrG gesellschaftsrechtlich einzelvertraglich vereinbart werden. Ohne eine gesellschaftsrechtliche Vereinbarung ist eine Rechnungshofprüfung nicht möglich. Mit Hilfe des Selbstunterrichtungsrechtes nach § 54 HGrG werden dem Rechnungshof nur diejenigen Informationen zu Fragen des Unternehmens zugänglich gemacht, die sich aufgrund der übersandten Unterlagen aus den vorhergehenden Prüfungen ergeben.

Die Kompetenz des Rechnungshofes beschränkt sich auf das Abfassen von Prüfberichten und, soweit erwünscht, auf eine Beratungstätigkeit (§§ 42 Abs. 5 HGrG, 88 Abs. 2 BHO). Für alle Prüfungen des Rechnungshofes gilt, dass dieser nicht über eigene Entscheidungsbefugnisse in der Handhabung der Unternehmen und über die Prüfungsergebnisse verfügt[540] und seine Ergebnisse keine Rechtsverbindlichkeit haben. Durch den Rechnungshof erkannte Mängel bei öffentlichen Unternehmen führen nicht automatisch zum Ergreifen von Maßnahmen, die geeignet sind, die Mängel zu beheben oder für die Zukunft vorzubeugen. Die ökonomische Wirkung der Arbeit des Rechnungshofes beschränkt sich auf den Fall des Vorhandenseins eines Kontrollwillens der jeweils für Sanktionen zustän-

---

539 Vgl. Piduch, E. A., a.a.O., vor § 66, Rn. 2, 3.
540 Vgl. Mutius, A. von, a.a.O., S. 185.

digen Stelle, nämlich des Ministeriums[541]. Zeigt sich das Ministerium beratungsresistent, führen auch der detaillierteste Bericht und die präziseste Beratung des Rechnungshofes nicht zu Veränderungen. Die öffentliche Unternehmenskontrolle hat auch hier keine sanktionierende Funktion. Damit liegt die Dysfunktion der Rechnungshofkontrolle aus denselben Gründen wie denen der erweiterten Kontrolle nach § 53 HGrG vor. Zunächst wird der Grad der Ausnutzung ökonomischer Potentiale nicht geprüft, und im zweiten Schritt ergibt sich für trotzdem erkannte Missstände aus der Unmöglichkeit einer zwangsläufigen und für die Zukunft selbstregulierenden Sanktion keine ausreichend ableitbare Vorwirkung.

Bezüglich des Anwendungsbereiches steht gemäß § 91 Abs. 4 BHO dem Rechnungshof ein gesetzliches Selbstunterrichtungsrecht bei privatrechtlichen Beteiligungen zu, die mittelbar oder unmittelbar mehrheitlich gehalten werden. Das Recht gilt unmittelbar ohne Einzelvereinbarung mit dem betreffenden Unternehmen[542]. Der Gesetzgeber verhindert damit das Wahlrecht zum Verzicht der Prüfung nach § 66 BHO und § 68 Abs. 2 BHO, indem er hier eine unmittelbar geltende Berechtigung der Selbstunterrichtung schafft. Wirksam wird dieses Selbstunterrichtungsrecht jedoch nur bei privatrechtlichen Beteiligungen, die nicht im Wettbewerb stehen und bestimmungsgemäß ganz oder überwiegend öffentliche Aufgaben erfüllen (§ 91 Abs. 1 Nr. 4 BHO). Fälle, in denen die Wahrnehmung öffentlicher Aufgaben in diesem Ausmaß auf juristische Personen des privaten Rechts übertragen wird, ohne dass ein Wettbewerb entsteht und die Finanzierung der Mittel aus dem Bundeshaushaltsrecht erfolgt, fallen unter das unmittelbare Selbstunterrichtungsrecht[543]. Für privatrechtliche Bundesbeteiligungen, die im Wettbewerb stehen, gilt § 91 Abs. 4 BHO nicht. Das Selbstunterrichtungsrecht gilt weiterhin nicht, sofern es sich um eine Bundesbeteiligung mit Monopolstellung handelt und das Unternehmen keine Mittel aus dem Bundeshaushalt erhält, sondern sich aus Gebühren (z.B. Deutsche Flugsicherung GmbH) finanziert[544]. Kommt § 91 BHO zur Anwendung, prüft der Rechnungshof die gesamte Haushalts- und Wirtschaftsführung bei dem Unternehmen. Bei Unternehmen nach § 91 Abs. 1 Nr. 4 – hier würden die PPPs erfasst – erfolgt die Prüfung unter Beachtung kaufmännischer Grundsätze. Das bedeutet, dass bei der Prüfung die Grundsätze zu beachten sind, die für einen Kaufmann, nicht für einen Verwaltungsapparat, entsprechend seinem Erfolgsstreben maßgeblich sind[545].

---

541 Vgl. Arnim, H. H. von, (1983),a.a.O., S. 665.
542 Vgl. Köckritz, S. von, Ermisch, G., Dittrich, N., Lamm, C., a.a.O., § 91, 2.
543 Vgl. Köckritz, S. von, Ermisch, G., Dittrich, N., Lamm, C., a.a.O., § 91, 3.4.
544 Vgl. Köckritz, S. von, Ermisch, G., Dittrich, N., Lamm, C., a.a.O., § 91, 3.4.
545 Vgl. Piduch, E. A., a.a.O., § 92, 1.

Die Gesetzeslage zusammenfassend, ist die Kontrolle öffentlicher Mittel durch den Rechnungshof und durch die Parlamente nur da zwingend erwünscht, wo es eine öffentliche Mehrheitsbeteiligung gibt und gleichzeitig eine Kontrolle durch den Markt nicht vorliegt[546]. Im Umkehrschluss vertraut der Gesetzgeber der Funktionsfähigkeit des Marktes und bewertet die Kontrolle durch den Markt äquivalent zu derjenigen durch den Rechnungshof und durch die Parlamente. Bei Minderheitsbeteiligungen sind die Hürden des Verzichtes der Rechnungshofprüfung niedriger; der Minister entscheidet allein über den Verzicht der Prüfung. Der Gesetzgeber lässt bei Minderheitsbeteiligungen sogar unabhängig von der Wettbewerbssituation den Verzicht auf die Kontrolle durch den Rechnungshof zu. Allerdings kann allein aus der Tatsache, dass es sich um eine Minderbeteiligung handelt, nicht geschlossen werden, dass sie eine geringere haushaltspolitische Bedeutung hat als eine Mehrheitsbeteiligung. Ökonomisch entscheidend ist der absolute Umfang des eingesetzten Kapitals. Ganz offensichtlich vertraut der Gesetzgeber bei Minderheitsbeteiligungen auf die Kontrolle durch den, möglicherweise privaten, Mehrheitseigentümer, gegebenenfalls auch ohne die parallele Kontrolle durch den Wettbewerb.

Insgesamt ist auch die Prüfung durch den Rechnungshof dort, wo sie stattfindet, wie schon die Prüfung nach § 53 HGrG nicht unbedingt geeignet, die Minimalkostenkombination zuverlässig sicherzustellen.

6.1.1.3 Rationalität der Entscheidung über Prüfungswahlrechte

Die Entscheidung über den Verzicht der erweiterten Prüfung einer Mehrheitsbeteiligung nach § 53 HGrG wird getroffen von dem zuständigen Bundesministerium im Einvernehmen mit dem Bundesministerium der Finanzen und dem Präsidenten des Bundesrechnungshofes (§ 68 Abs.2 BHO). Bei Minderheitsbeteiligungen entscheidet das Ministerium für die Soll-Vorschrift der GmbH allein. Die Einigkeit des Kabinetts vorausgesetzt, ist zu prüfen, welche Anreize der zuständige Minister hat, einen Verzicht auf das Kontrollrecht anzustreben und dies dem Bundesrechnungshof zu erklären. Die Entscheidung über die Prüfungsberechtigung des Rechnungshofes fällt für Mehrheitsbeteiligungen in den Bereich der *Kann*-Vorschrift des § 66 BHO und wird von dem zuständigen Bundesministerium allein getroffen. Da die Prüfungen des Rechnungshofes die Prüfungen nach § 53 HGrG betreffen, erfolgt die Entscheidung für und wider die erweiterte Prüfung nach § 53 HGrG und die Prüfung durch den Rechnungshof der gleichen Ra-

546 Vgl. Köckritz, S. von, Ermisch, G., Dittrich, N., Lamm, C., a.a.O., § 91, 3.4.

tionalität. Die Entscheidung bei Minderheitsbeteiligungen, soweit nach § 67 BHO bei der GmbH erforderlich, folgt dem gleichen Wirkungszusammenhang.

Das *politische Erfolgspotential* der PPP liegt anreizkompatibel in anfänglichen, den Haushalt entlastenden Vorteilen. Das Regierungskabinett wird daher jede Vereinbarung in der PPP zu vermeiden suchen, welche die haushaltspolitisch erwünschten Wirkungen beinträchtigt. Eine Regelung in der PPP, die für den privaten Partner Nachteile mit sich bringt, muss dieser anlässlich der Eigenkapitalkonditionen als Gewinn minderndes öffentliches Interesse antizipieren und bietet weniger Haushalt entlastende Eigenkapitalkonditionen an. Entscheidend ist also, ob die erweiterte Prüfung nach § 53 HGrG und die des Rechnungshofes auf Ebene der PPP-Körperschaft oder auf Ebene des privaten Partners sich belastend auswirken. Da sich infolge der Prüfung die ökonomische Effizienz nicht steigern lässt, gibt es aus Sicht des privaten Partners keine Vorteile der erweiterten Prüfung und der Ermittlung durch den Rechnungshof. Es verbleiben die Nachteile der Prüfung. Die Öffentlichkeitswirkung schränkt die unternehmerische Gestaltungsfreiheit ein. Die Angst vor dem Rechnungshof erzeugt Schwerfälligkeit, Pedanterie und Umständlichkeit, die zu Lasten des betrieblichen Erfolges gehen[547], so dass private Unternehmer als Partner kein Interesse an einer öffentlichen Prüfung und Offenbarung des Geschäftsbetriebes haben können. Beispielsweise wird das Ausprobieren innovativer Ideen, deren Erfolg nicht vorhersehbar ist, möglicherweise als Verschwendung gerügt. Die unternehmerische Innovation würde so zu Gunsten von Verwaltungsmentalität behindert[548]. Diese Situation nachvollziehend, heißt es in der amtlichen Begründung des Gesetzentwurfes, die Möglichkeit des Verzichtes auf die Prüfung sichere die Koalitionsfähigkeit öffentlicher Unternehmen privaten Rechts[549]. Damit erklärt sich die wirtschaftliche Bedeutung der Kontrolle[550]: Sie ist für den privaten Partner prohibitiv[551]. Daneben hätte der öffentliche Partner zusätzlich die Last der Wählerstimmenwirkung einer Rechnungshof-Rüge zu tragen, obwohl er beispielsweise in der Situation privater Beherrschung das genannte „Ausprobieren“ nicht selbst entschieden hat. So liegt auch aus politischer Sicht kein Anreiz vor, für eine PPP die erweiterte Prüfung und die Rechnungshofkontrolle einzurichten. Dabei gilt, dass die Regierungen

547 Vgl. Isensee, J. (1984), a.a.O., S. 269.
548 Vgl. Niopek, W., Innovationsmanagement und Verhaltenstypen öffentlicher Unternehmen, in: ZögU 1984, S. 104f.
549 Vgl. Erörterung der Begründung des Gesetzentwurfes bei Piduch, E. A., a.a.O., § 68, Rn.2.
550 Vgl. Piduch, E. A., a.a.O., § 68, Rn.2.
551 Vgl. Karhenke, H., Die Prüfung des öffentlichem Rechts nach neuem Haushaltsrecht, in: Der öffentliche Haushalt 1968/1969, S. 213.

grundsätzlich dazu neigen, die Finanzkontrolle für „eher überflüssig oder gar störend“[552] zu halten, an der Durchsetzung einer wirksamen Kontrolle kaum interessiert[553] sind und anlässlich der PPP die Chance nutzen könnten, einen Teil ihres Einflussbereiches der Kontrolle zu entziehen.

So handeln die Minister für die Entlastung des Trägerhaushaltes rational, wenn sie dem privaten Partner den Ausschluss der PPP von der erweiterten Prüfung nach § 53 HGrG und der Prüfung des Rechnungshofes bestätigen.

6.1.1.4 Parlamentarisch-politische Nützlichkeit der Kontrollberichte

Die für die weit gehende ökonomische Dysfunktion der öffentlichen Haushaltskontrolle verantwortliche rechtliche Unverbindlichkeit könnte relativiert werden durch die politische Kontrolle. Die Wählerstimmenwirkung könnte der öffentlichen Haushaltskontrolle ein stärkeres Gewicht verleihen und so die Vorwirkung der Kontrollen verbessern.

Ausgangspunkt einer politisch-ökonomischen Analyse bilden die Wähler[554]. Koppelt man die Wählerstimmenwirkung unter institutionenökonomischen Prämissen an den Ansatz der property-rights, so verfügen in einer freiheitlich-demokratischen Ordnung die Wähler in letzter Konsequenz über die Eigentumsrechte der PPP. Der Wähler delegiert die Kontrollrechte seines Eigentums an parlamentarische Gremien, die eine Regierung wählen, welche entweder persönlich oder durch Inanspruchnahme von Verwaltungsmitarbeitern die Kontrollfunktion im Aufsichtsgremium der PPP-Gesellschaft wahrnimmt und je nach Beteiligungsquote die Geschäftsführer bestimmt. Die Regierung wird formal kontrolliert durch das Parlament; da es diesem jedoch grundsätzlich an Sanktionsmöglichkeiten gegenüber den die PPP-Beteiligung steuernden Verwaltungseinheiten fehlt[555], kommt es auch auf dieser Kontrollstufe nicht zu Maßnahmen, welche geeignet wären, die Situation für die Zukunft zu verbessern. Das Parlament wird beherrscht durch die Regierungsfraktion, und da die nötige Kritik am eigenen Minister nicht Wählerstimmen maximierend wirkt, kann für die parlamentarische Kontrolle seitens dieser Fraktion nur eine geringe Wirkung ausge-

552 Arnim, H.H. von, (1983), a.a.O., S. 675.

553 Vgl. Arnim, H. H. von, (1983), a.a.O., S. 675. Vgl. Püttner, G., Die Kunst der Führung öffentlicher Unternehmen im marktwirtschaftlich geordneten Staat, in: ZGR 3/1977, S. 492

554 Vgl. Blankart, C. B., Öffentliche Unternehmen aus Sicht der Gemeinwirtschaftslehre und der Neuen politischen Ökonomie, in: ZögU 1983, S. 26.

555 Vgl. Pütter, G., Verwaltungslehre, 2. Aufl., München 1989, S. 336.

hen[556]; in demselben Zusammenhang versagt das einzige, wenigstens theoretisch wirksame Mittel, der Sturz der Regierung als institutionalisierte Sanktion[557].

Für die Opposition könnte es Wählerstimmen maximierend sein, mit Hilfe der Berichte des Rechnungshofes Missstände in öffentlichen Unternehmen und damit die Fehlleistung der Regierung anzuprangern; sie hätte damit einen Kontrollanreiz, der über die Wählerstimmenwirkung steuernd auf die Regierung einwirkte und so den Empfehlungen des Rechnungshofes zur ökonomischen Realität verhelfen könnte. Grundsätzlich sollte man annehmen, dass der Wähler ein Interesse an der effizienten Tätigkeit seiner Unternehmen unter Reduzierung von Reibungsverlusten habe. Jedoch ist der zentrale Motor der Kontrolle die tatsächliche Wählerwirkung, und diese wird nur partiell durch die Situation der PPP-Beteiligungen beeinflusst[558]. Die Summe zahlreicher anderer Aspekte in der Wahlentscheidung lässt die PPP-Beteiligungen in ihrer Bedeutung zurücktreten, es sei denn, die „Skandalschwelle" ist überschritten und Regierung und Opposition konzentrieren sich in der politischen Diskussion auf Tagesfragen[559]. Anliegen der Kontrolle der Wirtschaftlichkeit öffentlicher Unternehmen werden üblicherweise nachträglich diskutiert, z.B. wenn der Rechnungshofbericht vorliegt. Dieser wird zu einem Zeitpunkt erstellt, in dem die zu diskutierenden Entscheidungen bereits gefallen sind. Eine Tagesaktualität der gegebenenfalls erörterten Missstände ist nicht mehr gegeben, so dass die Finanzkontrolle in den Schatten der Aufmerksamkeit des Parlamentes gerät[560]. Vergangenheitsbetrachtungen über öffentliche Unternehmen sind insgesamt von geringer Bedeutung und motivieren auch Oppositionspolitiker aufgrund ihrer schwachen Wählerwirksamkeit kaum zu einer intensiveren Beschäftigung und Kontrolle. Insgesamt ist die Funktion des Parlamentes als Ausgabenkontrolleur tendenziell gering[561]. Das politische Anreizinstrument der öffentlichen Unternehmenskontrolle, die Wählerwirkung und damit die öffentliche Corporate-Control an sich, verfehlt seine Wirkung[562].

Untersuchungen zu öffentlichen Unternehmen bemerken an dieser Stelle der Diskussion, dass der Bürger seine property-rights schon deshalb nicht durchsetzen

556 Vgl. Arnim, H. H. von, (1983) a.a.O., S. 666. Vgl. Klatt, H., Die Rolle der Parlamente im föderalen Entscheidungsprozeß, in: Ellwein, T., Hesse, J. J., Mayntz, R., Scharpf, F. W. (Hrsg.), Jahrbuch zur Staats und Verwaltungswissenschaft, S. 123.
557 Vgl. Püttner, G. (1989), a.a.O., S. 336f.
558 „...voters rarely press for efficiency...", McKean, R. N., a.a.O., S. 178.
559 Vgl. Arnim, H. H. von, (1983), a.a.O., S. 666.
560 Vgl. Arnim, H. H. von, (1983), a.a.O., S. 666.
561 Vgl. Arnim, H. H. von, (1983), a.a.O., S. 666.
562 Vgl. Mutius, A. von, a.a.O., S. 185.

könne, weil er nicht mit der Drohung des Verkaufes seiner Anteile argumentieren könne[563]. Dieser Ansicht ist nicht zu folgen, denn der Bürger könnte seinen Agenten der ersten Stufe, den gewählten Politiker, mit entsprechenden Weisungen für die Nutzung der Verkaufsdrohung gegenüber dem öffentlichen Unternehmen ausstatten. In der Folge wäre es der Politiker, der zum Prinzipal gegenüber der Unternehmung würde. Er verfügte damit über unverdünnte property-rights. Damit könnte der Politiker seinen Agenten, den Geschäftsführer des öffentlichen Unternehmens, mit sinnvoll eingestellten Anreizen disziplinieren und letztlich auch mit Verkauf drohen, was möglicherweise eine Entlassung des Geschäftsführers nach sich zöge. Funktionierte dieses nicht, könnte der Bürger als Prinzipal dem Agenten mit Abwahl drohen. Wenn dies in der Praxis nicht geschieht, mag es daran liegen, dass der Wähler öffentlichen Unternehmen eine zu kleine Bedeutung beimisst. Der Wähler muss die Beurteilung seiner Eigentumsrechte in Kombination mit vollkommen anderen Erwägungen (z.B. Außen-, Sicherheits- und Innenpolitik) abgeben. Die Überlegungen zu öffentlichen Beteiligungen in Form der PPP könnten wegen ihrer insgesamt geringen Bedeutung untergehen.

Als Ergebnis lässt sich festhalten, dass der durch die Wählerwirksamkeit ausgelöste Druck nicht ausreichend stark ist, der haushaltsmäßigen Kontrolle zu einer ökonomischen Wirkung zu verhelfen.

6.1.2 Finanzkontrolle bei Kommunen

Die unmittelbare Wirkung des zweiten Teils des Haushaltsgrundsätzegesetzes erstreckt sich auch auf die Kommunen[564]. Die Gemeinden[565] sind berechtigt, ihre Unternehmen privaten Rechts nach § 53 HGrG zu prüfen. Das Verfahren der Prüfung regeln die Gemeinden in den Gemeindeordnungen, die in allen Bundesländern im Kern dieselben Vorschriften enthalten und nur im Detail voneinander abweichen[566]. Die erweiterte Prüfung erfolgt in dem Umfang und in der Art und Weise, in denen sie für die Staatsebene erklärt wurde.

---

563 Vgl. z.B. Mühlenkamp, H., Eine ökonomische Analyse ausgewählter institutioneller Arrangements zur Erfüllung öffentlicher Aufgaben, Baden-Baden 1999, S. 101.

564 Vgl. Piduch, E. A., a.a.O., vor § 66, Rn. 3.

565 Vgl. für Prüfungserfahrungen: Leitstelle Gemeindeprüfung, (Hrsg.), Bericht über die vergleichende Untersuchung „Beteiligungsverwaltung“, Düsseldorf 2001, S. 21ff.

566 Vgl. Kaufmann, M., Die Prüfung kommunaler Unternehmen gemäß § 53 Absatz 1 Haushaltsgrundsätzegesetz, Düsseldorf 1995, S. 6.

Die Prüfung auf Gemeindeebene erfolgt zweifach, in einer örtlichen und einer überörtlichen Prüfung[567]. Die örtliche Prüfung liegt üblicherweise beim Rechnungsprüfungsamt[568]. Kleine Gemeinden verfügen nicht über eigene Rechnungsprüfungsämter und können sich eines anderen kommunalen Rechnungsprüfungsamtes bedienen[569]; teilweise können sie auch einen geeigneten Bediensteten als Rechnungsprüfer bestellen. Das Rechnungsprüfungsamt ist, obwohl es eine Kreis- oder Gemeindebehörde darstellt, grundsätzlich unabhängig[570]. Der erstellte Prüfungsbericht dient der Gemeindevertretung als Informationsmittel, mit dessen Hilfe sie über die Entlastung des die Verwaltung leitenden Organs entscheidet[571]. Die Entlastung bedeutet politische und rechtliche Verantwortungsübernahme; sie ist der Aufsichtsbehörde anzuzeigen[572]. Die Berichte der örtlichen Prüfung dienen als Grundlage der folgenden überörtlichen Prüfung, die auch als Aufsichtsprüfung qualifiziert werden kann[573]. Die überörtliche Prüfung obliegt den staatlichen Kommunalprüfungsämtern beim Innenminister, dem Rechnungshof oder anderen überregionalen Prüfungsstellen. Es handelt sich praktisch um eine Rechtsaufsicht über die Selbstverwaltung der Gemeinden[574]. Der überörtlichen Prüfung stehen, wie allen genannten Prüfungen, keine Sanktionsmittel zur Verfügung. Die meisten Gemeinden sind mit einer Soll-Vorschrift verpflichtet, eine Prüfung der privatrechtlichen Beteiligungen mit Mehrheitsbeteiligung durchführen zu lassen[575]. Diese Soll-Vorschrift hat zum Beispiel in Nordrhein-Westfalen verpflichtenden Charakter, und die Aufsichtsbehörde kann die Einhaltung kontrollieren und erzwingen[576]. Jedoch darf die Gemeinde von der Verpflichtung nach § 53 HGrG abweichen, wenn zwingende Gründe vorliegen[577]. In der Minderheitsbeteiligung, dort, wo kein gesetzliches Prüfungsrecht besteht, soll sie darauf hinwirken, dass eine Prüfungsbefugnis entsprechend den Regeln der §§ 53, 54 HGrG in die Satzung oder den Gesellschaftervertrag aufgenommen wird. Für die Begründung des Verzichts der Prüfung bei einer Minderheitsbeteiligung müssen keine hohen Hürden überwunden werden. Die Gemeinde

567 Vgl. Stober, R. (1996), a.a.O., S. 329ff.
568 Vgl. Giesen, K., Die Informations- und Prüfungsrechte der Gemeinden gegenüber Beteiligungsunternehmen, in: Der Gemeindehaushalt 1989, S. 225.
569 Vgl. Stober, R. (1996), a.a.O., S. 329.
570 Vgl. Stober, R. (1996), a.a.O., S. 329.
571 Vgl. Waechter, K., Kommunalrecht, Köln/Berlin/Bonn/München 1997, S. 299.
572 Vgl. Stober, R. (1996), a.a.O., S. 330.
573 Vgl. Stober, R. (1996) a.a.O., S. 330.
574 Vgl. Stober, R. (1996) a.a.O., S. 329.
575 Vgl. Siedentopf, H., Grunwald, K.-D., Die kommunale Rechnungsprüfung, hrsg. vom Karl-Bräuer-Institut des Bundes der Steuerzahler e.V., Wiesbaden 1977, S. 51.
576 Vgl. Kaufmann, M., a.a.O., S. 33.
577 Vgl. Kaufmann, M., a.a.O., S. 33.

erfüllt bei Minderheitsbeteiligung ihre Pflicht zur Einforderung der Rechte nach §§ 53, 54 HGrG bereits dann, wenn sie die Regelungen dem privaten Partner vorschlägt, jedoch an dessen Widerstand scheitert und es letztlich nicht zu einer Einräumung der Rechte kommt[578].

Entsprechende Gründe vorausgesetzt, ist die Prüfung einer PPP auf Gemeindeebene fakultativ. Die Entscheidung über das Recht der Wahl der Anwendung der §§ 53, 54 HGrG sollte den auf Staatsebene erklärten Anreizstrukturen folgen, so dass nicht davon auszugehen ist, dass es in der PPP zu einer erweiterten Kontrolle (gegebenenfalls zuzüglich des Selbstunterrichtungsrechtes der Rechnungsprüfungsbehörde) kommt.

Kommt es dennoch zu einer erweiterten Prüfung der PPP, so ist die Qualität der Prüfung von der Unabhängigkeit der Ermittler und die Wirksamkeit der Prüfung von der politischen Verwertung des Prüfungsergebnisse in dem erklärten politischen Anreizsystem abhängig. Die örtlichen Prüfer gelten aufgrund ihrer lokalen Verflochtenheit als weniger unabhängig[579]; dies mag jedoch kompensiert werden durch die größere Unabhängigkeit der überörtlichen Prüfer. Entscheidend ist jedoch, dass die Öffentlichkeitswirkung der Prüfung von kommunalen PPPs weit hinter der von PPPs auf Staatsebene zurückbleibt. Während die Veröffentlichung von Prüfungsberichten auf Staatsebene institutionalisiert ist, ist eine Information der Öffentlichkeit über die Ergebnisse der kommunalen Kontrolle nicht vorgesehen[580]. Allenfalls hat ein engagierter Bürger die Möglichkeit, in der über die Entlastung beschließenden Ratssitzung etwas über die Prüfung bei den öffentlichen Beteiligungen zu erfahren[581]. Die überörtlichen Berichte werden sogar als Verschlusssache behandelt[582]. Ohne eine breite Veröffentlichung funktioniert das System der parlamentarisch-politischen Kontrolle mit Hilfe der Wählerstimmenwirkung nicht.

---

578 Vgl. Kaufmann, M., a.a.O., S. 33.

579 Vgl. Arnim, H. H. von, Wirksamere Finanzkontrolle bei Bund, Ländern und Gemeinden, hrsg. vom Karl-Bräuer-Institut des Bundes der Steuerzahler, Wiesbaden 1978, S. 47

580 Vgl. Arnim, H. H. von, (1978), a.a.O., S. 50.

581 Vgl. Arnim, H. H. von, Die Öffentlichkeit kommunaler Finanzkontrollbereichte als Verfassungsgebot, Hrsg. vom Karl-Bräuer-Institut des Bundes der Steuerzahler, Wiesbaden 1981, S. 18.

582 Vgl. Arnim, H. H. von, (1981), a.a.O., S. 18.

Bei Berücksichtigung der Gesamtsituation der kommunalen Kontrolle ist die Wirksamkeit der kommunalen Kontrolle für die PPP als geringer einzuschätzen als die Kontrolle auf Staatsebene.

6.1.3 Zwischenergebnis V: Wirkungsgrad und Nützlichkeit öffentlicher Unternehmenskontrolle für die PPP

Der Finanzkontrolle in Form der *gesellschaftsrechtlichen Prüfung* ist ein hoher Wirkungsgrad zuzuschreiben. Die Sicherstellung ökonomisch optimalen Verhaltens öffentlicher Beteiligungen kann durch die öffentliche Finanzkontrolle jedoch nicht geleistet werden[583]. Mit Hilfe der *erweiterten Prüfung* lassen sich die ökonomische Effizienz und der Grad der Ausnutzung ökonomischer Potentiale nicht unbedingt steigern, da selbst im Falle der Identifizierung von Missständen die Prüfung wegen der schwachen politischen Kontrollfunktion und der rechtlichen Unverbindlichkeit nicht zu einer Verhaltensänderung führt[584]. Entscheidend für den Erfolg jeder Kontrolle ist die Vorwirkung derselben. Die Prüfung soll in Anbetracht wirksamer negativer Sanktionen das erwünschte Verhalten der Individuen einstellen. Diesen Wirkungszusammenhang gibt es bei der öffentlichen Haushaltskontrolle nicht, da die relevante ökonomische Effizienz gar nicht geprüft wird und im nächsten Schritt keine Sanktion zu Verfügung steht, mit deren Hilfe sich das Verhalten der Individuen justieren lässt.

Die Entscheidung, ob die erweiterte Prüfung in dem bei einer PPP vorliegenden Dispositionsspielraum überhaupt stattfindet, unterliegt einer durch die Regierung auszuführenden Ermessensentscheidung. Da die Prüfung in der PPP nicht unbedingt einen großen Nutzen, immer jedoch Kosten verursacht, antizipiert der Private den entstehenden finanziellen Aufwand entsprechend der Kalkulation nach Abschnitt 5.3 und bietet dem Trägerhaushalt weniger entlastende Konditionen an. Der die PPP arrangierende Minister rationalisiert die Entlastung des Trägerhaushaltes, indem er seinen Ermessensspielraum zum Ausschluss der erweiterten Prüfung für die PPP nutzt. Gleiches gilt für Ermittlung durch den *Rechnungshof*. Auch diese Prüfung führt nicht selbstregulierend zu einer Steigerung der betrieblichen Effizienz der PPP. Es verbleiben die Nachteile der Prüfung, wie die Neigung der PPP-Mitarbeiter zu pedantischem Handeln abseits marktlicher Potentiale. Demselben Wirkungskreis wie bei der erweiterten Prüfung folgend, handelt

---

583 Vgl. Arnim, H. H. von, (1983), a.a.O., S. 664ff.

584 Vgl. Papier, H. – J., Diskussionsbeitrag, in: VVDStRL, 42, 1984, S. 273.

der zuständige Minister rational, indem er den ex ante Ausschluss der Rechnungshofprüfung mit dem PPP-Partner vereinbart.

Insgesamt ist die Nützlichkeit der öffentlichen Haushaltskontrolle für die PPP gering, und es kann von einem weit gehenden ex ante Ausschluss der öffentlichen Finanzkontrolle für die PPP ausgegangen werden.

6.2 Markt für private Unternehmenskontrolle

Das ökonomische Erfolgspotential liegt in der seitens des privaten Partners begründeten Corporate-Control. Diese Kontrollleistung muss den Wegfall der öffentlichen Haushaltskontrolle überkompensieren. Die agency-costs minimieren sich auf dem Markt für private Unternehmenskontrolle mit Hilfe der hohen Anreizkompatibilität der Ausübung der Kontrollrechte, und die private Corporate-Control fördert einzelwirtschaftlich, also auf Ebene der PPP, effizientes Handeln[585] und gesamtwirtschaftlich einen allokativ sinnvollen Ressourceneinsatz.

Dieser Markt für private Unternehmenskontrolle ist vollständig öffentlichen Unternehmen definitionsgemäß nicht zugänglich. Eine PPP dagegen nimmt grundsätzlich am Markt für private Unternehmenskontrolle teil, denn der private Partner ist anreizkompatibel an die Disziplinierung seiner PPP-Beteiligung gebunden. Das Ausbleiben des Erfolges führt für ihn im Gegensatz zu dem öffentlichen Partner im Extremfall zu der Sanktion des Ausscheidens vom Markt durch Insolvenz[586]. Dabei ist die Drohung mit der extremen Sanktion der Insolvenz innerhalb der PPP gar nicht einmal erforderlich. Selbst wenn die PPP weiterbesteht, führt allein schon ein andauernder Gewinnausfall zum Ausscheiden des Privaten, da dieser auf die rentierliche Bedienung des in der PPP gebundenen Kapitals mindestens so weit zwingend angewiesen ist, wie er laufend entgeltpflichtiges Fremdkapital verwendet[587]. Ausgehend von der Annahme, dass es dem privaten Partner gelänge, seine Eigentumsrechte effektiv auszuüben, schlüge sich die gesteigerte Arbeitseffizienz der PPP auf das Gesamtkapital nieder, also auch auf

585 Vgl. Berle, A. A., Means, G. C., a.a.O., S. 1ff.

586 Vgl. Grossmann, S. J., Hart, O. D., Corporate Financial Structure and Managerial Incentives, in: McCall, J. J. (Hrsg.), The Economics of Information and Uncertainty, Chicago/London 1982, S. 107ff.

587 *Grossmann* und *Hart* vermuten sogar eine Abhängigkeit von Effizienz und betrieblicher Fremdkapitalquote. „Clearly the efficacy of bankruptcy as a source of discipline for management will depend on the firms financial structure – in particular, its debt-equity ratio." Grossmann, S. J., Hart, O. D. (1982), a.a.O., S. 108.

den öffentlichen Gesellschafteranteil. Die öffentliche Hand profitierte ohne zusätzlichen Aufwand wie ein *free-rider* von den Kontrollinstanzen, die der private Partner pflegte. Die Tatsache, dass der öffentliche Partner den Kontrollaufwand des privaten Partners wie ein *free-rider* kostenlos nutzt, ist für die Kalkulation des Privaten unschädlich. Es liegt in seinem Interesse, möglicht unbeeinflusst rentabel wirtschaften zu können; er hat den Kontrollaufwand internalisiert.

Zurückkommend auf das ökonomische Erfolgspotential, welches sich aus property-rights-, Transaktionskosten- und agency-costs-Vorteilen zusammensetzt, ist das Institut der privaten Corporate-Control das Instrument, an dem sich die Ausübung der property-rights in der Minderung der agency-costs konkretisiert. Die transaktionskostentheoretischen Vorteile sind nicht zwangsläufig property-rights-bedingt, jedoch auch diese Potentiale lassen sich als Teil der Gewinnorientierung oder auch als Gewinn minderndes öffentliches Ziel mit Hilfe der privaten Unternehmenskontrolle in seinem ökonomisch maximalen Ausmaße heben. Als private Unternehmenskontrolle sei daher im Folgenden die engagierte Ausübung der property-rights mit dem Ziel der Minimierung der agency-costs bezeichnet. Im Folgenden wird insbesondere der Teil der agency-costs betrachtet, der innerhalb der Betriebes als die Differenz des Ergebnisse des Produzierens auf der Minimalkostenkombination und der tatsächlichen Kostenfunktion auftritt. Die Abweichungen von der Minimalkostenkombination sind begründet in der individuellen Nutzenmaximierung der beteiligten Individuen, die sich in Abhängigkeit vom organisatorischen Rahmens zum einen direkt in Ausgaben wie *staff* und *emoluments* konkretisieren[588] und zum anderen die Individuen dazu verleitet, weniger tüchtig zu arbeiten (X-Ineffizienz[589]), als es persönlich möglich wäre[590].

Die Betriebswirtschaft hat die Corporate-Control innerhalb der gesetzlichen Rahmenbedingungen auszuführen, und so bildet sich die privatwirtschaftliche Effizienzkontrolle auf juristischer Ebene durch das Verhältnis von Anteilseigentum, Stimmrechten, Aufsichtsrat und Vorstand ab[591]. In der Aktiengesellschaft gilt, wie anlässlich der Zielprogrammierung erarbeitet, dass für die Bestimmung des die entscheidende Satzungsinterpretation durchführenden Vorstandspersonals

588 Vgl. Abschnitt 2.3 und 5.4.3.

589 Vgl. Leibenstein, H., Allocative Efficiency vs. X-Efficiency, in: American Economic Review, 1966, S. 392ff.

590 Vgl. Fuchslocher, M., Williamson-Effekt versus Averch-Johnson-Effekt, Ein Beitrag zur Theorie der Privatisierung, Berlin 1997, S. 75.

591 Vgl. Semler, J., Unternehmensüberwachung durch den Kapitalmarkt, in: Picot, A. (Hrsg.), Corporate Governance: Unternehmensüberwachung auf dem Prüfstand, Stuttgart 1995, S. 49.

derjenige, der die Mehrheit in der Hauptversammlung hat, die PPP letztlich beherrschen kann[592]. Der Mehrheitseigner bestimmt demzufolge das Personal, welches zwischen gewinnlichen und Gewinn mindernden Zielen abzuwägen hat, soweit es denn die Satzung vorsieht. Zweitens nimmt der Mehrheitseigner Einfluss auf die Einstellung eines Anreizsystems, welches das Personal anreizkompatibel und selbstregulierend an die Minimalkostenkombination bei der Erfüllung dieser gewinnlichen und Gewinn mindernden Ziele bindet. Erst diese zweite Einfussnahme begründet das ökonomische Potential; die erstgenannte bestimmt über die sächliche Zieleinstellung, soweit die Satzung Ermessensspielraum beinhaltet.

Für das Verhältnis von ökonomischem Erfolgspotential und Zielen gilt, dass der Grad der Ausnutzung des ökonomischen Erfolgspotentails den Grad der Effizienz bei dem Erreichen des Gewinn mindernden Ziels und bei dem Erreichen des Gewinnzieles der PPP bestimmt. Die private Unternehmenskontrolle richtet sich in ihrer selbstregulierenden Wirkung am Ziele des Privaten, nämlich an dem Gewinn, aus. Der Gewinn dient der privaten Corporate-Control als Bemessungsgrundlage der ökonomischen Effizienz[593], und er steigt und fällt mit dem Erreichen oder Verfehlen der Minimalkostenkombination[594]. Der Gewinn ist daher der privatwirtschaftliche Maßstab für ein ökonomisch optimales Verhalten[595]. Die Gewinne bestimmen sich c.p. nach dem Grad der Ausnutzung der ökonomischen Potentiale, so dass die private Corporate-Control die ökonomische Effizienz zum Beurteilungsgegenstand hat.

Gleichzeitig ist die private Corporate-Control mit einer direkten selbstregulierenden Sanktion, der Insolvenzdrohung, versehen. Diese Sanktion überträgt sich auf die zu kontrollierenden Individuen, denn erst das Damoklesschwert des drohenden Kapitalentzuges[596] koppelt das Verhalten der angestellten Manager, die ihre Stellung auf Dauer erhalten wollen, unter hoher Anreizkompatibilität und in der Vorwirkung dieser Kontrolle selbstregulierend an die Interessen der Kapitalgeber. Was das öffentliche Interesse angeht, kann der „Gewinn-gleich-Effizienz“

592 Vgl. Adamska, M., a.a.O., S. 132.

593 Vgl. Schwartzman, D., Competition and Efficiency: Comment, in: Journal of Political Economy 1973, S. 756ff.

594 Technische Restriktionen seien beherrschbar; es liegt kein ruinöser Wettbewerb vor.

595 Vgl. Boardman, A. E., Vining, A. R., Ownership and Performance in Competitive Environments: A Comparison of the Performance of Private, Mixed and State owned Enterprises, in: Journal of Law and Economics, 1989, S. 9.

596 Vgl. Ordelheide, D., Brauchen wir für die Unternehmensüberwachung mehr Publizität?, in: Picot, A. (Hrsg.), Corporate Governance Unternehmensüberwachung auf dem Prüfstand, 1995, S. 91.

Mechanismus nur dann angewandt werden, wenn die öffentlichen Interessen den Gewinn nicht mindern. Inwieweit der öffentliche Partner mit seinen Interessen von dem Privaten im *free-rider*-Verfahren profitieren kann, hängt also davon ab, ob sich die öffentlichen Interessen ihrer Eigenschaft nach an den Mechanismus der privaten Corporate-Control koppeln lassen. Wenig operable und in zeitlicher und/oder sächlicher Hinsicht variable Gewinn mindernde Interessen lassen sich daher nicht an die private Corporate-Control im Trittbrettfahrerverfahren koppeln. Die Entscheidung über eine mehr oder weniger effiziente Arbeitsweise ist nicht zu trennen von der Entscheidung der Ausfüllung des Ermessensspielraumes des Gewinn mindernden öffentlichen Interesses. Da dieses das Maß der betrieblichen Effizienz, nämlich den Gewinn tangiert, wird der Ermessenspielraum unter privater Beherrschung immer zu Lasten des Gewinn mindernden öffentlichen Interesses ausgefüllt. Insofern müssen diese bei privater Beherrschung (und diese ist, wie sich zeigen wird, erforderlich) nach PPP 1 und 2 fixiert sein; ansonsten gehen sie bei der Gewinnmaximierung unter und sind daher für eine PPP wenig geeignet.

Die Frage, ob es jedoch dem Privaten überhaupt gelingt, den Markt für private Unternehmenskontrolle wirksam zu nutzen und damit dem öffentlichen Gesellschafter durch Trittbrettfahren eine Effizienzsteigerung in der PPP zugänglich zu machen, hängt von dem Grad der Funktionalität der privaten Interessendurchsetzung ab[597]. Diese Funktionalität bestimmt sich bei breit gestreuten privaten Anteilen regelmäßig nicht nach der privaten und öffentlichen Beteiligungs*quote*, sondern nach dem *Engagement*, mit dem die aus der Beteiligungsquote erwachsenen Rechte tatsächlich verfolgt werden[598]. Angenommen werden soll daher, dass die Ziele der PPP als abhängige Variablen auf die Gesellschafterstruktur als unabhängige Variable reagieren[599]. Jedoch bestimmt nicht das Vorhandensein einer rechnerischen privaten Eigenkapitalquote den Kontrollerfolg der PPP, sondern die engagierte Ausübung der damit verbundenen Rechte. Diese Ausübung differenziert sich nach der Rentabilität der Kontrolle, die wiederum von der Höhe

597 Vgl. Hirsch, H., Püttner, G., Gedanken zur Neuordnung der industriellen Bundesunternehmen, in: Die Verwaltung 1976, S. 465.

598 Vgl. Adams, M., Höchststimmrechte, Mehrfachstimmrechte und sonstige wundersame Hindernisse auf dem Markt für Unternehmenskontrolle, in: Die Aktiengesellschaft 2/1990, S. 67.

599 Vgl. Boardman, A. E., Vining, A. R., The Behavior of Mixed Enterprises, in: Research in Law and Economics, 1991, S. 231, die folgende Differenzierung nach Beteiligungsquote und Konzentration der Verfügungsrechte erfolgt in Anlehnung an die Untersuchungen von *Boardman* und *Vining*.

der Beteiligungsquoten *und* von der Konzentration der PPP-Anteile abhängt[600]. Untersucht werden daher unterschiedlich hohe private Eigenkapitalquoten in konzentrierter und gestreuter Form. Die Anteile des öffentlichen Partners werden zunächst grundsätzlich als konzentriert angenommen; in einem späteren Abschnitt wird auf gestreute öffentliche Anteile eingegangen. Im Verlauf der Untersuchung werden als Erstes die *polar cases*, ein minimaler privater und ein minimaler öffentlicher Anteil an der PPP, untersucht, um deren Ergebnisse dann auf weniger extreme Beteiligungsverhältnisse herunterzubrechen. In der Verwendung des Vokabulars werden die PPP-Partner weiterhin nach der Eigenschaften öffentlich oder privat differenziert, so dass auch im Falle gestreuter Anteile von *einem* öffentlichen und *einem* privaten Partner die Rede ist. Unter realitätsnahen Prämissen kann nicht davon ausgegangen werden, dass selbst bei vollständiger privater Beherrschung und hoher Kontrollintensität die Minimalkostenkombination genau getroffen werden kann, denn der Markt für private Unternehmenskontrolle ist, wie alle Märkte, nicht vollkommen, und trotzdem lässt sich schlussfolgern, dass infolge einer privaten Corporate-Control die Differenz zwischen erhöhter Kostenfunktion und Minimalkostenkombination signifikant verringert wird[601].

Für die nun untersuchten Reaktionen einer PPP in Abhängigkeit von der Stimmrechtsstruktur ist zu berücksichtigen, dass alle in den einzelnen Kombinationen von Eigentumsquoten seitens der öffentlichen Hand und Konzentration unterschiedlicher Eigentumsquoten des privaten Partners zu erwartenden Verhaltensweisen zu einem gewissen Teil auch in den anderen Kombinationen auftreten werden[602].

---

600 Vgl. Boardman, A. E., Vining, A. R., a.a.O., S. 226.

601 Vgl. D'Souza, J., Megginson, W .L., The Financial and Operating Performance of Privatized Firms during the 1990s, in: The Journal of Finance 1999, S. 1397ff. Vgl. Boubakri, N., Cosset, J. – C., The Financial and Operating Performance of Newly Privatized Firms: Evidence from Developing Countries, in: The Journal of Finance 1998, S. 1981ff. Vgl. Megginson, W.L., Nash, R.C., Randenborgh, M. van, The Financial and Operating Performance of Newly Privatized Firms: An International Empirical Analysis, in: The Journal of Finance 1994, S. 403ff. Vgl. Picot, A., Kaulmann, T. (1981), a.a.O., S. 960. Vgl. Megginson, W. L., Netter, J. M., From State to Market: A Survey of Empirical Studies on Privatization, in: Journal of Economic Literature, 2001, S. 328ff. Vgl. Picot, A., Kaulmann, T., Comparative Performance of Government-owned and Privately-owned Industrial Corporations – Empirical Results from Six Countries, in: Journal of Institutional and Theoretical Economics 1989, S. 313.

602 Vgl. Boardman, A. E., Vining, A. R., a.a.O., S. 231.

Die unter Berücksichtigung der Eigenkapitalstruktur zu erwartende Kontrollleistung wird auf die Zielfunktionen einer PPP (PPP 1 bis 3) angewendet, um in der Schlussfolgerung die Eignung verschiedener Zieleigenschaften für verschiedene Eigenkapitalstrukturen zu ermitteln. Es lassen sich die Eigenkapitalstrukturen einer PPP begründen, denen eine höhere oder niedrigere Wahrscheinlichkeit des Hebens der ökonomischen Erfolgspotentiale der PPP zugeschrieben werden kann.

6.2.1 Niedriger privater Gesellschafteranteil an der PPP

Als niedriger privater Anteil sollen Beteiligungsquoten angenommen werden, die es rechnerisch ermöglichen, alle Geschäftsführerpositionen mit öffentlicherseits ausgewählten Managern zu besetzen und die Geschäftspolitik in dem von der Satzung zum Ermessen freigegebenen Dispositionsspielraum mit Gewinn minderndem öffentlichen Interesse auszufüllen.

Das öffentliche Ziel wird bei niedrigem privaten Anteil in der PPP 1 und PPP 2 und sogar in der PPP 3, also auch bei hoher sachlicher und/oder zeitlicher Variabilität des öffentlichen Zieles, grundsätzlich erreicht, einerseits durch die Satzungsgebundenheit, andererseits über die Ausnutzung der Ermessensspielräume des öffentlicherseits besetzten Vorstandes. Für den Grad der Effizienz innerhalb des Erreichens der Ziele ist der private Einfluss erforderlich; der Private jedoch kann mangels eigener Vertretung im Geschäftsführergremium seine Interessen nur noch formal, nicht aber in der Ausübung des gesellschaftsrechtlichen Ermessenspielraumes, in der PPP durchsetzen. Selbst wenn es dem Privaten gelänge, seine konzentrierten Rechte partiell auszuüben, so wäre sein Einfluss aufgrund dessen geringeren Gewichtes nicht maßgebend. Liegen die wenigen Anteile des privaten Partners auch noch in gestreuter Form vor, rückt der Grenznutzen einer wirksamen Kontrolle in weite Ferne. Auch das Übernahmeargument[603] kommt nicht zum Tragen. Soweit ein Verkaufsinteresse seitens des öffentlichen Partners nicht signalisiert wird, ist eine Übernahme der privaten Anteile wegen der Unmöglichkeit der Einflussgewinnung zwecklos. Der sich ergebende Spielraum wird durch den öffentlichen Partner ausgefüllt. Der öffentliche Partner strebt seine Ziele nach dem beschriebenen Anreizsystem an, welches sich aus der vollständigen Zuweisung des Nutzens und der partiellen Belastung der Kosten im Sinne des Abschnittes 5.4.2 ergibt, so dass mit der Erfüllung Gewinn mindernder Ziele in erheblichem Maße gerechnet werden kann. Die PPP mit hohem öffentli-

---

603 Vgl. Abschnitt 6.2.2.2

chen Anteil nimmt nur theoretisch am Markt für private Unternehmenskontrolle teil. Da sich der private Anteil wegen des geringen quotalen Gewichtes nicht geschäftspolitisch aktivieren lässt, ist eine Hebung des ökonomischen Potentials nicht zu erwarten[604]. Vielmehr wird die PPP die Eigenschaften eines rein öffentlichen Betriebes in privater Rechtsform annehmen, so dass den privaten Minderheitsaktien eher die Eigenschaften von Rentenpapieren zuwachsen[605].

Eine PPP mit hohen öffentlichen Anteil eignet sich nur im geringem Maße zur Verbesserung der Effizienz des Unternehmens. Aus Sicht der öffentlichen Hand eignet sie sich eher zur maximalen Beibehaltung gewohnter öffentlicher Einflussstrukturen in den PPP 1 bis 3 bei gleichzeitiger Nutzung der positiven Außenwirkung des Begriffes PPP unter Vereinnahmung der Privatisierungserlöses.

6.2.2 Hoher privater Gesellschafteranteil an der PPP

Ist der private Partner rechnerisch infolge der Beteiligungsquote in der Lage, das Geschäftsführergremium zu bestellen, wird der private Anteil als hoch bezeichnet.

6.2.2.1 Konzentrierte private Anteile

Soweit sich der rechnerische Kapitalanteil wegen der Konzentration der Verfügungsrechte auch praktisch in der Besetzung der relevanten Vorstandposten mit privaterseits ausgewählten Personen niederschlägt, werden die Ziele, soweit sich aus der Satzung ein Dispositionsspielraum ergibt, im Sinne der Gewinnmaximierung ausgefüllt. Dabei gilt, dass der Aufwand des Besetzens der Vorstandsposten und der der Corporate-Control durch den Privaten nur dann gewährleistet werden kann, wenn eine Rentabilität in Aussicht steht. Der private Partner ermittelt die Rentabilität, indem der Grenznutzen der Kontrolle die Grenzkosten der Kontrolle übersteigen muss. Bei konzentrierten privaten Anteilen in hoher privater Anteilsquote ist dies der Fall, denn die Grenzkosten verteilen sich auf eine relativ große Kapitalbasis; es kann daher von einem wirksamen privaten Kontrollengagement ausgegangen werden. Die zu erwartenden Grenzerlöse einer wirksamen privaten Kontrolle stehen bei einer hohen und konzentrierten privaten Beteiligungsquote in einem rentablen Verhältnis zu den erwarteten Grenzkosten. Die Kosten der Kontrolle verteilen sich unter Ausnutzung von Skaleneffekten auf eine größere

604 Vgl. Hirsch, H., Püttner, G., a.a.O., S. 465.
605 Vgl. Hirsch, H., Püttner, G., a.a.O., S. 465.

Kapitalbasis, so dass sich die Wahrscheinlichkeit einer wirksamen Kontrolle deutlich erhöht[606]: Der Markt für private Unternehmenskontrolle funktioniert. Der private Anteilseigner droht seinen Managern im Falle der Schlechtleistung mit der Sanktion der Abberufung. In der Folge maximiert das Management seien individuellen Nutzen, nämlich den der Erhaltung des Arbeitsplatzes, genau dann, wenn es die Ziele des Prinzipals, eine minimalkostenkombinierte Produktion, verfolgt. Der Fremdgeschäftsführer weist seine minimalkostenkombinierte Produktion an dem Ausmaß des betrieblichen Gewinnes nach. Das öffentliche Ziel wird in der PPP 1 und PPP 2 aufgrund der Satzungsgebundenheit erreicht; in der PPP 3 bestehen geringere Chancen, da der bei geringer Operabilität des öffentlichen Zieles entscheidende Ermessensspielraum nicht durch die öffentliche Hand ausgefüllt wird. Mit dem geringen öffentlichen Einfluss gewinnt die PPP den Charakter eines privatwirtschaftlichen Betriebes[607]. Die Geschäftspolitik der Firma bleibt unbeeinflusst, und Konflikte unter den Gesellschaftern kommen nicht auf[608].

Der öffentliche Partner, der keinen Einfluss ausüben kann, partizipiert im maximal möglichen Ausmaß als Trittbrettfahrer an dem Kontrollaufwand des Privaten. Diese Konstellation ist der PPP-Optimalfall; die ökonomischen Potentiale werden in relativ umfangreicherer Form als in allen anderen hier erörterten PPPs ausgeschöpft.

Auf der anderen Seite ermöglichen die konzentrierten privaten Anteile einen derart großen Einfluss auf die Geschäftspolitik, dass die Erwirtschaftung und Ausnutzung diskretionärer Gewinne durch den privaten Partner befürchtet werden könnten[609]. Als diskretionäre Gewinne sollen Gewinn aus der PPP bezeichnet werden, die nicht innerhalb der PPP entstehen, sondern sich durch einen Partner extern monetarisieren lassen, beispielsweise durch konzerninterne Auftragsver-

606 Vgl. De Alessi, L., Private Property and Dispersion of Ownership in Large Corporations, in: The Journal of Finance 1973, S. 843.

607 Vgl. Eichhorn, P., Managementverhalten in öffentlichen Unternehmen, in: Eichhorn, P. (Hrsg.), Managementverhalten in öffentlichen Unternehmen, ZögU 1984, Beiheft 6, S. 2. Ebenso Bös, D., Schneider, F., Private Public Partnership: Gemeinschaftsunternehmen zwischen Privaten und der öffentlichen Hand, in: ZGR 3/1996, S. 525.

608 Vgl. Püttner, G., Plädoyer für eine differenzierte Betrachtungsweise, in : Gesellschaft für öffentliche Wirtschaft und Gemeinwirtschaft, (Hrsg.), Gemischtwirtschaftlichkeit und öffentliche Aufgabe, Referate und Diskussionsbeiträge einer Vortrags und Diskussionsveranstaltung der Gesellschaft für öffentliche Wirtschaft und Gemeinwirtschaft am 17. November in Köln, Berlin 1988, S. 44.

609 Vgl. De Alessi, L. (1973), a.a.O., S. 843.

gabe an Konzernfirmen des Privaten zu Vorzugskonditionen bei Nicht-Anwendung des Vergaberechtes (vgl. Abschnitt 4.2.3). Die Belastung erfolgt quotal auf der Ebene der PPP und, der Nutzen kommt allein dem Bevorzugten zugute. So ließe sich ein Anreiz nicht ausschließen, diskretionäre Gewinne abseits der Minimalkostenkombination zu erwirtschaften, den PPP-Erfolg zu ermäßigen und gleichzeitig den Totalgewinn des einen Bevorzugten zu maximieren. Es liegt ein ähnlicher Fall vor wie bei der Ausweitung des öffentlichen Gewinn mindernden Interesses. In beiden Fällen wächst der Nutzen des einen Partners zu Lasten des anderen. Jedoch lässt sich die externe Monetarisierung besser beherrschen als die Zielverschiebung hin zum Gewinn mindernden Ziel, beispielsweise durch das Verbot der konzerninternen Auftragsvergabe. Ist dies nicht möglich, weil gerade die konzerninterne Auftragsvergabe gewünschte Synergieeffekte schafft, bedarf diese Auftragsvergabe einer speziellen Kontrolle des Partners. Ohne diese grundsätzliche Funktionsannahme könnte der Bevorzugte versteckte Gewinne zu Lasten des Benachteiligten realisieren. Die Effizienz wäre damit suboptimal, und das Potential ließe sich auch in diesem grundsätzlich optimalen Fall der privaten Beherrschung nicht ausschöpfen. Für die weiteren Untersuchungen soll, soweit nicht anders angegeben, davon ausgegangen werden, dass die Kontrolle des monetarisierbaren diskretionären Gewinnes, z.B. infolge des Vergaberechtes, in einem gewissen Maße funktioniert.

Ist die private Quote hoch und liegt sie in konzentrierter Form vor, kommt es infolge der funktionierenden privaten Kontrolle zur maximalen Wahrscheinlichkeit des Hebens der ökonomischen Potentiale. Der öffentliche Partner nimmt daran in der PPP 1 und PPP 2 teil. In der PPP 3 gehen die nicht operabel formulierten Interessen des öffentlichen Partners bei Beherrschung durch den Privaten tendenziell unter. Damit eignen sich PPP 1 und PPP 2 bei hohen und konzentrierten Anteilsquoten für eine Zielerfüllung nahe der Minimalkostenkombination. PPPs mit Eigenschaften nach PPP 3 eignen sich nicht für hohe konzentrierte private Quoten.

6.2.2.2 Gestreute private Anteile

Die Besetzung der Geschäftsführerposten folgt derselben Wirkungskette wie bei der privaten Corporate-Control; der Private übt sein Personalbesetzungsrecht nur dann engagiert aus, wenn die Rentabilität dieses Engagements gegeben ist. Die Grenzkosten müssen damit unter den Grenzerlösen des Aufwandes der Personalauswahl und der Kontrolle liegen[610]. Entsprechend hohe Kosten der Kontrolle

610 Vgl. De Alessi, L. (1973), a.a.O., S. 842.

vorausgesetzt, ist die Grenze der Kontrollbereitschaft der Anteilseigner mit geringem Anteilsbesitz schnell erreicht und der Kontrollaufwand für den einzelnen privaten Partner rechnet sich nicht mehr[611]. Insofern korreliert die Leistung des Marktes für private Unternehmenskontrolle in der PPP bei fixem und konzentriertem öffentlichen Anteil positiv mit der Konzentration der privaten Gesellschafteranteile. Das gilt umso mehr, als der Kontrollierende den Nutzen der Kontrolle mit zahlreichen Trittbrettfahrern teilen muss, den Aufwand jedoch allein zu tragen hat.

Bei gestreuter privater Eigenkapitalquote einer PPP konkretisiert sich die Tatsache, dass der Kontrollaufwand sich nicht lohnt, durch Abwesenheit von der Hauptversammlung. Und selbst wenn die Privaten an der Hauptversammlung teilnehmen, so ist dem im Amt befindlichen Management üblicherweise die Stimme des Kleinaktionärs sicher[612], denn diesem ist die Kontrolle zu aufwändig, so dass er in eine „rationale Apathie“[613] verfällt und alles beim Alten lässt. Die Macht des Vorstandes zu Lasten der Kontrolle wächst und sinkt so proportional zu dem Grade der Streuung des Eigenkapitals[614]. Ohne weitere Maßnahmen versagt der Markt für private Corporate-Control bei gestreuten Anteilen. Damit wären sämtliche Gesellschaften mit breit gestreutem Anteilsbesitz, auch rein Privatwirtschaftliche, nur schwach kontrolliert und dementsprechend wenig effizient. Mit der Effizienz nähme allerdings auch der sichtbare Wert des Betriebes ab, denn die möglichen Gewinne werden aufgrund der schwachen Kontrolle nicht wahrgenommen[615]. In der Folge eignen sich derartige Betriebe zur Übernahme[616], wobei als funktionale Voraussetzung einer effektiven Corporate-Control ein informationstransparenter, informationseffizienter Kapitalmarkt angenommen sei[617]. Dritte, die so den wahren Wert des Betriebes, der sich unter wirksamer Kontrolle ergäbe, erkennen, beispielsweise Konkurrenten auf dem Absatzmarkt oder professionelle Übernehmer, so genannte *raider*[618], haben die Möglichkeit,

611 Vgl. De Alessi, L. (1973), a.a.O., S. 842.

612 Vgl. Adams, M. (1990), a.a.O., S. 67.

613 Vgl. Adams, Anhörung Macht von Banken und Versicherungen – Wettbewerb im Finanzdienstleistungssektor – 8. Dezember 1993 Deutscher Bundestag – Ausschuß für Wirtschaft, Diskussionsbeiträge Recht und Ökonomie, Nr. 18, 1994, S. 11.

614 Vgl. Potthoff, E. (1972), a.a.O., S. 173.

615 Vgl. Semler, J. (1995), a.a.O., S. 48.

616 Vgl. Grossman, S. J., Hart, O. D., Takeover bids, the free rider problem, and the theory of the corporation, in: Bell Journal of Economics 1980, S. 42ff.

617 Vgl. Preuschl, M., Unternehmensübernahmen als Instrument der Managementkontrolle?, Eine Analyse am Beispiel der USA, Regensburg, 1977, S. 97.

618 Vgl. Grossmann, S. J., Hart, O. D. (1982), a.a.O., S. 107ff.

über den Erwerb der günstigen Anteile[619] die Gesellschafterrechte zu konzentrieren, die Rentabilität der Kontrolle herzustellen, das Management auszutauschen[620] und so die Leistungsreserven des Betriebes zu heben[621]. Erst dadurch wird die Dysfunktion des Marktes für private Unternehmenskontrolle, die bei gestreuten Anteilen und hohen Kontrollkosten entsteht, korrigiert. Diese Re-Konzentration der rechnerisch gestreuten property-rights stellt die Rentabilität des Kontrollaufwandes wieder her, so dass der Markt für private Unternehmenskontrolle sich wieder aktiviert. Die aus der Re-Konzentration folgende Übernahmedrohung ist dem Management als latentes Risiko bewusst, die Vorstände haben daher einen Anreiz, von vornherein („We view good Management als a result to the threat of take over"[622]) effizient zu arbeiten; anderenfalls werden sie abgelöst. Mit Hilfe einer am Management vorbei operierenden Unternehmensübernahme hat dieser Zusammenhang als „Disziplinierungsthese" in die Kapitalmarktliteratur Eingang gefunden[623]. Damit ist die Effizienz maximierende Vorwirkung der privaten Kontrolle nachgewiesen. Die individuelle Nutzenmaximierung des Erhaltes des Vorstandspostens lässt sich erst dann realisieren, nachdem der Erfolg der Unternehmung maximiert ist[624].

Die Wahrscheinlichkeit des Funktionierens des Marktes für private Unternehmenskontrolle steigt mit der Aussicht auf das Aufkommen eines an der Übernahme interessierten Dritten. Dies hängt von den Eigenschaften der Verteilung des Eigenkapitals ab. Ein Dritter muss im Zuge der Kalkulation der Übernahme mit einer hohen Wahrscheinlichkeit damit rechnen können, eine ausreichende Anzahl an Anteilen zu erwerben. Entscheidend ist also die Verteilung der Eigentumsrechte im Detail. Verkauft der öffentliche Partner grundsätzlich nicht, muss der von Dritten mit großer Sicherheit aufkaufbare Anteil der Gesellschafterrechte

---

619 Den Übernehmer trifft dabei ein Trittbrettfahrerproblem, schließlich ist der wahre Wert des Betriebes mit Angabe des Übernahmepreises bekannt, auch ohne dass es zu einem Verkauf der ausreichenden Quote kommt; allerdings kann er dies durch die Kalkulation des Übernahmepreises antizipieren, indem er, eine Totalübernahme anstrebend, einen Preis unter dem wahren Wert der Firma offeriert. Vgl. Alchian, A. A., Specificity, Specialisation, and Coalitions, in: Journal of Institutional and Theoretical Economics 1984, S. 45.

620 Vgl. Alchian, A. A. (1984), a.a.O., S. 45.

621 Vgl. Manne, H. G., Mergers and the Market for Corporate-Control, in: Journal of Political Economy 1965, S. 110ff.

622 Grossman, S. J., Hart, O., Take-Over Bids, the Managerial Theory of the Firm and the Free Rider Problem, in: Currie, D. A., Peters, W. (Hrsg.), Contemporary Economic Analysis, London 1978, S. 467.

623 Vgl. Preuschl, M., a.a.O., S. 185.

624 Vgl. Alchian, A. A., a.a.O. (1984), S. 44f.

so umfangreich sein, dass über den Aufsichtsrat das Ersetzen des Vorstandes gelingt. In der Praxis müsste der Anteil des öffentlichen Partners schon sehr klein sein, um genügend Anteile im *free flow* für den potentiellen Übernehmer vorzuhalten. Damit steigt die Wahrscheinlichkeit der Wirksamkeit der privaten Kontrolle mit der Zunahme der Eigenkapitalquote bei gestreuten privaten Anteilen. Ist die gestreute private Quote entsprechend hoch, kommt es infolge der privaten Kontrolle zu einer höheren Wahrscheinlichkeit des Hebens der ökonomischen Potentiale. Verglichen mit der PPP unter konzentrierten privaten Rechten, muss die private Quote bei gestreuten privaten Anteilen höher sein, um die Leistung des Marktes für private Corporate-Control zu aktivieren, da sich kaum alle privaten Rechte für eine Re-Konzentration gewinnen lassen werden.

Der öffentliche Partner nimmt daran in der PPP 1 und PPP 2 teil. In der PPP 3 gehen die nicht operabel formulierten Interessen des öffentlichen Partners bei Beherrschung durch den Privaten wie bei konzentrierten privaten Anteilen unter. Damit eignen sich PPP 1 und PPP 2 für hohe private Anteilsquoten, die auch gestreut vorliegen können.

6.2.3 Mittlerer privater Gesellschafteranteil an der PPP

Ein mittlerer privater Anteil an der PPP soll bei annähernd paritätischer Verteilung des rechnerischen Eigenkapitals unter den Partnern vorliegen.

6.2.3.1 Konzentrierte private Anteile

Bei mittleren Anteilen, die bei einer privaten konzentrierten Quote einer direkten Kontrolle unterliegen, gleichzeitig jedoch auch von öffentlichen Vorständen gelenkt werden, ist es erforderlich, zwischen den PPPs, die für ihren Erfolg eine geringe Ermessensleistung des Vorstandes benötigen (PPP 1 und PPP 2), und der PPP 3 mit hoher Ermessensleistung zu unterscheiden.

6.2.3.1.1 Interessenkongruenz bei PPP 1 und PPP 2

In der Folge paritätischer Stimmrechtsverteilung kommt es bei konzentrierten Rechten beider Partner zu einem in etwa paritätisch besetzten Vorstandsgremium. Die private Kontrolle ist wegen der Konzentration der Rechte hoch, und ökonomische Potentiale können entsprechend ausgeschöpft werden; der Öffentliche profitiert zuverlässig im Trittbrettfahrerverfahren ähnlich wie bei beherrschender privater Beteiligung. Soweit öffentliche Manager gewinnliche (PPP 2) oder fixierte Gewinn mindernde (PPP 1) Ziele verfolgen, kann von der Unterstützung der öffentlicherseits bestellten Vorstandsmitglieder in der Geschäftspolitik des Privaten ausgegangen werden.

Öffentlicherseits bestellte Manager neigen in dieser Situation zur Übernahme des Verhaltens ihrer privatwirtschaftlichen Kollegen[625]. Weiterhin kommt es in der PPP 1 und PPP 2 trotz eines gemischt besetzten Vorstandes nicht zum Dissens, da der im Konsens auszufüllende Ermessensspielraum infolge der hohen Operabilität satzungsgemäßer Vorgaben nur gering ist. Sowohl in der PPP 1 als auch der PPP 2 ist mit einer ökonomischen Effizienz wie bei dem hohen privaten konzentrierten Anteil zu rechnen.

6.2.3.1.2 Interessenkonfusion bei PPP 3

Ohne Zielkongruenz wie in der PPP 1 und ohne operabel formulierte Zieldifferenz wie in der PPP 2 ist in der PPP 3 eine höhere Ermessensleistung des Vorstandes in Bezug auf das Abwägen gewinnlicher und Gewinn mindernder Zielen erforderlich[626]. Die Ermessensleistung ist erstens bei der Abwägung über die Ziele zu treffen und zweitens in der Entscheidung über das Ausmaß vertretbarer agency costs, also den Grad der ökonomischen Effizienz. Das Problem der Interessenkonfusion tritt also nur für denjenigen Teilbereich der Ziele der PPP auf, der mit den Eigenschaft „gering operabel" beschrieben wird, denn die anderen Geschäftssparten verlangen nicht nach einer Ermessensleistung.

Der Verlauf dieser Ermessensleistung innerhalb des paritätisch besetzten Vorstandes, der zur Hälfte gewinnliche (privaterseits ausgewähltes Vorstandspersonal) und partiell nicht gewinnliche Interessen (öffentlicherseits ausgewähltes Vorstandspersonal) verfolgen mag, lässt sich unter Zuhilfenahme einer Nachbardisziplin der Betriebswirtschaftslehre, der Psychologie, erklären. Die Entscheidungssituation, die den PPP-Managern vorliegt, wird durch *Festinger* mit dem Begriff „organizational cognitive dissonance"[627] beschrieben[628]. Aus der Be-

---

625 „Man will möglichst noch kapitalistischer erscheinen als die etablierten Kapitalisten." Becker, W. D., Extemporalia zum Managementverhalten in öffentlichen Banken, in: ZögU 1984, Beihheft 4, S. 14.

626 Für Zeitverzögerungen in der Entscheidungsfindung vgl. Killing, J. P., How to make a global joint venture work, in: Harvard Business Review 1986, S. 238.

627 Festinger, L., A Theory of Cognitive Dissonance, Stanford 1957, S. 3ff.

628 Vgl. Boardman, A., Eckel, C., Vining, The Advantages and Disadvantages of mixed Enterprises, in: Research in International Business and International Relations 1986,Volume 1, S. 239.

triebswirtschaft einer PPP, übertragen in die Psychologie der Individuen, gehen die Zielvorstellungen der einzelnen Manager als Kognition und der in der Summe als Dissonanz in die Rechnung ein. Die Dissonanz erklärt die Widersprüchlichkeit, beispielsweise den Gewinn zu maximieren und parallel Arbeitskräfte über das betriebsnotwendige Maß hinaus zu beschäftigen. Der Vorstand gerät wegen der seine Handlung behindernden Inkonsistenz der Ziele in die sprichwörtliche Situation, die der des Esels entspricht, der zwischen zwei Heuhaufen verhungerte, weil er sich nicht für einen entscheiden konnte[629]. Den Geschäftsführern bleibt das Schicksal der totalen Handlungsohnmacht erspart, denn die menschliche Natur ist auf eine Auflösung der Dissonanzen ausgerichtet[630]. Der Zielkonflikt an sich gibt jedoch keine Angriffsfläche für den Dissonanzabbau, denn die Änderungsresistenzen der einzelnen Ziele sind hoch, die Kognition des einen Partners (Gewinn) lässt sich nicht ändern, die Kognition des anderen Partners (Arbeitsplätze) ebenfalls nicht. Der weiter bestehende Spannungszustand zwingt die Manager, bei Dissonanzbewältigung von der *Art* der Zielerfüllung auf den *Grad* der Zielerfüllung auszuweichen[631]. Die Dissonanz wird nicht durch die Verbesserung der Stimmigkeit der Kognitionen bewältigt (Wie können die Arbeitskräfte Gewinn produzierend eingesetzt werden?), sondern durch eine Veränderung der Intensität der widersprüchlichen Kognitionen. Überträgt man Schlussfolgerungen aus der Psychologie in die Betriebswirtschaft, kommt es nicht zu einer Internalisierung der Ziele in die Produktionsfunktion, sondern zu einer Abnahme der Zielstrebigkeit der PPP. Mit nun schwindender Repräsentanz der Kognitionen der offiziellen Ziele eröffnen sich entscheidungsrelevante Räume, die mit neuen Zielen ausgefüllt werden können[632]. So bewältigen Individualnutzen maximierende PPP-Manager die Dissonanz durch Verdrängung der offensichtlich kollidierenden Ziele zu Gunsten der Auswahl identischer Kognitionen, die immerhin in der Maximierung des Individualnutzens[633] bestehen. Dissonanzbelastete Manager lösen betriebswirtschaftliche Probleme „by concluding that profitability is not important“[634]. Damit wird die Minimalkostenkombination im Dissonanzfall nicht verfolgt. Betrieblichen Problemen wird unter Zuhilfenahme von entspre-

---

629 Vgl. Beckmann, J., Kognitive Dissonanz – eine handlungstheoretische Perspektive, Berlin/Heidelberg/New York/Tokyo 1984, S. 67.

630 Vgl. Festinger, L., a.a.O., S. 3ff.

631 Vgl. Beckmann, J., S. 70.

632 Vgl. Dörner, D., Die Logik des Misslingens, Reinbek, 1995, S. 88ff.

633 Vgl. Eichhorn, P., Identitätskrise öffentlicher Manager, in: ZögU 1984, Beiheft 6, S. 22.

634 Boardman,A., Eckel, C., Vining, A. (1986), a.a.O., S. 239.

chenden finanziellen Mitteln aus dem Wege gegangen[635]. Für die Rechtfertigung des Nichterreichens des Zieles ist jeder Geschäftsführer in der Lage, die Schlechtleistung des Nichterreichens seines Zieles hinter der Begründung des hinderlichen anderen Zieles informationsasymmetrisch zu verstecken[636]. Der andere Geschäftsführer führt umgekehrt die gleiche Begründung an. Im Ergebnis wird keines der durch die Gesellschafter vorgegeben Ziele in der maximal möglichen Ausprägung erreicht, und die Minimalkostenkombination wird verfehlt[637].

Soweit sich die unvermeidbare Gewinnminderung in der Vorhaltung eines überhöhten Personalbestandes dokumentiert und das Gewinn mindernde Ziel des Öffentlichen in der Arbeitsplatzsicherung liegt, profitiert der Öffentliche von der Dissonanz in derselben Wirkungskette, die für die mangelnde Disziplinierung des Agentenkonfliktes in Abschnitt 5.4.3 hergeleitet wurde, während er Private verliert. Sein Verlust geht zu Gunsten der Mehr-erfüllung des öffentlichen Zieles.

Liegen die PPP-Anteile in etwa paritätischen Verhältnissen vor und nimmt man eine in etwa paritätische Besetzung der Geschäftsführerposten an, kommt es nicht zwangsläufig zu einer halbe-halbe-Zielerfüllung, sondern zu schlechteren Ergebnissen. Ziele nach PPP 3 bei konzentrierten Anteilen werden nur partiell und im Hinblick auf die Effizienz suboptimal erreicht; das ökonomische Potential der PPP lässt sich bei konzentrierten Anteilen mit wenig operablen Zielen nicht ausschöpfen.

6.2.3.2 Gestreute private Anteile

Entscheidend für die Frage, ob der Vorstand privaterseits besetzt wird, ist, ob sich das Engagement der Personaleinsetzung für den Privaten rentiert. Private Personalbesetzung ist Teil der privaten Corporate-Control. Die Leistung des Marktes für private Corporate-Control nimmt mit steigender Streuung der privaten Quote zunächst ab und wächst wieder, soweit innerhalb der privaten Quote die Streuung eine Re-Konzentration durch einen Übernehmer ermöglicht werden kann. Bei etwa paritätischer Beteiligung des rechnerischen Eigenkapitals ist die Re-Konzentration der gestreuten Anteile jedoch nicht nur durch den privaten Partner, sondern auch durch den öffentlichen Partner möglich. Dieser muss, um eine Re-Konzentration zu erreichen, eine weit geringere Konzentrationsleistung

---

635 Vgl. Mazzolini, R., Government Controlled Enterprises: International Strategic and Policy Decisions, Chichester/New York/Brisbane/Toronto 1979, S. 57 .

636 Vgl. Bös, D., Schneider, F., a.a.O., S. 543.

637 Vgl. Bös, D., Schneider, F., a.a.O., S. 543.

als ein Privater organisieren, denn er hat bereits die Hälfte der Stimmen konzentriert zur Verfügung.

Eine mögliche Usurpation des privaten Stimmanteils durch den öffentlichen Partner wäre anreizkompatibel verknüpft, genießt der öffentliche Partner doch die Vorteile eines Gewinn mindernden öffentlichen Interesses im Ganzen, bekommt jedoch, wie in Abschnitt 5.4.2 erörtert, nur die quotale Kostenbelastung zugewiesen. Die Usurpation wird durch individuelle Vorteile, die bis auf die Ebene des einzelnen Verwaltungsmitarbeiters und Politikers reichen, persönlich anreizkompatibel unterstützt. Dort ergibt sich infolge der Beherrschung der PPP ein neuer Handlungsraum für *rent-seeking*-Aktivitäten. Personalstellen können, fast wie in der 100%-Eigengesellschaft, wieder öffentlich besetzt werden. Auch die Erfüllung nicht satzungsgemäß fixierter öffentlicher Interessen wäre nun möglich, und zwar nicht nur in der PPP 3, sondern auch innerhalb des Dispositionsspielraumes des Vorstandes der PPP 2 und PPP 1. Damit ergibt sich in dieser Situation der PPP mit gestreuten privaten Anteilen eine Rückkopplung zu dem politischen Erfolgspotential der PPP. Gelingt es durch möglichst geeignete Einstellung der Beteiligungsquote und der Streuung, die private Kontrolle wirksam zu behindern, werden alle Interessengruppen im maximal denkbaren Umfang bedient. Öffentliche Interessen können de facto trotz hoher Variabilität in zeitlicher und/oder sächlicher Hinsicht verfolgt werden.

Doch auch der öffentliche Partner muss zunächst die Re-Konzentration organisieren, was für ihn systematisch schwieriger erscheint als für einen Privaten. Die Privaten werden ihre Stimmrechte nur dann durch Dritte vertreten lassen, wenn sie annehmen, dass diese ihr Gewinn maximierendes Interesse unterstützen. Dies kann der Öffentliche nicht glaubhaft signalisieren, zudem er mit der Usurpation nicht das Ziel der Gewinnmaximierung, sondern der Steigerung eines Gewinn mindernden Individualnutzens verfolgt. Um die Vertretung privaten Kapitals durch öffentliche Stellen dennoch zu realisieren, ist die Ausnutzung eines besonderen Effektes, der insbesondere durch mittlere und weiter steigende öffentliche Beteiligungsquoten zugänglich gemacht wird, erforderlich.

Private Anteilseigner, die über gestreute private Anteile verfügen, nehmen nicht an der Hauptversammlung teil, denn der Grenznutzen der Teilnahme liegt unter den Grenzkosten des Erfolges. Sie delegieren das ihnen zustehende Stimmrecht an Dritte, und soweit sie ihre Anteile bei Banken verwahren, erfolgt die Bevollmächtigung der Depotbank mit Hilfe der banküblichen Form des Depotstimmrechtes. Mit diesem Recht delegiert der Aktionär sein Stimm- und Kontrollrecht für alle in seinem Besitz sich befindenden Beteiligungen über lange Zeiträume[638]. Mit den Depotstimmrechten und den Stimmrechten aus den eigenen Anteilsbeständen der Bank beherrschen die Banken die Hauptversammlung[639]. Dort stehen sich damit zwei Gruppen gegenüber, die Banken und der öffentliche Partner. Sollte sich doch ausnahmsweise ein Privater die Mühe der Kontrolle machen, so „erscheint der Aufbau einer Opposition der Aktionäre gegen das Management großer Publikumsaktiengesellschaften gegen den Willen der durch ihren Beteiligungsbesitz und ihre Depotstimmkraft mächtigen Großbanken ein wenig lohnenswertes Unterfangen"[640]. Der Ausschuss für Wirtschaft des Deutschen Bundestages ließ sich in einer Anhörung über die Macht der Banken und Versicherungen informieren; dabei wurde formal um eine wissenschaftliche Stellungnahme zu der Frage gebeten, welche ordnungspolitischen Probleme sich aus der Tatsache ergäben, dass Bankvertreter gleichzeitig den Aufsichtsrat stellten, das Kreditkonsortium sowie das Emissionskonsortium bildeten und dabei Ausübende des Depotstimmrechtes seien[641]. Es wurde dokumentiert, dass unter offensichtlichen Interessenkonflikten sich die Inhaber der Depotstimmrechte „ihre Macht zu Lasten der Unternehmen und Aktionäre dadurch vergüten lassen, dass sie in die lukrativen Kredit- und Emissionskonsortien gewählt werden."[642] Nicht ausgeschlossen sei, „daß Kreditinstitute ihre wichtigen Kunden in Geschäften und Transaktionen beraten und geschäftlich begleiten, deren Ergebnisse im Interessengegensatz zu den ihnen von anderen Kunden anvertrauten Gelder etwa in der Vermögensverwaltung und den Depotverwaltungen stehen."[643]

Kombiniert man diese Erkenntnisse mit einer Vermutung Nutzen maximierenden Verhaltens in Banken, so besteht der Anreiz, die Stimmrechte der Privaten im Sinne des öffentlichen Partners zu vertreten und damit die Usurpation zu ermöglichen: Die Bank signalisiert ihre Loyalität durch eine dem öffentlichen Partner gegenüber wohlwollende Stimmrechtsvertretung und verbessert hier die Wahrscheinlichkeit auf lukrative Emissionsaufträge anlässlich weiterer Privatisierungen. So wächst über die Einflusskumulation[644] der Banken der Anteil des öffent-

---

638 Vgl. Böhm, J., Der Einfluss der Banken auf Großunternehmen, Hamburg 1992, S. 53ff.

639 Vgl. Adams, M., Aufsichtsräte und Banken – Kontrolldefizite und Einflusskumulation in der deutschen Wirtschaft – Es empfehlen sich gesetzliche Maßnahmen zur Einschränkung des Einflusses der Kreditinstitute und Allfinanzkonzerne, Diskussionsbeiträge Recht und Ökonomie, Nr. 30, 1996, S. 5ff.

640 Adams, M., (1990), a.a.O., S. 75f.

641 Vgl. Adams, M., (1994), a.a.O., S. 4.

642 Adams, M. (1994), a.a.O., S. 4.

643 Adams, M. (1994), a.a.O., S. 4.

644 Vgl. Adams, M. (1996), S. 8ff.

lichen Partners usurpierend in den des Privaten hinein. Dazu kommt, dass es nicht im Interesse der trägerhaushaltloyalen Depotbank sein kann, ein Übernahmeangebot zu unterstützen, da mit der Übernahme der Kontakt zu der Zielfirma verschlechtert wird und die Kundenbeziehung gefährdet wird[645]. Nachdem es dem öffentlichen Partner gelungen ist, sich das Wohlwollen der Großbanken zu sichern, können die Manager der PPP und die sie nun bestellenden Politiker (oder die Verwaltungsspitze) sich von anderen Aktionärszwängen frei fühlen; die Ausfüllung geschäftspolitischer Spielräume erfolgt zu Gunsten des Gewinn mindernden öffentlichen Interesses, und zwar jenseits der Minimalkostenkombination unter Verbesserung des individuellen Nutzens der Geschäftsführung[646].

Die wirtschaftlichen Chancen der Re-Konzentration des Eigenkapitals durch einen privaten Dritten sind in Anbetracht des starken öffentlichen Partners mit der Prämisse, dass dieser nicht verkauft, sehr gering[647]; es kann davon ausgegangen werden, dass die Möglichkeiten der Übernahmedrohung in einer PPP mit quotal hälftiger Verteilung des Anteilsbesitzes unter den Partnern nicht bestehen[648]. Während der maximale private Anteil, der gestreut vorliegt, die Unternehmenskontrolle durch dritte Übernehmer ermöglicht, nimmt die Wirksamkeit einer Übernahmedrohung mit Anwachsen des öffentlichen Anteils ab. Bei der hälftigen Verteilung der Gesellschafterrechte reichen die 50 %, die grundsätzlich für einen Übernehmer verfügbar wären, nicht aus, da zum einen nicht alle Privaten verkaufen werden und zum anderen die öffentlichen Anteile so stark konzentriert vorliegen, dass die Stimmrechtssituation nicht zu einer privaten Beherrschung führen kann. Damit scheitern der Austausch des Managements und die Hebung des ökonomischen PPP-Potentials. Der Markt für Unternehmenskontrolle versagt bei in etwa paritätischer Eigenkapitalverteilung und gestreuter privater Quote.

Da sich die politischen Entscheidungsträger dieser Wirkungen ex ante bewusst sind, liegt es im Bereich der Rationalität der öffentlichen Entscheider, dass die beschriebene Konstruktion im Sinne der Rückkopplung zu dem politischen Erfolgspotential der PPP gewählt wird, um den öffentlichen Einfluss weiterhin maximal zu halten. Die Teilnahme des öffentlichen Partners am Kontrollaufwand des Privaten durch Trittbrettfahrerverhalten ist nicht möglich und offensichtlich

645 Vgl. Werner, W., Probleme feindlicher Übernahmeangebote im Aktienrecht, Berlin/New York 1989, S. 19f.
646 Vgl. Adams, M. (1994), a.a.O., S. 12.
647 Vgl. Boardman, A. E., Vining, A. R. (1991), S. 237, ebenso Adams, M., Wider den Wettbewerb auf dem Markt für Unternehmenskontrolle, Diskussionsbeiträge zu Ökonomie und Recht, Nr. 4, 1990, S. 12.
648 Vgl. Semler, J. (1995), a.a.O., S. 47ff.

auch nicht gewünscht; anderenfalls hätte man eine alternative Konstruktion gewählt.

Für die Effizienz und die Zielerfüllung liegt eine Situation wie bei öffentlicher Beherrschung vor. Es besteht jedoch ein Unterschied: Die Steuerung durch den öffentlichen Partner bei Beherrschung durch die Anteilsquote ist von Anfang an bekannt und innerhalb der Eigenkapitalkondition des Privaten einkalkuliert. Der rationale Private kann sich hier bei seinem Markteintritt durch Antizipation anlässlich der Bemessung der Eigenkapitalkonditionen schützen[649].

Im Falle der ex post Usurpation war jedoch objektiv ein mindestens hälftiger privater Einfluss reklamiert, der, einen funktionierenden Markt für private Unternehmenskontrolle vorausgesetzt, für wirtschaftlichen Erfolg durch Disziplinierung des Staatseinflusses im Falle der PPP 1 und PPP 2 theoretisch hätte sorgen können (Bei gleichgewichtigem Kontrollengagement käme es in der PPP 3 auch hier zu Dissonanzverlusten wie in Abschnitt 6.2.3.1.2). Ohne die Antizipierung der Usurpation erwirbt der private Partner eine vom öffentlichen Partner beherrschte PPP, obwohl er objektiv die hälftige Beherrschung kauft. Nimmt man an, dass sich die Privaten vor dem Erwerb der Anteile nicht über das Usurpation im Klaren sind – immerhin kann es sich um Publikumsgesellschaften handeln –, so bemisst sich die Preisbereitschaft der Privaten so hoch wie für eine hälftige öffentliche Partnerschaft, obwohl sie, den erhöhten Ermessensspielraum bei öffentlicher Beteiligung antizipierend, nur so niedrig wie bei einer öffentlichen Beherrschung, der kleinere Gewinnchancen inhärent wären, sein dürfte. Der Öffentliche profitiert zu Lasten des Privaten. Es kommt also auf die Einschätzung der Wahrscheinlichkeit der Usurpation durch den Privaten an.

Eine PPP mit mittlerer öffentlicher Beteiligung und breit gestreuten privaten Anteilen eignet sich für Projekte, in denen der öffentliche Einfluss beibehalten werden soll und gleichzeitig in hohem Maße die Wirkungen der positiven Außendarstellung sowie der maximal mögliche Liquidationserlös angestrebt werden. Kommt es bei gestreuten privaten Anteilen zu einer Usurpation des privaten Anteils durch den öffentlichen Anteil, werden die öffentlichen Ziele in der PPP 1, PPP 2 und sogar PPP 3 erreicht, allerdings ohne die Hebung ökonomischen Erfolgspotentials jenseits der Minimalkostenkombination; es liegt vielmehr dieselbe Situation wie bei starker quotaler öffentlicher Beherrschung vor.

---

649 Vgl. Adams, M. (1990), a.a.O., S. 76.

6.2.4 *Gestreute öffentliche Anteile*

Gestreute Anteile führen zu einem Kontrollverlust; dabei ist es indifferent, wer die Anteile hält. Verfolgt die öffentliche Hand Interessen, die nicht auf der Gewinnfunktion ihres privaten Partners liegen oder nicht vertraglich fixierbar sind und sich daher im *free-rider*-Verfahren durch den privaten Partner selbstregulierend überwachen, ist die Einrichtung von offiziellen Kontrollmechanismen notwendig, um die öffentliche Kontrolle bei gestreuter und kontrollschwacher Kapitalstruktur aufrechtzuerhalten. Während es den privaten Gesellschaftern freigestellt ist, bei gestreuten Gesellschafteranteilen den Kontrollverlust hinzunehmen oder zu reagieren, ist die öffentliche Hand als Gesellschafter unabhängig von der Beteiligungsquote und der Konzentration des Gesellschaftskapitals verpflichtet, einen gewissen Einfluss wahrzunehmen, da es anderenfalls an der Rechtfertigung der öffentlichen Beteiligung gemäß § 65 BHO fehlt. Gleichzeitig gilt jedoch auch für den öffentlichen Aktionär, dass die Grenzkosten der Kontrolle unter dem Grenznutzen liegen müssen. Um die Skaleneffekte einer öffentlichen Kontrolle zu gewährleisten, ist auch bei dem Öffentlichen eine Re-Konzentration erforderlich.

Ein Beispiel aus der Versorgerbranche findet sich in der RWE AG[650]. 20 Städte, 32 Kreise und 11 weitere öffentliche Körperschaften halten ein weit gestreutes Kapital von ca. 30,8 % des Aktienbesitzes; der Rest liegt bei privaten Partnern. Die öffentlichen Partner bündeln ihre Interessen im Verband der kommunalen Aktionäre des RWE. Dessen Grenzkosten der Kontrolle sind aufgrund der Skaleneffekte geringer, als sie es bei der direkten Interessenverfolgung durch die einzelnen öffentlichen Anteilseigner wären. So lässt sich das öffentliche Interesse trotz breit gestreuten Aktienbesitzes verfolgen. Daneben führen Aktien mit mehrfachem Stimmrecht und Vorzugsaktien zu 60,7 % der Stimmrechte für den öffentlichen Partner, so dass dieser insgesamt seine Interessen konzentriert durchsetzt. Aktien mit mehrfachem Stimmrecht und Vorzugsaktien begründen keine PPP im Sinne dieser Arbeit; das Beispiel der RWE AG kann hier trotzdem dienlich sein, denn die Entscheidungen im Aktionärskreis der RWE AG sind immer im vollen Konsens mit dem Privaten gefallen, womit die Mehrfachstimmrechte nicht erforderlich gewesen wären und sich das Beispiel für eine PPP verwenden lässt.

Damit die Re-Konzentration der Gesellschafterrechte der verschiedenen öffentlichen Anteilseigner gelingt, ist auf Ebene des Verbandes eine Interessenkonver-

650 Vgl. für die Ausführungen zum RWE-AG-Beispiel Müller, R. H., a.a.O., S. 34f.

genz zwingend erforderlich. Im erklärten Beispiel ist diese gegeben, denn alle öffentlichen Gesellschafter streben erwerbswirtschaftliche Ziele an. Diese Zieldefinition ist geeignet, die Interessen der Gesellschafter quotal gerecht zu befriedigen; alle anderen Ziele, Arbeitsplatzförderung vor Ort u.Ä., ließen sich kaum quotal für alle Gesellschafter erreichen so dass im Ergebnis Dissonanzverluste schon auf der Ebene der Gesellschafter zu beklagen wären. PPP mit gestreuten öffentlichen Anteilen sind daher nur mit der Option der Bündelung der öffentlichen Gesellschafterrechte vorteilhaft, da ansonsten das öffentliche Interesse mindestens im Fall der PPP 3 nicht durchgesetzt werden kann, es sei denn, die Ziele der Öffentlichen liegen als erwerbswirtschaftliche auf der Zielfunktion (PPP 2) des Privaten oder lassen sich vertraglich fixieren (PPP 1). Im RWE-Beispiel wären aus dieser Sicht sogar gestreute öffentliche Interessen ohne den Verband vorstellbar, da die öffentlichen Interessen dieselben wie die der Privaten sind[651] und so schon durch die Privaten befördert werden. Jedoch eignet sich ein Verband, um das gesetzliche Erfordernis der Einflussausübung in der Praxis zu dokumentieren. Daneben eignet sich der Verband im Falle des Versagens des Marktes für Corporate-Control seitens der Privaten als Substitut der privaten Unternehmenskontrolle. Die Wahrscheinlichkeit, dass der Markt für private Kontrolle versagt, ist gegeben, denn der *free-flow* an Anteilen ist zwar objektiv hoch, jedoch für potentielle Übernehmer wertlos, weil eine Übernahme der Macht im Aufsichtsrat aufgrund der Mehrfachstimmrechte unmöglich ist. Damit kommt der interessenbündelnden Funktion des Verbandes eine höhere Bedeutung zu. Der Verband verfolgt im Auftrag der öffentlichen Aktionäre das Ziel der Gewinnmaximierung; hier partizipieren die privaten Partner als *free-rider*.

Gestreute öffentliche Anteile führen, soweit keine Re-Konzentration erfolgt, zu einem Kontrollverlust, der die Kontroll- und Einflussverpflichtung des § 65 BHO tangieren könnte. Daher muss sich der Öffentliche entweder auf das Engagement des Privaten verlassen können, wovon in PPP 1 und PPP 2 auszugehen ist. PPPs mit Zieleigenschaften nach PPP 3 sind in Kombination mit gestreuten öffentlichen Rechten, die einer Re-Konzentration nicht zugänglich sind, unvorteilhaft, da das öffentliche Interesse, soweit es nicht fixiert ist, zu Lasten des den Ermessensspielraum ausfüllenden Privaten untergeht. Erfolg versprechend sind im Zuge einer Re-Konzentration des Öffentlichen nur Interessen unter Konsens. Wenig

651 Obwohl die öffentlichen Gesellschafter beim RWE nur 60,7 % der Stimmrechte halten, sind alle Entscheidungen auf Hauptversammlungen seit 1960 mit mehr als 99%-iger Mehrheit, also unter Zustimmung der Privaten, beschlossen worden, vgl. Müller, R. H., a.a.O., S. 34. Anmerkung: Dies könnte jedoch auch infolge des Bankenverhaltens, vgl. die vorherigen Abschnitte, entstanden sein. In jedem Fall jedoch gelingt es der öffentlichen Hand, ihre Interessen durchzusetzen.

operable oder in zeitlicher und/oder in sächlicher Hinsicht variable Ziele eignen sich nicht für gestreute öffentliche Anteile, da es wenig wahrscheinlich erscheint, dass alle Öffentlichen immer und zur selben Zeit dieselben variablen Interessen verfolgen. Die Re-Konzentration würde damit nicht wirksam[652]. Öffentliche Anteilseigner handeln daher rational, wenn sie zunächst untereinander einen Zielkonsens herstellen, mit dem dann an den privaten Partner herangetreten wird. Mit hoher Wahrscheinlichkeit wird der Konsens am ehesten in der dauernden Entlastung des Trägerhaushaltes zu erreichen sein; damit läge eine PPP 1 vor, die in optimaler Weise für die das Verfolgen des öffentlichen Zieles *free-rider*-Verfahren geeignet ist.

6.3 Zwischenergebnis VI: Kontrolle durch den Kapitalmarkt

Free-rider-Vorteile der privaten Corporate-Control können sich für den Öffentlichen nur ergeben, soweit der Private infolge seiner Kontrollleistung einen Kontrollerfolg erreicht, der sich nachfolgend quotal an die Partner der PPP zuweisen lässt. Der Kontrollerfolg stellt sich ein, sobald die Rentabilität der privaten Corporate-Control gewährleistet ist; dies ist der Fall, wenn die Grenzkosten der Kontrolle unter dem Grenznutzen liegen. Sind die Grenzkosten der Kontrolle höher als der Grenznutzen, findet keine Kontrolle statt, und der Markt für private Corporate-Control versagt.

Entscheidend ist die Herstellung einer PPP-Situation, welche die Rentabilität der privaten Kontrolle gewährleistet. Rentabel ist die Kontrolle grundsätzlich nur bei einer beherrschenden privaten Eigenkapitalquote. Jedoch auch die rechnerisch beherrschende Quote reicht allein nur im Falle konzentrierter privater Anteile aus, denn die wirksame Ausübung des Kontrollrechtes einer rechnerischen Quote ist nur im Falle einer Konzentration der Rechte möglich. Erst diese Konzentration schafft über Skaleneffekte die Rentabilität und damit Anreizkompatibilität der Kontrolle. Fallen Konzentration und Quote auseinander, so führt auch bei rechnerisch privat beherrschender Quote erst eine Re-Konzentration wieder zu der Funktionsfähigkeit des Marktes für private Unternehmenskontrolle. So mag bei gestreuten privaten Anteilen sogar eine leichte quotale Beherrschung durch den Privaten nicht ausreichen, um die Funktionsfähigkeit der privaten Kontrolle herzustellen. Hier sind die Chancen der Re-Konzentration der Anteile durch die Privaten nicht ausreichend, um gegen die leichtere Re-Konzentration der Anteile durch Usurpation seitens des Öffentlichen anzutreten.

652 Vgl. Potthoff, E. (1972), a.a.O., S. 175.

Die Ergebnisse der nach der Eigenkapitalsituation differenzierten Untersuchung der Funktionalität privater Kontrolle lassen sich für die weiteren Untersuchungen zu drei PPP-Situation zusammensetzen:

I. Der öffentliche Partner beherrscht wegen seiner hohen Eigenkapitalquote oder durch Usurpation die PPP. Ökonomisches Potential kann nicht gehoben werden. Ziele der PPP 1 bis 3 werden zu Gunsten Gewinn mindernder Ziele bei Verfehlung der Minimalkostenkombination erreicht. Ziele nach PPP 3 ließen sich hier verwirklichen. Der Markt für private Unternehmenskontrolle kann nicht in Anspruch genommen werden; es liegt ein mit der Situation rein öffentlicher Unternehmen vergleichbarer Zustand vor.

II. Der private Partner beherrscht die PPP entweder durch rechnerisch konzentrierte Anteile quotal, durch Interessenkongruenz bei paritätisch verteilten Anteilen oder durch die Re-Konzentration bei gestreuten Anteilen. Öffentliche Ziele nach PPP 1 und PPP 2 werden unter Hebung des ökonomischen Potentials erreicht, Ziele nach PPP 3 gehen tendenziell unter. Das ökonomische Erfolgspotential kann in maximalem Ausmaß gehoben werden; damit liegt hier der Optimalfall einer PPP vor.

III. Es kommt bei Interessenkonfusion zur kognitiven Dissonanz unter den Managern. Öffentliche und private Ziele werden suboptimal realisiert. Gewinnliche Ziele der PPP werden in PPP 1 bis 3 zu Lasten individueller Nutzenmaximierung der Manager erfüllt. Entscheidend für den Öffentlichen ist hier, dass die individuelle Nutzenmaximierung der Manager auf der Funktion der Gewinn mindernden öffentlichen Ziele nach Abschnitt 5.4.3 liegt. Nur dann werden diese öffentlichen Ziele erreicht. Ansonsten lässt sich auch für die Gewinn mindernden öffentlichen Ziele nur eine suboptimale Erfüllung schlussfolgern. Der Markt für private Unternehmenskontrolle versagt. Das ökonomische Erfolgspotential kann nicht oder nur suboptimal gehoben werden.

Wendet man diese Erkenntnisse auf die Zielprogrammierung an, sind die PPPs mit den Eigenschaften nach PPP 1 oder PPP 2 optimal bei einer Beherrschung der PPPs durch den privaten Partner. Dies gilt unabhängig davon, ob die Beherrschung infolge konzentrierter oder gestreuter Anteile vorliegt. PPP 3 könnten nur bei kapitalmäßiger Beherrschung des Öffentlichen oder bei Chancen auf Usurpation und immer jenseits der Minimalkostenkombination erfüllt werden. Es ist jedoch davon auszugehen, dass der Private, soweit er rational handelt, auch die Usurpation antizipiert und damit prohibitive Eigenkapitalkonditionen anbietet.

Abbildung 5 bildet das ökonomische Potential der PPP in Abhängigkeit von der privaten Corporate-Control, die sich aus der Kapitalstruktur ergibt, ab.

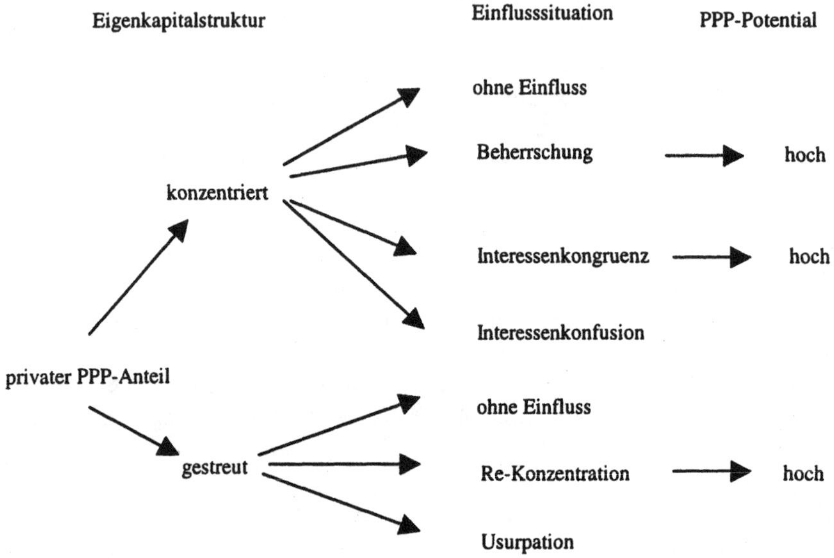

Abb. 5: Das PPP-Potential in Abhängigkeit von der privaten Corporate-Control

7 Kontrolle durch den Gütermarkt

Essentieller Bestandteil einer Marktwirtschaft ist der Wettbewerb auf dem Gütermarkt. Er ist das Gegengewicht zu den Gewinnpotentialen, die sich aus individuell zuordbaren property-rights ergeben. Der Wettbewerb begrenzt die individuelle Nutzenmaximierung rational handelnder Individuen auf ein allokativ optimales Niveau und sorgt zusammen mit der Anreizkompatibilität zugeordneter property-rights für den optimalen Ressourceneinsatz. Ohne Wettbewerb arbeitet auch das Musterbeispiel minimalkostenkombinierter Produktion, der inhabergeführte Betrieb, einzelwirtschaftlich und allokativ nicht effizient. Daher gilt, dass in einer Marktwirtschaft der Wettbewerb auf dem Gütermarkt, parallel zu dem Wettbewerb auf dem Kapitalmarkt, das System der Unternehmensüberwachung bildet[653]. Die kontrollierenden Kräfte des Wettbewerbes auf dem Gütermarkt allein sind schwach; sie führen erst in Kombination mit direkt zugeordneten property-rights zur maximalen Ausschöpfung ökonomischer Potentiale, so dass die Wirkung von Kapital und Gütermarkt in einer sich gegenseitig verstärkenden Wirkung zu verstehen ist[654].

Eine Produktion jenseits der Minimalkostenkombination führt zu einem um die Ineffizienzkosten[655] erhöhten Absatzpreis. Stellt sich die daraus resultierende Angebotsfunktion unter Wettbewerb der Angebotsfunktion einer minimalkostenkombinierten Produktion von Mitberwerbern, verliert der ineffiziente, also teurere, Produzent bei einer preiselastischen Nachfrage den Umsatz und muss vom Markt ausscheiden[656]. Mit einem Ausscheiden vom Markt ist die individuelle

---

653 Vgl. Hayek, F. A., a.a.O., S. 528ff.

654 Vgl. Picot, A., Kaulmann, T., a.a.O., S. 961. Vgl. für den Vorrang des Wettbewerbes auf dem Gütermarkt: Ordelheide, D., a.a.O., S. 91.

655 Vgl. für eine Zusammenfassung empirischer Untersuchungen des Zusammenhanges zwischen Effizienz und Wettbewerb Blankert, C.B., Pommerehne, W. W., Schneider, F., Warum nicht reprivatisieren? In: Neumann, M. (Hrsg.), Ansprüche, Eigentums- und Verfügungsrechte, Schriften des Vereins für Socialpolitik, Bd. 140, Berlin 1984, S. 236.

656 Vgl. Samuelson, P.A. (1970), a.a.O., S. 609. Vgl. Leibenstein, H., Competition and X-Efficiency: Reply, in: Journal of Political Economy 1973, S. 775. Vgl. Williamson, O. E., (1964), a.a.O., S. 2ff. Unterstützt wird die These von empirischen Untersuchungen, die (zusätzlich zu der Gesellschafterstruktur) wettbewerbliche Parameter berücksichtigen; diese kommen mehrheitlich zu dem Ergebnis, dass sich die Aus-

Nutzenmaximierung seitens der Geschäftsführung in jedem Fall verfehlt (die Arbeitsplatzchancen eines Insolvenzverantwortlichen sollten gering sein). Diese Drohung sollte den Vorstand daher anreizkompatibel zu einer minimalkostenkombinierten Produktion drängen. So verhält sich der Raum für agency-costs umgekehrt proportional zum Wettbewerb[657], und es ergibt sich eine zunächst vom Prinzipal-Agenten-Konflikt unabhängige Klassifikationsgröße von PPPs[658]: Welche Wettbewerbsbedingungen sind geeignet, die PPP in der Minimierung der agency-costs an die Minimalkostenkombination heranzuführen?

Eine Annäherung an die Minimalkostenkombination wäre in der PPP zu erwarten, soweit sie unter strengem Wettbewerb operierte. Jedoch produzieren PPPs im Zuge der Deregulierung im Einzelfall erst an der Schwelle zum beginnenden Wettbewerb oder haben den Vorteil, regulierte Monopolrenten zu genießen. Zu erarbeiten ist, wie sich die unterschiedlich starken Kontrollen durch den Wettbewerbsmarkt in Kombination mit den unterschiedlich starken eigenkapitalseitigen privaten Kontrollen in den PPP-Situationen I, II, und III und damit unter Beachtung der Ziele der PPP 1 bis 3 auswirken.

Zunächst werden die *polar cases* vorstellbarer Wettbewerbsstrukturen untersucht. In der Praxis mögen sie von untergeordneter Bedeutung sein, denn der Markt für wettbewerbliche Unternehmenskontrolle ist nicht vollkommen, jedoch lassen sich in diesen Strukturen die Wirkungen der Kontrollen durch den Gütermarkt in ihrer maximal expliziten Form beobachten, so dass diese Erkenntnisse anschließend auf intermediäre Wettbewerbsstrukturen heruntergebrochen werden können.

7.1 Marktformabhängige Wirkungen

7.1.1 Monopol

Monopole zeichnen sich nicht nur durch einen singulären Anbieter, sondern auch durch die Produkteigenschaft „schwer oder nicht substituierbar" aus[659]. Der

---

nutzung der individuellen Handlungsspielräume der Geschäftsführer nur in Wirtschaftsräumen mit schwachem Wettbewerb nachweisen lässt. Vgl. m.w.N. Picot, A., Kaulmann, T., a.a.O., S. 960f.

657 Vgl. Leibenstein, H. (1973), a.a.O., S. 774.

658 Vgl. Schimmelpfennig, J., Theorien öffentlicher Unternehmen unter besonderer Berücksichtigung der institutionellen Arrangements, Münster 1994, S. 19.

659 Monopoleigenschaften weisen außerdem alle Branchen auf, deren Produktion unter öffentlicher Lizenz, die nur in begrenzter Anzahl oder mit hohen Markteintrittsbar-

Nachfrager muss also, mehr oder weniger unabhängig vom Preis, preisunelastisch kaufen. Monopole sind in der Regel durch eine öffentliche Stelle reguliert[660]. Im Folgenden soll von einem Monopol ausgegangen werden, das über den Preis reguliert wird[661]; eine Deregulierung sei nicht in Sicht, und es soll sich um ein stabiles Monopol handeln. Der Absatzpreis im Monopol bemisst sich damit im kontrollierten Rahmen nach den Vorgaben des Regulierers, die letztlich politisch zu verantworten sind[662]. Die Regulierung folgt den Vorschlägen der Manager (realitätsnah erscheint eine Informationsasymmetrie gegenüber dem Regulierer), die ihre Kostenfunktion präsentieren und sich daraufhin den Absatzpreis durch den Regulierer, also indirekt einer politischen Rationalität folgend[663], genehmigen lassen[664]. Die individuellen Gewinne des Managements und damit die Abweichung von der Minimalkostenkombination entwickeln sich bei preisunelastischer Nachfrage daher entlang der Fähigkeit des Managers, bei dem Regulierer entsprechende Preise durchzusetzen. Diese Tätigkeit des Managers wird von einer hohen Anreizkompatibilität unterstützt, denn sein individuelles Wohl aus Gehalt, *staff*, *emoluments* und dem sprichwörtlichen „*quiet life*“[665] im Monopol maximiert sich aus der Differenz zwischen Minimalkostenkombination und tatsächlicher Kostenfunktion. Die Möglichkeiten, diese Marge in der Kostenfunktion dem Regulierer zu begründen, sind unter Informationsasymmetrie zahlreich; es lässt sich die Qualität der Produkte variieren, es lassen sich dem politischen Gremium erhöhte Kosten vortäuschen, oder es lässt sich die eine oder andere

---

rieren belegt ist, vergeben wird, beispielsweise Taxis, Banken oder Apotheken. Vgl. Alchian, A.A., Kessel, R., a.a.O., S 162. Vgl. Friedman, M., Kapitalismus und Freiheit, München 1976, S. 167.

660 Vgl. Budäus, D., Öffentliche Unternehmen versus öffentliche Regulierung, in: Eichhorn, P. (Hrsg.), Betriebswirtschaftliche Erkenntnisse für Regierung, Verwaltung und öffentliche Unternehmen: 25 Jahre öffentliche Betriebswirtschaftslehre an der Universität Mannheim, Baden-Baden 1985, S. 148ff. Vgl. Kumkar, L., Wettbewerbsorientierte Reformen in der Stromwirtschaft: eine institutionenökonomische Analyse, Tübingen 2000. Vgl. Ziemes, G., Politik-ökonomische Betrachtungen öffentlicher Unternehmen, in: ZögU Beiheft 14, 1992, S. 69. Vgl. Rürup, B., Öffentliche Unternehmen versus regulierte private Unternehmen, in: Brede, H. (Hrsg.), Privatisierung und die Zukunft der öffentlichen Wirtschaft, Baden-Baden 1988, S. 89ff.

661 Unregulierte Monopole werden im Rahmen dieser Untersuchung nicht betrachtet.

662 Vgl. Alchian, A. A., Kessel, R. A., a.a.O., S. 163.

663 Die rein privaten Konkurrenten „...fürchten, dass die Präsidentenkammer (der Regulierungsbehörde, Anmerkung des Verfassers) politisch besetzt wird und so Beschlüsse zu Gunsten der Telekom und des Mehrheitseigentümers Bund fallen.“ vgl. o.V. Telekom baut kräftig Schulden ab, in: HB 16.05.2003, S. 18.

664 Vgl. Alchian, A. A., Kessel, R. A., a.a.O., S. 163.

665 Vgl. Hicks, J. R., Annual Survey of Economic Theory: The Theory of Monopoly, in: Econometrica 1935, S. 8.

Nachfragergruppe instrumentalisieren[666]. In mitbestimmten Unternehmen kann sich der Vorstand stets der Unterstützung der Arbeitnehmervertreter sicher sein, denn *staff* und *emoluments* rechtfertigen den Personalbestand und das *quiet life* schützt vor Veränderungen, und so erfahren die Monopolkosten über die Mitbestimmung im Aufsichtsrat ihre eigene, direkte und schwergewichtige Vertretung. Damit sind in der Monopol-PPP größere Spielräume für agency-costs gegeben als in allen anderen PPPs.

Einer Regulierung sehr ähnlich ist die Subventionsvergabe. Der Subventionsgeber hat informationsasymmetrisch ebenfalls keine Möglichkeit, die zur Genehmigung eingereichte Kostenfunktion mit der tatsächlichen abzugleichen, soweit die Subventionsvergabe keinem Wettbewerb (beispielsweise einer Ausschreibung: Wer produziert das zu subventionierende Gut mit den geringsten Subventionen?) unterworfen werden kann. Damit verhielte sich auch eine Subventionen empfangende PPP wie ein regulierter Monopolist und könnte das subventionierte Sachziel nicht minimalkostenkombiniert erreichen.

Unter öffentlicher Beherrschung (I) sind die Spielräume des Abweichens von der Minimalkostenkombination wegen der Dysfunktion der öffentlichen Unternehmenskontrolle, die im Monopol kombiniert mit dem Ausfall der Kontrolle durch den Gütermarkt auftritt, maximal. Der Private in der PPP nimmt unter öffentlicher Beherrschung als *free-rider* an diesen Wirkungen teil. Die öffentliche Beherrschung mit der damit einhergehenden Ausweitung des Gewinn mindernden öffentlichen Interesses und der agency-costs ist im Monopolfall, anders als unter Wettbewerb, nicht zwangsläufig negativ für den Privaten. Im Monopol verkehrt sich die Situation: Auch der Private kann nicht daran interessiert sein, das Erreichen der Minimalkostenkombination Effizienz steigernd zu fördern, weil ein höherer offizieller Gewinnausweis eine stärkere restriktive Regulierung nach sich ziehen könnte[667]. Damit verliert auch das Übernahmeargument im Falle gestreuter Anteile seine Kraft[668]. Die Nutzenfunktion des Privaten trifft hier, abweichend von den anderen Wettbewerbsstrukturen der PPP, die Nutzenfunktion der Manager und erfährt eine automatische Unterstützung. Insofern ist es für den Privaten zunächst indifferent, ob er die Monopol-PPP beherrschen kann (II) oder nicht (I). In den agency-costs versteckt sich langfristig ein Gewinn; man kann ihn daher als *diskretionären Gewinn* bezeichnen[669], denn Monopolpreise, umgeben von Ge-

666 Vgl. Blankart, C. B., a.a.O. (1980), S. 130ff.
667 Vgl. Alchian, A. A., Kessel, J. R., a.a.O., S. 162f.
668 Vgl. Kaufer, E., Theorie der öffentlichen Regulierung, München 1981, S. 103.
669 Vgl. Williamson. O. E. (1964), a.a.O., S. 35.

winnreserven aus agency-costs, sichern dem Privaten eine gewisse risikolose Mindestrendite. In Zeiten unvorhergesehener Ereignisse oder des Aufkommens von Konkurrenz, z.B. durch technische Innovationen, kann das Auflösen der monopolistischen Kostenposition als stille Reserve betrachtet werden[670]. Der Private handelt rational, wenn er die im Wettbewerb Gewinn mindernden öffentlichen Interessen und den Verlust aus dem Agentenkonflikt im Monopol so lange zulässt[671], wie die Grenzkosten dieses Verlustes unter dem Grenznutzen eines sich trotzdem entwickelnden Gewinnes liegen. So schützt das Monopol die Geschäftsführung vor der Rentabilität der privaten Corporate-Control[672]. Auch ein Gewinn minderndes öffentliches Interesse mindert den Gewinn für den Privaten so lange nicht, wie es ebenso wie der Verlust aus dem Agentenkonflikt nicht von ihm, sondern vom Kunden zu tragen ist. Dieses ist im Monopol immer der Fall, so lange es gelingt, den Regulierer von der Erforderlichkeit der um diskretionäre Gewinne überhöhten Kostenfunktion zu überzeugen, wovon ausgegangen werden soll, denn der individuelle Nutzen der den Preisantrag begründenden Geschäftsleitung ist direkt von der Preisgenehmigung des Regulierers abhängig.

Genau die Faktoren der politischen Einflussnahme, die in wettbewerblichen Bereichen Effizienz- und Gewinn verzehrend wirken und daher eine hohe Kontrollintensität nach sich ziehen, verkehren im Monopol ihre Wirkung. Der politische Einfluss tangiert die Gewinnmarge im Monopol nicht negativ. Vielmehr verbessern besonders gute Kontakte des im Optimalfall politisch besetzten Vorstandes die Kommunikation mit dem letztendlich politisch ausgewählten Regulierer[673]. Soweit Gewinn minderndes öffentliches Interesse verfolgt werden soll, handelt der Private rational, wenn er die Kosten verursachende Kontrolle nicht nur unterlässt und die Aufwendungen genehmigt, sondern gegebenenfalls sogar fördert, wenn sie geeignet sind, den Kontakt der Manager zum Regulierer zu verbessern. Dies wird im Monopol unterstützt, weil der verursachte Aufwand ohne Gewinnschmälerung durch die Abnehmer zu tragen ist: „Wirtschaften, einerlei, ob in einem privaten oder öffentlichen Unternehmen, ist politischer geworden; es erfor-

---

670 Vgl. Fuchslocher, M., a.a.O., S. 76f.

671 Vgl. Leibenstein, H., a.a.O. (1966), S. 408ff.

672 Vgl. Williamson, O. E. (1963), a.a.O., S. 1054. Vgl. Samuelson, P. A. (1970), a.a.O., S. 609.

673 „Der private Unternehmer sucht die Nähe der Regierung. Der öffentliche Unternehmer verfügt zumeist über einen solchen »Draht«; denn Vertreter der Regierung/Gemeinde sind in der Regel im Aufsichtsgremium des öffentlichen Unternehmens vertreten." Lehmann, H., Managementverhalten in öffentlichen und gemeinwirtschaftlichen Unternehmen – Zum Selbstverständnis des Managers eines öffentlichen Unternehmens – , in: Eichhorn, P. (Hrsg.), Managementverhalten in öffentlichen Unternehmen, ZögU 1984, Beiheft 6, S. 60f. Hervorhebung im Original.

dert neben fachlichem Können nicht selten ein gewisses Maß an diplomatischem Geschick."[674] Während der den Nutzen und nicht den Gewinn maximierende Fremdgeschäftsführer in der Wettbewerbs-PPP Gewinn mindernd wirkt, ist er für die Monopol-PPP geradezu förderlich. So lässt sich in der Monopol-PPP sogar eine PPP 3 erfolgreich durchführen. Der Private kann für den Öffentlichen hier anreizkompatible Eigenkapitalkondition anbieten, antizipierend daß Gewinn mindernde Interessen nicht ihm sondern dem Kunden belastet werden. Ökonomisches Potential im regulierten Monopol kann, und zwar unabhängig von der Struktur und der Quote privaten Kapitals, nicht gehoben werden. Der regulierte Monopolist arbeitet unabhängig von der Eigenkapitalstruktur ineffizient, da es erstens an der Gefährdungslage des Bestandes des Betriebes fehlt und zweitens an der nach oben offenen Gewinnchance und damit an der Rentabilität der privaten Corporate-Control mangelt[675]. Das Monopol ist die einzige Wettbewerbslage einer PPP, in der das Streben nach Gewinnmaximierung durch den Privaten nicht zu einer Hebung des ökonomischen Potentials und damit nicht zur Annäherung an die Minimalkostenkombination der PPP führt.

Monopolbetriebe sind aus Sicht der Privaten sehr begehrte Privatisierungsbetriebe[676]. Die Tatsache, dass der Private den Nutzen der Marge von agency-costs vermutlich nur später im Zeitablauf und nur als Risikoschutz verwenden kann, ist unerheblich. Diese Information sowie die zu kalkulierende Wettbewerbs- und Kontrollsituation lagen bei Eintritt in die PPP vor und haben diskontiert Eingang in die Kalkulation der Eigenkapitalkonditionen des Privaten gefunden. Parallel zu der sicheren Investition hat der Private die Phantasie einer im Zeitablauf möglichen weiteren Privatisierung. Er befindet sich dann in einer strategisch vorteilhaften Ausgangsposition, wenn es ihm gelingen sollte, die Kapitalmehrheit in konzentrierter Form zu erwerben. Gelänge es nämlich dem Privaten, die PPP aus konzentrierten Anteilen heraus zu beherrschen (II), könnte er das politisch gefällige, mit dem förderlichen Kontakt zum Regulierer ausgestattete Management beibehalten oder es ersetzen. Ersetzte er das öffentlicherseits eingesetzte Management, fielen die Belastungen aufgrund des Ausfüllens des Ermessensspielrau-

---

674 Lehmann, H., a.a.O., S. 61.

675 Vgl. Leibenstein, H., a.a.O. (1973), S. 774. Vgl. Williamson, O. E. (1963), a.a.O., S. 1054. *Alchian* und *Kessel* wollen die Ineffizienz nur bei öffentlichen Monopolen zulassen und nehmen für private Monopole effizientes Verhalten an. Vgl. Alchian, A. A., Kessel. R. A., a.a.O., S. 160.

676 Vgl. Brede, H., Püttner, G., Die wichtigsten Privatisierungsformen und ihre Eignung, ein fortdaunerndes öffentliches Interesse am Unternehmen zu wahren, in: Brede, H. (Hrsg.) , Privatisierung und die Zukunft der öffentlichen Wirtschaft, Baden-Baden 1988, S. 278.

mes des Gewinn mindernden öffentlichen Interesse weg. Da diese Kosten bisher in der regulieren Kostenfunktion enthalten waren, könnte der Private diese Kosten durch andere ersetzen und dem Regulierer die bisherige Funktion zur Genehmigung vorlegen. Die getauschten Kosten ließen sich mit Hilfe einer Auftragsvergabe an Konzernfirmen des Beherrschenden extern monetarisieren, so dass sich die ursprünglich diskretionären Gewinne in *monetarisierbare Gewinne* transformieren ließen und sich der Gesamtgewinn erhöhte[677]. Die eigentlichen agency-costs jedoch gingen nicht zurück, da der regulierte Monopolist unabhängig von der Eigentümerstruktur ineffizient arbeitet.

Monopol-PPPs mit konzentrierten privaten Anteilen sind für den Privaten noch interessanter als Monopole mit gestreuten Anteilen, weil zusätzlich zu der Monopolrente die Option der extern monetarisierbaren diskretionären Gewinne geschaffen wird. Die Regulierungsbehörde, die wegen der Informationsasymmetrie schon unter öffentlicher Beherrschung nicht zwischen agency-costs und Gewinn mindernden öffentlichen Interessen differenzieren kann[678], ist nach privater Beherrschung ebenfalls nicht in der Lage, den transformierten Anteil der überhöhten Kostenfunktion zu ermitteln[679]. So ergibt sich für den Regulierer keine Möglichkeit, jedoch auch kein Anreiz, die Regulierung zu ändern. Anderenfalls würde Gewinn minderndes öffentliches Interesse, wenn auch nachträglich, wählerwirksam bekannt. Hierzu bestünde ein großer Anreiz der Vermeidung, soweit es sich bei dem Gewinn mindernden öffentlichen Interesse nicht um die Wohlfahrt erhöhende, sondern um politische (wählerstimmenwirksame) Gefälligkeiten handelt. Interessant für den Privaten sind also Situationen, in denen er konzentrierte Rechte erwerben kann. Eine Streuung der Anteile über die Börse erfolgt üblicherweise dann, wenn der Kapitalbedarf so umfangreich ist, dass einer oder wenige Private ihn nicht aufbringen können. Konzentrierte Anteile werden dagegen platziert, wenn sich aufgrund des Geschäftsumfanges eine Streuung nicht lohnt, also beispielsweise auf Kommunalebene. Interessant sind für den Privaten daher lokale Monopole, an denen er konzentrierte Anteile erwerben kann.

Beherrscht der öffentliche Partner (I) die Monopol-PPP, sind die eigenkapitalseitige und die gütermarktseitige Kontrolle schwach. Eine die Effizienz steigernde, sich selbst regulierende Sanktionsdrohung lässt sich nicht einrichten. Ökono-

---

677 Vgl. Abschnitt 4.2.4 zur Auftragsvergabe.

678 Vgl. Alchian, A. A., Kessel, R. A., a.a.O., S. 167.

679 Kritiker von privat beherrschten, öffentlich regulierten Monopolen vermuten dort stärkere Informationsbarrieren als in öffentlichen Monopolen, vgl. Bös, D., a.a.O., S. 146.

misches Potential kann in der regulierten Monopolsituation nicht gehoben werden

Beherrscht der private Partner (II) die Monopol-PPP, funktioniert die eigenkapitalseitige Kontrolle nicht mehr, weil sie durch das totale Versagen der wettbewerblichen Kontrolle außer Kraft gesetzt wird, so dass mit derselben Effizienz zu rechnen ist wie in (I). Es besteht je nach Konzentration und Quote der privaten Rechte das Risiko/die Chance extern monetarisierbarer diskretionärer Gewinne. In (I) kommt der diskretionäre Gewinn, im Gegensatz zu (II), nicht dem Gewinn mindernden öffentlichen Interesse zugute, sondern dem gewinnlichen Interesse, gegebenenfalls auch extern monetarisiert; der Verlust aus Ineffizienz ist gleich. Ökonomisches Potential kann in (I) und (II) im regulierten Monopol nicht gehoben werden.

Kognitive Dissonanz (III) sollte im Monopol in einem geringeren Maße zu erwarten sein, denn die Aufgabenstellung ist mit der Regulierung fixiert. Sollten dennoch Dissonanzverluste aufkommen, gehen diese zu Lasten der Kunden, nicht zu Lasten der PPP-Partner; das ökonomische Potential kann nur suboptimal gehoben werden.

Von einer PPP in stabiler Monopollage ist kein stärker effizientes Verhalten zu erwarten als von einem rein öffentlichen Monopolunternehmen, das politisch über den Preis reduziert wird. Eine Monopol-PPP eignet sich daher aus öffentlicher Sicht primär für die Beschaffung von Liquidität und für das Beibehalten von Einflussstrukturen, die auch Ziele nach PPP 3 in dieser Situation ermöglichen. Für den privaten Partner ist es interessant als Investition mit kontinuierlich kalkulierbarem Ergebnis[680].

7.1.2 Polypol

Im Polypol treffen zahlreiche Anbieter auf eine Vielzahl an Nachfragern. Wegen der maximalen Wettbewerbsintensität ist die minimalkostenkombinierte Produktion von elementarer Bedeutung, so dass im Polypol mit einer funktionsfähigen Kontrolle der Effizienz durch den Gütermarkt gerechnet werden kann[681].

---

680 Vgl. Flauger, J., Zukunftsmarkt bietet hohe Renditen – Deutschland stark fragmentiert: Beim Wasser sprudeln die Gewinne, in: HB 09.09.2002, S. 49.

681 Vgl. Samuelson, P. A. (1964), a.a.O., S. 94. Vgl. für empirische Untersuchungen Boardman, A.E., Vining, A.R, (1989), S. 17.

Bezüglich des Verhältnisses von Eigenkapitalstruktur (PPP I, II, III) zu Wettbewerb kommen *Borcherding*, *Pommerehne* und *Schneider* anlässlich der empirischen Untersuchung der Leistung öffentlicher und privater Unternehmen zu dem Ergebnis: „...given sufficient competition between public and private producers, the differences in unit cost turn out to be insignificant"[682]. Damit ließe sich unter strengem Wettbewerb eine modellhafte Unabhängigkeit der Produktionseffizienz von der Struktur der property-rights schlussfolgern[683] und eine PPP wäre überflüssig[684]. Unter extremem Wettbewerb ließe sich die institutionenökonomische Disaggregation der Unternehmung aufheben, und es könnte mit den neoklassischen Annahmen des Verhaltens der Unternehmung weitergearbeitet werden[685]; dort käme das Problem der agency-costs nicht auf bzw. wäre es sofort selbstregulierend in (I), (II) und (III) gelöst.

Diese maximale Leistung der Kontrolle durch den Gütermarkt funktiert jedoch nur dann, wenn gleichzeitig die Sanktion des Ausscheidens vom Markt wirksam besteht. Diese Sanktionsdrohung muss dabei nicht die PPP direkt betreffen; es reicht, wenn dritte Wettbewerber ihr unterliegen. Diese *weiteren* Wettbewerber müssen *zusätzlich* zu der marktlichen die kapitalseitige Disziplinierung spüren und daher gezwungen sein, ihr Angebot aus einer niedrigeren Kostenfunktion zu kalkulieren, so dass für den Anbieter ohne Sanktionsdrohung die minimalkostenkombinierte Wirkung über die niedrigere Kostenfunktion des Konkurrenten in seinen Betreib importiert wird, da der nicht mininalkostenkombinierte Wettbewerber sonst alle Marktanteile verliert. Eine gewisse Anzahl an minimalkostenkombinierenden Wettbewerbern ist daher *zwingend* erforderlich. Fehlt es nämlich *allen* Unternehmen an der Sanktionsmöglichkeit durch Ausscheiden, gibt es keine Disziplinierung durch sanktionsbedrohte Konkurrenten und es wird laufend abseits der Minimalkostenkombination produziert. Ohne die Sanktionsdrohung kommt es nicht zu einer minimalkostenkombinierten Produktion; anderenfalls wären Ökonomien, bestehend aus ausschließlich öffentlichen Unternehmen, wirt-

---

682 Borcherding, T. E., Pommerehne, W.W., Schneider, F., Comparing the Efficiency of Private and Public Production: The Evidence from Five Countries, in: Zeitschrift für Nationalökonomie / Journal of Economics 1982, Supplement 2, S. 128. Die Autoren bieten einen umfangreichen Überblick zu empirischen Untersuchungen der Leistung öffentlicher und privater Unternehmen.

683 Vgl. Caves, D. W., Christensen, L. R., The Efficiency of Public and Private Firms in a Competitive Environment: The Case of Canadian Railroads, in: The Journal of Political Economy 1980, S. 958ff.

684 Vgl. Vining, A. R., Boardman, A. E., Ownership versus competition: Efficiency in public enterprise, in: Public Choice 1992, S. 205.

685 Vgl. Williamson, O. E., (1964) a.a.O., , S. 2.

schaftlich nicht suboptimal[686]. Während viele marktmächtige private Anbieter die Kostenfunktion weniger öffentlicher Anbieter disziplinieren können, funktioniert dieses umgekehrt nicht. „An ocean of private enterprise will determine the level of a bay of government enterprise. It is only when the roles are reversed – when governmental enterprises become the ocean and private ones the bay – that the problem becomes serious"[687]. In öffentlich beherrschten Unternehmen jedoch wirkt zusätzlich die fehlende Sanktionsdrohung bei Nichtrentabiliät, so dass selbst bei einem Umsatzverlust in erheblicher Höhe kein wirksamer Anreiz besteht, diese Zielverfehlung zu vermeiden. *Picot* und *Kaulmann* kommen zu dem Schluss, dass im Falle öffentlicher Unternehmen der absatzseitige Wettbewerb nicht ausreichend stark sei, um die negativen Folgen der nicht ausreichend direkt zugeordneten property-rights bei öffentlicher Beherrschung zu kompensieren[688]. Es sollte also auch unter maximalem Wettbewerb zu unterschiedlichen Ergebnissen in der PPP unter privater und unter öffentlicher Beherrschung kommen.

Unter maximalem Wettbewerb lässt sich nur der Residualgewinn erwirtschaften. Soweit das Gewinn mindernde öffentliche Interesse satzungsgemäß fix verfolgt werden muss kommt es auf den Umfang der entstehenden Kosten des Gewinn mindernden öffentlichen Interesses an. Sind die Kosten des den Gewinn mindernden öffentlichen Interesses höher als der Residualgewinn, scheidet die PPP

---

686 Vgl. Watrin, C., Der Weg zur Freiheit, in: Vanberg, V. (Hrsg.), Freiheit, Wettbewerb und Wirtschaftsordnung – Hommage zum 100. Geburtstag von Friedrich A. von Hayek, Freiburg/Berlin/München 1999, S. 297f.

687 Nutter, W.G., a.a.O., S. 223.

688 Vgl. Picot, A., Kaulmann, T., a.a.O., S. 961ff. Vgl. für weitere empirische Belege der Abhängigkeit der Effizienz von der Eigentümerstruktur Vining, A.R., Boardman, A. E., a.a.O., S. 205ff. Auch das Beispiel der Marktöffnung der Rundfunkanstalten ist geeignet. Rundfunkanstalten sind keine PPP; sie verhalten sich jedoch als öffentliche Unternehmen ganz ähnlich einer PPP vom Typ (I). Die Öffnung des Rundfunkmarktes wurde verknüpft mit einer durch entsprechende Gebührenpolitik besicherten Bestandsgarantie der öffentlich-rechtlichen Anstalten. Im Ergebnis kam es trotz Wettbewerbes aufgrund der Bestandsgarantie nicht zu einer deutlichen Effizienzverbesserung der öffentlichen Anstalten. Vgl. Lüder, K., Triumph des Marktes im öffentlichen Sektor? – Einige Anmerkungen zur aktuellen Verwaltungsreformdiskussion – , in: Die Öffentliche Verwaltung, 3/1996, S. 97f. Vgl. Engel, C., Die Konkurrenz zwischen den deutschen öffentlich-rechtlichen Rundfunkanstalten und privaten Anbietern, in: Peter, J., Rhein, K. – U., Wirtschaft und Recht: Rahmenbedingungen wirtschaftlicher Betätigung, Grenzen der Wirtschaftslenkung, wirtschaftliche Betätigung der Öffentlichen Hand, Zukunft staatlicher Monopole, 29. Tagung der wissenschaftlichen Mitarbeiter der Fachrichtung öffentliches Recht, Osnabrück 1989, S. 243ff.

je nach Eigenkapitalausstattung früher oder später vom Markt aus[689]; diese Situation sollte jedoch von dem privaten Partner ex ante mit Hilfe prohibitiver Konditionen vermieden worden sein.

Unter öffentlicher Beherrschung (I) lässt sich eine Ineffizienz informationsasymmetrisch hinter dem Gewinn mindernden öffentlichen Interesse verstecken; daher verbrauchen diese PPPs einen Teil oder den ganzen Gewinn nicht nur für das einkalkulierte Gewinn mindernde Interesse, sondern für agency-costs. Daher kann das ökonomische Potential, solange verwendbarer Residualgewinn vorliegt, auch unter strengem Wettbewerb in (I) nicht gehoben werden, weil der Zwang und die Kontrolle der Gewinnerwirtschaftung fehlen. Sollte über den Residualgewinn hinaus Gewinn minderndes öffentliches Interesse nachgefragt werden, wäre eine Subvention erforderlich, die dann wieder mindestens partiell Monopolverhalten nach sich zöge. Jedoch sollte die Neigung des Öffentlichen, in der PPP und unter Wettbewerb subventioniertes, Gewinn minderndes öffentliches Interesse zu vereinbaren, geringer sein als in der öffentlichen Unternehmung, da Subventionen nun einen parlamentarischen Beschluss voraussetzen[690] und über die kontrollierenden Privaten und die Genehmigungspflicht des Parlaments der Charme der jederzeitigen Zuweisung durch intransparente Vereinbarungen verloren ist. Wettbewerb mag so nicht nur die Unternehmen, sondern möglicherweise auch die Politik disziplinieren[691].

Gelingt dem öffentlichen Partner dennoch der Einsatz des Residualgewinnes für Gewinn mindernde Interessen, wird damit auch derjenige Residualgewinn im Verfahren nach Abschnitt 5.4.2 verbraucht, der quotal seinem privatem Partner zugestanden hätte. So ist der öffentliche Partner auch in der Wettbewerbs-PPP bei öffentlicher Beherrschung (I) tendenziell besser gestellt als der private Partner. Erst bei privater Beherrschung wären beide gleichgestellt, denn der Residualgewinn wird quotal ausgeschüttet und der Öffentliche profitiert aus der Dualität seines Zielsystems gemäß Abschnitt 5.4.3. Ökonomisches Potential kann in

---

689 Im Umkehrschluss ergibt sich eine neue Sichtweise von politischer Steuerung: Steuerung ist der gezielte Verbrauch von Monopolrenten oder Renten aus anderen Ineffizienzen des Marktes. *Edeling* diskutiert in diesem Zusammenhang den Verlust an politischer Steuerbarkeit öffentlicher Unternehmen nach der Marktöffnung, vgl. Edeling, T., Forschungsstand und theoretische Standortbestimmung, in: Edeling, T., Lieske, S., Rogas, K., Sitter, R., Stölting, E., Wagner, D., Öffentliche Unternehmen zwischen Privatwirtschaft und öffentlicher Verwaltung, Forschungsbericht im DFG-Schwerpunkt: Regulierung und Restrukturierung der Arbeit in den Spannungsfeldern von Globalisierung und Dezentralisierung, Potsdam 2001, S. 15.

690 Vgl. Blankart, C. B. (1980), a.a.O., S. 192.

691 Vgl. Edeling, T. (2001), a.a.O., S. 14.

(I) nicht gehoben werden. Dieses antizipierend, wird der Private für die Wettbewerbs-PPP unter öffentlicher Beherrschung prohibitive, gleichzeitig für den Trägerhaushalt nicht anreizkompatible Konditionen bieten.

Beherrscht der Private (II) die PPP, lässt sich unter maximalem Wettbewerb und minimalkostenkombinierter Produktion ebenfalls nur der Residualgewinn erwirtschaften. Gewinn mindernde öffentliche Interessen werden innerhalb des privaterseits ausgefüllten Ermessensspielraumes nicht befriedigt[692]. Was die satzungsgemäß unausweichbar zu erfüllenden, Gewinn mindernden öffentlichen Interessen angeht, stehen dafür nur Mittel im Rahmen des Residualgewinnes zur Verfügung. Dessen Verbrauch führt den wirtschaftlichen Erfolg des Privaten im Extremfall auf Null. Er sollte diese Situation antizipiert haben und böte, soweit keine Subventionen vereinbart sind, prohibitive Eigenkapitalkonditionen an.

Zurückkommend auf die Eignung verschiedener Rahmenbedingungen, ergibt sich, dass ein Gewinn minderndes öffentliches Interesse unter maximalem Wettbewerb prohibitiv für den Privaten und damit für die PPP ist. Ohne den Privaten jedoch liegt kein ökonomisches Erfolgspotential einer PPP unter strengstem Wettbewerb vor. Der Private handelt rational, wenn er möglichst eine Subventionierung anstelle eines Residualgewinnverbrauches der PPP aushandelt, da er sich damit partiell die begrenzte, jedoch nachhaltige Rentabilität des Monopols sichert.

Im Umkehrschluss lässt sich das Gewinn mindernde öffentliche Interesse mit Hilfe der privaten Kontrolle in der Nähe der Minimalkostenkombination erreichen, wenn *nach* Erfüllung des operablen und streng satzungsgemäß fixierten, Gewinn mindernden öffentlichen Interesses die Chance zu einem gewissen Gewinn besteht. Das öffentliche Interesse wird dann stark anreizkompatibel auf der Minimalkostenkombination erreicht. Unter Wettbewerb und privater Beherrschung liegt damit der Optimalfall der PPP vor; das ökonomische Potential kann unter maximaler Leistung der kapitalmarkt- und gütermarktseitigen Kontrolle gehoben werden[693].

Es kommt darauf an, das öffentliche Interesse erstens operabel zu formulieren und satzungsgemäß zu fixieren und es zweitens in die Produktionsfunktion so einzustellen, dass es durch den Privaten internalisiert wird und über den Gewinn-

---

692 Vgl. Edeling, T. (2001), S. 14ff.

693 Vgl. Vickers, J., Yarrow, G., Privatization: An Economic Analysis, Cambridge u.a. 1989, S. 426. Vgl. Megginson, W. L., Netter, J. M., a.a.O., S. 329.

anreiz auf der Minimalkostenkombination realisiert wird. Dies ist nur im Falle der Kombination der maximalen Leistungskraft kapitalmarktseitiger Kontrolle durch private Beherrschung und strengsten Wettbewerb gewährleistet. Im Vergleich zu der öffentlichen Beherrschung führt hier der Zwang des Privaten, rentabel zu wirtschaften, als Nebeneffekt zu einer Produktion, die näher an der Minimalkostenkombination liegt, als die PPP es unter öffentlicher Beherrschung ohne den Rentabilitätszwang könnte.

Soweit eine Dissonanz (III) unter Wettbewerb aufkommt, wovon wegen der hohen Wettbewerbsintensität im Polypol nicht auszugehen ist, geht der Residualgewinn zunächst in Dissonanzverlusten auf. Das ökonomische Potential kann nicht oder nur suboptimal gehoben werden.

7.2 Intermediäre Formen des Wettbewerbs

Der Wettbewerb nimmt in der Praxis nur selten die Ausmaße der geschilderten Mono- und Polypolfälle an. Die Erkenntnisse aus dem Monopol und dem Polypol werden daher auf ausgewählte, für PPP typische Wettbewerbslagen angewandt und in ihrer Wirkung auf die Kontrolle der Minimalkostenkombination untersucht. Gleichzeitig lässt sich ermitteln, welcher Partner in Abhängigkeit von der Eigenkapitalstruktur von den möglichen Ineffzienzen der Kontrolle durch den Gütermarkt profitiert.

7.2.1 Angebotsseitiges Oligopol

Die Kontrolle des Gütermarktes ist im Oligopol nicht vollkommen. Je nach Ausmaß der Oligopoleigenschaften ergeben sich damit für den öffentlichen wie für den privaten Partner partiell die Effekte wie im Monopol und im Polypol erörtert. Soweit die PPP in der Lage ist, am Markt Oligopolrenten zu erwirtschaften, können diese an die drei Beteiligten, die agency-costs, das Gewinn mindernde öffentliche Interesse und den Gewinn, verteilt werden. Beherrscht der Öffentliche (I), ist die Effizienzkontrolle schwach und werden die Renten wie im Monopol geschildert verteilt. Je nach Kontrollrentabilität des Einzelfalles werden die Oligopolrenten bei privater Beherrschung (II) ebenfalls wie im Monopol verwendet. Bezüglich des Gewinn mindernden öffentlichen Interesses besteht die Chance, dass trotz Antizipation des fixen, Gewinn mindernden Interesses noch ausreichend kapitalisierbare Oligopolrenten übrig bleiben, die zu trägerhaushaltsanreizkompatible Größenordnungen führen. Dissonanzverluste (III) gehen zu Lasten der Oligopolrente.

7.2.2 Monopol an der Schwelle zur Deregulierung

7.2.2.1 Totaler Übergang vom Monopol zum Polypol

Bevor es zur PPP kommt, besteht häufig ein staatliches Monopolunternehmen, das, wie ausgeführt, allen Beteiligten mit Ausnahme der Kunden zwischen einem jenseits der Minimalkostenkombination produzierten Gewinn mindernden öffentlichen Interesse, *staff* und *emoluments* ein komfortables Auskommen sichert. Die Produktionsfunktion ist ablauforganisatorisch trivial, denn die Komplexität verursachende Budgetrestriktion fehlt. Absatzseitig werden Kunden eher als „Antragsteller" verwaltet denn als „Könige" behandelt. Die Funktionsfähigkeit der ganzen Organisation beruht auf dem rentenähnlichen Kassenzufluss, der praktisch durch Gesetz gesichert ist.

Kommt es zur Deregulierung, trifft die Kostenfunktion eines Monopolisten auf die Absatzfunktion eines Polypols, deren Abstand den Betrieb je nach Preiselastizität der Nachfrage früher oder später zum Ausscheiden vom Markt zwingt[694]. Eine vollkommen preiselastische Nachfragefunktion vorausgesetzt, muss der ehemalige Monopolist entweder unter seinen Kosten anbieten oder er verliert sofort alle Marktanteile. Um eine gewisse Realitätsnähe zu schaffen, wird im Folgenden von einem Einproduktmonopolisten ausgegangen, der gering spezifische Produkte anbietet, wobei der Kunde in der Lage ist, den Anbieter unter vertretbaren Transaktionskosten zu wechseln. Der Übergang zum Monopol ist eine totaler Übergang, da es sich um ein Einproduktunternehmen handelt, dessen einziges Produkt nun dereguliert sei. Der Wettbewerb entwickelt sich erst, d.h. die Nachfrager reagieren nicht sofort preiselastisch, sondern mit einem gewissen *time lag*. Beispielsweise kann dies geschehen, wenn sich ältere Kunden sukzessive durch Jüngere ersetzen, von denen man eine stärkere Preisreagibilität annimmt. Damit verbleibt die Zeitspanne, in der die restlichen Monopolrenten erwirtschaftet werden können und der Betrieb auf die Minimalkostenkombination eingestellt werden kann.

Gesellschafter, Geschäftsführung und Mitarbeiter, oft jahrzehntelang mit der Monopolbewirtschaftung befasst, können in der rein öffentlichen Vergangenheit

---

694 Vgl. Williamson, O. E. (1964), a.a.O., S. 2.

kein Know-how im Umgang mit preiselastischen Märkten, Kostendisziplin und Marketing gesammelt haben[695]. Exakt diese Kompetenzen, in denen der Monopolist keine Erfahrung hat, sind jedoch im Zuge der Deregulierung der zentrale Ertragsfaktor. Es soll angenommen werden, dass es dem Ex-Monopolisten nicht zeitnah gelingt, die Kostenfunktion um Gewinn minderndes öffentliches Interesse jenseits der vereinbarten Ausmaße und um agency-costs zu bereinigen[696]. Die privatwirtschaftlichen Wettbewerber, im Extremfall inhabergeführte Betriebe, könnnen ihre Organisationsstrukturen dagegen aus wettbewerbserfahrenen, streng anreizkompatiblen Mitarbeitern ohne Altlasten mit aggressiver Werbung aufbauen[697]. In dieser Situation der Deregulierung mag es dem Ex-Monopolisten an spezifischen Produktionsfaktoren wie Controlling- und Marketing-Know-how oder Skaleneffekten in der Produktion mangeln.

Mit Hilfe einer PPP lassen sich diese spezifischen Faktoren beschaffen[698]. Der Mangel an diesen Produktionsfaktoren könnte so bedeutend sein, dass im Falle des Marktversagens ein Marktausscheiden des Ex-Monopolisten unausweichbar wäre. An dieser Stelle begegnet das transaktionskostentheoretische Potential der Beschaffung von Produktionsfaktoren dem property-rights-Effekt. Soweit sich die transaktionskostentheoretischen Vorteile kombinierter spezifischer Produktionsfaktoren, die auf anderem Wege aufgrund der hohen Spezifität nicht beschafft werden können, für die PPP essentiell sind, handelt der private Geber der spezifischen Faktoren rational, wenn er sie nur dann bereitstellt, sofern er sich sicher sein kann, dass deren voller Wert gehoben werden kann. Der volle Wert wird bei Einsetzen der Faktoren in die Minimalkostenkombination erreicht, die sich allerdings nur bei privater Beherrschung gewährleisten lässt. Insofern wäre das transaktionkostentheoretische Potential der PPP bei Beschaffen spezifischer Faktoren elementar von der privaten Beherrschung (II) abhängig. Alternativ könnte der Private seine spezifischen Faktoren mit anderen privaten Partnern kombinieren

695 Vgl. Edeling, T., Stölting, E., Wagner, D., Privatisierung oder Entbürokratisierung: Öffentliche Unternehmen zwischen Privatwirtschaft und öffentlicher Verwaltung, in: DFG-Schwerpunkt „Regulierung und Restrukturierung der Arbeit in den Spannungsfeldern von Globalisierung und Dezentralisierung", Kolloquium am 6./7. Februar 1998 in Erlangen, www.phil.uni-erlangen.de, Aufruf vom 08.09.2002, S. 9. Vgl. Raffee, H., Fritz, W., Wiedmann, K.-P., Marketing für öffentliche Betriebe, Stuttgart/Berlin/Köln 1994.

696 Der Private muss in der Eigenkapitalkalkulation zwischen dem durch satzungsgemäße Vereinbarung abschaltbaren, Gewinn mindernden öffentlichen Interesse und möglicherweise langfristig gefestigten agency-costs unterscheiden.

697 Vgl. Lieske, S., a.a.O., S. 97, Lieske zitiert an dieser Stelle Manager öffentlicher Unternehmen.

698 Vgl. Abschnitt 2.2

und dort die Vorteile näher an der Minimalkostenkombination als mit dem Öffentlichen heben und dort einen höheren Gewinn erwirtschaften. Da jedoch auch der Öffentliche über spezifische Faktoren verfügen kann, kommt es in der Bedeutung der Kombination der Bereitstellung spezifischer Faktoren mit dem Ausmaß des privaten Einflusses auf den Grad der gegenseitigen Spezifität und auf das Verhandlungsgewicht der Partner an.

Bezüglich der Minimalkostenkontrolle bei privater Beherrschung (II) lassen sich die verbliebenen Renten eines deregulierten Monopols besser heben als im Monopol in stabiler Lage, denn für den Privaten ist die Sanktionsdrohung des Ausscheidens vom Markt im Anbetracht der minimalkostenkombinierten Angebotsfunktionen der Wettbewerber wirksam. Darüber hinaus ist die Rentabilität der privaten Corporate-Control wiederhergestellt, weil die Option der nach oben hin unreguliert offenen Gewinne besteht. Im deregulierten Monopol gibt es, anders als im stabilen Monopol, keinen Regulierer, der die Gewinnchance nach oben hin begrenzt und so eine Nichtrentabilität der privaten Corporate-Control verursacht. Bei gestreuten Anteilen funktioniert die Übernahmedrohung, bei konzentrierten Anteilen der originäre Gewinnmaximierungsanreiz. Daher lässt sich eine Hebung ökonomischen Potentials des deregulierten Monopols bei privater Beherrschung (II) schlussfolgern[699].

Ein jüngst dereguliertes Monopol unter öffentlicher Beherrschung (I) ist ebenfalls der mininmalkostenkombinierten Angebotsfunktion der aufkommenden Wettbewerber ausgesetzt, jedoch ohne die Drohung der Sanktion des Wegfalles der wirtschaftlichen Existenzgrundlage. Unter öffentlicher Beherrschung können die ökonomischen Potentiale nicht gehoben werden, da es am Zwang der rentierlichen Bedienung des Eigenkapitals fehlt. Restliche Monopolrenten werden wie im stabilen Monopolfall verteilt.

Kognitive Dissonanz (III) geht zu Lastern der Monopolrente, und ökonomische Potentiale lassen sich nicht oder nur suboptimal ausschöpfen.

7.2.2.2 Partieller Übergang vom Monopol zum Polypol

Betrachtet wird eine PPP unter den Annahmen wie im vorhergehenden Abschnitt, jedoch mit einem Produktionsprogramm, das Bereiche unter Wettbewerb *und* Monopolbereiche beinhaltet. Die Situation entsteht im Falle der partiellen Deregulierung des Produktionsprogrammes eines Monopolisten. Es kombinieren sich

699 Vgl. Megginson, W. L., Netter, J. M., a.a.O., S. 329.

die Reaktionen, wie sie unter Wettbewerb und Monopol erklärt wurden. Grundsätzlich gilt, dass sich unter Wettbewerb Gewinn minderndes öffentliches Interesse und agency-costs schwerer als im Monopol durchsetzen lassen; daher nimmt deren Einfluss ab[700], es sei denn, es gelingt, eine interne Subvention durchzusetzen. Bei Deregulierung eines Teiles des Produktionsprogrammes des Ex-Monopolisten sind für die Hebung ökonomischer Potentiale die Fähigkeiten des Regulierers entscheidend, die Kostenfunktionen der regulierten und nun deregulierten Bereiche zu trennen. Gelingt dieses vollständig, kommt es in I, II und III partiell zu den Wirkungen, die für Monopol und für den totalen Übergang zum Polypol ermittelt werden konnten. Gelingt die Trennung der Kostenfunktionen nicht vollständig, kommt es auch in dem deregulierten Teil der PPP und selbst bei privater Beherrschung nicht zur maximalen Ausschöpfung ökonomischer Effizienzpotentiale. Aufgrund von technischen oder absichtlichen Intransparenzen der unterschiedlich stark unter Wettbewerbsdruck stehenden Bereiche sind Quersubventionierungen zu erwarten.

Da die Quersubvention auch die nun deregulierten Bereiche vor Wettbewerbsdruck schont, kommt es im partiell deregulierten Monopol anders als im total deregulierten Monopol tendenziell zu einer geringeren Ausschöpfung der Potentiale bei privater Beherrschung (II), da der Monopoleffekt der Nichtrentabilität der privaten Corporate-Control partiell auftritt.

Bei öffentlicher Beherrschung (I) und Nichttrennung der Kostenfunktionen nimmt der Private wie im Monopol an den guten Regulierkontakten des öffentlichen Partners teil; die Corporate-Control lohnt sich für ihn nicht, da sämtliche Kosten auch aus dem deregulierten Bereich letztlich über die Monopolsparte dem Kunden belastet werden können.

Dissonanzrisiken (III) sind anlässlich der mehrdimensionalen Zielfunktion nicht auszuschließen, da die Manager Wettbewerb, Monopol und subventionierte Bereiche gleichzeitig unter Interdependenzen steuern müssen. In *einer* Firma arbeiten nun Mitarbeiter, die strengem Wettbewerb ausgesetzt sind, neben Kollegen, die Monopolrenten genießen. Dieser Interessenkonflikt geht bei dem Vorhandensein von externer und interner Informationsasymmetrie zu Lasten der Effizienz, die wieder nur suboptimal gehoben werden kann.

Für alle PPP-Typen sind, in Abhängigkeit von der Trennbarkeit der Kostenfunktionen, schlechtere Gesamtergebnisse zu erwarten, vergleichbar mit dem Fall der

---

700 Vgl. Blankart, C. B. (1980), a.a.O., S. 192.

ex ante Trennung des Unternehmens in zwei Bereiche, die dann einzeln nach Monopol oder dem total deregulierten Monopol zu beurteilen sind. Es liegt im Ermessen der öffentlichen Hand, die Situation zu optimieren, indem sie monopolistische und wettbewerbliche Bereiche ex ante trennt und für den wettbewerblichen Bereich eine PPP einrichtet.

7.3 Optimalkonstellation am Beispiel der Einrichtung der PPP bei Deregulierung aus Sicht des öffentlichen Partners

Für das regulierte Monopol ließ sich keine Vorteilhaftigkeit einer PPP ermitteln. Eine Wettbewerbs-PPP dagegen schöpft das ökonomische Erfolgspotential der PPP in maximaler Weise aus, sobald die private Beherrschung zugelassen wird. Der öffentliche Partner handelt im Falle des Bestehens eines rein öffentlichen regulierten Monopols daher rational, wenn er eine PPP einleitet, sobald sich eine Deregulierung ankündigt[701]. Er entäußert sich damit des Risikos eines in der Dysfunktion öffentlicher Kontrolle ursächlichen Ausfalls der Residualgewinnausschüttung und des Risikos eines sich zukünftig ergebenden Subventionsbedarfes des Ex-Monopolisten. Er eröffnet sich die Chance der Partizipation an einem ökonomischen Erfolgspotential, das der Öffentliche ohne den Privaten, also ohne die PPP, nicht nutzen kann. Das Risiko bleibt entsprechend der politischen Rationalität der Insolvenzwahrscheinlichkeit für den Öffentlichen unverändert, und die ökonomische Chance auf Effizienz dagegen verbessert sich.

Da der Öffentliche unter öffentlicher Beherrschung einen Betrieb bei Wettbewerb mit hoher Wahrscheinlichkeit wegen der fehlenden Anreizkompatibilität nicht auf die den Residualgewinn erwirtschaftende Minimalkostenkombination führen kann, sich der Wert einer PPP jedoch nach den Gewinnen bemisst, stellt sich in einer dynamischen Wettbewerbsentwicklung vom Monopol zum Polypol die Frage nach dem optimalen Zeitpunkt der Einrichtung einer PPP. Damit einher geht das Problem der PPP-Optimalkonstellation, also der optimalen Einstellung der Variablen aus Eigentümerstruktur und Wettbewerbslage.

Ausgehend von einem bestehenden öffentlichen Monopolunternehmen, ist dieses auch die Frage nach der höchsten Wahrscheinlichkeit optimaler Eigenkapitalkonditionen seitens des Privaten. Nur ein Betrieb, dessen Situation das maximale ökonomische Potential erwarten lässt, erreicht die maximalen Eigenkapitalkonditionen. Es kann angenommen werden, dass sich diese vor Eintreten des Wettbe-

---

701 Vgl. Vickers, J., Yarrow, G., a.a.O., S. 426f.

werbes maximieren, denn der Öffentliche hat zu diesem Zeitpunkt einen Gewinn produzierenden Betrieb anzubieten. Es ist nun Aufgabe des Privaten, die zukünftigen Erträge des mit der Monopolkostenfunktion belasteten Betriebes zu kalkulieren und diskontiert zu dem Eigenkapitalangebot zusammenzufassen. Die Einschätzung der zukünftigen Preiselastizität der Nachfrage, des Angebotes an Konkurrenten und Ähnliches obliegen dann dem Privaten; das Risiko der Übervorteilung der öffentlichen Hand besteht nicht, denn der Wettbewerb um lukrative PPP-Beteiligungen sollte selbstregulierend marktgerechte Konditionen einstellen. Jedoch kalkuliert der Private die Gewinne der infolge seines Einflusses entstehenden Effizienzverbesserungen ebenso ein wie die transaktionskostentheoretischen Vorteile aufgrund von Spezifitätsbeherrschung. Diese Vorteile lassen sich jedoch nur im Falle privater Beherrschung im maximalen Umfang heben, so dass der Öffentliche für einen privat beherrschten Anteil einen höheren Preis erwarten kann als für einen privat untergeordnete Quote. Ausgehend von der Annahme, dass der Öffentliche einen Wettbewerbsbetrieb mit hoher Wahrscheinlichkeit nicht auf die Minimalkostenfunktion führen kann, hat der Betrieb vor Deregulierung unter öffentlicher Beherrschung einen höheren Wert als danach, wenn der finanzielle Schaden aus der Ineffizienz im Wettbewerbsfall tatsächlich eingetreten ist und seinen Niederschlag in geringeren Eigenkapitalkonditionen findet.

Insofern ist gerade die Situation der Deregulierung, in der aus einem Monopolbetrieb ein Wettebewerbsbetrieb gemacht wird, das private Engagement (property-rights-Vorteile) und die Kombination mit den essentiellen Ressourcen (transaktionskostentheoretische Vorteile) des Privaten besonders wertvoll. Sind aufgrund fehlender Produktionsfaktoren oder schwacher Effizienz erst einmal Verluste aufgetreten, lassen sich diese ex post möglicherweise kostenintensiver beheben, als sie ex ante zu vermeiden gewesen wären.

Der Öffentliche handelt rational, wenn er die situationsabhängigen Variablen so einstellt, dass sie geeignet sind, das ökonomische Potential seinem maximalen Ausmaß zu heben: Das öffentliche, Gewinn mindernde Interesse formuliert der Öffentliche in maximal operabler Weise, fixiert es in der Satzung und erfüllt variable oder nicht operable, Gewinn mindernde öffentliche Interessen außerhalb der PPP. Die finanzielle Belastung des verbleibenden Gewinn mindernden öffentlichen Interesses stellt der Öffentliche im Optimalfall so ein, dass es einer Subvention nicht bedarf und der Private *nach* Erfüllung dieses öffentlichen Interesses eine Gewinnchance hat, deren Kapitalisierung den Trägerhaushalt politisch anreizkompatibel entlastet. Der Öffentliche optimiert die PPP weiter, indem er dem Privaten eine beherrschende Stellung einräumt, aus der heraus das ökonomische Potential auch unter dem Gesichtspunkt der Beschaffung spezifischer Produktionsfaktoren im maximalen Wirkungsgrad gehoben werden kann. Insgesamt handelt der Öffentliche bei Berücksichtigung der genannten Faktoren auch politisch rational, wenn er das Risiko des wählerwirksamen Subventionsbedarfes eines Ex-Monopols unter Deregulierung rechtzeitig entäußert und so die ökonomischen Potentiale in ihrem größten Ausmaße hebt.

Insgesamt liegt eine kettenartige gegenseitige Abhängigkeit der Vorteilhaftigkeit der PPP von den situationsabhängigen Variablen, wie in Abbildung 6 veranschaulicht, vor. Das Potential kann nur entsprechend der Stärke des schwächsten PPP-Kettengliedes gehoben werden.

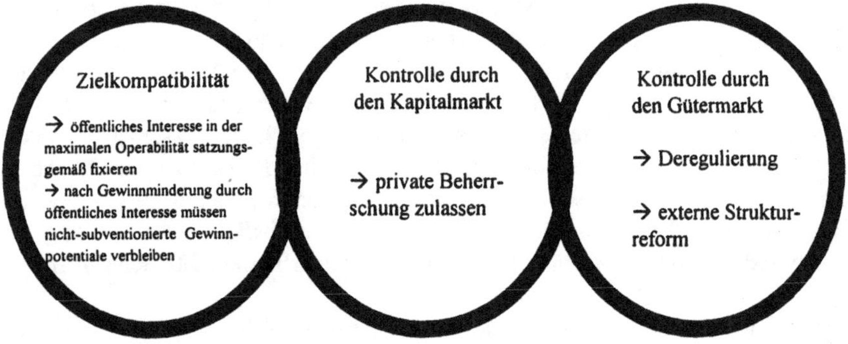

Abb. 6: Die PPP-Kette

7.4 Zwischenergebnis VII: Kontrolle durch den Gütermarkt

Beherrscht der öffentliche Partner (I) eine Monopol-PPP, lassen sich Effizienzreserven nicht heben, da neben der eigenkapitalseitigen Kontrolle im Monopolfall auch die wettbewerbsseitige Kontrolle versagt. Beherrscht der Private (II), lässt sich das ökonomische Potential ebenfalls nicht heben, weil neben der Kontrolle des Gütermarktes die private Corporate-Control versagt. Die Corporate-Control wird von dem Privaten nicht verfolgt, da sie unter Regulierung infolge der nach oben hin begrenzten Gewinne und der nicht vorhandenen Sanktionsdrohung des Ausscheidens vom Markt nicht rentierlich erscheint. Der Private kann in einer Monopol-PPP kein Interesse an der Disziplinierung eines öffentlicherseits gestellten Managers haben, da die agency-costs und die Gewinn mindernden öffentlichen Interessen im Monopolfall vom Kunden und nicht von dem Privaten zu tragen sind. Der Private handelt rational, wenn er die enge Bindung zwischen seinem öffentlichen Partner und dem Regulierer weiter fördert; er ist Trittbrettfahrer des Öffentlichen.

Unter Wettbewerb neigt eine PPP unter öffentlicher Beherrschung (I) zu einem Verbrauch des Residualgewinnes durch Ineffizienz. Ökonomisches Potential lässt sich im Wettbewerb wegen Dysfunktion öffentlicher Kontrolle nicht heben, da die gütermarktliche Kontrolle allein nicht ausreicht und um die eigenkapitalseitige Kontrolle ergänzt werden muss.

Beherrscht der private Partner (II) eine Wettbewerbs-PPP, ist die kapitalmarktseitige Kontrolle hoch. In diesem Optimalfall der wettbewerblichen PPP lassen sich sogar Gewinn mindernde öffentliche Interessen durch den Privaten auf der Minimalkostenkombination erreichen, wenn diese in die Produktionsfunktion so internalisiert sind, dass nach deren Erfüllung ein nach oben offenes Gewinnpotential verbleibt. Intermediäre Wettbewerbsformen realisieren partiell Monopolrenten. Im Falle des Überganges eines Einproduktmonopolisten in den Wettbewerb kann mit einer wie unter Wettbewerb beschriebenen Kontrollleistung gerechnet werden. Die private Kontrolle ist wieder rentabel, da die Sanktionsdrohung auflebt und der Gewinn nach oben hin nicht begrenzt ist. Im partiellen Übergang zum Wettbewerb ist im Extremfall mit Monopolverhalten durch Quersubventionierung zu rechnen; das ökonomische Potential kann daher nicht vollständig gehoben werden. Der Öffentliche vermeidet die Abhängigkeit der Vorteilhaftigkeit der PPP von der Trennbarkeit monopolistischer und wettbewerblicher Kostenfunktionen, indem er die Geschäftsbereiche vor der Einrichtung einer PPP in unterschiedliche Betriebe trennt und deren PPP-Vorteilhaftigkeit dann einzeln beurteilt.

Angewandt auf den optimalen Veräußerungszeitpunkt und damit den PPP-Einrichtungszeitpunkt eines öffentlichen Monopols an der Schwelle zur Deregulierung ermittelnd, ist der Zeitraum vor der Deregulierung für den Trägerhaushalt optimal. Der Öffentliche entäußert sich damit des Problems, dass er zwar in der Lage ist, ein Monopol unter Verwendung der Monopolgewinne zu führen, jedoch wegen der mangelnden Anreizkompatibilität systematisch ungeeignet ist, einen Wettbewerbsbetrieb minimalkostenkombiniert unter Erwirtschaftung des Residualgewinnes ohne Belastung des Trägerhaushaltes zu führen. Obwohl der Öffentliche nur eine bestimmte Quote des Ex-Monopolisten verkauft, löst er doch das Problem des ganzen Ex-Monopolisten, indem der verbleibende öffentliche Anteil wegen des Engagements des Privaten ein höheres Erfolgspotential aufweist.

8 Das Insolvenzrisiko unter dem Einfluss politischer Rationalität

Aus dem privaten Gesellschaftsrecht der PPP ergibt sich ein grundsätzliches Insolvenz- und Konkursrisiko der PPP-Körperschaft. Im Insolvenzfall wären die PPP-Anteile beider Partner wertlos; beide handeln daher rational, wenn sie den Konkurs vermeiden, beispielsweise durch Zuführung zusätzlicher finanzieller Mittel.

Der Private handelt ökonomisch rational. Er führt so lange Kapital zu, wie die Kosten des investierten Kapitals unter dem erwarteten Grenzerlös, der sich aus den Gewinnaussichten ergibt, liegt. Im Folgenden soll von einer PPP ausgegangen werden, deren privater Partner in ökonomisch rationaler Entscheidung kein Kapital mehr zuführt. Soweit nun der öffentliche Gesellschafter ebenfalls kein Kapital zuführt, geht seine PPP in die Insolvenz. In der Praxis wird dies belegt durch den Konkurs einer öffentlichen Kurbetriebs-GmbH[702] und einer öffentlichen Beschäftigungsförderungs-GmbH[703]. Dabei könnte der öffentliche Partner zunächst, anders als der Private, rechtlich gezwungen sein, eine Insolvenz einer PPP zu vermeiden; Ansprüche ließen sich aus der Erfüllung des öffentlichen Auftrages und aus der Konzernhaftung herleiten.

Soweit diese Ansprüche nicht bestehen, folgt die Entscheidung zwischen Insolvenz und Sanierung – anders als bei dem Privaten – nicht einer *ökonomischen*, sondern – zusätzlich und möglicherweise überlagernd – einer *politischen* Rationalität, die sich wiederum im Zuge der Wählerstimmenwirkung der getroffenen Maßnahme ergibt. Damit steht das Risiko der Insolvenz in Abhängigkeit von dem politisch rationalen Verhalten des öffentlichen Partners. Der zusätzliche Einfluss einer nicht ökonomischen, sondern politischen Rationalität beinhaltet für die PPP, und damit quotal für den Privaten, *free-rider*-Erfolge. Mit der Sanierung der PPP würde die Sanierung der öffentlichen, aber untrennbar auch die Sanierung der privaten PPP-Quote betrieben. Selbst wenn der Private sich an der Sanierung nicht beteiligt, da er einer ökonomischen, nicht jedoch einer politischen Rationa-

702 Vgl. o.V. Rechtsstreit über kommunale Haftung – Privatisierungen sind oft Etikettenschwindel / Beherrschung macht haftbar, in: Frankfurter Allgemeine Zeitung 30.6.1994, S. 13.

703 Vgl. OLG Düsseldorf, Urt. v. 23.9.1994 – 17 U 210/93, in: ZIP 6/1995, 465ff.

lität folgt, werden seine Anteile im *free-rider*-Verfahren untrennbar mitsaniert. Ferner verbessert sich mit Abnahme der Insolvenzwahrscheinlichkeit die Bonität der PPP; die Fremdfinanzierungskosten sinken, woran der Private quotal partizipiert. Zunächst ist also die rechtliche Haftungssituation zu prüfen, um später die rationale Entscheidung des Öffentlichen zu prognostizieren und die möglichen *free-rider*-Erfolge beurteilen zu können.

8.1 Formale Situation

8.1.1 Rechts- und Sozialstaat

Erfüllt eine Gebietskörperschaft die definierten öffentlichen Aufgaben in privatrechtlicher Form, so hat sie die Aufgabenerfüllung auch im Konkursfall abzusichern. Da ein Konkursverfahren die Produktion einschränkt oder ganz unmöglich werden lässt, käme eine *Konkursabwendungspflicht* als Folge der sozialstaatlichen Versorgungspflicht in den Situationen in Frage, in denen ohne Versorgungsalternative nur die insolvenzbedrohte PPP die Versorgungspflicht übernehmen kann. Die Gemeindeordnung in Nordrhein-Westfalen lässt sich beispielsweise (§ 94 Abs. 1 GO) so interpretieren, dass der öffentliche Zweck, der die Gründung des öffentlichen Unternehmens erst legitimiert, in der Folgewirkung auch zwingend zu erfüllen ist. Wirtschaftliche Gesichtspunke, die sich auch in umfangreicheren Verlusten konkretisieren können, stehen hier *hinter* der nachhaltigen Sicherung der Aufgabenerfüllung[704]. Dies geht so weit, dass selbst bei Vorliegen alternativer Versorgungsangebote eine Verlustausgleichspflicht der Gebietskörperschaft in Frage käme. In dieser Situation beruht die Argumentation auf der Wahlmöglichkeit der Kommune: Für den Fall, dass es dritte Versorgungsmöglichkeiten gibt, hätte sich die Kommune dieser bedienen können, ohne dass es einer begrenzt haftenden Körperschaft bedurft hätte. Entscheidet sie sich dennoch zur Eigenproduktion, muss sie dafür haften. Andererseits obliegt es der Gebietskörperschaft, im Konkursfall eine neue Gesellschaft zu gründen, dieser die Aufgabenerfüllung zuzuteilen und die notwendigen Anlagen aus der Konkursmasse zu erwerben, so dass dieses Argument nur bedingt zur Unterstützung der Konkursabwendungspflicht geeignet ist.

Für den Fall, dass eine Konkursabwendungspflicht der Gemeinden dennoch bestünde, stellt die Einforderung der Ansprüche durch den Gläubiger die nächste

---

704 Vgl. Kuhl, T., Wagner, K., Das Insolvenzrisiko der Gläubiger kommunaler Eigengesellschaftern, in: ZIP 1995, S. 436f.

Hürde der öffentlichen Haftung dar. Nicht endgültig geklärt ist, ob die PPP selbst subjektive Ansprüche gegen ihren gemeinderechtlich haftenden Gesellschafter aus der Konkursabwendungspflicht geltend machen kann[705]. Eine generelle Haftung der öffentlichen Hand aufgrund einer Konkursabwendungspflicht lässt sich nicht schlussfolgern; vielmehr ist eine Einzelfallprüfung erforderlich, die nur mit geringer Wahrscheinlichkeit zu einer Haftung führt, so dass davon ausgegangen werden kann, dass sich das Insolvenzrisiko aufgrund einer Konkursabwendungspflicht des öffentlichen Partners nicht senkt.

Im nächsten Schritt ist der *Haftungsdurchgriff* auf den öffentlichen Gesellschafter im Falle des Konkurses der PPP zu untersuchen. Der Haftungsdurchgriff ließe sich herleiten aus der verfassungsrechtlichen Verantwortung des Recht- und Sozialstaates, in deren Folge es zur Suspendierung der geltenden zivilrechtlichen Haftungsnormen käme[706]. Dieser Argumentation folgend, sind begrenzt haftende private Rechtsformen grundsätzlich für die Privatwirtschaft vorgesehen. Soweit der Staat seine Versorgungsleistungen, zu denen er verpflichtet ist, innerhalb privater Rechtsformen ausführt, hat er, da für ihn diese haftungsbeschränkenden Rechtsformen ursprünglich nicht vorgesehen waren, so zu haften, als hätte er sich einer öffentlich-rechtlichen Form bedient[707]. Weiterhin könnte ein Haftungsdurchgriff wenigstens bei der Ausübung zwingend hoheitlicher Tätigkeiten, der Umgehung allgemeiner Schranken staatlicher Tätigkeit sowie infolge der Erzeugung eines Rechtsscheines der Identität von Gesellschaft und Gesellschafter möglich sein[708]. Allerdings sind zwingend hoheitliche Tätigkeiten in der Praxis nicht Gegenstand von PPP-Unternehmen, und auch der Rechtsschein der Identität von PPP und öffentlichem Gesellschafter bildet sich durch das Vorhandensein des Privaten gegenüber der gänzlich öffentlichen Unternehmung nur noch in schwächerer Form ab, so dass es sich um ein eher theoretisches Argument handelt. Im Ergebnis setzt sich hier die herrschende Meinung durch, nach der grundsätzlich die zivilrechtlichen Normen gelten und auch grundgesetzliche Versorgungsansprüche nicht zu einer Außerkraftsetzung zivilrechtlicher Haftungsregelungen führten[709].

---

705 Vgl. Kuhl, T., Wagner, K., a.a.O., S. 437.
706 Vgl. Kuhl, T., Wagner, K., a.a.O., S. 437ff.
707 Vgl. Kuhl, T., Wagner, K., a.a.O., S. 439.
708 Vgl. Böckstiegel, K.H., Der Durchgriff auf den Staat, Frankfurt am Main 1972, S. 15 ff.
709 Vgl. Weger, M., Jesch, T. A. Die konzernrechtliche Haftung kommunaler Gesellschafter, in: Die Verwaltung 2003, S. 674.

Abschließend ließe sich ein Haftungsdurchgriff aus dem *Prinzip der Lastengleichheit* herleiten. Es wird argumentiert, der Rechts- und Sozialstaat könne sich der Letztverantwortlichkeit der Verwaltung auch in privater Rechtform nicht entziehen[710]. Folglich sei ein Rückzug auf die privatrechtliche Haftungsbeschränkung nicht zulässig. Dabei wird bestätigend ergänzt, dass ein insolvenzbedingter Forderungsausfall die Gläubiger wie mit einer Sondersteuer belaste[711]. Die zu erfüllenden öffentlichen Aufgaben der Daseinsvorsorge müssen von allen Bürgern finanziert werden und nicht zusätzlich durch die Personen, die das damit befasste Ausführungsinstrument finanziell begleiten. Die herrschende Meinung jedoch erwidert, das Rechts- und Sozialstaatsprinzip sei nicht verletzt, weil jeder Geschäftspartner sich der begrenzten Haftung infolge der gezielten Auswahl der Rechtform bewusst sein müsse[712]. Wenn der öffentlichen Hand die Verwendung privatrechtlicher Rechtsformen gestattet sei, so müssten auch für sie die privatrechtlichen Regelungen gelten, auch wenn diese zu einer zivilrechtlichen Haftungsbegrenzung öffentlichen Handelns führten[713].

Keine der in der Literatur diskutierten Durchgriffsmöglichkeiten führt zu einer rechtlich verpflichtenden Haftung des Öffentlichen. Aus dieser Sicht lässt sich das Insolvenzrisiko allein durch die Teilhabe eines öffentlichen Partners nicht senken, und der Private kann hier keine free-rider-Erfolge durch die Eigenschaft „öffentlich" seines Partners genießen.

8.1.2 Gebietskörperschaftskonzerne

Obwohl die Diskussion über die Anwendbarkeit des Konzernrechtes auf gebietskörperschaftliche Gesellschafter noch nicht abschließend geklärt ist[714], kann seit der Entscheidung des BGH[715] von der Anwendbarkeit des Konzernrechtes für

---

710 Vgl. Ehlers, D., Die Entscheidung der Kommunen für eine öffentlich-rechtliche oder privatrechtliche Organisation ihrer Einrichtungen und Unternehmen, in: DÖV 1986, S. 900f.

711 Vgl. Kuhl, T., Wagner, K., a.a.O., S. 438f.

712 Vgl. Püttner, G. (1985), a.a.O., S. 187.

713 Vgl. Kuhl, T., Wagner, K., a.a.O., S. 439.

714 Vgl. Theisen, M. R., Der Konzern – Betriebswirtschaftliche und rechtliche Grundlagen der Konzernunternehmung, 2. Aufl., Stuttgart 2000, S. 61.

715 Vgl. Theisen, M.R., a.a.O., S. 62. Der Bundesminister für die Verwaltung von Bundesbeteiligungen weist im Ministerialblatt ausdrücklich darauf hin, dass der Bund gegenüber seinen Unternehmen herrschendes Unternehmen im Sinne des AktG sein könne, vgl. Emmerich, V., Sonnenschein J., Konzernrecht: Das Recht der verbunde-

gebietskörperschaftliche Gesellschafter ausgegangen werden. Die Regelungen für verbundene Unternehmen sind nach dem faktischen, dem qualifizierten und dem Vertragskonzern zu differenzieren[716].

Sind zwei Unternehmen nicht durch einen Beherrschungsvertrag verbunden, ist das beherrschte Unternehmen eine AG und besteht ein Abhängigkeitsverhältnis im Sinne des § 117 AktG, so liegt ein *faktischer Konzern* vor, wenn das herrschende Unternehmen Einfluss auf das beherrschte Unternehmen ausüben kann[717]. Für den faktischen Konzern regelt § 311 AktG, dass das herrschende Unternehmen seinen Einfluss nicht dazu benutzen darf, eine abhängige Aktiengesellschaft dazu zu veranlassen, ein für sie nachteiliges Rechtsgeschäft vorzunehmen oder zu unterlassen oder Maßnahmen zu ihrem Nachteil zu treffen[718]. Geschieht dies dennoch, ist eine Kompensation der Nachteile obligatorisch. Geltend machen können diesen Anspruch auch die Gläubiger des beherrschten Unternehmens[719]. Da die Entscheidungen eines unabhängig agierenden Vorstandes im Regelfall nicht transparent sein werden, finden sich Grenzen dieser Regelung in der Praxis bei der Beweisführung der Gläubiger. Das gilt umso mehr, als der Nachweis einer informellen Einflussnahme erbracht werden muss[720]; dennoch liegt eine grundsätzliche Haftungsgrundlage vor.

Ein *qualifiziert faktischer Konzern* unterscheidet sich von dem faktischen Konzern durch die Intensität der Einflussnahme, wobei es auf die Art der von der Geschäftsleitung getroffenen Entscheidungen ankommt. Ein qualifiziert faktischer

---

nen Unternehmen bei Aktiengesellschaft, GmbH, Personengesellschaft und Genossenschaft, 5. Aufl., München 1993, S. 52.

716 Die Regelungen der Konzernhaftung sind im Aktiengesetz normiert und gelten für Aktiengesellschaften; für die GmbH hat die Rechtsprechung Regelungen entworfen, die sich am AktG anlehnen und i.d.R. das analoge wirtschaftliche Ergebnis zur Folge haben.

717 Vgl. Hoffmann, F., Der Konzern als Gegenstand betriebswirtschaftlicher Forschung, in: Hoffmann, F. (Hrsg.), Konzernhandbuch Recht-Steuern-Rechnungslegung-Führung-Organisation-Praxisfälle, 2. Aufl., Wiesbaden. 1993, S. 37.

718 Diese Regelungen des Aktiengesetzes gelten für die GmbH nicht gleichermaßen, jedoch ist das wirtschaftliche Ergebnis vergleichbar. Die Verfassung einer GmbH kommt mit ihrem Primat der Gesellschafterversammlung, infolge dessen ein enges Abhängigkeitsverhältnis zwischen Geschäftsführung und Gesellschaftern besteht (§ 45 Abs. 1 GmbHG), der Bildung faktischer Konzerne sehr entgegen. So erwachsen Ansprüche bei der GmbH bereits aus der Schädigung, die an sich unzulässig ist, und nicht erst durch den fehlenden Nachteilsausgleich. Der Anspruch richtet sich ebenfalls an das herrschende Unternehmen. Vgl. Hoffmann, F., a.a.O., S. 39.

719 Vgl. Kuhl, T., Wagner, K., a.a.O., S. 443.

720 Vgl. Hoffmann, F., a.a.O., S. 37.

Konzern liegt dann vor, wenn die Feststellung einzelner Weisungen und ihrer Auswirkungen nicht mehr möglich ist[721]. Haftungsansprüche gegen das beherrschende Unternehmen entstehen für den Fall, in dem die abhängige Gesellschaft Nachteils zufügenden Einfluss genommen hat, der einen objektiven Missbrauch der Leitungsmacht darstellt, weil das herrschende Unternehmen nicht in ausreichender Weise Rücksicht auf die Belange der abhängigen Gesellschaft genommen hat und eine Kompensation der Nachteile durch das herrschende Unternehmen im Einzelausgleich nicht erfolgt ist[722]. Obwohl die Beweisführung des Anspruchsberechtigten auch hier schwierig ist, liegt grundsätzlich eine Haftungsgrundlage nach § 302 AktG vor[723].

Neben der faktischen und der qualifizierten Konzernierung kann ein Konzern formal durch Kontrakt als *Vertragskonzern* eingerichtet werden. Der zentrale Regelungsgegenstand ist der Beherrschungsvertrag, der üblicherweise von einem Gewinnabführungsvertrag begleitet wird[724]. Der Beherrschungsvertrag legt die Weisungsrechte fest. Die öffentliche Hand kann auf diesem Wege den angemessenen Einflusses sicherstellen. Der entstandene Vertragskonzern zieht in direkter Anwendung dieselben Rechtfolgen wie der faktische Konzern nach sich[725]. Eine Haftungsgrundlage wäre theoretisch gegeben. Diese unmittelbar entstehende unbegrenzte Haftung der öffentlichen Hand veranlasst einige Autoren zu der Interpretation, die öffentliche Hand dürfe aufgrund der Unmöglichkeit der Haftungsbeschränkung Beherrschungsverträge nicht schließen, um so den Vertragskon-

---

721 Vgl. Hoffmann, F., a.a.O., S. 38.

722 Vgl. Emmerich, V., Sonnenschein, J., a.a.O., S. 353.

723 Die Definition des qualifiziert faktischen GmbH-Konzerns erfolgt analog zu der der AG, und auch die Konsequenzen einer qualifiziert faktischen Konzernierung liegen nach der Rechtsprechung in der analogen Anwendung der §§ 302, 303 AktG. Die herrschende Gesellschaft hat den laufenden Verlust auszugleichen. Jedoch ist ungeklärt, ob sich schon die im GmbHG vorgeschriebenen Weisungsrechte, ausgeübt durch den öffentlichen Gesellschafter, zu einem Beweis verdichten lassen. Die Besetzung des Aufsichtsrates mit gebietskörperschaftlichen Vertretern führt nicht zwangsweise zu einem faktischen Konzern. Jedoch gilt, dass die Alleingeschäftsführung einer GmbH eine Ausübung der Leitungsmacht in einer so intensiven Art und Weise darstellt, dass dies zur Annahme des faktischen Konzerns führen kann. Schlussfolgern lässt sich, dass es darauf ankommt, welcher Gesellschafter wie viel Einfluss ausübt. Nimmt der Private also die Leitungsmacht auf sich, weist dies eher nicht auf einen faktischen Konzern in Richtung des öffentlichen Gesellschafters hin. Möglicherweise kommt es dann zum faktischen Konzern mit dem Privaten; jedoch ist dies in Anbetracht des letztlich über begrenzte Vermögenswerte verfügenden Privaten unbedeutend. Vgl. Theisen, M.R., a.a.O., S. 67.

724 Vgl. Theisen, M.R., a.a.O., S. 47.

725 Vgl. Kuhl, T., Wagner, K., a.a.O., S. 444.

zern zu vermeiden[726]. So soll der Vertragskonzern nicht weiter betrachtet werden, da er in der PPP-Praxis von untergeordneter Bedeutung ist und dem Privaten nur ein derart geringes Einflussrecht ermöglicht, dass im Sinne dieser Untersuchung keine definitionsgemäße PPP vorliegt.

Insgesamt sind die Verpflichtungen der unbegrenzten Haftung durch den Öffentlichen juristisch tendenziell schwach. Sie beschränken sich in den meisten Fällen auf eine gesellschaftsschädliche Einflussnahme, deren Beweis erst erbracht werden muss, und nicht auf eine unbedingte Haftung, die unabhängig von den Ursachen der Finanzschwäche gilt. Da für dritte Gläubiger nicht eine *ursachenabhängige*, sondern eine *unbedingte* Haftung interessant ist, ergeben sich für den Privaten bis hierher keine Möglichkeiten, als *free-rider* von der Bonität seines Partners zu profitieren.

8.2 Politische Rationalität der Haftung des öffentlichen Partners für die PPP

Relevant ist die Frage, ob es für den Öffentlichen in einer betriebswirtschaftlichen Zwangslage der PPP vorteilhaft ist, diese in die Insolvenz gehen zu lassen. Ergreift der Private keine Sanierungsmaßnahmen, kommt als Alternative zur Insolvenz die Verbesserung der Kapitalausstattung durch den öffentlichen Partner im Betracht. Neben der *direkten Kapitalzufuhr* (Eigenkapital, Gesellschafterdarlehen u.Ä.) könnten *umsatzseitige Maßnahmen* (Beschaffung margenstarker Aufträge) die finanzielle Situation der PPP verbessern. Soweit der öffentliche Partner über die Wettbewerbssituation der PPP Einfluss auf den Umsatz des Betriebes hat, ließen sich einer Not leidenden PPP auch über die Verbesserung des Umsatzes notwendige Mittel, möglicherweise auch schon im Vorwege zur Vermeidung der Zwangslage, zuführen. Da die umsatzseitigen Maßnahmen den Trägerhaushalt möglicherweise nicht oder weniger belasten, ließe sich eine Präferenz für die umsatzseitigen Maßnahmen annehmen. So ist die politische rationale Entscheidung für und wider eine öffentliche Sanierungsmaßnahme in Abhängigkeit von der Wettbewerbssituation der PPP zu ermitteln.

726 Vgl. Kuhl, T., Wagner, K., a.a.O., S. 444.

8.2.1 Einfluss des Öffentlichen auf den Umsatz der PPP

Kann der öffentlich-rechtliche Gesellschafter die Nachfrage und/oder den Preis der Leistungen der PPP beeinflussen, so besteht die Möglichkeit, dass er seinen Einfluss zu Gunsten der PPP nutzt. Dabei gilt, dass der Öffentliche diese Option der Sanierung des Unternehmens der Kapitalmaßnahme vorziehen wird, da die umsatzseitige Sanierungshilfe beim taktisch optimalen Einsatz keine negative Wählerstimmenwirkung und keine Belastung des Trägerhaushaltes nach sich zieht und daher über eine hohe Anreizkompatibilität verfügt.

Für den Monopolfall ist eine Regulierung in einer Art und Weise, die ein auskömmliches Wirtschaften der PPP ermöglicht, denkbar. Dabei sollte das regulierte oder subventionierte Monopol im Einproduktunternehmen an sich aufgrund der auskömmlichen Regulierungskonditionen keiner direkten finanziellen Hilfe bedürfen. Interessant ist der partielle Übergang zum Monopol. Erwachsen aus der deregulierten Geschäftssparte so umfangreiche Verluste, dass eine Insolvenz möglich ist, handelt ein Wählerstimmen maximierender Verantwortlicher rational, wenn er eine Regulierung fördert, die die Sicherheit des Unternehmens durch Quersubventionierung im Ermessensspielraum der Regulierungsnormen ermöglicht. Aus Sicht der politischen Rationalität ist es sinnvoll, schon in der Vorwirkung einer sich abzeichnenden Finanzschwäche eine auskömmliche Regulierung einzuleiten[727]. Ohne die Wählerstimmenwirksamkeit auf die PPP und die verantwortlichen Politiker zu lenken, kann die Dysfunktion der öffentlichen Finanzkontrolle und gegebenenfalls die absichtliche Verhinderung der privaten Corporate-Control durch Usurpation mit den rechtzeitigen Beschaffen der erforderlichen Liquidität kompensiert werden. Gleichzeitig liegt in der umsatzseitigen Beeinflussung der PPP auch die Chance, einer PPP unter öffentlicher Beherrschung (I) Mittel für fixe oder variable Gewinn mindernde öffentliche Ziele zur Verfügung zu stellen, ohne dass ein parlamentarischer Subventionsbeschluss erfolgen muss. Insofern ist auch hier die negative Wählerstimmenwirksamkeit vermieden. Die umsatzseitige Beeinflussung funktioniert auch, wenn der öffentliche Partner selbst ein oder der einzige Nachfrager (Monopson) ist, beispielsweise bei einer Infrastruktur-PPP, die von Gebühren abhängig ist, welche sie von dem Öffentlichen als Entgelt zugewiesen bekommt. Hier handelt der Öffentliche rational, wenn er anstelle einer formalen Sanierungsaktion, die eine Wählerstimmenwirk-

---

727 Die rein privaten Konkurrenten „...fürchten, dass die Präsidentenkammer (der Regulierungsbehörde, Anmerkung des Verfassers) politisch besetzt wird und so Beschlüsse zu Gunsten der Telekom und des Mehrheitseigentümers Bund fallen.“ o.V. 16.05.2003, a.a.O., S. 18.

samkeit nach sich zieht und den Haushalt belastet, die Erhöhung der Gebühren präferiert und den Grund der Erhöhung hinter technischen Erfordernissen informationsasymmetrisch versteckt. Dieses informationsasymmetrische „Verstecken" wäre bei einer formalen Rettungsaktion nicht möglich. Aus diesem Grunde sollte die Wählerstimmenwirksamkeit dieser Maßnahme geringer als die der Eigenkapitalerhöhung ausfallen, zumal die ökonomischen Erfordernisse der Regulierung eines Monopols für den durchschnittlichen Wähler nicht transparent sind.

Der Private profitiert hier in Abhängigkeit von der politischen Rationalität seines Partners, die sich in Beziehung zu der tatsächlichen Wettbewerbslage der PPP ergibt. Tendenziell ist der Insolvenzschutz im Falle der umsatzseitigen Bevorteilung höher als im Falle ohne Umsatzverbesserungsoption, da die Entscheidung über die Sanierung nicht unter möglicherweise unkalkulierbaren Gesichtspunkten des Trägerhaushaltes prognostiziert werden muss.

8.2.2 Mangelnder Einfluss des Öffentlichen auf den Umsatz der PPP

Für den Fall, dass die Not leidende PPP ausschließlich unter Wettbewerb operiert, scheidet öffentlicherseits die Begünstigung der Umsatzseite aus, da auch der öffentliche Gesellschafter mit dem PPP-Betrieb aufgrund des Vergaberechts, soweit es angewendet werden muss, nur zu marktmäßigen Preisen kontrahieren kann[728]. Zunächst muss der Öffentliche entscheiden, ob es für ihn vorteilhaft ist, unter dem Einsatz von Haushaltsmitteln die PPP vor der Insolvenz zu retten. Die Vorteilhaftigkeit bemisst sich nach der Wählerwirksamkeit. Verbessert der Erwartungswert der Sanierung die Wählerstimmenentscheidung, handelt der Öffentliche rational, wenn er sich – auch unabhängig von der ökonomischen Vorteilhaftigkeit – für die Sanierung entscheidet. Die Entscheidung für eine Sanierung wird auch durch zukünftige ökonomische Bedürfnisse politisch anreizkompatibel gestärkt. Ein öffentlicher Gesellschafter, der bisher private Partner beispielsweise durch eine Aktienemission gewonnen hat und die PPP in Konkurs gehen lässt, enttäuscht das Vertrauen in zukünftiges öffentlich-rechtliches Handeln[729]. Das gilt insbesondere in den Fällen öffentlicher Beherrschung (I). Ökonomische Fehlentscheidungen, die den PPP-Betrieb ruinieren, werden so nicht nur den Managern, sondern auch den diese Manager auswählenden Politiker wählerwirksam zugeordnet. Ein Verstecken hinter privaterseits eingesetzten Managern ist dann unmöglich. Insofern besteht ein Anreiz für den politischen Ent-

728 Vgl. Abschnitt 4.2
729 Vgl. Harbarth, S., a.a.O., S. 87f.

scheider, den zunächst schwach wählerwirksamen Verlustausgleich aus öffentlichen Mitteln der stark wählerwirksamen Insolvenz unter Vermeidung des Verlustausgleiches vorzuziehen. Daneben wird eine Reihe von Konkursen potentielle zukünftige private Partner von einer Teilnahme an weiteren PPPs mit breit gestreutem privaten Gesellschafteranteil abhalten. Die Möglichkeit der Liquiditätsbeschaffung der öffentlichen Hand auf dem Wege einer Aktienemission wäre versperrt und das Vertrauen in die Bonität staatlicher Institutionen schlechthin erschüttert. Die Vermutung der Vorteilhaftigkeit der Sanierung aus öffentlicher Sicht gilt umso eher für Branchen, in denen es außerhalb der PPP keine Versorgung durch alternative private Anbieter gibt. Ein Konkurs mit dem plötzlichen Ausfall wichtiger Versorgungsleistungen (z.B. Telekommunikation oder Wasserversorgung) wäre ganz offensichtlich für jede Regierung ein negativ wählerwirksamer Effekt.

Die Wahrscheinlichkeit eines Konkurses einer PPP ist also umso geringer, je weniger alternative Versorgungsmöglichkeiten vorhanden sind und je höher die Versorgungsbedeutung der PPP ist. Im Folgenden wird davon ausgegangen, dass eine Sanierung zu einem höheren Erwartungswert an Wählerstimmen führt als der Konkurs. Der den öffentlichen Partner vertretende Politiker entscheidet sich rational für die Sanierung.

Im nächsten Schritt ist die Entscheidung über das konkret einzusetzende finanzielle Hilfsmittel zu treffen. Für die Verbesserung der Kapitalausstattung verbleiben die Erhöhung des Eigenkapitals, die Gewährung von Darlehen und/oder die Zurverfügungstellung von öffentlichen Bürgschaften für dritte Gläubiger[730].

Die Kapitalerhöhung[731] und die Gewährung von Gesellschafterdarlehen ziehen im Gegensatz zu der Bürgschaftsstellung eine Haushaltsbelastung nach sich. Die öffentliche Hand entscheidet sich rational für die Bürgschaft, wenn die Wählerwirkung der Inanspruchnahme der Bürgschaft geringer ist als die Wählerwirkung

730 Dieses schließt die Gewährung von Darlehen und Bürgschaften durch öffentliche Förderbanken ein, da im Ergebnis dieselbe Wirkung, nämlich die Haftung der Gebietskörperschaft für die Verbindlichkeiten der PPP, entsteht.

731 Im Falle der Kapitalerhöhung ist der Verzicht der privaten Partner auf ihre Bezugsrechte wahrscheinlich; um das Eigenkapital dennoch zuzuführen, ist die Übernahme der Bezugsrechte durch den Öffentlichen, der die Kapitalerhöhung dann allein bedient, notwendig. Je nach quotalem Gesellschafterverhältnis und Höhe der erforderlichen Mittel zieht dies eine Ausweitung der Beteiligungsanteils des öffentlichen zu Lasten des privaten Partners nach sich, so dass sich auch die Rentabilität der privaten Corporate-Control verändert.

der Inanspruchnahme der Haushaltsmittel. Es ist mit einer geringeren negativen Wählerwirkung der Bürgschaft zu rechnen, da der finanzielle Aufwand aus der Bürgschaft den Haushalt nicht unmittelbar belastet und in der Folge keine sofort wählerwirksamen Refinanzierungsmaßnahmen wie Ausweitung der Nettokreditaufnahme oder Steuererhöhungen erforderlich sind. Ein mehr oder weniger großer Bestand an öffentlichen Eventualverbindlichkeiten ist für den Wähler im Gegensatz zu der Nettokreditaufnahme oder der Steuererhöhung nicht relevant. Für den entscheidenden Politiker kommt hinzu, dass er die Wählerstimmen fördernde Sicherung des PPP-Unternehmens zeitnah anlässlich der nächsten Wahl verwenden kann, die möglicherweise entstehenden Belastungen jedoch erst in einer späteren Legislaturperiode, also zu einem Zeitpunkt, in dem er persönlich nicht mehr in der verantwortlichen Position ist, auftreten. Selbst wenn die entsprechende Partei noch in der Verantwortung steht, gelingt die Begründung des öffentlichen Aufwandes ex post üblicherweise besser als ex ante. Rational handelnde Politiker werden daher die Rettung des Unternehmens präferieren, wobei sie sich in der technischen Alternative für die Bürgschaft entscheiden werden.

Im Ergebnis profitiert der Private als free-rider von seinem öffentlichen Partner in Abhängigkeit von seiner Einschätzung der Wählerstimmenwirksamkeit einer Insolvenz.

8.2.3 Politische Rationalität in Abhängigkeit von der Gläubigerstruktur

Soweit eine Not leidende PPP nicht umsatzseitig und damit von vornherein wenig wählerstimmenwirksam saniert werden kann, kann die Wahrscheinlichkeit der öffentlichen Entscheidung für oder gegen die Sanierung im nächsten Schritt wieder nach der Wählerstimmenwirksamkeit beurteilt werden. Da die den Haushalt schonenden umsatzseitigen Maßnahmen ausscheiden, könnte eine Belastung des Trägerhaushaltes durch direkte Zuführung von finanziellen Mitteln oder durch zeitnahe Inanspruchnahme einer Bürgschaft unvermeidbar werden. In Anbetracht der desolaten Finanzlage der meisten Gebietskörperschaften muss die Entscheidung nach der politischen Rationalität gegen die Alternative des Konkurses sorgsam abgewogen werden.

Wäre die Wählerstimmenwirkung eines Konkurses eher klein, könnten die Vorteile der Nicht-Sanierungskostenbelastung des Haushaltes überwiegen, denn ein stark defizitärer Haushalt zieht ebenfalls eine negative Wählerstimmenwirkung nach sich. Schlussfolgern lässt sich, dass die *free-rider*-Option des Privaten sich in Abhängigkeit von der Fähigkeit der Gläubiger bemisst, ihre Forderungen mit einer gewissen Wählerstimmenwirksamkeit zu verknüpfen. Ausgehend von der Annahme, die Wählerstimmenwirksamkeit einer PPP-Krise verhalte sich proportional zu dem Volumen der PPP, wären kleinere PPPs weniger insolvenzgeschützt als volumenstarke PPPs. PPP-Beteiligungen auf Länder- und Kommunalebene zeichnen sich durch kleine Volumina aus, was zu der Annahme einer negativen Wählerstimmenwirkung und damit zu einer höheren Wahrscheinlichkeit des Konkurses führen könnte. Jedoch verteilt sich das kleinere Volumen auf eine proportional kleinere Gruppe an betroffenen Bürgern, die ein proportional kleineres Parlament, nämlich den Landtag (die Bürgerschaft) oder den Gemeinderat, wählen. Insofern bleibt die Bedeutung objektiv kleinerer PPPs beispielsweise im kommunalen Rahmen hoch. Die Bedeutung aus versorgungspolitischer Sicht ist zudem lokal sehr hoch, wenn es sich um einen monopolistischen Versorger, beispielsweise das Wasserwerk, handelt. Kommunale PPPs weisen daneben üblicherweise eine enge Verflechtung mit der lokalen Wirtschaft aus, aus der sich nicht nur der private PPP-Partner, sondern auch Kunden und Lieferanten rekrutieren. Ein Konkurs einer lokal stark verstrickten PPP wird grundsätzlich eine negative Wählerwirkung zur Folge haben. Der Lokalpolitiker wird sich für eine Rettung der PPP mit den beschriebenen Mitteln entscheiden, wenn er die wählerschädliche Wirkung des Konkurses für geringer hält als die der möglicherweise haushaltsmäßig aufwändigen Rettung. Damit ist die Insolvenzwahrscheinlichkeit unabhängig vom Volumen, jedoch abhängig von der lokalen Bedeutung, die wiederum von der Struktur der Gläubiger beeinflusst wird. PPPs, die möglicherweise neu gegründet und daher lokal in Bezug auf Arbeitsplätze und Nachfragemacht eine nur geringe Bedeutung aufweisen, müssen mit einer höheren Wahrscheinlichkeit des Konkurses leben. Handelt es sich bei den geschädigten Gläubigern um eine lobbyistenschwache Gruppe, deren Interessen sich nicht wählerwirksam organisieren lassen, und kombiniert sich diese Struktur mit einer lokalpolitischen Stimmung, die durch einen Skandal und einen Regierungswechsel geprägt sein mag, rückt der Konkurs in praktische Nähe, da die Aufmerksamkeit des Wählers ohnehin geweckt ist. Ein denkbarer Fall ist beispielsweise die kommunale PPP im quotalen Eigentum einer finanziell angeschlagenen Gemeinde, die ohne Wirtschaftsmacht einem einzigen Gläubiger gegenübersteht, der über keine wählerwirksame Lobby verfügt, beispielsweise einer Bank. Bankinteressen lassen sich nicht wählerwirksam organisieren, so dass ein Konkurs hier eher wahrscheinlich erscheint als im Falle einer breiten Gläubigergemeinschaft.

Der Private kann aus der theoretischen Erkenntnis politisch rationalen Verhaltens sowie der Erfahrung, dass in der Vergangenheit kaum PPPs insolvent wurden, schlussfolgern, dass sein öffentlicher Partner sich im Sanierungsfall wohl engagieren würde, und damit ein geringes Ausfallrisiko kalkulieren. Gleichwohl lässt sich ein dauernder Anspruch daraus nicht ableiten[732]; es sind lediglich die Erfahrung aus der Vergangenheit und die Einschätzung politisch rationalen Handels, die für die Zukunft ein ähnliches Verhalten schlussfolgern lassen.

8.3 Einfluss der Insolvenzwahrscheinlichkeit auf die Wertentwicklung der PPP

Das durch die öffentlich-rechtliche Eigenschaft des einen Gesellschafters sinkende Insolvenzrisiko schlägt sich auf die Situation des privaten Gesellschafters durch. Der Wert einer sanierungsbedürftigen PPP-Beteiligung sinkt auch für den privaten Gesellschafter; jedoch führen die Handlungsmaximen, die sich aus der politischen Rationalität seines öffentlich-rechtlichen Partners ergeben, zu einer geringeren Wahrscheinlichkeit einer Insolvenz. Eine Situation, die unter rein privatwirtschaftlichen Partnern unausweichbar zur Insolvenz und damit zur Vernichtung des gesamten investierten Kapitals führt, lässt sich wegen der nach politischer und nicht nur nach ökonomischer Rationalität handelnden öffentlichen Gesellschafter in die Sanierung überführen. Die Wirkungen politischer Rationalität führen zu betriebswirtschaftlichen Entscheidungen, die in der Privatwirtschaft nicht erfolgt wären. Insofern hat der private PPP-Gesellschafter es mit einem Partner zu tun, der im Gegensatz zu anderen Partnern mit einer geringeren ökonomischen Rendite kalkuliert. Dies dokumentiert sich im Falle der Not leidenden PPP mit der Vermeidung der Insolvenz. Möglicherweise arbeitet die PPP unmittelbar nach der Rettung durch die öffentliche Hand noch nicht rentabel und ist der Wert noch niedrig. Die Firma an sich besteht jedoch weiter mit der Aussicht, dass sie später im Zeitablauf wieder rentabel arbeiten könnte. Der Restwert der geretteten PPP bildet die Differenz einer privatwirtschaftlichen Kalkulation zu der politisch-rationalen Kalkulation ab. Bezahlt wird dieser Restwert von dem öffentlichen Partner auch für den quotalen Anteil des privaten Partners.

Ein Beispiel ist die France Telecom S.A., eine Telefongesellschaft, die sich zum Zeitpunkt der Betrachtung im Jahr 2002 zu 56 % im Staatseigentum des Landes Frankreich befand. Das Unternehmen musste im Juli 2002 als finanziell angeschlagen betrachtet werden; das Rating der Anleihen betrug noch knapp Investmentgrad und drohte bei einer weiteren Herabstufung auf die Stufe der *Junk-Bonds* zu fallen[733]. Diese Vertrauenskrise des öffentlichen Unternehmens solle

732 Vgl. Kuhl. T., Wagner, K., S. 433ff.

733 Vgl. o. V., Financial Times Deutschland, Regierung stürzt France Telecom ins Kurs-Chaos, www.ftd.com, Seitenaufruf vom 01.07.2002.

durch eine Wiederverstaatlichung gelöst werden, zitierte eine Zeitung[734] die französische Verwaltung Anfang Juli 2002. Weiter wurde zitiert, die Wiederverstaatlichung habe aus Sicht des Hauptanteilseigners den Vorteil, dass sie geringere Kosten als die teure *Junk-Bond* Refinanzierung nach sich ziehe. Alternativ oder parallel komme eine Kapitalerhöhung in Frage „ ... dadurch würde dem Unternehmen Kapital zugeführt, das es bei der derzeitigen Lage auf dem Kapitalmarkt nicht erhalten hätte.“[735] Davon profitieren auch die privaten Anteilseigner. Der Aktienkurs stieg unmittelbar nach Bekanntwerden der Meldung um bis zu 30 % gegenüber dem Schlusskurs vom Vortag[736], und das, obwohl die PPP eigentlich ein Sanierungsfall war. Noch am selben Tag dementierte die französische Verwaltung den Zeitungsbericht und erklärte, kein Interesse an einer Re-Nationalisierung der Gesellschaft zu haben[737], jedoch sehr besorgt sei über deren wirtschaftliche Entwicklung. Der Börsenkurs fiel, und was blieb, war der Vertrauen weckende Eindruck, dass der staatliche Partner sich um seine Gesellschaft sorge[738]. Eine erneute Verstaatlichung des Unternehmens wäre nach Auffassung von Investoren nur noch die letzte Alternative zur Insolvenz gewesen[739].

Der Vorteil des öffentlich-rechtlichen Partners im Falle finanzieller Schwierigkeiten dokumentiert sich an dieser Stelle eindrucksvoll durch den Aktienkurs. Während vergleichbare rein privatwirtschaftliche Betriebe einen Wert von Null aufweisen, wird sich der Wert des PPP-Betriebes zwar ermäßigen (der Aktienkurs der France Telecom z.B. war zuvor um 96 % innerhalb von zwei Jahren gefallen[740]), um der gesunkenen Profitabilität gerecht zu werden, der Wert wird jedoch nicht auf Null sinken, da die Sicherung der Geschäftssubstanz in Aussicht steht, die eine mindestens substanziell gesicherte Zukunft darstellt[741].

---

734 Vgl. Johnson, J., Paris looks at Case for renationalising France Telecom, in: Financial Times 1.7.2002, www.ft.com. Seitnaufruf vom 01.07.2002.

735 o.V., Aktionäre hoffen auf Hilfe von Vater Staat – Gerücht über Verstaatlichung treibt den Kurs von France Telecom / Auch die T-Aktie profitiert, in: Frankfurter Allgemeine Zeitung 2.7.2002, S. 21.

736 Vgl. o.V., Financial Times Deutschland, a.a.O., Seitenaufruf vom 01.07.2002.

737 Vgl. o.V., Financial Times Deutschland, a.a.O., Seitenaufruf vom 01.07.2002.

738 Vgl. Delaney, K. J., France Telecom Shares get Jolt – Stock ends 25% higher as government Issues Mixed Signals on Future, in: The Wall Street Journal Europe 2.7.2002, S. A4.

739 Vgl. o.V., Gewinne von 27,5%: Gerüchte treiben den Kurs von France Telecom, in: HB 2.7.2002, S. 33.

740 Vgl. o.V., France Telecom takes a wild ride, in: Herald Tribune 2.7.2002, S. 19.

741 Zur Einschätzung durch den Kapitalmarkt am Beispiel der Unternehmensanleihen der Deutschen Telekom AG: „...damit, dass der einstige Staatsmonopolist seine Bonds nicht bedienen kann, rechnet niemand“, Cünnen, A., Telekom-Bonds schonen die Nerven, in: HB 24.8. 2001, S. 34.

Jedoch auch der Private bezahlt das schwächere Insolvenzrisiko, an dem er teilhat[742]. Der Zeitpunkt dieser „Zahlung“ liegt jedoch nicht im Insolvenz-, sondern im Gewinnfall. Soweit sich nämlich die Ziele der öffentlichen Hand positiv auf die Situation der privaten Kapitaleigner auswirken, steigt der Unternehmenswert (Insolvenzfall); wirkt sich der staatliche Einfluss negativ auf die privaten Partner aus (Gewinn minderndes öffentliches Interesse), fällt der Wert[743]. Dieser Effekt wird augenscheinlich im Falle der Einrichtung einer PPP durch Eintreten eines Öffentlichen in eine private Unternehmung. Beispielhaft sei die Beteiligung der bundeseigenen Kreditanstalt für Wiederaufbau (KfW) an der Industriekreditbank AG (IKB) erwähnt. Die KfW erwarb aus Privateigentum 34 % der Anteile an der wirtschaftlich gesunden Mittelstandsbank für langfristige gewerbliche Kreditfinanzierungen. Die restlichen Aktien verblieben in privater Hand. Damit liegt auf der zweiten Ebene eine PPP vor. Von dem Kauf erhofft man sich seitens der öffentlichen Hand einen optimierten Zugang zu den förderwürdigen Kunden der KfW, für deren indirekte Kreditbeantragung über die Hausbank das Wohlwollen der Hausbank erforderlich ist, welches branchenüblich nicht immer gegeben ist. Die IKB ihrerseits kann ihre Kreditprodukte mit öffentlichen Förderungen koppeln und so das Risiko senken oder überhaupt erst eine Finanzierung darstellen; es ergeben sich transaktionskostentheoretische Vorteile. Für den Wert und das Risiko der IKB schätzen Aktienanalysten den Nutzen des öffentlich-rechtlichen Gesellschafters als Solidaritätsbonus der Bank am Markt ein. Obwohl sich die Bonität de jure durch die KfW Beteiligung nicht erhöht hat, wird der IKB „...in der...unsicheren Börsenphase eine Art »Sicherheitsbonus« zugesprochen“[744]. In besseren Börsenphasen allerdings könnte dieser in das Gegenteil umschlagen, „denn in einer guten Börsenphase könnte sich die KfW-Beteiligung als Bremsklotz erweisen, wenn der IKB dadurch der Stempel als »halbe Behörde« aufgedrückt werde“[745]. Damit gewinnt der Private an der Senkung des Insolvenzrisikos. Dieses bezahlt er jedoch in der Gewinnsituation durch eine infolge des öffentlichen Einflusses geschmälerte Gewinnmaximierungserwartung.

742 Vgl. Eckel, C. C., Vermaehlen, T., Internal Regulation: The Effects of Government Ownership on the Value of the Firm, in: Journal of Law and Economics 1986, S. 399f.

743 Vgl. Eckel, C. C., Vining, A.R., Elements of a Theory of mixed Enterprise, in: Scottish Journal of Political Economy 1985, S. 82ff.

744 Weiler, W., als Aktienanalyst im Interview zitiert in: Palm, R., IKB lockt mit hoher Dividendenrendite, in: HB 1.7.2002, S. 33. Hervorhebung im Original.

745 Weiler, W., a.a.O., S. 33. Hervorhebung im Original.

8.4 Zwischenergebnis VIII: Insolvenzrisiko

Der private Partner profitiert als *free-rider* von der zusätzlichen Berücksichtigung der politischen und nicht nur der ökonomischen Rationalität seines öffentlichen Partners. Die Wahrscheinlichkeit, dass der Öffentliche den Konkurs der PPP vermeidet, ist maximal, wenn die Sanierungmaßnahmen trägerhaushaltsneutral und wählerstimmenunwirksam mit der Hilfe der umsatzseitigen Verbesserung der Finanzlage erfolgen können. Scheidet diese Option wegen der Wettbewerbslage aus, kommt es auf den Erwartungswert der Wählerstimmenwirksamkeit an. Ist die Wählerstimmenwirksamkeit eines Konkurses niedriger als die einer Hauhaltsbelastung, handelt der Öffentliche rational, wenn er Kapital zuführt. Bezüglich der Wertentwicklung einer PPP führt diese Verhaltensweise, durch den Kapitalmarkt mindestens partiell bewertet, zu einem Risikopuffer. Während private konkursnahe Unternehmen einen Wert von Null aufweisen, bemisst sich der Wert einer konkursnahen PPP nicht mehr nur nach den Gewinnen, sondern nach der Wahrscheinlichkeit, mir der sich der öffentliche Partner für oder gegen eine öffentlicherseits ausgeführte Sanierung entscheidet. Ist die PPP dagegen rentabel, so erweist sich die Beteiligung des Öffentlichen als tendenziell Wert bremsend aufgrund des Gewinn mindernden öffentlichen Interesses.

9 Zusammenfassende Schlussbetrachtung

Die PPP schöpft ihr *ökonomisches Erfolgspotential* aus dem Zugang zu den die Effizienz steigernden Wirkungen privatwirtschaftlich zugeordneter Verfügungsrechte. Mit Hilfe der direkt zugeordneten *property-rights* gelingt es, eine Situation individueller Betroffenheit herzustellen, in deren Folge es selbstregulierend und anreizkompatibel über Linderung des *Agentenkonfliktes* zu einer Annäherung an die Minimalkostenkombination kommt.

Aus Sicht der *Transaktionskostentheorie* ist PPP bei hoher Faktorspezifität geeignet, Produktionsfaktoren zu erschließen, die sonst dem Marktversagen zum Opfer fielen und damit die Entwicklung eines Betriebes behindern könnten, was im Extremfall das Ausscheiden vom Markt nach sich zöge. Weiterhin lässt sich mit Hilfe der transaktionskostentheoretischen Vorteile die Leistungstiefe der Produktion der öffentlichen Hand optimieren. Zu nennen sind insbesondere Skaleneffekte, die Beschaffung von Know-how und die Erschließung von Absatzmärkten. Die transaktionskostentheoretischen Vorteile lassen sich, unterstützt von den Wirkungen zugeordneter property-rights, realisieren, denn ein Privater wird seine spezifischen Faktoren nur dann einbringen, wenn sicher ist, deren maximale Möglichkeiten zu realisieren.

Das *politische Erfolgspotential* einer PPP liegt in der anreizkompatiblen Entlastung des Trägerhaushaltes, die infolge der Eigenkapitalverteilung der PPP eintritt. PPPs sind geeignet, die Elemente der externen Strukturreform wirksam zu unterstützen, indem sie die Effizienz steigernde Wirkung einer gütermarktseitigen Sanktionsdrohung installieren und dabei die negative Wählerstimmenwirksamkeit dieser erforderlichen Sanktionsdrohung beherrschen.

Das *Haushaltsrecht* begleitet die Gründung und den Betrieb einer PPP, beinhaltet jedoch keine unumgehbaren Hürden, die das *ökonomische* oder *politische Erfolgspotential* substanziell behindern.

Entscheidend für den Erfolg oder Misserfolg einer PPP ist die Einstellung des *Zielprogrammes*. Das öffentliche Ziel muss geeignet sein, sich an den Kontroll- und Effizienzmechanismus auch bei privater Beherrschung koppeln zu lassen. Dies ist nur im Falle der maximalen Operabilität des öffentlichen Zieles gegeben.

Öffentliche Ziele, die in zeitlicher und/oder sächlicher Hinsicht von variabler Struktur sind, beinhalten für die PPP kein ökonomisches Erfolgspotential, denn sie lassen sich nicht durch den Privaten im Trittbrettfahrerverfahren befördern. Gegebenenfalls wird der Private diese Situation durch ein Angebot prohibitiver Eigenkapitalkonditionen Rechnung tragen, so dass derartige Fälle selbstregulierend ex ante vermieden werden.

Das Ziel der PPP wird nicht nur durch die *öffentliche Haushaltskontrolle*, sondern zusätzlich durch die private Kontrolle des Kapitalmarktes überwacht, die sich je nach Wettbewerbslage um die Kontrolle durch den Gütermarkt ergänzt. Die öffentliche Haushaltskontrolle ist nicht zwangsläufig geeignet, die Zielerreichung auf die Minimalkostenkombination einzustellen, sondern kann für den Privaten im Extremfall prohibitiv sein, so dass der Öffentliche seinen Ermessenspielraum für die Nichtanwendung der formalen Haushaltskontrolle ausnutzen wird.

Die *private Corporate-Control* nimmt Maß an dem Gewinn der Unternehmung. Der Gewinn ist ein Maß für den Grad der Erreichung der Minimalkostenkombination. Wettbewerbliche und technische Parameter zunächst unbeachtet lassend, steigt und fällt der Gewinn mit der Effizienz. Der private Partner handelt in der gewinnmaximalen, also in der die Effizienz steigernden, Ausübung seiner property-rights mit dem Instrument der Corporate-Control stark anreizkompatibel. Mangelnde Effizienz führt zu einem Ausbleiben der Rentabilität der PPP, was das Ausscheiden vom Markt zur Folge hat. Der Private führt die Kontrolle jedoch nur im Falle der Rentabilität der Kontrolle durch, d.h. die Grenzkosten der Kontrolle müssen unter dem Grenznutzen liegen. Dies ist nur bei konzentrierten privaten Anteilsrechten oder bei Re-Konzentration breit gestreuter Rechte der Fall. Ohne die Rentabilität der Kontrolle versagt die Kontrolle durch den Kapitalmarkt und das ökonomische Potential kann nicht realisiert werden. Dabei könnten Politiker und Verwaltungsmitarbeiter ihren Nutzen durch absichtliche Außerkraftsetzung dieses Marktes durch Usurpation maximieren.

Die Kontrolle seitens des *Gütermarktes* verhält sich proportional zur Wettbewerbsstärke und funktioniert nur in Kombination mit der eigenkapitalseitigen Kontrolle. Regulierte Monopole sind unabhängig von der Eigenkapitalsituation wenig effizient. Bei strengem Wettbewerb wird die Effizienz bei privater Beherrschung maximal. Zu berücksichtigen ist in diesem Zusammenhang die Kostenbelastung des öffentlichen Interesses. Liegt sie über dem Residualgewinn, scheidet die PPP vom Markt aus oder sie ist von ex ante zu vereinbarenden Subventionen abhängig. Diese wiederum begründen aufgrund der Informationsasymmetrie dieselbe Effizienz wie im regulierten Monopol. Im Idealfall liegt das öffentliche Ziel als fixes Ziel vor und mindert den Residualgewinn zwangsläufig nicht bis auf Null, sondern belässt eine gewisse Chance, so dass Raum für einen nur auf der Minimalkostenkombination erwirtschafteten Gewinn verbleibt. Nur dann kann der Private attraktive Eigenkapitalkonditionen anbieten und die Rentabilität der privaten Corporate-Control ist gewährleistet.

Im *Insolvenzrisiko* wird der private Partner zum Trittbrettfahrer des öffentlichen Partners, der über Sanierungsmaßnahmen nicht nur nach ökonomischer, sondern auch nach politischer Rationalität beschließt. Der Öffentliche wird sich daher tendenziell für eine Rettung der PPP einsetzen, möglichst durch Verbesserung der Umsatzsituation. Der Private profitiert im free-rider-Verfahren. Für eine gesunde PPP mit einem gewissen öffentlichen Einfluss ergibt sich im Gegenzug aufgrund des Gewinn mindernden Charakters des öffentlichen Interesses eine geringere Wertentwicklungschance als unter rein privaten Partnern.

Tendenziell *profitiert der Private* in maximaler Weise, wenn er mit dem Öffentlichen eine Monopol-PPP mit einem konzentrierten und beherrschenden privaten Anteil eingeht. Der Private erschließt sich ein Monopol mit einem kontinuierlichen, risikoarmen Ergebnis und hat die Chance der externen Monetarisierbarkeit der Gewinne. Kommt es später aus technischen Innovationen zur Deregulierung, nimmt er als Trittbrettfahrer an der geringeren Insolvenzwahrscheinlichkeit teil. Der *Öffentliche partizipiert* in maximaler Weise an Trittbrettfahrervorteilen, wenn er in einer wettbewerblichen Situation eine PPP mit privater Beherrschung eingeht. Der Öffentliche entäußert sich in dieser Situation des Problemes der Nicht-Rentabilität eines öffentlichen Unternehmens unter Wettbewerb, verschlechtert das Insolvenzrisiko nicht und erspart dem Trägerhaushalt über die Hebung der ökonomischen Potentiale der PPP das Risiko einer laufenden Subventionierung.

Das Potential der PPP hängt jedoch nicht nur von Eigenkapitalien und Wettbewerbsstrukturen ab. In weiten Teilen steigt es mit einer im Einzelfall zu prognostizierenden Wahrscheinlichkeit politisch rationalen Verhaltens. Weiterer Forschungsbedarf besteht daher insbesondere in der empirischen Befestigung des Theoriegerüstes und in der Ansammlung eines in das Modell integrierbaren Erfahrungshintergrundes politisch rationalen Verhaltens, von dem aus mit höherer Wahrscheinlichkeit auf die aktuelle Entscheidungssituation geschlossen werden könnte.

Die Vorteilhaftigkeit der PPP ist damit situationsabhängig zu beurteilen, wobei die Situationsabhängigkeit kein Hindernis für die PPP sein muss, denn der private Partner reagiert als Reflex-wirkung auf die Situation, die der Öffentliche ihm bietet[746]. Da die Situationsgestaltung maßgeblich im Einflussbereich des Öffentlichen liegt, handelt dieser rational, wenn er zunächst *eine für die PPP geeignete Ausgangssituation* herstellt. Die öffentliche Hand kann ihre Situation nutzen, indem sie öffentliche Unternehmen, soweit eine Überführung in die PPP erwünscht ist, zunächst von nicht operablem, Gewinn minderndem öffentlichen Interesse befreit. Dieses öffentliche Interesse lässt sich besser innerhalb rein öffentlicher institutioneller Arrangements gewährleisten. Im nächsten Schritt fixiert der Öffentliche seine Interessen unter maximaler Operabilität ex ante satzungsgemäß und eröffnet den Wettbewerb auf dem Gütermarkt durch Deregulierung und Umsetzung der externen Strukturreform. Der öffentliche Partner vermeidet eine Quersubventionierung, indem er die wettbewerblichen von den monopolistischen Bereichen abtrennt. Für die wettbewerblichen Bereiche richtet er eine PPP ein; für die monopolistischen hat er diese Option ebenfalls, jedoch lassen sich mit Ausnahme der anfänglichen Trägerhaushaltsentlastung keine weiteren Vorteile schlussfolgern. Schließlich maximiert er die Entlastung des Trägerhaushaltes und die Realisierung ökonomischer Potentiale, indem er eine private Beherrschung zulässt und eine Usurpation vermeidet.

Die öffentliche Hand ist mit Hilfe des Instrumentes der PPP in der Lage, die Effizienz steigernden Mechanismen von Privateigentum und Wettbewerb unter anreizkompatibler Entlastung des Trägerhaushaltes zu nutzen, indem sie für ausgewählte Problemlagen die Optimalsituation der PPP selbst einstellen kann.

746 Vgl. Friauf, K.H., a.a.O., S. 7.

Literaturverzeichnis

Abromeit, Heidrun, Veränderung ohne Reform. Die britische Privatisierungspolitik (1979-1985), in: Politische Vierteljahresschrift 1986, S. 271-289.

Adams, Michael (1990), Höchststimmrechte, Mehrfachstimmrechte und sonstige wundersame Hindernisse auf dem Markt für Unternehmenskontrolle, in: Die Aktiengesellschaft 2/1990, S. 63-78.

Adams, Michael (1990a), Wider den Wettbewerb auf dem Markt für Unternehmenskontrolle, Diskussionsbeiträge zu Ökonomie und Recht, Nr. 4, Hamburg 1990.

Adams, Michael (1994), Anhörung Macht von Banken und Versicherungen – Wettbewerb im Finanzdienstleistungssektor – 8. Dezember 1993 Deutscher Bundestag – Ausschuß für Wirtschaft, Diskussionsbeiträge Recht und Ökonomie, Nr. 18, Hamburg 1994.

Adams, Michael (1996), Aufsichtsräte und Banken – Kontrolldefizite und Einflusskumulation in der deutschen Wirtschaft – Es empfehlen sich gesetzliche Maßnahmen zur Einschränkung des Einflusses der Kreditinstitute und Allfinanzkonzerne –, Diskussionsbeiträge Recht und Ökonomie, Nr. 30, Hamburg 1996.

Adamska, Michael, Rechtsformen der Organisation kommunaler Interessen in gemischt-wirtschaftlichen Unternehmen, Kiel 1992.

Ahrens, Karl (1988a), Kommunale Trägerschaft – Garant der Interessenidentität von Träger und Unternehmen, in: Gesellschaft für öffentliche Wirtschaft und Gemeinwirtschaft (Hrsg.), Gemischtwirtschaftlichkeit und öffentliche Aufgabe, Referate und Diskussionsbeiträge einer Vortrags und Diskussionsveranstaltung der Gesellschaft für öffentliche Wirtschaft und Gemeinwirtschaft am 17. November in Köln, Berlin 1988, S. 42-43.

Ahrens, Karl, Grenzen der Gemischtwirtschaftlichkeit aus kommunaler Sicht, in: Gesellschaft für öffentliche Wirtschaft und Gemeinwirtschaft (Hrsg.), Gemischtwirtschaftlichkeit und öffentliche Aufgabe, Referate und Diskussionsbeiträge einer Vortrags und Diskussionsveranstaltung der Gesellschaft für öffentliche Wirtschaft und Gemeinwirtschaft am 17. November in Köln, Berlin 1988, S. 7-17.

Alchian, Armen A. (1984), Specificity, Specialisation and Coalitions, in: Journal of Institutional and Theoretical Economics 1984, S. 34-49.

Alchian, Armen A., Demsetz, Harold, Production, Information Costs, and Economic Organization, in: American Economic Review 1972, S. 777-195.

Alchian, Armen A., Economic Forces at Work, North Shadeland 1977.

Alchian, Armen A., Kessel, Reuben A., Competition, Monopoly and the Pursuit of Money, in: National Bureau of Economic Research (Hrsg.), Aspects of Labor Economics, New York 1962, S. 157-175.

Ambrosius, Gerold, Negativurteile über öffentliche Dienstleistungssysteme im gesellschaftlichen Wandel, in: ZögU 2000, S. 224-231.

Arnim, Hans Herbert von (1978), Wirksamere Finanzkontrolle bei Bund, Ländern und Gemeinden, hrsg. vom Karl-Bräuer-Institut des Bundes der Steuerzahler, Wiesbaden 1978.

Arnim, Hans Herbert von (1983), Grundprobleme der Finanzkontrolle, in: DVBL 1983, S. 664-675.

Arnim, Hans Herbert von (2002), Das Parteienkartell lähmt die Republik – Zwölf Thesen zum Zustand von Staat und Gesellschaft, in: Die Welt 27.07.2002, S. 9.

Arnim, Hans Herbert von, Die Öffentlichkeit kommunaler Finanzkontrollberichte als Verfassungsgebot, hrsg. vom Karl-Bräuer-Institut des Bundes der Steuerzahler, Wiesbaden 1981.

Arnim, Hans Herbert von, Diskussionsbeitrag, in: VVDStRL 1984, Nr. 42, S. 302-303.

Arnim, Hans Herbert von, Ist der rationale Staat möglich?, in: Arnim, Hans Herbert von, Lüder, Klaus (Hrsg.), Wirtschaftlichkeit in Staat und Verwaltung, Berlin 1993, S. 67-80.

Arrow, Kenneth J., Agency and the market, in: Arrow, Kenneth J., Intriligator, Michael D. (Hrsg.), Handbook of Mathematical Economics, Vol. III, Amsterdam 1986, S. 1183-1195.

Bargehr, Brigitte, Verwaltungsmarketing, in: Strehl, Franz, Managementkonzepte für die öffentliche Verwaltung: Betriebswirtschaftliche Ansätze zur Leistungssteigerung, Innsbruck 1993, S. 11-44.

Barnekov, Timothy, Boyle, Robin, Rich, Daniel, Privatism and Urban Policy in Britain and the United States, New York 1989.

Barzelay, Michael, The New Public Management – Improving Research and Policy Dialogue, Oxford 2001.

Baur, Cornelius, Make-or-Buy-Entscheidungen in einem Unternehmen in der Automobilindustrie – Empirische Analyse und Gestaltung der Fertigungstiefe aus transaktionskostentheoretischer Sicht, München 1990.

Bechtold, Rainer, Kartellgesetz Gesetz gegen Wettbewerbsbeschränkungen, Kommentar, 3. Aufl., München 2002.

Becker, Ralf, Die Erfüllung öffentlicher Aufgaben durch gemischtwirtschaftliche Unternehmen, Baden-Baden 1997.

Becker, Wolf-Dieter, Extemporalia zum Managementverhalten in öffentlichen Banken, in: ZögU 1984, Beiheft 6, S. 9-21.

Becker, Wolf-Dieter, Öffentliche Banken als Instrumente der staatlichen Ordnungspolitik, in: ZögU 1980, S. 257-270.

Becker, Wolf-Dieter, Zweig, Gerhard, Aufgabenwandel bei öffentlichen Kreditinstituten, in: Eichhorn, Peter, Münch, Paul (Hrsg.), Aufgaben öffentlicher und gemeinwirtschaftlicher Unternehmen im Wandel, Baden-Baden 1983, S. 197-205.

Beckmann, Jürgen, Kognitive Dissonanz – eine handlungstheoretische Perspektive, Berlin/ Heidelberg/New York/Tokyo 1984.

Beirat für Wirtschafts- und Sozialfragen, Innovative Kooperationen für eine leistungsfähige Infrastruktur – Eine Bewertung des Potentials von Public Private Partnership, Wien 1998.

Bendick, Marc, Levinson, Phyllis M., Private-Sector Initiatives or Public-Private Partnerships?, in: Salamon, Lester M., Lund, Michael S. (Hrsg.), The Reagan Presidency and the Governing of America, Washington 1981, S. 455-479.

Bennett, Robert J., Krebs, Gunter, Public-Private Partnership Initiation in Britain and Germany, London 1991.

Berle, Adolf A., Means, Gardiner C., The Modern Corporation and Private Property, New York 1939.

Beyer, Lothar, Informationsmanagement und öffentliche Verwaltung, Wiesbaden 1992.

Birnstiel, Detlev, Public Private Partnership in der Wirtschaftsförderung, in: Ridinger, Rudolf, Steinröx, Manfred, Regionale Wirtschaftförderung in der Praxis, Köln 1995, S. 225-243.

Blankart, Charles Beat (1980), Ökonomie der öffentlichen Unternehmen, München 1980.

Blankart, Charles Beat, Öffentliche Unternehmen aus der Sicht der Gemeinwirtschaftslehre und der Neuen Politischen Ökonomie, in: ZögU 1983, S. 18-29.

Blankert, Charles Beat, Pommerehne, Werner W., Schneider, Friedrich, Warum nicht reprivatisieren?, in: Neumann, M. (Hrsg.) Ansprüche, Eigentums- und Verfügungsrechte, Schriften des Vereins für Socialpolitik, Berlin, 1984, S. 221-246.

Boardman, Anthony E., Vining Aidan R., The Behavior of Mixed Enterprises, in: Research in Law and Economics 1991, S. 223-250.

Boardman, Anthony E., Vining, Aidan R. (1989), Ownership and Performance in Competitive Environments: A Comparison of the Performance of Private,

Mixed and State Owned Enterprises, in: Journal of Law and Economics, April 1989, S. 1-33.

Boardman, Anthony, Eckel, Catherine, Vining, Aidan, The Advantages and Disadvantages of mixed Enterprises, in: Research in International Business and International Relations 1986, Volume 1, S. 221-243

Böckstiegel, Karl Heinz, Der Durchgriff auf den Staat, Frankfurt am Main 1972.

Boesen, Arno, Vergaberecht, Kommentar zum 4. Teil des GWB, Köln 2000.

Bogumil, Jörg, Modernisierung lokaler Politik: Kommunale Entscheidungsprozesse im Spannungsfeld zwischen Parteienwettbewerb, Verhandlungszwängen und Ökonomisierung, Baden-Baden 2001.

Böhm, Jürgen, Der Einfluss der Banken auf Großunternehmen, Hamburg 1992.

Borcherding, Thomas E., Pommerehne, Werner W., Schneider, Friedrich, Comparing the Efficiency of Private and Public Production: The Evidence from Five Countries, in: Zeitschrift für Nationalökonomie /Journal of Economics, Supplement 2, 1982, S. 128-147.

Bös, Dieter, Gedanken zur Theorie öffentlicher Unternehmen – Replik auf einen Aufsatz von Hans Hirsch –, in: ZögU 1993, S. 133-150.

Bös, Dieter, Schneider, Friedrich, Private public partnership: Gemeinschaftsunternehmen zwischen Privaten und der öffentlichen Hand, in: ZGR 3/1996, S. 519-543.

Boubakri, Narjess, Cosset, Jean-Claude, The Financial and Operating Performance of Newly Privatized Firms: Evidence from Developing Countries, in: The Journal of Finance 1998, S. 1981-1110.

Braun, Günther, Ziele in öffentlicher Verwaltung und privatem Betrieb, Baden-Baden 1988.

Brede, Helmut, Grundzüge der Öffentlichen Betriebswirtschaftslehre, München 2001.

Brede, Helmut, In der Zange: Unternehmen der öffentlichen Hand unter dem Druck von Subsidiaritätsprinzip und Marktöffnung in Deutschland, in: ZögU 2003, S. 176-185.

Brede, Helmut, Püttner, Günter, Die wichtigsten Privatisierungsformen und ihre Eignung, ein fortdauerndes öffentliches Interesse am Unternehmen zu wahren, in: Brede, Helmut (Hrsg.), Privatisierung und die Zukunft der öffentlichen Wirtschaft, Baden-Baden 1988, S. 267-288.

Brühl, Hasso, Kodolitsch, Paul von, Die Verantwortung des Bürgers für seine Stadt, in: AfK 1993, S. 47-70.

Buchanan, James M., Konsum ohne Produktion: Die unmögliche Idylle des Sozialismus, in: Vanberg, Viktor (Hrsg.), Freiheit, Wettbewerb und Wirtschaftsordnung – Hommage zum 100. Geburtstag von Friedrich A. von Hayek, Freiburg, Berlin, München 1999, S.171-200.

Budäus, Dietrich (1998), Von der bürokratischen Steuerung zum New Public Management, in: Budäus, Dietrich, Conrad, Peter, Schreyögg, Georg (Hrsg.), New Public Management, Berlin 1998, S. 2-10.

Budäus, Dietrich, Einzelwirtschaftliche Konzepte zur Analyse und Steuerung öffentlicher Unternehmen – Probleme und Perspektiven, Public Management, Diskussionsbeiträge Nr. 1, Hamburg 1991.

Budäus, Dietrich, Finger, Stefanie, Stand und Perspektiven der Verwaltungsreform in Deutschland, in: Die Verwaltung 1999, S. 313-343.

Budäus, Dietrich, Gerum, Elmar, Zimmermann, Gebhard, Einführung, in: Budäus, Dietrich, Gerum, Elmar, Zimmermann, Gebhard (Hrsg.), Betriebswirtschaftslehre und Theorie der Verfügungsrechte, Wiesbaden 1988.

Budäus, Dietrich, Grüning, Gernod (1996), Public Private Partnership: Konzeption und Probleme eines Instrumentes zur Verwaltungsreform aus Sicht der Public Choice Theorie, Diskussionsbeiträge Nr. 26, Hamburg 1996.

Budäus, Dietrich, Grüning, Gernod, Public Private Partnership – Konzeption und Probleme eines Instruments zur Verwaltungsreform aus Sicht der Public Choice Theorie, in: Budäus, Dietrich, Eichhorn, Peter (Hrsg.), Public Private

Partnership – Neue Formen öffentlicher Aufgabenerfüllung, Baden-Baden 1997, S. 25-66

Budäus, Dietrich, Grüning, Gernod, Steenbock, Andreas, Public Private Partnership I –State of the Art, Hamburg 1997.

Budäus, Dietrich, Neue Kooperationsformen zur Erfüllung öffentlicher Aufgaben. Charakterisierung, Funktionsweise und Systematisierung von Public Private Partnership, in: Harms, Jens, Reichard, Christoph (Hrsg.), Die Ökonomisierung des öffentlichen Sektors: Instrumente und Trends, Baden-Baden 2003, S. 213-233.

Budäus, Dietrich, Öffentliche Unternehmen versus öffentliche Regulierung, in: Eichhorn, Peter (Hrsg.), Betriebswirtschaftliche Erkenntnisse für Regierung, Verwaltung und öffentliche Unternehmen: 25 Jahre öffentliche Betriebswirtschaftslehre an der Universität Mannheim, Baden-Baden 1985, S. 145-157.

Budäus, Dietrich, Probleme der Beteiligungsverwaltung der öffentlichen Hand bei der Durchsetzung von Eigentümerinteressen unter bestimmter Berücksichtigung der Aktiengesellschaft, Hamburg 1988.

Budäus, Dietrich, Public Management – Konzepte und Verfahren zur Modernisierung öffentlicher Verwaltungen, Berlin 1994.

Budäus, Dietrich, Public Private Partnership – Neue Formen kooperativer Aufgabenerfüllung, in: Schauer, Reinbert, Budäus, Dietrich, Public Management: Arbeitsberichte und Forschungsergebnisse: Verwaltungsreform, Neue Kooperationsformen, Nonprofit-Management, 3. Forschungskolloquium Linz-Hamburg, Linz 2001, S. 7-26.

Bundesministerium der Finanzen, www.bmf.de, Privatisierung Westunternehmen, 02.07.2001, Aufruf vom 24.11.2002

Bundesministerium für Wirtschaftliche Zusammenarbeit, Kurzübersicht: Public-Private Partnership: Zusammenarbeit mit der deutschen Wirtschaft, Suchmaschine des Bundesministeriums für Wirtschaft für Programme zur Wirtschaftsförderung, www.bmwi.de, Seitenaufruf vom 14.06.2000.

Bundesregierung, Perspektiven der Privatisierungspolitik des Bundes, Drucksache 14/3556.

Buschor, Ernst, Ein wirkungsorientiertes Modell der kommunalen Verwaltungsführung, in: Banner, Gerhardt (Hrsg.), Kommunale Managementkonzepte in Europa, Köln 1993.

Caves, Douglas W., Christensen, Laurits, R., The Efficiency of Public and Private Firms in a Competitive Environment: The Case of Canadian Railroads, in: Journal of Political Economy 1980, S. 958-976.

Cheung, Steven, The Structure of a Contract and the Theory of a Non-Exclusive Resource, in: Journal of Law and Economics 1970, S. 49-70.

Chmielewicz, Klaus, Zur Problematik einzelwirtschaftlicher Effizienzkriterien bei öffentlichen Unternehmungen, in: Thiemeyer, Theo, Öffentliche Unternehmen und ökonomische Theorie, Baden-Baden 1987, S. 125-174.

Clemens-Ziegler, Brigitte, Loock, Friedrich, Public Private Partnership – eine Konzeption für die Schaffung neuer Märkte, Projektbericht der Fachhochschule für Technik und Wirtschaft Berlin, Berlin 1998.

Coase, Ronald H. (1988), The Problem of Social Cost, in: The Journal of Law and Economics 1960, S. 1-44.

Coase, Ronald. H., The Firm, The Market and the Law, Chicago 1988.

Coleman, Morton, Public/Private cooperative Response Patterns to Regional Structural change in the Pittsburgh Region, in: Hesse, Joachim Jens (Hrsg.), Die Erneuerung alter Industrieregionen: Ökonomischer Strukturwandel und Regionalpolitik im internationalen Vergleich, Baden-Baden 1988, S. 123-158.

Cronauge, Ulrich, Kommunale Unternehmen: Eigenbetriebe – Kapitalgesellschaften – Zweckverbände, 2. Aufl., Berlin 1995.

Cünnen, Andrea, Telekom-Bonds schonen die Nerven, in: HB 24.8. 2001, S. 34.

D´Souza, Juliet, Megginson, William L., The Financial and Operating Performance of Privatized Firms during the 1990s, in: The Journal of Finance 1999, S. 1397-1438.

Dahlmann, Carl J., The Problem of Externality, in: The Journal of Law and Economics 1979, S. 141-162

De Alessi, Louis, Private Property and Dispersion of Ownership in Large Corporations, in: The Journal of Finance 1973, S. 839-851.

Debene, Marc, Das EG-Recht gegen die öffentlichen Unternehmen: Assimilierung und/oder Diskriminierung, in: IFIG (Hrsg.), Perspektiven der öffentlichen Wirtschaft in Europa – Die Aufgaben der öffentlichen Unternehmen im Binnenmarkt, Baden-Baden 1994, S. 87-106.

Delaney, Kevin J., France Telecom Shares get Jolt – Stock ends 25% higher as government Issues Mixed Signals on Future, in: The Wall Street Journal Europe 2.7.2002, S. A4.

Demsetz, Harold, Toward a Theory of Property Rights, in: American Economic Review 1967, S. 347-359.

Deutscher Städte- und Gemeindebund, Public-Private Partnership – Neue Wege in Städten und Gemeinden, Dokumentation Nr. 28, www.dstgb.de , Aufruf vom 29.11.2002.

Dommach, H., in : Heuer Ernst, Kommentar zur Haushaltsrecht, Neuwied, Loseblattsammlung seit 1992.

Dörner, Dietrich, Die Logik des Misslingens – Strategisches Denken in komplexen Situationen, Reinbek, 1995.

Dowling, Michael, Lechner, Christian, Kooperative Wettbewerbsbeziehungen: Theoretische Ansätze und Managementstrategien, in: DBW 1998, S. 86-102.

Downs, Anthony, Eine ökonomische Theorie des politischen Handelns in der Demokratie, in: Widmaier, Hans Peter, Politische Ökonomie des Wohlfahrtsstaates – eine kritische Darstellung der Neuen Politischen Ökonomie, Frankfurt am Main 1974, S. 121-139.

Dreher, Meinrad, Unternehmen und Politik, Die gesellschaftsrechtliche Kompetenz der Aktiengesellschaft, in: ZHR 1991, S. 349-377.

Drost Frank Matthias, Wissenschaftler werfen Berliner Senat mangelnde Schadensbegrenzung vor – Politik versagt bei Bankgesellschaft, in: HB, 27.1.2003, S. 27.

Duda, Alexandra, Hausmann, Andrea, Public Private Partnerships zur Ressourcenbündelung im Kulturbereich, in: ZögU 2000, S. 340-349.

Eckel, Catherine C., Vermaehlen, Theo, Internal Regulation: The Effects of Government Ownership on the Value of the Firm, in: Journal of Law and Economics 1986, S. 381-403.

Eckel, Catherine C., Vining, Aidan R., Elements of a Theory of mixed Enterprise, in: Scottish Journal of Political Economy 1985, S. 82-94.

Edeling, Thomas (2002), Stadtwerke zwischen Markt und Politik, in: ZögU 2002, S. 127-139.

Edeling, Thomas, Forschungsstand und theoretische Standortbestimmung, in: Edeling, Thomas, Lieske, Sören, Rogas, Karsten, Sitter, Roger, Stölting, Erhard, Wagner, Dieter, Öffentliche Unternehmen zwischen Privatwirtschaft und öffentlicher Verwaltung, Forschungsbericht im DFG-Schwerpunkt: Regulierung und Restrukturierung der Arbeit in den Spannungsfeldern von Globalisierung und Dezentralisierung, Potsdam 2001, S. 1-37.

Edeling, Thomas, Stölting, Erhard, Wagner, Dieter, Privatisierung oder Entbürokratisierung: Öffentliche Unternehmen zwischen Privatwirtschaft und öffentlicher Verwaltung, in: DFG-Schwerpunkt „Regulierung und Restrukturierung der Arbeit in den Spannungsfeldern von Globalisierung und Dezentralisierung", Kolloquium am 6./7. Februar 1998 in Erlangen, www.phil.uni-erlangen.de, Aufruf vom 08.09.2002.

Ehlers, Dirk, Die Entscheidung der Kommunen für eine öffentlich-rechtliche oder privatrechtliche Organisation ihrer Einrichtungen und Unternehmen, in: DÖV 1986, S. 897-905.

Eibelshäuser, Manfred (Hrsg.), Überörtliche Prüfung kommunaler Körperschaften, Darmstadt 2002.

Eichhorn, Peter, Identitätskrise öffentlicher Manager, in: ZögU 1984, Beiheft 6, S. 21-30.

Eichhorn, Peter, Managementverhalten in öffentlichen Unternehmen, in: Eichhorn, Peter (Hrsg.), Managementverhalten in öffentlichen Unternehmen, in: ZögU 1984, Beiheft 6, S.1-8.

Eifert, Martin, Stapel-Schulz, Claudia, Organisation der virtuellen Stadt in Public Private Partnership – Entwicklungen von Städten und Gemeinden im Internet, in: ZögU 2002, S. 277-296.

Emmerich, Volker, Sonnenschein, Jürgen, Konzernrecht: Das Recht der verbundenen Unternehmen bei Aktiengesellschaft, GmbH, Personengesellschaft und Genossenschaft, 5. Aufl., München 1993.

Engel, C., Die Konkurrenz zwischen den deutschen öffentlich-rechtlichen Rundfunkanstalten und privaten Anbietern, in: Peter, J., Rhein, K.-U., Wirtschaft und Recht: Rahmenbedingungen wirtschaftlicher Betätigung, Grenzen der Wirtschaftslenkung, wirtschaftliche Betätigung der Öffentlichen Hand, Zukunft staatlicher Monopole, 29. Tagung der wissenschaftlichen Mitarbeiter der Fachrichtung öffentliches Recht, Osnabrück 1989, S. 243-281.

Engels, Thomas, Wirtschaftlichkeitsgebot und Rationalisierung in der öffentlichen Verwaltung, Regensburg 1994.

Erd, Rainer, Privatisierung öffentlicher Dienstleistungen – Stärken und Schwächen, in: Hewel, Brigitte (Hrsg.), Verwaltung reformieren Öffentlich-private Partnerschaften – Management-Beispiele aus der Praxis, Frankfurt am Main 1995, S. 3-12.

Fainstein, Norman I., Fainstein, Susan S., Öffentlich-private Partnerschaften bei der Stadterneuerung und Stadtentwicklung in den USA, in: Heinz, Werner (Hrsg.), Public Private Partnership – ein neuer Weg zur Stadtentwicklung?, Stuttgart/Berlin/Köln 1993, S. 65-123.

Festinger, Leon, A Theory of Cognitive Dissonance, Stanford 1957.

Fett, Rüdiger, Die gemischtwirtschaftlichen Betriebe in der Bundesrepublik Deutschland, Frankfurt am Main 1978.

Fichtelmann, Helmar, in: Bartel Harald (Hrsg.), Heidelberger Kommentar zum GmbH-Recht, 4. Aufl., Heidelberg 1998.

Finger, Stefanie, Staatsverschuldung und Verwaltungsreform in der Demokratie – Reforminstrumente und ihre politische Durchsetzbarkeit, Wiesbaden 2001.

Flauger, Jürgen, Stadtwerke verbünden sich, in: HB 14.02.2003, S. 16.

Flauger, Jürgen, Zukunftsmarkt bietet hohe Renditen – Deutschland stark fragmentiert: Beim Wasser sprudeln die Gewinne, in: HB 09.09.2002, S. 49.

Föbinger, Axel, Die Reaktivierung von Industriebrachen in Pittsburgh, in: Kunzmann, Klaus R., Lang, Markus, Theisen, Ralf (Hrsg.), Pittsburgh – eine Erfolgsgeschichte?, Dortmund 1993, S. 134-151.

Freie und Hansestadt Hamburg, Pressemitteilung vom 27. Dezember 1999, www.hamburg.de, Seitenaufruf vom 22.02.2000.

Freyend, Eckart John von, Erfolgreiche Modelle, in: Stifterverband für die deutsche Wissenschaft (Hrsg.), Public Private Partnership Neue Formen der Zusammenarbeit von öffentlicher Wissenschaft und privater Wirtschaft, Essen 1999, S.33-39.

Friauf, Karl Heinrich, Öffentlicher Haushalt und Wirtschaft, in: VVDStRL 1956, Nr. 27, S. 1-41.

Friedman, Milton, Kapitalismus und Freiheit, München 1976.

Fuchslocher, Markus, Williamson-Effekt versus Averch-Johnson Effekt, Ein Beitrag zur Theorie der Privatisierung, Berlin 1997.

Furubotn, Eirik Grundtvik, Pejovich, Svetozar, Chapter One Introduction, in: Furobotn, Eirik Grundtvik, Pejovich, Svetozar (Hrsg.), The Economics of Property Rights, Cambride 1974, S. 1-10.

Geck, Hans-Ulrich, Strategische Allianzen und ihre Rechtsformen, in: DB 1991, S. 1337-1339.

Gerhardt, Tilman, Nippa, Michael, Picot, Arnold, Die Optimierung der Leistungstiefe, in: Harvard forum 3/1992, S. 136-142.

Gerstelberger, Wolfgang, Kooperation zwischen öffentlichem und privatem Sektor am Beispiel der Stadtregion Kassel, in: ZögU 2000, S. 16-33.

Gerum, Elmar, Richter, Bernd, Steinmann, Horst, Zur Steuerung öffentlicher Konzerne, Empirische Befunde zur institutionellen Durchsetzung des öffentlichen Interesses in Aktiengesellschaftskonzernen, in: ZögU 1986, S. 279-295.

Giarratani, Frank, Houston, David B., Economic Change in the Pittsburgh Region, in: Hesse, Joachim Jens (Hrsg.), Die Erneuerung alter Industrieregionen: Ökonomischer Strukturwandel und Regionalpolitik im internationalen Vergleich, Baden-Baden 1988, S. 49-88.

Giesen, Karl, Die Informations- und Prüfungsrechte der Gemeinden gegenüber Beteiligungsunternehmen, in: Der Gemeindehaushalt 1989, S. 223-225.

Gornas, Jürgen, Beyer, Werner, Betriebswirtschaft in der öffentlichen Verwaltung, Systematische Darstellung der Besonderheiten der öffentlichen Betriebswirtschaftslehre, Köln 1991.

Gottschalk, Wolf, Praktische Erfahrungen und Probleme mit Public-Private Partnership (PPP) in der Versorgungswirtschaft, in: Budäus, Dietrich, Eichhorn, Peter (Hrsg.), Public Private Partnership, Neue Formen der Aufgabenerfüllung, Baden-Baden 1997, S. 153-166.

Graef, Michael, Der öffentliche Auftrag in den Geschäftsberichten öffentlicher Unternehmen, Baden-Baden 2002.

Grandke, Gerhardt, Modell Offenbach Wege aus der Finanzkrise, in: Hewel, Brigitte (Hrsg.), Verwaltung reformieren Öffentlich-private Partnerschaften – Management-Beispiele aus der Praxis, Frankfurt am Main 1995, S. 19-28.

Gravelle, H.S.E., Katz, E., Financial Targets and X-Efficiency in Public Enterprises, in: Public Finance 1976, S. 218-234.

Greiling, Dorothea, Public Private Partnership, in: WiSt 2002, S. 339-342.

Grossman, Sanford J., Hart, Oliver D. (1982), Takeover bids, the free rider problem, and the theory of the corporation, in: Bell Journal of Economics 1980, S. 42-64.

Grossman, Sanford J., Hart, Oliver, Take-Over Bids, the Managerial Theory of the Firm and the Free Rider Problem, in: Currie, David A., Peters, Will

(Hrsg.), Contemporary Economic Analysis, Volume 2, London 1978, S. 461-471.

Grossmann, Sanford J., Hart, Oliver D., Corporate Financial Structure and Managerial Incentives, in: McCall, John J. (Hrsg.) The Economics of Information and Uncertainty, Chicago/London 1982, S. 107-140.

Grupp, Klaus, Steuerung des Verwaltungshandelns durch Wirtschaftlichkeitskontrolle, in: DÖV 1983, S. 661-667.

Güntzel, in: Heuer, Ernst, Kommentar zur Haushaltsrecht, Loseblattsammlung, Neuwied seit 1992.

Habersack, Mathias, Private public partnership: Gemeinschaftsunternehmen zwischen privaten und der öffentlichen Hand – Gesellschaftsrechtliche Analyse –, in: ZGR 1996, 544-563.

Happ, Wilhelm (Hrsg), Aktienrecht Handbuch – Mustertexte – Kommentar, Köln u.a. 1995.

Harbarth, Stefan, Anlegerschutz in öffentlichen Unternehmen, Berlin 1988

Hartmann, Petra, Beziehungen zwischen Staat und Wirtschaft – Unter besonderer Berücksichtigung neuartiger Kooperationsformen im Bereich der regionalen Wirtschaftspolitik, Baden-Baden 1994.

Hayek, Friedrich August von, The Use of Knowledge in Society, in: The American Economic Review 1945, S. 519-530.

Heinz, Werner (1993a), Public Private Partnership – ein neuer Weg zur Stadtentwicklung?, in: Heinz, Werner (Hrsg.), Public Private Partnership ein neuer Weg zur Stadtentwicklung, Stuttgart/Berlin/Köln 1993, S. 29-61.

Heinz, Werner (1993b), Wesentliche Merkmale von Partnerschaftsansätzen bei der Stadtentwicklung und Stadterneuerung, in: Heinz, Werner (Hrsg.), Public Private Partner Partnership – ein neuer Weg zur Stadtentwicklung?, Stuttgart/Berlin/Köln 1993, S. 483-542

Heinz, Werner, Public Private Partnership im Städtebau, www.difu.de, Seitenaufruf vom 31.03.2002.

Heinz, Werner, Public Private Partnership, in: AfK 1998, S. 210-239.

Helm, Thorsten Matthias, Rechtspflicht zur Privatisierung, Privatisierungsgebote im deutschen und europäischen Recht, Baden-Baden 1999.

Henn, Günter, Handbuch des Aktienrechts, 7. Aufl., Heidelberg 2002.

Hettlage, Karl M., Die Finanzverfassung im Rahmen der Staatsverfassung, in: VVDStRL 1956, Nr. 14, S. 2-32.

Hewel, Brigitte (Hrsg.), Verwaltung reformieren, Öffentlich-private Management-Beispiele aus der Praxis, Frankfurt am Main 1995.

Hicks, J. R., Annual Survey of Economic Theory: The Theory of Monopoly, in: Econometrica 1935, S. 1-20.

Himmelmann, Gerhard, Gemischtwirtschaftlichkeit als Chance begreifen, Diskussionsbeitrag, in: Gesellschaft für öffentliche Wirtschaft und Gemeinwirtschaft (Hrsg.), Gemischtwirtschaftlichkeit und öffentliche Aufgabe, Referate und Diskussionsbeiträge einer Vortrags- und Diskussionsveranstaltung der Gesellschaft für öffentliche Wirtschaft und Gemeinwirtschaft am 17. November in Köln, Berlin 1988, S. 40-41.

Hirsch, Hans, Püttner, Günter, Gedanken zur Neuordnung der industriellen Bundesunternehmen, in: Die Verwaltung 1976, S. 453-477.

Hoffmann, Friedrich, Der Konzern als Gegenstand betriebswirtschaftlicher Forschung, in: Hoffmann, Friedrich (Hrsg.), Konzernhandbuch Recht-Steuern-Rechnungslegung-Führung–Organisation-Praxisfälle, 2. Aufl., Wiesbaden 1993.

Hoffmann-Becking, Michael, Der Einfluß schuldrechtlicher Gesellschaftervereinbarungen auf die Rechtsbeziehungen in der Kapitalgesellschaft, in: ZGR 3/1994, S. 442-464.

Höftmann, Björn, Public Private Partnership als Instrument der kooperativen und sektorübergreifenden Leistungserstellung – dargestellt an der neu strukturierten kommunalen Abfallwirtschaft, Lütjensee 2001.

Holmström, B., Moral Hazard and observability, in: Bell Journal of Economics.

Hübner, R. E., Modernisierung bei der Wuppertaler Stadtwerke AG, in: Hewel, Brigitte (Hrsg.), Verwaltung reformieren Öffentlich-private Partnerschaften – Management-Beispiele aus der Praxis, Frankfurt am Main 1995, S. 89-96.

Hüffer, Uwe, Aktiengesetz, 3. Aufl., München 1997.

Isensee, Josef (1973), Diskussionsbeitrag, in: VVDStRL 1984, Nr. 42, S. 269.

Isensee, Josef, Verwaltungsraison gegen Verwaltungsrecht: Antinomien der Massenverwaltung in der typischen Betrachtungsweise des Steuerrechts, in: StuW 3/1973, S. 199-206.

Janson, Bernd, Rechtsformen öffentlicher Unternehmen in der europäischen Gemeinschaft, Baden-Baden 1980.

Jarillo, J. Carlos, Ricart, Joan Enric , Sustaining Networks, in: Interfaces 1987, S. 82-91.

Jensen, Michael C., Meckling, William H., Theory of the Firm: Managerial Behavior, Agency Costs and Ownership Structure, in: Journal of Financial Economics 1976, S. 305-360.

Jestaedt, Thomas, Kemper, K., Marx, F., Prieß, H.-J., Das Recht der Auftragsvergabe: Auftraggeber, ausschreibungspflichtige Aufträge, Vergabeverfahren, Sektoren, Rechtsschutz, Neuwied 1999.

Jickeli, Joachim, Der langfristige Vertrag: eine rechtswissenschaftliche Untersuchung auf institutionenökonomischer Grundlage, Baden-Baden 1996.

Johnson, J., Paris looks at Case for renationalising France Telekom, in: Financial Times 1.7.2002, www.ft.com, Seitenaufruf vom 01.07.2002.

Jreisat, Jamil E., Public Organisation Management, The Development of Theory and Process, Westport 1997.

Karhenke, Helmut (1974), Die staatliche Betätigung bei Beteiligungsunternehmen privaten Rechts und die Prüfung dieser Betätigung, in: Der öffentliche Haushalt 1974, S. 156-178.

Karhenke, Helmut (1977), Erweiterte Berichterstattung der öffentlichen Unternehmen zum Nachweis der Erfüllung öffentlicher Aufgaben, in: DVBL 1977, S. 484-488.

Karhenke, Helmut, Die Prüfung des öffentlichem Rechts nach neuem Haushaltsrecht, in: Der öffentliche Haushalt 1968/1969, S. 207-228.

Kaufer, Erich, Theorie der Öffentlichen Regulierung, München 1981.

Kaufmann, Michael, Die Prüfung kommunaler Unternehmen gemäß § 53 Absatz 1 Haushaltsgrundsätzegesetz, Düsseldorf 1995.

Kaulmann, Thomas, Property-Rights und Unternehmenstheorie – Stand und Weiterentwicklung der empirischen Forschung, München 1987.

Kestermann, Rainer, Public-Private Partnership: Anmerkungen zur Rezeption eines Modellbegriffs, in: RaumPlanung 1993, S. 205-214.

Kestermann, Rainer, Public-Private-Partnership in den USA und der Bundesrepublik Deutschland, Bonn 1992.

Kettl, Donald F., Sharing Power – Public Governance and private Markets, Washington 1993.

KGSt, Das Neue Steuerungsmodell. Begründung, Konturen, Umsetzung, Köln 1993.

Killing, J. P., How to make a global joint venture work, Harvard Business Review 1986, Volume 60, 120-127.

Kirchhof, Paul, Die Steuerung des Verwaltungshandelns durch Haushaltsrecht und Haushaltskontrolle, in: NVwZ 1983, S. 505-515.

Kirchhof, Paul, Staatliche Einnahmen, in: Kirchhof, Paul, Isensee, Josef, Handbuch des Staatsrechts, Bd. IV, Heidelberg 1990.

Kirsch, Daniela, Public Private Partnership: Eine empirische Untersuchung der kooperativen Handlungsstrategien in Projekten der Flächenerschließung und Immobilienentwicklung, Köln 1997

Klatt, Hartmut, Die Rolle der Parlamente im föderalen Entscheidungsprozeß, in: Ellwein, Thomas, Hesse, Joachim Jens, Mayntz, Renate, Scharpf, Fritz W. (Hrsg.), Jahrbuch zur Staats- und Verwaltungswissenschaft, Baden-Baden 1989, S. 119-157.

Klein, Benjamin, Crawford, Robert G., Alchian, Armen. A., Vertical Integration, Appropriable Rents, and the Competitive Contracting Process, in: Journal of Law and Economics 1978, S. 297-326.

Kluth, Winfried, Öffentlich-rechtliche Zulässigkeit gewinnorientierter staatlicher und kommunaler Tätigkeit, in: Stober, Rolf, Vogel, Hanspeter (Hrsg.), Wirtschaftliche Betätigung der öffentlichen Hand – Staat und Kommunen als Konkurrent der Privatwirtschaft Köln/Berlin/Bonn/München 1999, S. 23-40.

Köckritz, Sieghardt von, Ermisch, Günter, Dittrich, Norbert, Lamm, Christel, Bundeshaushaltsordnung, Kommentar, München, Loseblattsammlung seit 1975.

Korth, H.-Michael, Unternehmensbewertung im Spannungsfeld zwischen betriebswirtschaftlicher Unternehmenswertermittlung, Marktpreisabgeltung und Rechtsprechung, in: BB 33/1992, Beilage 19, S. 1-14.

Kouwenhoven, Vincent, Public-Private-Partnership: a model for the Management of Public-Private Cooperation, in: Kooiman, Jan (Hrsg.), Modern Governance – New Government Society Interactions, London 1993, S. 119-130.

Krautzberger, Michael, Neue Modelle des Verwaltungshandelns Public Private Partnership – Kooperationsmodelle aus städtebaulicher Sicht, in: Städte- und Gemeinderat 2/1993, S. 44-50.

Krüsselberg, Utz, Theorie der Unternehmung und Institutionenökonomik, Die Theorie der Unternehmung im Spannungsfeld zwischen neuer Insititutionenökonomik, ordnungstheoretischem Institutionalismus und Marktprozesstheorie, Heidelberg 1992.

Kruzewicz, Michael, Schuchhardt, Wilgart, Public-Private-Partnership- neue Formen lokaler Kooperationen in industrialisierten Verdichtungsräumen – Handlungsbedarf, internationale Befunde und Ansätze in Nordrhein-Westfalen, in: Der Städtetag 1989, S. 761-766.

Kuhl, Thomas, Wagner, Kersten, Das Insolvenzrisiko der Gläubiger kommunaler Eigengesellschaften, in: ZIP 1995, S. 433-445.

Kumkar, Lars, Wettbewerbsorientierte Reformen der Stromwirtschaft: Eine institutionenökonomische Analyse, Tübingen 2000.

Kumpe, Ted, Bolwijn, Piet T., Vertikale Integration I: Ein altes Konzept macht wieder Sinn, in: HARVARDmanager 1989, S. 73-88.

Kunzmann, Klaus R., Lang, Markus, Theisen Ralf, Vorwort, in: Kunzmann, Klaus R., Lang, Markus, Theisen, Ralf (Hrsg.), Pittsburgh – eine Erfolgsgeschichte?, Dortmund 1993, S. 5-7.

Kunzmann, Klaus R., Pittsburgh, eine Erfolgsgeschichte?, in: Kunzmann, Klaus R., Lang, Markus, Theisen Ralf (Hrsg.), Pittsburgh – eine Erfolgsgeschichte?, Dortmund 1993, S. 10-21.

Lang, Markus, Strategien zur Umstrukturierung der Stadtregion Pittsburgh, in: Kunzmann, Klaus R., Lang, Markus, Theisen, Ralf (Hrsg.), Pittsburgh – eine Erfolgsgeschichte?, Dortmund 1993, S. 42-67.

Lang, Markus, Theisen, Ralf, Die USA und Pittsburgh, eine Einführung, in: Kunzmann, Klaus R., Lang, Markus, Theisen, Ralf (Hrsg.), Pittsburgh –eine Erfolgsgeschichte?, Dortmund 1993, S. 22-42.

Laux, Helmut, Entscheidungsthorie – Grundlagen, 4. Aufl., Berlin 1998.

Lehmann, Hans, Managementverhalten in öffentlichen und gemeinwirtschaftlichen Unternehmen – Zum Selbstverständnis des Managers eines öffentlichen Unternehmens-, in: Eichhorn, Peter (Hrsg.), Managementverhalten in öffentlichen Unternehmen, ZögU 1984, Beiheft 6, S. 54-79.

Leibenstein, Harvey, Allokative Efficiency vs. X-Efficiency, in: American Economic Review 1966, S. 392-416.

Leibenstein, Harvey, Competition and X-Efficiency: Reply, in: Journal of Political Economy 1973, S. 765-777.

Leitstelle Gemeindeprüfung, Bericht über die vergleichende Untersuchung „Beteiligungsverwaltung", Düsseldorf 2001.

Levine, Marc V., The Politics of Partnership: Urban Redevelopment Since 1945, in: Squires, Gregory D. (Hrsg.): Unequal Partnerships. The Political Economy of Urban Redevelopment in Postwar America, New Brunswick u.a. 1989, S. 12-34.

Lieske, Sören, Kommunale Energiebersorgungsunternehmen im lokalen und wettbewerblichen Kontext, in: Edeling, Thomas, Lieske, Sören, Rogas, Karsten, Sitter, Roger, Stölting, Erhard, Wagner, Dieter, Öffentliche Unternehmen zwischen Privatwirtschaft und öffentlicher Verwaltung, Forschungsbericht im DFG-Schwerpunkt: Regulierung und Restrukturierung der Arbeit in den Spannungsfeldern von Globalisierung und Dezentralisierung, Potsdam 2001, S. 61-115.

Lindsay, Cotton M., A Theory of Government Enterprise, in: Journal of political Economy 1976, S. 1061-1077.

Loesch, Achim von, Zur Abhängigkeit der Privatisierungsmöglichkeiten vom Unternehmensziel: Bedarfsdeckung oder Erwerbswirtschaft, Diskussionsbeitrag, in: Gesellschaft für öffentliche Wirtschaft und Gemeinwirtschaft (Hrsg.), Gemischtwirtschaftlichkeit und öffentliche Aufgabe, Referate und Diskussionsbeiträge einer Vortrags- und Diskussionsveranstaltung der Gesellschaft für öffentliche Wirtschaft und Gemeinwirtschaft am 17. November in Köln, Berlin 1988, S. 33.

Loeser, Roman, Wahl und Bewertung von Rechtsformen für öffentliche Verwaltungsorganisationen, Speyer 1988.

Lohl, Reinhold, Möglichkeiten und Grenzen der Prüfung der staatlichen Betätigung bei Unternehmen, in: Der öffentliche Haushalt 1971, S. 24-43.

Lüder, Klaus, Triumph des Marktes im öffentlichen Sektor? Einige Anmerkungen zur aktuellen Verwaltungsreformdiskussion, in: Die Öffentliche Verwaltung 3/1996, S. 93-100.

Machura, Stefan, Besonderheiten des Managements öffentlicher Unternehmen, in: ZögU 1993, S. 169-180.

Maiberg, Hermann, Gesellschaftsrecht, 7. Aufl., München 1990.

Manne, Henry G., Mergers and the Market for Corporate Control, in: Journal of Political Economy 1965, S. 110-120.

Maunz, Theodor, Die Finanzverfassung im Rahmen der Staatsverfassung, in: VVDStRL 1956, Nr.14, S. 37-64.

Mazzolini, Renato, Government Controlled Enterprises, Chichester/New York/Brisbane/Toronto 1979.

McKean, Roland N., Property Rights Within Government, and Devices To Increase Governmental Efficiency, in: Southern Economic Journal 1972, Nr. 39, S. 177-186.

Megginson, William L., Nash, Robert C., Randenborgh, Matthias van, The Financial and Operating Performance of Newly Privatized Firms: An International Empirical Analysis, in: The Journal of Finance 1994, S. 403-452.

Megginson, William L., Netter, Jeffry M., From State to Market: A Survey of Empirical Studies on Privatization, in: Journal of Economic Literature 2001, S. 321-389.

Mehler, Gerd, Public Private Partnership in der Abfallwirtschaft des Main-Taunus-Kreises, in: Hewel, Brigitte (Hrsg.), Verwaltung reformieren Öffentlich-private Partnerschaften – Management-Beispiele aus der Praxis, Frankfurt am Main 1995, S. 73-77.

Meister, Edgar, Steht das Haushaltsrecht quer zu den Anforderungen der Wirtschaftlichkeit, in: Arnim, Hans Herbert von, Lüder, Klaus (Hrsg.), Wirtschaftlichkeit in Staat und Verwaltung, Berlin 1992, S. 275-279.

Mertens, Hans Joachim (1988), in: Kölner Kommentar zum Aktiengesetz, 2. Aufl., Köln u.a., ab 1988.

Mertens, Hans-Joachim, in: Ulmer, Peter (Hrsg.), Großkommentar Hachenburg, GmbHG, 6. Aufl., Berlin 1997.

Meyer, Michael, Ziele in Organisationen – Funktionen und Äquivalente von Zielentscheidungen, Wiesbaden 1994.

Michaelis, Elke, Organisation unternehmerischer Aufgaben – Transaktionskosten als Beurteilungskriterium, Frankfurt am Main 1985.

Mirow, Thomas, Public Private Partnership – eine notwendige Strategie zur Entlastung des Staates, Beispiele aus der Freien und Hansestadt Hamburg, in: Budäus, Dietrich, Eichhorn, Peter (Hrsg.), Public Private Partnership – Neue Formen öffentlicher Aufgabenerfüllung, Baden-Baden 1997, S. 13-23.

Morell, Paul, Der Bundeshaushalt, Recht und Praxis, Kommentar zur Bundeshaushaltsordnung, Wiesbaden 1983.

Mühlenkamp, Holger, Eine ökonomische Analyse ausgewählter institutioneller Arrangements zur Erfüllung öffentlicher Aufgaben, Baden-Baden 1999.

Muller, Edward K, Historical Aspects of Regional Structural Change in the Pittsburgh Region, in: Hesse, Joachim Jens (Hrsg.), Die Erneuerung alter Industrieregionen: Ökonomischer Strukturwandel und Regionalpolitik im internationalen Vergleich, Baden-Baden 1988, S. 17-48.

Müller, Nikolaus, Rechtsformwahl bei der Erfüllung öffentlicher Aufgaben, Köln/Berlin/Bonn/München 1993.

Müller, Rudolf H., Positive Erfahrungen mit der Gemischtwirtschaftlichkeit beim RWE, in: Gesellschaft für öffentliche Wirtschaft und Gemeinwirtschaft (Hrsg.), Gemischtwirtschaftlichkeit und öffentliche Aufgabe, Referate und Diskussionsbeiträge einer Vortrags- und Diskussionsveranstaltung der Gesellschaft für öffentliche Wirtschaft und Gemeinwirtschaft am 17. November in Köln, Berlin 1988, S. 34-35.

Müller-Wrede, M., in: Ingenstau, Heinz, Korbion, Hermann (Verfasser der ersten Auflage), VOB Verdingungsordnung für Bauleistungen Teile A und B, Kommentar, 14. Aufl., Düsseldorf 2001.

Mutius, Albert von, Die Steuerung des Verwaltungshandelns durch Haushaltsrecht und Haushaltskontrolle, Bericht, in: VVDStRL 1984, Nr. 42, S. 147-207.

Naschold, Frieder, Bogumil, Jörg, Modernisierung des Staates – New Public Management in deutscher und internationaler Perspektive, 2. Aufl., Opladen 2000.

Naschold, Frieder, Budäus, Dietrich, Jann, Werner, Mezger, Erika, Oppen, Maria, Picot, Arnold, Reichard, Christoph, Schanze, Erich, Simon, Nikolaus (Hrsg.), Leistungstiefe im öffentlichen Sektor: Erfahrungen, Konzepte, Methoden, Berlin 1996.

Neugebauer, Ann-Kathrin, Vorübergehende Staatsbeteiligung an ostdeutschen Unternehmen: eine ergänzende Maßnahme im Privatisierungsprozeß, Freiburg 1993.

Niopek, Wolfgang, Innovationsmanagement und Verhaltenstypen öffentlicher Unternehmen, in: ZögU 1984, S. 95-116.

Niskanen, William A., Bureaucracy and Representative Government, Chicago/New York 1971.

Noll, Werner, Die Relevanz der Property Rights – Theorie für eine Theorie öffentlicher Unternehmen, in: ZögU 1992, Beiheft 14, S. 45-55.

Nutter, G. Warren, Markets without Property: A Grand Illusion, in: Furubotn, Eirik Grundtvik, Pejovich, Svetozar, Chapter One Introduction, in: Furobotn, Eirik Grundtvik, Pejovich, Svetozar (Hrsg.), The Economics of Property Rights, Cambride 1974, S. 217-224.

o.V., Aktionäre hoffen auf Hilfe von Vater Staat – Gerücht über Verstaatlichung treibt den Kurs von France Telekom / Auch die T-Aktie profitiert, in: Frankfurter Allgemeine Zeitung 2.7.2002, S. 21.

o.V., Business Week 25.6.1984, S. 40.

o.V., Einigung mit Interbrew: Hannover verkauft Gilde-Anteile, in: HB 28.11.2002.

o.V., Financial Times Deutschland, Regierung stürzt France Telecom ins Kurs-Chaos, www.ftd.com, Seitenaufruf vom 01.07.2002.

o.V., France Telecom takes a wild ride, in: Herald Tribune, 2.7.2002, S. 19.

o.V., Gewinne von 27,5%: Gerüchte treiben den Kurs von France Telecom, in: HB 2.7.2002, S. 33.

o.V., Neues Verwaltungsmanagement Ausgabe 3/97, C3.4, S. 5.

o.V., Rechtsstreit über kommunale Haftung – Privatisierungen sind oft Etikettenschwindel / Beherrschung macht haftbar, in: Frankfurter Allgemeine Zeitung 30.6.1994, S. 13.

o.V., Telekom baut kräftig Schulden ab, in: HB 16.05.2003, S. 18.

Oettle, Karl, Über den Charakter öffentlich-wirtschaftlicher Zielsetzungen, in: Oettle, Karl (Hrsg.), Grundfragen öffentlicher Betriebe I, Ausgewählte Aufsätze zur Zielsetzung, Führung und Organisation öffentlicher Betriebe, Baden-Baden 1976, S. 9-35.

OLG Düsseldorf, Urt. v. 23.9.1994 – 17 U 210/93, in: ZIP 6/1995, S. 465.

Ordelheide, Dieter, Brauchen wir für die Unternehmensüberwachung mehr Publizität?, in: Picot, Arnold (Hrsg.), Corporate Governance Unternehmensüberwachung auf dem Prüfstand, 1995, S. 89-109.

Palmer, Donald, Friedland, Roger, Jennigs, P. Devereaux, Powers, Melanie E., The Economics and Politics of structure: The Multidivisional Form and the Large U.S. Corporation, in: Administrative Science Quarterly 1987, S. 25-48.

Papier, Hans-Jürgen, Diskussionsbeitrag, in: VVDStRL 1984, Nr. 42, S. 273.

Peter, Jörg; Rhein, Kay-Uwe (Hrsg.), Wirtschaft und Recht: Rahmenbedingungen wirtschaftlicher Betätigung, Grenzen der Wirtschaftslenkung, wirtschaftliche Betätigung der Öffentlichen Hand, Zukunft staatlicher Monopole, 29. Tagung der wissenschaftlichen Mitarbeiter der Fachrichtung öffentliches Recht, Osnabrück 1989.

Picot, Arnold (1991), Ökonomische Theorien der Organisation – Ein Überblick über neuere Ansätze und deren betriebswirtschaftliches Anwendungspotential, in: Ordelheide, Dieter, Rudolph, Bernd, Rüsselmann, Elke (Hrsg.), Betriebswirtschaftslehre und ökonomische Theorie, Stuttgart 1991, S. 143-170.

Picot, Arnold (1991a), Ein neuer Ansatz zur Gestaltung der Leistungstiefe, in: ZfbF 1991, S. 336-357.

Picot, Arnold, Der Beitrag der Verfügungsrechte zur ökonomischen Analyse von Unternehmensverfassungen, in: Bohr, Kurt, Drukarczyk, Jochen, Drumm, Hans-Jürgen, Scherrer, Gerhard (Hrsg.), Unternehmensverfassung als Problem der Betriebswirtschaftslehre, Berlin 1981, S. 153-197.

Picot, Arnold, Kaulmann, Thomas, Comparative Performance of Government-owned and Privately-owned Industrial Corporations – Empirical Results from Six Countries, in: Journal of Institutional and Theoretical Economics 1989, S. 298-315.

Picot, Arnold, Kaulmann, Thomas, Industrielle Großunternehmen aus verfügungsrechtlicher Sicht – theoretische Aussagen und empirischer Befund, in: ZfbF, 1985, S. 956-980.

Picot, Arnold, Reichwald, Ralf, Wigand, Rolf, T., Die grenzenlose Unternehmung, Information, Organisation und Management, 3. Aufl., Wiesbaden 1998.

Picot, Arnold, Subsidiaritätsprinzip und ökonomische Theorie der Organisation, in: Faller, Peter, Witt, Dieter (Hrsg.), Erwerbsprinzip und Dienstprinzip in der öffentlichen Wirtschaft und in der Verkehrswirtschaft, Festschrift für K. Oettle, Baden-Baden 1991, S. 102-116.

Piduch, Erwin Adolf, Bundeshaushaltsrecht, Kommentar, Stuttgart/Berlin/Köln/ Mainz, Loseblattsammlung ab 1973.

Potthoff, Erich (1972), Zur Aktiengesellschaft als Rechtsform für öffentliche Betriebe, in: Rittig, Gisbert, Ortlieb, Heinz-Dietrich, Gemeinwirtschaft im Wandel der Gesellschaft, Festschrift für Hans Ritschel, Berlin 1972, S.143-179.

Potthoff, Erich, Aufgabenorientierte Überwachung öffentlicher Unternehmen durch Aufsichtsräte, in: Eichhorn, Peter, Engelhardt, W. W., Standortbestimmung öffentlicher Unternehmen in der sozialen Marktwirtschaft: Gedenkschrift für Theo Thiemeyer, Baden-Baden 1994, S. 311-324.

Pratt, John W., Zeckhauser, Richard J., Principals and Agents: An Overview, in: Pratt, John W., Zeckhauser, Richard J. (Hrsg.), Principals and Agents: The Structure of Business, Boston 1985, S. 1-35.

Preuschl, Manuela, Unternehmensübernahmen als Instrument der Managementkontrolle?, Eine Analyse am Beispiel der USA, Regensburg 1977.

Püttner, Günter (1988a), Chancen und Gefahren gemischtwirtschaftlicher Zusammenarbeit, in: Gesellschaft für öffentliche Wirtschaft und Gemeinwirtschaft (Hrsg.), Gemischtwirtschaftlichkeit und öffentliche Aufgabe, Referate und Diskussionsbeiträge einer Vortrags- und Diskussionsveranstaltung der Gesellschaft für öffentliche Wirtschaft und Gemeinwirtschaft am 17. November in Köln, Berlin 1988, S. 18-29.

Püttner, Günter (1988b), Plädoyer für eine differenzierte Betrachtungsweise, in: Gesellschaft für öffentliche Wirtschaft und Gemeinwirtschaft (Hrsg.), Gemischtwirtschaftlichkeit und öffentliche Aufgabe, Referate und Diskussionsbeiträge einer Vortrags- und Diskussionsveranstaltung der Gesellschaft für öffentliche Wirtschaft und Gemeinwirtschaft am 17. November in Köln, Berlin 1988, S. 43-44.

Püttner, Günter (1989), Verwaltungslehre, 2. Aufl., München 1989.

Püttner, Günter, Die Kunst der Führung öffentlicher Unternehmen im marktwirtschaftlich geordneten Staat, in: ZGR 3/1977, S. 482-494

Püttner, Günter, Die öffentlichen Unternehmen: Ein Handbuch zu Verfassungs- und Rechtsfragen der öffentlichen Wirtschaft, 2. Aufl., Stuttgart u.a. 1985.

Raffee, Hans, Fritz, Wolfgang, Wiedmann. Klaus-Peter, Marketing für öffentliche Betriebe, Stuttgart/Berlin/Köln 1994.

Raffetseder, Georg, Erfolgs- und Mißerfolgsfaktoren der Verwaltungsmodernisierung – Zur Steuerung von Reformprozessen, Frankfurt am Main 2001.

Reinermann, Heinrich, Der öffentliche Sektor im Internet – Veränderungen der Muster öffentlicher Verwaltungen, Speyer 2000.

Roentgen, Frederik, Public-Private-Partnership: Eine effizienzorientierte Analyse kommunaler Aufgabenerfüllung unter Einbeziehung erwerbswirtschaftlicher Unternehmen, Aachen 2001.

Roggencamp, Sybille, Public Private Partnership: Entstehung und Funktionsweise kooperativer Arrangements zwischen öffentlichem Sektor und Privatwirtschaft, Frankfurt am Main 1997.

Ross, Stephen A., The Economic Theory of Agency: The Principal`s Problem, in: American Economic Review 1973, Papers and Proceedings, No. 2, S. 134-139.

Rürup, Bert, Öffentliche Unternehmen versus regulierte private Unternehmen, in: Brede, Helmut (Hrsg.), Privatisierung und die Zukunft der öffentlichen Wirtschaft, Baden-Baden 1988, S. 89-103.

Samuelson, Paul A., Economics, 6. Aufl., New York u.a. 1964.

Samuelson, Paul A., Economics, An Introductory Analysis, 7. Aufl., New York u.a 1970.

Samuelson, Paul A., Nordhaus, William D., Volkswirtschaftslehre: Grundlagen der Makro- und Mikroökonomie, 8. Auflage, aus dem amerikanischen übersetzt, Köln 1987.

Sander, Otfried, Weiblen, Willi, Kommunale Wirtschaftsunternehmen, Köln u.a. 1982.

Savas, Emanuel S., Privatizing the public Sector: How to Shrink Government, Chatham 1982.

Schäfer, Bernhard, Privatisierung öffentlicher Aufgaben – ein Plädoyer für die wirtschaftlichere Lösung, in: Sparkasse 1992, S. 142.

Schäfer, Henry, Strategische Allianzen – Erklärung, Motivation und Erfolgskriterien, in: WISU 8-9/1994, S. 687-692.

Schauer, Reinbert, Neuere Entwicklungen auf dem Gebiet des Nonprofit-Management – Entwicklungstendenzen auf dem Nonprofit-Sektor – , in: Budäus, Dietrich, Reichard, Christoph, Schauer, Reinbert, Public und Nonprofit Management: Neuere Entwicklungen und aktuelle Problemfelder, Hamburg 2002, S. 44-49.

Schimmelpfennig, Jörg, Theorien öffentlicher Unternehmen unter besonderer Berücksichtigung der institutionellen Arrangements, Münster 1994.

Schlenke, Egon H., Biedermann, Andreas, Kooperation zwischen öffentlicher Hand und Privatwirtschaft, Public-Private-Partnership, in: Die Bauwirtschaft 1994, S. 59-65.

Schlette, Volker, Die Verwaltung als Vertragspartner, Empirie und Dogmatik verwaltungsrechtlicher Vereinbarungen zwischen Behörde und Bürger, Tübingen 2000.

Schneider-Sliwa, Rita, Kernstadtverfall und Modell der Erneuerung in den USA: Privatism, Public Private Partnerships, Revitalisierungspolitik und sozialräumliche Prozesse in Atlanta, Boston und Washington D.C., Berlin 1996.

Schulte, Gerd, Öffentliches Beteiligungscontrolling, Baden-Baden 1994.

Schulz zur Wiesch, Jochen, Das Doppelgesicht der Metropolen – Tendenzen in der amerikanischen Stadtentwicklung, in: AfK 1993, S. 25-46.

Schuppert, Gunnar Folke (1994), Institutional Choice im öffentlichen Sektor, in: Grimm, Dieter (Hrsg.), Staatsaufgaben, Baden-Baden 1994, S. 647-683.

Schuppert, Gunnar Folke, Die Einheit der Verwaltung als Rechtsproblem, in: DÖV 1987, S. 757-768.

Schuppert, Gunnar Folke, Die Steuerung des Verwaltungshandelns durch Haushaltsrecht und Haushaltskontrolle, Mitbericht, in: VVDStRL 1984, Nr. 42, S. 216-266.

Schuppert, Gunnar Folke, Geändertes Staatsverständnis als Grundlage des Organisationswandels öffentlicher Aufgabenwahrnehmung, in: Budäus, Dietrich (Hrsg.), Organisationswandel öffentlicher Aufgabenwahrnehmung, Baden-Baden 1998, S. 19-60.

Schuppert, Gunnar Folke, Grundzüge eines zu entwickelnden Verwaltungskooperationsrechts, Regelungsbedarf und Handlungsoptionen eines Rechtsrahmens für Public Private Partnership, Rechts- und verwaltungswissenschaftliches Gutachten erstellt im Auftrag des Bundesministers des Inneren , 2001.

Schuppert, Gunnar Folke, Zur Kontrollierbarkeit öffentlicher Unternehmen – Normative Zielvorgaben und ihre praktische Erfüllung, in: ZögU 1985, S. 310-332.

Schwartzman, David, Competition and Efficiency: Comment, in: Journal of Political Economy 1973, S. 756-764.

Seldeneck, Ferreol Jay von, Public private Partnership in der Stadtentwicklung, Rechtsfragen bei gemeinsamer praktischer Umsetzung, in: Sparkasse 1992, Nr. 3, S. 145-149.

Semler, Johannes, Die Unternehmensplanung der Aktiengesellschaft – eine Betrachtung unter rechtlichen Aspekten, in: ZGR 1983, S. 1-33.

Semler, Johannes, Unternehmensüberwachung durch den Kapitalmarkt, in: Picot, Arnold (Hrsg.) Corporate Governance: Unternehmensüberwachung auf dem Prüfstand, Stuttgart 1995, S. 29-87.

Siedentopf, Heinrich, Grunwald, Klaus-Dieter, Die kommunale Rechnungsprüfung, hrsg. vom Karl Bräuer-Institut des Bundes der Steuerzahler e.V., Wiesbaden 1977.

Smith, Adam, The Wealth of the Nations, Cannan Edition, New York, 1937

Soldner, in : Heuer Ernst, Kommentar zur Haushaltsrecht, Neuwied, Loseblattsammlung seit 1992.

SPD Bundestagsfraktion, Projektarbeitsgruppe „Public Private Partnerships", Öffentlich Private Partnerschaften – Ein Positionspapier, Berlin 2002.

Spence, Michael, Job Market Signalling, in: Quarterly Journal of Economics 1973, S. 355-374.

Spremann, Klaus (1988), Reputation, Garantie, Information, in: ZfB 1988, S. 613-629.

Spremann, Klaus (1990), Asymmetrische Information, in: ZfB 1990, S. 561-587.

St. Bernhardt, Bela, Neuorganisation der staatlichen Aufgabenerfüllung – Anspruch und Leistungsfähigkeit des New Public Management, Dargestellt am Beispiel des Straßenunterhaltungs- und Betriebsdienstes, Baden-Baden 2000.

Stadt Berlin, www.berlin.de das Stadtinformationssystem Berlin als öffentliches Anliegen und wirtschaftliche Chance, www.berlin.de, Seitenaufruf vom 22.02. 2000.

Stadt Bielefeld, der Oberbürgermeister: Teilprivatisierung des Umweltbetriebes der Stadt Bielefeld – Umfassende Beratung der Stadt Bielefeld, Ausschreibung, in: HB 6.4.2002, S. 66.

Stadt Dortmund, Inserat, in: HB 5. 6. 2001, S. 48.

Stadt Düsseldorf und VEBA AG, www.nrw-forum.de, Seitenaufruf vom 22.02.2000.

Stadt Hanau, Teilprivatisierung der Hanauer Straßenbahn AG, Inserat, in: HB 1.7.2002, S. 21.

Stadt Hanau, Teilprivatisierung der Stadtwerke Hanau GmbH, Inserat, in: HB 1.7.2002, S. 21.

Stauss, Bernd, Private und öffentliche Unternehmen im Effizienzvergleich. Unternehmensverfassungen im `Lichte´ der Property-Rights-Theorie, in: ZögU 1983, S. 278-298.

Steinbeis, Maximilian, Gericht stoppt Vergabepraxis des Bundes, in: HB 21.5.2003, S. 4.

Steirisches Institut für Politik und Zeitgeschichte (Hrsg.), Public Private Partnership im Umweltbereich, in: Politicum, Graz 2001.

Stifterverband für die Deutsche Wissenschaft (Hrsg.), Public Private Partnership Neue Formen der Zusammenarbeit von öffentlicher Wissenschaft und privater Wirtschaft, Essen 1999.

Stober, Rolf (1996), Kommunalrecht in der Bundesrepublik Deutschland, Dresden 1996.

Stober, Rolf (2000), Sicherheitspartnerschaften im „aktivierenden Staat" in: Stober, Rolf (Hrsg.), Public-Private-Partnerships und Sicherheitspartnerschaften, Köln 2000, S. 1-2.

Stober, Rolf, Die wirtschaftliche Betätigung der öffentlichen Hand im Fadenkreuz der Kritik, in: Stober, Rolf, Vogel, Hanspeter, Wirtschaftliche Betätigung der öffentlichen Hand – Staat und Kommunen als Konkurrent der Privatwirtschaft, Köln/Berlin/Bonn/München 2000, S. 1 – 3.

Strom, Elizabeth A., Öffentlich private Partnerschaften bei der Stadterneuerung in den USA – Fünf Fallbeispiele, in: Heinz, Werner, Public Private Partnership ein neuer Weg zur Stadtentwicklung, Stuttgart/Berlin/Köln 1993, S. 125-197.

Tank, Hannes, Alt-industrialisierte Gebiete: Lösungswege in den Regionen Pittsburgh/USA und Glasgow/GB, Dortmund 1988.

Tettinger, Peter J., Die rechtliche Ausgestaltung von Public Private Partnership, in: Budäus, Dietrich., Eichhorn, Peter (Hrsg.), Public Private Partnership – Neue Formen öffentlicher Aufgabenerfüllung, Baden-Baden 1997, S. 125-142.

Tettinger, Peter J., Kooperation auf neuer Basis, Zur juristischen Ausgestaltung von Public Private Partnership in Forschung und Entwicklung sind Leitlinien erforderlich, in: Wissenschaftsmanagement 1999, S. 24-29.

Theisen, Manuel Rene, Der Konzern – Betriebswirtschaftliche und rechtliche Grundlagen der Konzernunternehmung, 2. Aufl., Stuttgart 2000.

Thiemeyer, Theo, Über Gegenstand und Inhalt einer »Ökonomie der öffentlichen Unternehmen« Anmerkungen zu Charles Beat Blankarts gleichnamigem Buch, in: ZögU 1981, S. 494-509.

Thiemeyer, Theo, Wirtschaftslehre öffentlicher Betriebe, Reinbek 1975.

Thonet, Peter J., Mangerialismus und Unternehmenserfolg – ein empirischer Beitrag, Saarbrücken 1977.

Tietzel, M., Die Ökonomie der Property-Rights: Ein Überblick, in: Zeitschrift für Wirtschaftspolitik 1981, S. 207-243.

Ulrich, Peter, Die Großunternehmung als quasi-öffentliche Institution: Eine politische Theorie der Unternehmung, Stuttgart 1977.

Vickers, John, Yarrow, George, Privatization: An Economic Analysis, Cambridge u.a. 1989.

Vining, Aidan R., Boardman, Anthony E., Ownership versus competition: Efficiency in public enterprise, in: Public Choice 1992, S. 205-239.

Visser, G., Das Schwerter Kooperationsmodell Stadtentwässerung, in: Hewel, Brigitte (Hrsg.), Verwaltung reformieren Öffentlich-private Partnerschaften – Management-Beispiele aus der Praxis, Frankfurt am Main 1995, S. 80-88.

Vogel, Bernd, Stratmann, Bernhard, Public Private Partnership in der Forschung, Neue Formen der Kooperation zwischen Wissenschaft und Wirtschaft, hrsg. von HIS Hochschul- Informations-System GmbH, Hannover 2000.

Waechter, Kay, Kommunalrecht, Köln/Berlin/Bonn/München 1997.

Wagner, Heinz, Öffentlicher Haushalt und Wirtschaft, in: VVDStRL 1956, Nr. 27, S. 47-78.

Wallerath, Maximiliam, Verwaltungsrefom in der Rationalitätsfalle, in: Wallerath, Maximiliam (Hrsg.), Verwaltungserneuerung – Eine Zwischenbilanz der Modernisierung öffentlicher Verwaltungen, Baden-Baden 2001, S. 41-64.

Warner, S. B., The Private City: Philadelphia in Three periods of its Growth, University of Pennsylvania Press, Philadelphia 1968.

Watrin, Christian, Der Weg zur Freiheit, in: Vanberg, Viktor (Hrsg.), Freiheit, Wettbewerb und Wirtschaftsordnung – Hommage zum 100. Geburtstag von Friedrich A. von Hayek, Freiburg/Berlin/München 1999, S. 269-300.

Wegehenkel, Lothar, Coase-Theorem und Marktsystem, Tübingen 1980.

Weger, Martin, Jesch, Thomas A. Die konzernrechtliche Haftung kommunaler Gesellschafter, in: Die Verwaltung 2003, S. 672-678.

Weiler, W., als Aktienanalyst im Interview zitiert in: Palm, R., IKB lockt mit hoher Dividendenrendite, in: HB 1.7.2002, S. 33.

Wentz, Martin, Perspektiven der Stadtentwicklung durch Public-Private Partnership, Anforderungen und Modelle in Frankfurt am Main, in: Hewel, Brigitte (Hrsg.), Verwaltung reformieren Öffentlich-private Partnerschaften – Management-Beispiele aus der Praxis, Frankfurt am Main 1995, S. 60-63.

Werner, Winfried, Probleme feindlicher Übernahmeangebote im Aktienrecht, Berlin/New York, 1989.

Wewer, Göttrik, Privatisieren oder Modernisieren – Reform des öffentlichen Sektors in Schleswig Holstein, in: Hewel, Brigitte (Hrsg.), Verwaltung reformieren Öffentlich-private Partnerschaften – Management-Beispiele aus der Praxis, Frankfurt am Main 1995, S. 36-43.

Wieczorek-Zeul, Heidemarie, Entwicklungszusammenarbeit und Privatwirtschaft Strategische Partnerschaft für eine nachhaltige Entwicklung, in: Deutsche Stiftung für internationale Entwicklung (Hrsg.), Entwicklung und Zusammenarbeit, 2000, www.dse.de, Aufruf vom 08.09.2002.

Williamson, Oliver Eaton (1964), The Economics of Discretional Behavior: Managerial Objectives in a Theory of the Firm, London 1964.

Williamson, Oliver Eaton (1984), The Economics of Governance: Framework and Implications, in: Journal of Institutional and Theoretical Economics / Zeitschrift für die gesamte Staatswissenschaft 1984, S. 195-223.

Williamson, Oliver Eaton, Die ökonomischen Institutionen des Kapitalismus: Unternehmen, Märkte, Kooperationen, Tübingen 1990.

Williamson, Oliver Eaton, Managerial Discretion and Business Behavior, in: The American Economic Review 1963, S. 1032-1057.

Williamson, Oliver Eaton, Markets and Hierarchies: Analysis and antitrust Implications, New York 1975.

Williamson, Oliver Eaton, The Economics of Organization: The Transaction costs Approach, in: American Journal of Sociology 1981, S. 548-577.

Williamson, Oliver Eaton., Hierarchical Control and Optimum Firm Size, in: Journal of Political Economy 1967, S. 123-138.

Wilms, Günter, Das Europäische Gemeinschaftsrecht und die öffentlichen Unternehmen, Speyer 1996.

Witte, Eberhardt, Hauschildt, Jürgen, Die öffentliche Unternehmung im Interessenkonflikt, Betriebswirtschaftliche Studie zu einer Zielkonzeption der öffentlichen Unternehmung, Berlin 1966.

Wolff, Brigitte, Public-Private Partnerships, in: Schenk, Karl-Ernst., Schmidtchen, Dieter, Streit, Manfred E. (Hrsg.), Vom Hoheitsstaat zum Konsensualstaat: Neue Formen der Kooperation zwischen Staat und Privaten, Jahrbuch für Neue Politische Ökonomie 1996, S. 243-275.

Ziemes, Georg, Politik-ökonomische Betrachtungen öffentlicher Unternehmen, in: ZögU 1992, Beiheft 14, S. 56-82

Zimmer, Annette, Public-Private Partnerships: Staat und Dritter Sektor in Deutschland, in: Anheier, Helmut K. (Hrsg.), Der Dritte Sektor in Deutschland – Organisationen zwischen Staat und Markt im gesellschaftlichen Wandel, Berlin 1997, S. 75-98.

Zypries, Brigitte, Moderner Staat – Moderne Verwaltung – Leitbild und Programm der Bundesregierung, Speyer 2000.

Kolibri 360 GmbH
Ferdinand-Jühlke-Straße 7
99095 Erfurt, Deutschland
produktsicherheit@kolibri360.de

Druck:
CPI Druckdienstleistungen GmbH
im Auftrag der
Kolibri 360 GmbH
Ferdinand-Jühlke-Str. 7
99095 Erfurt